GREECE IN THE ANCIENT WORLD

希腊文明的兴衰

从米诺斯的迷宫到亚历山大大帝的世界

[英] 杰里米·麦金纳尼 著
吕文锦 译

华中科技大学出版社
http://www.hustp.com
中国·武汉
有书至美 BOOK & BEAUTY

图书在版编目（CIP）数据

希腊文明的兴衰：从米诺斯的迷宫到亚历山大大帝的世界/（英）杰里米·麦金纳尼著；吕文锦译.—武汉：华中科技大学出版社，2022.2

ISBN 978-7-5680-7680-7

Ⅰ.①希… Ⅱ.①杰… ②吕… Ⅲ.①文化史－研究－古希腊 Ⅳ.①K125

中国版本图书馆CIP数据核字（2021）第239910号

Greece in the Ancient World By Jeremy McInerney
Published by arrangement with Thames & Hudson Ltd, London

希腊文明的兴衰：从米诺斯的迷宫到亚历山大大帝的世界

[英] 杰里米·麦金纳尼 著
吕文锦 译

Xila Wenming de Xingshuai:
Cong Mi'nuosi de Migong dao Yalishanda Dadi de Shijie

出版发行：华中科技大学出版社（中国·武汉）
电话：（027）81321913
华中科技大学出版社有限责任公司艺术分公司
电话：（010）67326910-6023
出 版 人：阮海洪

责任编辑：莽 昱 张丹妮
责任监印：赵 月 郑红红 封面设计：张旭兴

制 作：北京博逸文化传播有限公司
印 刷：广东省博罗县园洲勤达印务有限公司
开 本：889mm×1194mm 1/16
印 张：23
字 数：270千字
版 次：2022年2月第1版第1次印刷
定 价：228.00元

华中出版

本书若有印装质量问题，请向出版社营销中心调换
全国免费服务热线：400-6679-118 竭诚为您服务

目录

前言

撰写本书时，我希望能达到以下几个目的。首先，希望现代读者可以通过这本书了解古希腊人的生活方式，同时彰显这一古代文明在现代的重要作用。古希腊文化是诸多非凡成就之一，其中又包含了很多现代生活中的热点问题，如不平等、社会公平、复杂的性别概念、仇外与民族主义等。本书第一章“引言：为什么要研究希腊人？”将会详细讲述古希腊文化与现代文化之间的关系，以及古希腊文化对现代文化的作用。

我一直希望能够写出一本文本内容与考古证据并重的书，其中涵盖最新的考古发现。实际上，学者们一直致力于古希腊的考察。最近十年，我们在皮洛斯发现了格里芬战士之墓（第三章），在拉科尼亚的爱奥奥斯瓦斯里奥斯发现了新迈锡尼宫（第三章），在法勒隆发现了6世纪的大规模墓葬（第六章），以及用德尔维尼莎草纸写成的书（内容是对俄耳甫斯文本的讽喻性评论，第十章）。我在撰写本书时尽可能囊括大量考古证据，希望告诉读者我们对于古希腊的理解在逐渐深入，这一学科也前途光明。写到波斯战争，这一希腊历史上的关键时刻时，我先介绍波斯文化，以此在描述二者具有里程碑意义的冲突之前，首先比较他们文化的异同。

老师们会认为这本书基本符合希腊历史研究入门的顺序。写这本书时，我也融入了自己在宾夕法尼亚大学25年的授课经验。然而，我还是希望这本书能够展现出自己对希腊历史的独特看法，以此吸引学生与读者。当然我不是说这本书的观点绝无仅有，而是我认为人类社会方面的课本需要有独特的视角。对我来说，与其为了不得罪任何人而写出一本平淡无奇的书，不如在书中融入作为历史学家的热情与兴趣，就像他们为之付出时间、精力与热爱一样。

老师们也许会发现，由于观点不同，他们在授课时会对这本书提出个人看法，但我并不认为这有什么不妥。学生应该明白没有什么书是万能的，对于书中某些内容进行积极而合理的怀疑也是历史学家必备素养之一。有些教授强调个性的重要性，有些更关注军事，还有一些喜欢用经济因素解释历史变迁，学生们或许会因此感到困惑。然而，与理科中非黑即白的定式相比，历史需要综合史料与解读，每个历史学家都能从不同方面解释现有的史料，并逐渐发展出自己的观点。

一手资料：考古证据与文本记录

研究用的一手资料可以是考古实物证据，也可以是文本记录。在对古希腊的研究中，我们用到了早至青铜时代（约公元前3100—前1100年）的考古证据（如某种社会的物证）。本书前几章主要讲述的就是这个时期，涵盖的考古证据有古墓、坟墓、防御工事、装饰着壁画的建筑物、墓葬用品、金银珠宝制成的宝物，以及炊具、器皿等常见物品。

然而，如果没有现代理论的指导，我们并不能理解这些爱琴海地区的考古物品。进入克诺索斯中心的线路是专门设计成迷宫样子吗？这是否表示这里是由祭司管理的仪式化僧侣国家？这是否正好满足我们对米诺斯人的幻想？这类问题我们已无法向古人询问，而且考虑到古希腊人狡猾多变，就算我们能找到古代人，他的答案或许也不完全可信。毕竟，说出“克里特岛人都是骗子”的埃庇米尼得斯本人就是克里特岛人。从迈锡尼城墙到克诺索斯的布局，我们对青铜时代希腊与爱琴海地区大部分历史的理解都是基于推理、演绎与解释。

第二种一手资料是文字记载。对于古希腊研究来说，文字记载包括克诺索斯宫的B类线形刻板、卫城青金石碑文等大量碑文，以及影响希腊政治变动的大量法律演说。我们还可以借助一些伟大的文学作品，例如《荷马史诗》《伊利亚特》和《奥德赛》这类对西方文化产生两千多年影响的作品。在阿里斯托芬（Aristophanes）和欧里庇得斯（Euripides）等希腊剧作家的作品中，我们看到的是真实事件改编的话剧，这些剧目至今依然不朽。我们还可以利用早期历史学家的作品，如希罗多德（Herodotos）、修昔底德（Thucydides）等致力于记录过去的故事与他们所处的时代的事件的历史学家。

然而在使用这些书面文字记载的内容时我们还需小心对待。荷马的作品经历了上百年的口头传播，在公元前700年以书面形式记录下来，据说它是公元前1200年左右特洛伊战争的产物，然而特洛伊战争的真实性依然存疑。这些诗真的是基于五百多年前模糊的历史事件创作的吗？在希腊，文字记载一般由男性或有产精英完成，因此文字中体现出的世界观是相似的：土地与地位令人向往，财富是棘手的问题，女性是附属品，希腊人高人一等，而奴隶则很少被考虑在内。对于古典时期的另一大信息来源，法律演讲，我们也要谨慎对待。因为这些演讲往往是面对庞大的陪审团所做的，他们需要吸引大众，让自己的演讲更具说服力。因此，尽管演讲者秉持着正常的态度，他们很可能扭曲真相、夸大事实。

古代历史学家希罗多德与修昔底德的作品与他们描述的事件也不处于同一时代，因此作品也经过了复杂的解释。他们的作品常常含有梦境、预兆等记叙性特点的内容，以及演讲、战争描述等通用话题。这些内容反映了观众预期以及社会背景。有关民主与雅典帝国的大量铭文，在使用时依然需要谨慎。雅典大会所做的决策是否可以让我们推断出雅典盟友对这些政治安排的看法？为了充分理解这些资料的内容，我们常常需要逆向阅读，思考隐含的事实，加入自己的推理与想象。

认真研究这些问题是严肃学术的职责所在，我们需要深入、持续地学习希腊世界的考古和文学。本书只是为本科生和那些对希腊有兴趣的读者提供了简单易读的指南，书中只是略微涉及这些复杂的领域和发展。因此，读者应该意识到，除了书中的报告与陈述，依然有很多早至19世纪初的学术争论，那时候古代历史刚刚被立为学科。本书只是对古希腊世界的简单介绍，是这迷人又复杂文化的冰山一角。

本书纵览与特点

本书包含了整个古希腊历史，从最早的史前阶段、青铜时期到罗马征服希腊东部，其中会涉及铁器时代，古风时期和以公元前5世纪早期波斯战争为起点、长达两个世纪的古典时期，直到亚历山大（Alexander）的时期以及征服古代近东后创造的希腊化世界。在阅读的过程中，读者会看到塞莫皮莱、马拉松等重要战役，也会看到伯里克利（Perikles）统治下古雅典文化的繁荣。

为强调传统主题和新研究方法，我在每一章中都添加了“焦点”环节，着重介绍一些重要或有趣的内容。还有一些地方融入了最新研究的简单介绍，例如第三章中的“焦点”介绍了皮洛斯（Pylos）的最新考古成果（“迈锡尼皮洛斯的新发现”），第七章的“焦点”通过大卫（David）在塞莫皮莱对列奥尼达（Leonidas）的著名描写，介绍了人们对于经典传统的接受情况。这些“焦点”用以激发读者兴趣，引导他们进行深度学习。

本书前几页还提供了一张希腊历史的大事年表，记录希腊历史上重要的事件及其时期。每一章还附带了一个小时间表，补充本章的介绍，加强希腊历史的时间联系。此外，为方便理解，本书还加入了很多地图与规划图。

本书末尾有一张阅读材料推荐，融合了古希腊研究的重要学术文献，以及相关最新研究。为此我想感谢本·阿博特（Ben Abbott）、蒂姆·沃诺克（Tim Warnock）、凯尔·马奥尼（Kyle Mahoney）、詹姆斯·麦金纳尼（James McInerney）对这一部分的帮助。

拼写与日期方面的说明

大部分希腊语名字与表达都是以拉丁语形式进入英语的，因此读者对Socrates（苏格拉底）、Aeschines（埃斯基涅斯）这样的拼写会比较熟悉，但是Sokrates、Aischines才是更准确的希腊语拼写。和其他历史学家一样，我在写作中尽量使用希腊语拼写，或者通过音译，尽可能地与希腊语原文保持一致。

但是这种坚持也会有其弊端。大部分读者都会觉得对于将我们所熟悉的柏拉图的拼写“Plato”改为“Platon”很别扭；相比于修昔底德“Thucydides”的拼法，希腊语的Thoukydides辨识难度会更大。因此，虽然我尽可能地使用希腊语拼写方式，但是如果希腊语难以辨认的时候，我会使用拉丁语或英语拼写。

除特意标记，本书中的所有日期都是公元前（BC，“before Christ”），直到公元前1世纪。

致谢

本书的试读者为过去几年内选修希腊史相关课程（AncH 26）的上千名学生。2016年，这些学生以全部手稿作为课本进行学习，学生的反馈为本书终稿的出版做出了大量贡献，为此我深表感谢。尽管这些年我教过很多学生，但在这里我要特别感谢2016级学生，因为他们对我的初稿做出了详细的反馈与提供了帮助。在此，我想特别感谢加文·巴拉斯德（Gavin Blasdel）、乔丹·罗杰斯（Jordan Rogers）、布琳·福特（Bryn Ford）、辛迪·苏珊娜（Cindy Susalla）、格雷格·卡拉汉（Greg Callaghan）、瑞安·皮利泊（Ryan Pilipow）。

我还希望感谢以下几位同行，他们在本书的早期阶段提供了很多指导：

- 乔治·L. 阿曼特（George L. Armantrout），波特兰州立大学
- 埃里克·克莱因（Eric Cline），乔治·华盛顿大学
- 葆拉·德博纳（Paula Debnar），曼荷莲学院
- 丹尼丝·德梅特拉（Denise Demetriou），加州大学
- 斯维亚托斯拉夫·德米特里耶夫（Sviatoslav Dmitriev），鲍尔州立大学
- 威廉·达菲（William Duffy），德克萨斯大学
- 肯德拉·埃什尔曼（Kendra Eshleman），波士顿学院
- 卢西恩·弗雷里（Lucien Frary），骑士大学
- 格雷格·戈尔登（Greg Golden），罗德岛学院
- 瓦妮莎·B.戈尔曼（Vanessa B. Gorman），内布拉斯加州大学林肯分校
- 格雷格·哈弗德（Greg Halfond），弗雷明汉州立大学
- 本杰明·哈勒（Benjamin Haller），弗吉尼亚州卫斯理学院
- 莎拉·哈维（Sarah Harvey），肯特州立大学
- 苏珊·侯赛因（Susan Hussain），蒙特克莱尔州立大学
- 伊莱亚斯·卡普坦诺普罗斯（Elias Kapetanopoulos），康涅狄格州中央大学
- 尼古劳斯·拉扎里迪斯（Nikolaos Lazaridis），加州州立大学

- 乔纳森·佩里（Jonathan Perry），南佛罗里达大学
- 埃米莉·拉什（Emily Rush），迈阿密大学
- 马特·沃特斯（Matt Waters），威斯康辛大学
- 大卫·扬特（David Yount），梅萨社区学院

我还想感谢泰晤士与哈德逊团队，他们对这本书的排版和最终呈现做出了大量贡献。在马克·萨普维（Mark Sapwell）和亚历克斯·古德温（Alex Goodwin）的鼓励下，我使用了大量图片，很感谢他们的作品，看起来非常赏心悦目。我还想感谢萨莉·尼科尔斯（Sally Nicholls）帮助寻找图片，马丁·卢比克维斯基（Martin Lubikowski）创作了很多地图，执行编辑露西·史密斯（Lucy Smith）从始至终对整个编辑过程的监督。和泰晤士与哈德逊团队的合作是一次愉快的经历。

希腊历史的大事记

旧石器时代和新石器时代	公元前38000—前3200年	**弗兰克西洞穴遗址**
新石器时代中晚期	公元前5000—前3200年	**塞斯克洛**、**迪米尼**、**迪基利塔什**遗址
青铜时代早期（公元前3100—前2100年）	公元前3100年	青铜时代起点
青铜时代中期（公元前2100—前1600年）	公元前1900年	克里特第一宫殿
	公元前1700年	前宫殿时期结束
	公元前1650年	旧宫殿时期结束
	公元前1628年	新宫殿时期
青铜时代晚期（公元前1600—前1100年）	公元前1550年	**迈锡尼**深井式坟墓
	公元前1470年	新宫殿时期结束
	公元前1450年	线形文字B最早在**克诺索斯**有记录
	公元前1450年	**皮洛斯**格里芬勇士墓
	公元前1425年	**克诺索斯**、**查尼亚**的战士墓
	公元前1400—前1300年	**皮洛斯**吞并伊卡莱娜
	公元前1250年	**迈锡尼**、**梯林斯**防御工事
	公元前1200年	迈锡尼宫被毁
	公元前1200—前1100年	后宫殿时期后期
	公元前1184年	历史记载中的**特洛伊**灭亡
	公元前1150年	地中东部剧变

铁器时代（公元前1000—前700年）	公元前38000年—前3200年	弗兰克西洞穴遗址
	公元前950年	**勒夫坎地**英雄祠
	公元前800—前700年	城邦出现
	公元前776年	首届奥林匹克运动会
	公元前725—前700年	《伊利亚特》和《奥德赛》以书面形式写下
	公元前750—前500年	希腊大流散
	公元前720年	希腊字母表发明
	公元前706年	**塔伦图姆**创立
古风时代（公元前700—前480年）	公元前700年	**赫西奥德**（Hesiod），《神谱》（*Theogony*）、《工作与时日》（*Works and Days*）作者
	公元前700—前675年	第二次麦西尼亚战争
	公元前700—前600年	艺术东方化时期
	公元前683/682年	**雅典**首位年度执政官
	公元前669年	海西战役（斯巴达对阿哥斯）
	公元前657—前627年	科林斯僭主**凯普塞洛斯**（Kypselos）在位
	公元前650年	斯巴达诗人**提尔泰奥斯**（Tyrtaios），描写斯巴达勇士的民族精神
	公元前650—前600年	斯巴达诗人**阿尔克曼**（Alkman），描写年轻女性的赞歌表演
	公元前632年	**基伦**（Kylon）的阴谋，夺取雅典政权的最早尝试
	公元前624—前546年	**米利都**学派的**泰利斯**（Thales），第一位前苏格拉底哲学家
	公元前621/620年	德拉科的杀人法
	公元前610—前546年	**阿那克西曼德**（Anaximander），哲学家
	公元前594年	**梭伦**（Solon），第一位执政官
	公元前592/591年	**梭伦**立法
	公元前585—前525年	**阿那克西米尼**（Anaximenes），哲学家
	公元前570—前467年	**色诺芬尼**（Xenophanes），哲学家
	公元前561—前528年	僭主**庇西特拉图**（Peisistratos）的改革
	公元前558—前530年	**居鲁士大帝**（Cyrus the Great）
	公元前550—前500年	伯罗奔尼撒联盟形成
	公元前530—前522年	**冈比西斯**，居鲁士大帝之子
	公元前546年	帕勒涅之战，确立僭主**庇西特拉图**的统治
	公元前535—前475年	**赫拉克利特**（Herakleitos），哲学家，《论自然》作者
	公元前525—前456年	**埃斯库罗斯**（Aischylos），悲剧作家，《奥瑞斯提亚》（*Oresteia*）、《波斯人》（*Persians*）作者
	公元前522—前486年	**大流士一世**（Darius I）
	公元前520年	维克斯双耳喷口杯
	公元前514年	**喜帕恰斯**（Hipparchos）被暗杀
	公元前513年	**大流士一世**横跨欧洲
	公元前510年	**希庇亚斯**（Hippias）被驱逐
	公元前508/507年	**克里斯提尼**（Kleisthenes）改革
	公元前499—前493年	爱奥尼亚人起义
	公元前497—前406年	**索福克勒斯**（Sophokles），悲剧作家，《俄狄浦斯王》（*Oidipous Tyrannos*）与《安提戈涅》（*Antigone*）作者
	公元前490年	马拉松战役
	公元前490—前420年	**普罗塔哥拉**（Protagoras），哲学家
	公元前486—前424年	**薛西斯一世**（Xerxes I）
	公元前485—前465年	**希罗多德**，历史学家，《历史》（*Histories*）作者
	公元前485—前406年	欧里庇得斯，悲剧作家，《希波吕托斯》（*Hippolytos*）、《赫库芭》（*Hekuba*）作者
	公元前480年	塞莫皮莱（Thermopylae）、萨拉米斯战役

古典时期（公元前480—前338年）	公元前479年	普拉提亚战役
	公元前478/477年	提洛同盟形成
	公元前476年	围剿爱昂（Eion）与占领斯基罗斯
	公元前472年	**埃斯库罗斯**作品《波斯人》首演
	公元前470/469年	镇压纳西索斯（Naxian）起义
	公元前469—前399年	**苏格拉底**，哲学家
	公元前467/465年	攸里梅敦战役
	公元前464年	麦西尼亚希洛人起义
	公元前461年	**厄菲阿尔特**（Ephialtes）改革
	公元前460—前400年	**修昔底德**，历史学家，《伯罗奔尼撒战争史》（*The Peloponnesian War*）作者
	公元前460—前377年	**希波克拉底**（Hippokrates），希波克拉底医学院创始人
	公元前460—前445年	第一次伯罗奔尼撒战争
	公元前454年	金库从**提洛**转移至**雅典**
	公元前451年	**伯里克利**《公民法》
	公元前450—前386年	**阿里斯托芬**（Aristophanes），喜剧作家，《云》、《利西翠妲》（*Lysistrata*）作者
	公元前449年	《卡里阿斯和约》？
	公元前447—前438年	建造**帕特农神庙**
	公元前437—前432年	
	公元前437年	**安菲波利**斯据点
	公元前435—前433年	埃庇达诺斯事件
	公元前433/432—前430年	包围波提狄亚
	公元前431年	伯罗奔尼撒战争爆发
	公元前430年	**雅典**瘟疫爆发
	公元前429年	**伯里克利**死于瘟疫
	公元前425年	斯巴达勇士在斯法克特里亚被抓
	公元前421年	**《尼西阿斯和约》**
	公元前421—前406年	建造**伊瑞克提翁神庙**
	公元前418年	第一次曼丁尼亚战争
	公元前416/415年	**雅典人**占领米洛斯
	公元前415—前413年	西西里远征
	公元前411年	**雅典**寡头革命
	公元前406年	阿吉纽西战役
	公元前404年	**雅典**投降，伯罗奔尼撒战争结束
	公元前404—前403年	**雅典**三十僭主统治
	公元前403年	**雅典**宣布大赦
	公元前399年	**苏格拉底**被处死
	公元前395—前387年	科林斯战争
	公元前387/386年	《大王和约》
	公元前379/378年	雅典第二同盟成立
	公元前371年	留克特拉之战，斯巴达战胜
	公元前362年	第一次曼丁尼亚战争
	公元前359年	**腓力二世**成为马其顿国王
	公元前356年	**亚历山大大帝**出生
	公元前356—前346年	第三次宗教战争
	公元前338年	喀罗尼亚之战
希腊化时期（公元前338—前31年）	公元前336年	腓力二世被杀，**亚历山大**成为马其顿国王
	公元前334年	格拉尼西阿斯河之战
	公元前333年	伊苏城之战
	公元前331年	高加米拉战役
	公元前323年	**亚历山大**于巴比伦去世
	公元前323—前281年	继业者之争
	公元前168年	皮德纳之战
	公元前146年	**罗马**洗劫科林斯
	公元前31年	亚克兴角之战

公元前725—前700年	公元前700—前480年	公元前570—前480年	公元前490年，公元前480—前479年	公元前480—前338年
《伊利亚特》与《奥德赛》以书面形式写下	古风时期	雅典卫城的古风雕像	波斯战争	古典时期

公元前490—前450年 古风时期过渡至古典时期的雕塑

公元前447—前438年 帕特农神庙建成

公元前431—前404年 伯罗奔尼撒战争

公元前429—前347年 柏拉图

公元前336—前323年 亚历山大大帝统治时期

第一章

引言：为什么要研究希腊人？

对话中的文化

学生们拿起这本书时，或许会充满疑惑。要想理解当今这个复杂的世界已是很大的挑战，我们为什么还要学习两千多年前散落在地中海的文化？为什么要研究那一已经消逝的文化？研究工程学、医学这些实际的科目不是更加重要吗？毕竟这些学科是成就坚实事业的基础，可以给予人们改变世界的能力。造桥治病，这些都是值得付出努力的事业。可是研究希腊人能让你成为更专业的医护人员吗？能让你设计出更节能的房屋吗？

答案是否定的。但是除了了解这一丰富、活跃的文化知识可以带给我们纯粹的快乐，我们与希腊人之间的联系也会形成一种文化DNA，让我们在不知不觉中与古希腊开启对话。希腊人在民主、医药、建筑、天文、伦理、诗歌、舞蹈、数学等各个领域都令我们受益匪浅。如果没有德谟克利特（Demokritos，约公元前460—前370年）和留基伯（Leukippos）提出的原子理论，即宇宙是由肉眼不可见的小颗粒组成，这种小颗粒在希腊语中叫原子（atoms），那么我们要怎么分割原子？如果没有欧几里得（Euclid）的数学定理，工程师与数学家又该如何构建我们的世界？“民主”一词来自两个希腊单词（demos意为“人民”，kratos意为“规则”），就连我们对于真与美的概念也都来自古希腊人。通过对不同领域的仔细研究，我们发现古希腊文化并未逝去，依然活跃在当今社会。

真与美

希腊人看重真与美。但是这种美在我们看来或许很难理解。例如，我们常常感受不到他们的诗歌之美，因为相对于我们节拍至上的衡量标准，他们的诗歌之美更像是歌剧，具有复杂的格律。然而，即使是阅读译文，我们也能理解为什么所有受过教育的希腊人都会

图1.1《科雷提奥斯少年》，约公元前480—前460年，大理石，高1.17米

图1.2 尼多斯型阿佛洛狄忒裸体女像，普拉克西特列斯原作的古罗马仿品，公元前2世纪，大理石，高1.22米

在《伊利亚特》的陪伴下成长，这篇《荷马史诗》唤醒了每一个在特洛伊战场上抛头颅、洒热血的英雄人物。下面的选段是安德洛玛对丈夫赫克托尔的嘱托。那个夜晚，当这位特洛伊守卫者从战场回到家中，安德洛玛刻表达出了每一个面对爱人即将奔赴战场而死掉的男女所拥有的恐惧：

我亲爱的丈夫，
你的骁勇会断送你的性命。
你既不怜悯襁褓中的婴儿，
也不同情我这即将成为寡妇、独守空房的妻子。
亚加亚人雄兵麇集，整装待发，
他们会把你彻底击溃。而对我来说，
如果终将失去你，倒不如将我一起埋葬。
因为当你死后，除了悲伤，
我将一无所有。

（荷马，《伊利亚特》，6.405—17，约翰斯顿译）

另一种美体现在希腊雕塑中，其中在公元前4—前5世纪的作品中尤为突出。希腊人从埃及人那里学到如何切割并雕刻石灰岩与大理石，并迅速掌握了在石头上雕刻人形的艺术技巧。他们的作品不仅看上去栩栩如生，而且在比例和制作上都近乎完美（**图1.1**、**图1.2**）。希腊人还向埃及人学习了比例法则，并在一个世纪的时间内对它进行了根本的改革。他们更倾向于革命性的自然主义，而不是完全程式化地展示人体。

希腊人敏锐地意识到真与美的重要性。事实上，早在柏拉图（约公元前429—前347年）的《会饮篇》（*Symposium*）中，哲学家苏格拉底（约公元前469—前399年）记载了他的老师狄奥缇玛（Diotima）的一段讲话。这段话中，狄奥缇玛讲述了探寻者如何在追寻真的过程中找到美。他最开始发现了物质的美、身体的美，后来又逐渐深入，找到了法律与制度中的美。这种追寻还在继续：

> 继法律与制度之后，他会继续在科学中追寻美。他不再像吝啬狭隘的奴隶一般，只爱某个青年、某个男人或某种制度，而是放眼美的汪洋大海，高瞻远瞩，在对智慧的爱中创造出更多公平、高尚的想法与概念。他会一直追寻，直到他在美的海滩上长大、变强。最后，他发现了唯一的真知：处处皆是美。
>
> （柏拉图，《会饮篇》210c，乔伊特译）

图1.3《阿波罗残躯》（*Torso of Apollo*），公元前480—前470年，大理石，高1.32米

当我们看到这些图片、体会到这些感情、听到柏拉图宣扬对于真与美超验而神秘的沉思时，我们会将这种文化与流行文化进行对比。流行文化既无趣也无意义，却时时围绕着我们，就像文化中的蜜糖，让人上瘾、无法得到满足，只专注于短时享乐。生活在流行文化中的我们该如何改变呢？来学习一些有营养的地中海文化吧（**图1.3**）。

这并不是说我们要把所有希腊文化都置于至高无上的地位，那样就错了。毕竟阿里斯托芬喜剧中的放屁与自慰也是希腊幽默的一部分，这表明希腊人也会和我们一样粗俗。但是，从另一方面来说，接触希腊文化深邃的美会带来超验卓越的、改变人生的影响。德国诗人赖纳·马里亚·里尔克（Rainer Maria Rilke，1875—1926年）曾受到古希腊雕塑的启发，写下了一首十四行诗，诗中描绘的就是希腊文化的这种影响：

> 我们不认识他那传奇的头颅，
> 上面长着熟果般的眼珠，
> 但他的躯干依然如灯火般灿烂辉煌，
> 他的目光微微内驻，
> 矜持而又闪耀。

图1.4 科莱（Akr. 674），约公元前520—前500年，大理石，高92厘米

否则那胸膛的曲线不至令你目眩，
也不会有一条微笑的线条划过平坦的臀胯，
一直绵延到那传宗接代的深色的中央部位。
否则眼见肩膀脱背而断，
这块矮石只能残缺的竖立，
不会如兽皮一般闪闪发光，
其轮廓也不会如明星般闪耀：
因为他浑身各处都在望着你，
你必须改变你的生活。

［里尔克，《远古阿波罗裸躯残雕》（*Archaic Torso of Apollo*），米切尔译］

正如里尔克所理解的那样，希腊历史告诉我们，我们有所选择。日常生活中，重要与否、有无意义、深思熟虑与平淡肤浅不断交织。学习希腊人就像一剂良药，改变我们的肤浅，增强我们对古代文化与现代世界的理解。了解希腊人也意味着进一步了解我们自己。

尽管希腊人对现代社会有深远影响，他们的文化与我们有着长达几千年的分隔。左面这幅作品《科莱》（*Kore*，一位年轻女性的雕像，**图1.4**）可以追溯到公元前6世纪晚期。看着这座美丽又神秘的雕像，我们不禁对当时那个陌生却充满特色的社会产生了许多疑问。雕像的原型是谁？作者是谁？它和其他类似的雕像有什么作用？我们应当如何理解当时的世界？

西方世界对于希腊的迷恋由来已久，他们认为希腊人是西方文明的引领者。关于这一想法最为全面的描述来自普鲁士教育部长威廉·冯·洪堡（Wilhelm von Humbold）在1807年的书中的一段话：

在我们内心深处，希腊幸运地坐拥着人类最高贵、最富有的东西，并且将其发挥到极致……了解这个国家对我们来说可谓是幸事、乐事、要事。我们只有在希腊才能找到我们想要努力实现的理想。

［威廉·冯·洪堡，《希腊共和国灭亡史》（*Geschichte des Verfalls und Unterganges der griechischen Freistaaten*），第1807—1808页，麦金纳尼译］

这种对古希腊的崇拜可以追溯到文艺复兴时期。这不仅引领了18世纪和19世纪的哲学倾向，也在德国建立起一种学科体系，为古典语言、古典文明、希腊罗马古代历史方面的系统性研究打下了坚实的基础。这种传统也促成了将希腊文化视作完美典范的潮流，埃德加·爱伦·坡（Edgar Allan Poe）在诗歌《致海伦》（*To Helen*）中就曾提到“希腊的华美壮观”与“罗马的宏伟辉煌”。

所以，包括这本书在内，每一本有关希腊文化的书都基于欧洲思想文化史的某一特定时期进行讲述，与18、19世纪的国际秩序相互影响。在欧洲国家与古典世界千丝万缕的联系中，我们会发现希腊文化对现代生活的各个领域都有真实且重要的影响，但是这些复杂的关系还有待考量。

民主、古代与现代

民主是古希腊伟大的发明之一，现代世界与古希腊文化的复杂关系恰好可以体现在对民主的定义与实施上。我们一般会把英语国家中的民主政体分为两种：议会制和总统制，无论哪种民主都有各自的特点。一般而言，我们认为18岁以上的男性、女性应平等地享有公民权。政府是由公民选举出来、代表公民利益的机构，应对人民的呼声负责，正如《独立宣言》（*Declaration of Independence*）中所说："政府的正当权利来自被统治者。"

然而，如果让古希腊人描述他们的民主，答案或许会出人意料。与我们现在的概念不同，古希腊人不会将女性看作民主中活跃的一员，他们认为女性只是为男性生育孩子的工具；外国人也很少获得公民权，整个民主系统依赖于大量奴隶，正是这些奴隶的存在，公民才能从工作中解放出来、参与民主生活。雅典民主在某些方面像是男性的专属会所，并且把外来居民排除在外。此外，雅典人也不会将代表的概念与公民大会联系在一起，因为希腊城邦中的所有男性公民都享有投票权。雅典公民大会每年召开40次，针对公约、税收、宣战等问题进行投票。这种民主类似于瑞士行政区的直接民主，与英美两国的民主有很大不同。尽管议会代表由各个部落选举产生，但是选举方式为随机选举，代表任期只有一年，且不能在未来十年内继续担任，所以大部分雅典人在一生中都有机会入选议会、参与决策。

因此，我们很难按照现代行政管理方式，在希腊语中找到类似"政府"的对应词，因为每个雅典人都是"政府"。也许人们会指责发言人与将军决策失误，但是他们绝不会把政府作为单独的实体进行批判，因为所有政治决策都是公民直接参与的成果（相反，现代观点认为政府是与人民分离的行政机构）。然而，伪色诺芬（pseudo-Xenophon，约公元前400年）所著的《雅典政制》（*On the Constitution of the Athenians*）开头却显示出希腊民主并不受所有人欢迎："我并不承认雅典政制以及他们选择的政体类型与模式，因为这种制度的获益者是贫民而非上层人士。"（1.1）

这种对民主的谴责来自民主制度对贫民的偏袒，我们不能认为这是一个人发发牢骚而选择忽略这种判断，因为伪色诺芬在下文指出这种言论在贵族中盛行："全世界范围内的社会精英都会反对这种民主。"与现代民主官僚阶级膨胀与"大政府"侵袭的弊病不同，希腊政治思维的问题体现在参与城邦管理的人是否太多、民主是否过于袒护穷人。

然而，大体来说，希腊人还是对他们的生活方式引以为傲，因为相比君主制和暴政，他们更倾向这种基于法治、责任义务、解放男性公民等规则下的政治制度。例如修昔底德（约公元前460—前400年）在《伯罗奔尼撒战争史》第二卷中记录了雅典将军、政治家伯里克利（约公元前495—前427年）为纪念在雅典-斯巴达战争第一年中牺牲的勇士，于公元前431—前430年左右的葬礼上发表的演说。在这个充满政治修辞的宏大篇章中，伯里克利解释了身为雅典人的意义。在公共演讲中，讲者一般会通过引用亚马逊人战败之类的神话故事或讲述早期历史时期中波斯人的失败来引起听者的共鸣，而伯里克利却直接指出了当代雅典人相对于斯巴达对手的优越性，不在于勇猛，而在于生活环境的和平。他说道：

图1.5 莱奥·冯·克莱斯，《雅典的阿克罗波利斯》（*The Akropolis at Athens*），公元1846年，布面油画，1.03米×1.48米

我们依赖的并非管理与欺骗，而是我们的诚心与双手。在教育方面，我们从小就经历过各项体能训练，磨炼出了勇敢的心智。尽管我们平日里轻松舒坦，面对危险时，我们也能像敌人一样做好充足的准备……尽管我们爱美，品位却简单。修身养性的同时，我们并未丢掉属于男性的勇敢坚毅。我们拥有的财富，并不是为了当作谈资或用以卖弄，而是要真正用在刀刃儿上。在我们心中，承认贫穷并不可耻，真正可耻的是不付出努力改变现状。

（修昔底德，《伯罗奔尼撒战争史》，2.39—40，乔伊特译）

伯里克利还在演讲中提到，希望活着的人以逝去的人为榜样：

关于勇敢击败敌人的好处，我可以说很多（这些，你们和我一样清楚）。然而，我更希望你们日日把目光聚集到雅典的伟大上。当你全心全意地热爱它，当你认识到它的伟大时，再回忆一下，令它如此伟大的是明确自己责任的那些人、有冒险精神的那些人、以不达到某种目标而深以为耻的那些人。即使他们失败，也一定不会失信于国家，而是会毫不犹豫地为国家献出生命，那是他们可以为国家贡献的最美好的东西。

（《伯罗奔尼撒战争史》，2.43，乔伊特译）

图1.6 伊夫琳·特纳（Evelyn Turner，右）的丈夫泽维尔·鲍伊（Xavier Bowie）2005年8月30日于新奥尔良丧生，图为伊夫琳与家人、朋友和丈夫的尸体在河边等待

想象一下，当你看着雅典卫城时，你会联想到伯里克利指着闪闪发光的帕特农神庙。只有在高度自信的社会中，领导人才有勇气让民众直视这座城市的美丽，就像注视着自己的爱人一般（图1.5）。

伯里克利的演讲是对雅典人的赞美，也是对古典雅典民主意识形态最清晰的表述，但是后面的内容会让读者大吃一惊，因为修昔底德为读者呈现出一段血腥又生动的描述：仅仅几个月后一场瘟疫席卷雅典，包括伯里克利在内的上千名雅典人因此丧生，整个城市陷入混乱之中。这段内容从对症状的描述开始：

> 身体原本完全健康的人突然开始头部发热，眼睛变红发炎，嗓子与舌头出血，呼吸困难且伴有恶臭。接着就是打喷嚏、声音嘶哑，不久就会胸部疼痛，剧烈咳嗽。随后病情继续加重，病人开始肚子痛，并痛苦地呕吐，吐出胆汁。
>
> （《伯罗奔尼撒战争史》，2.49，乔伊特译）

对感染瘟疫的病人进行具体详细的描述后，修昔底德将描写的重点转移到这场灾难所造成的社会瘫痪上。最初人们把尸体从准备好的火葬坛上搬下，后来迅速演变为更严重的危机，绝望的人们逐渐丧失基本的人性。

这场瘟疫非常重要，因为修昔底德并非只是单纯描述病症的具体表现，而是通过对比伯里克利演讲中理想的雅典人与瘟疫盛行期间的暴行，点出了那些以自身价值与成就为傲的民主国家会面临的问题。这个问题简单来说就是：自由的社会有能力实现最高的愿望，但是必须先克服自身的弱点，他们一定会体会到理想中的利他愿景与现实中的明显失败之间的矛盾。

修昔底德认为这场瘟疫残忍地提醒人们，雅典人也会野蛮、不敬、无法无天，一些事例也告诉我们民主有时无法达到预期。2005年的卡特里娜飓风就是带来社会紧张等重大影响的最新事例。这场灾害给新奥尔良带来大规模的破坏，很多影像资料都能显示出当时社会的混乱情况。超级穹顶下的景象就像瘟疫中的雅典。非裔美国群体受到的不平等对待还引发了关于美国社会不平等的大规模的激烈辩论（图1.6）。实际上每个国家都会经历各种自然灾害，应对灾害得到的教训具有宝贵的社会价值。中国思想家认为饥荒是上天的指令，而西方原教旨主义者将艾滋病泛滥视作上帝对不道德行为的惩罚。修昔底德一定会认为卡特里娜飓风体现了美国社会真实状况与期望之间的差距。

希腊建筑与哲学

雅典与现代社会之间的相似性绝非偶然，而是体现了我们与希腊人之间的重要联系。我们已经通过民主概念理解了自身与希腊人之间的复杂关系，这种关系在其他领域也有所体现。例如在建筑中，如果没有希腊人的模型，很难想象现代西方人将如何通过建筑彰显权利与国家认同。希腊建筑规则是建筑家学习中重要的一部分，如爱奥尼式、多立克式、科林斯式的样式。很多与建筑装饰相关的词汇，如卵箭、珠卷、里反曲线，都来自希腊建筑的风格形式以及罗马修建寺庙、柱廊、大教堂上百年的历史。

然而，虽然表面看起来非常相似，实际上却大有不同，古典希腊标志建筑之一帕特农神庙与1818—1824年修建于费城的美国第二银行就是两个很好的例子（**图1.7、图1.8**）。

我们明显可以看出，美国设计师延续了从文艺复兴开始视希腊的建筑风格为建筑设计之典范。这两个建筑前都有八个多立克石柱，上面是带有柱间壁与三竖线花纹装饰的柱上楣构。尽管19世纪的建筑都会显示出古典主义的元素，但是除了视觉上的刻意模仿，这两座建筑的功能截然不同。帕特农神庙中摆放着由黄金与象牙制成的巨大雅典娜雕像，而且整座神庙位于雅典的宗教中心——雅典卫城的圣所；而美国第二银行则是为了保证国家货币供应稳定而建的金融机构（因为特许状在1836年到期，该银行并没有达到预期目标）。或许有人会说帕特农神庙也是雅典人用来储存金银的地方，所以从功能来说二者并没有什么明显的不同，然而在威廉·斯特里克兰（William Strickland）所造的希腊样式的建筑（美国第二银行）中，人们崇拜的只是商业而非神明。

这些异同都是梳理我们与希腊关系中反复出现的主题，这种不同寻常的动力还存在于受雅典影响最大的西方哲学与伦理领域。哲学家艾尔弗雷德·诺思·怀特海德（Alfred North Whitehead）曾经说道：“欧洲哲学传统包含了很多对柏拉图思想的补充。”由此可见，西方哲学只是在希腊人研究基础上的延续，希腊人提出的问题在今天依然影响我们的思维。从观察自然世界到探索自然本质的形而上学问题，再到思考怎样度过一生的伦理问题，希腊早在公元前5—前6世纪就已形成了他们的哲学体系，后来演变成影响所有学科的基础，物理、生物、硬科学以及历史、文学批评、哲学

图1.7 帕特农神庙，约公元前447—前438年

等人文学科都受其影响。

希腊人在哲学领域的奠基地位依然不容置疑，但是这并不意味我们要尊崇希腊人的观点。例如在政治思维与哲学方面，我们无法在柏拉图的作品中找到有关奴隶的全面论述，而且当他提到奴隶时，明显是认为奴隶比自由人智商更低。对于柏拉图来说，奴隶的思想基于信念而非理性，因此他认为："有些人天生就具有哲学思想，因此可以领导整个国家，而有些人只能服从领导者。"[《理想国》(*Republic*)，公元前474年]

图1.8 威廉·斯特里克兰，美国第二银行，费城，1818—1824年

亚里士多德（公元前384—前322年）也提出了人们生来拥有自由或被奴役的概念，并且在《政治学》（*Politics*）一书中提出了相似的问题："但是是否有人生来就是奴隶，对于他来说一切顺理成章，或者说，是否有些奴隶制并不违反自然？"提出这样的问题后，亚里士多德又大言不惭地说："基于理性与事实，回答这个问题并没有什么难度。统治与被统治的区别是必然的，也是有利的。有的人从出生开始就注定要服从，而有的人则注定会成为统治者。"（《政治学》，1254a）亚里士多德进一步提出了二元理论，认为自由成年男性要高其他人一等，女性、奴隶、未成年人生来就应当被统治。在《经济学》（*Economics*）中，亚里士多德随意谈论如何对待奴隶，因此也显示了他的传统思想，他写道："我们会给予奴隶工作、惩罚和食物。如果人们有食物却不会受到惩罚或者不需要做什么工作，他们就会变得傲慢无礼。"（1344a）

如果欧洲哲学真的是在柏拉图思想的基础上发展起来的，那么柏拉图及其弟子的话也许并不完全适用于理解现代生活的复杂性。民主社会否认奴隶制，承认女性与未成年人的权利。若从古希腊哲学中寻找现代哲学，我们则需要长时间的艰难探索，因为古希腊的政治道德思想坚信精英主义具有约束性，我们也继承了古希腊的这些思想。

东西对抗？

我们需要研究古希腊人，并不是因为他们的成就是天赋的结果，而是因为他们是我们的试金石。我们需要意识到，拥护古希腊文化并不能以牺牲我们自身的文化传统作为代价，而且了解古希腊文化是在向人们灌输历史知识，这是存在于现代社会所必不可少的积极环节。这其中的重要性不仅在于能够抵抗流行文化的侵蚀作用，还在于其涉及对现代世界的理解以及从历史视角看待问题的能力。

历史意识真的那么重要吗？我们来看下面这个例子："9·11"事件之后，美国乃至全世界都沉浸在恐惧与愤怒之中，奥萨马·本·拉丹（Osama bin Laden，1957—2011年）发布了一个公然抨击美国的视频："美国现在所经历的一切与我们的遭遇相比不足万分之一，受人侮辱，亲人被杀，血流成河，尊严遭到践踏，这些都是过去八十多年伊斯兰国的遭遇。"

本·拉丹没有直接使用"大撒旦"这一传统的反美国词汇，而是将当今格局与第一次世界大战后期进行对比。他将过去英法殖民者在中东所做的《赛克斯-皮科协定》（*Sykes–Picot Agreement*，1916年）、《色佛尔条约》（*Treaty of Sèvres*，1920年）、伊斯坦布尔最后一个穆斯林哈里发被废除（1924年）与现在世贸中心双子塔被毁进行对比。在本·拉丹看来，这其中每个事件都包含着权力的重大改变，但是为了充分理解他提到的事件，我们还需要请中东政治研究的专家进行解释。这些历史事件并不是西方历史的重要组成部分，也许只有研究历史的大学教授知晓，但是却激怒了那个痛恨一切西方文化的人，他心中的历史框架与我们的完全不同。他还说："我们要让世界知道，我们绝不会让安达卢西亚的悲剧在巴勒斯坦重演。我们绝不接受巴勒斯坦被犹太化。"

引人瞩目的并不全是激烈的言辞，更重要的是这些五百多年前发生的事现在重新提起，却让人觉得好像刚刚发生，仿佛1492年的收复失地运动（基督教军队击败西班牙的伊斯兰统治）与1948年的以色列国家宣言有着直接的联系。对于本·拉丹来说，就算不谈十字军东征，伊斯兰教与基督教之间的矛盾也持续了五百多年。在他看来，如果英国与西班牙是袭击穆斯林的主力，那么美国就是新一代的基督教压迫者。

本·拉丹已死，但是每天报纸的大标题清楚表明邪恶的原教旨主义还在以不同的形式蓬勃发展。哈里发

图1.9 纪念塞莫皮莱战役中丧生的斯巴达勇士之墓，上面为西蒙尼特斯题写的隽语：“告诉所有斯巴达人，告诉所有陌生人，葬身于此的我们永远听从命令。”

在叙利亚与伊拉克宣告成立；黎巴嫩真主党与以色列进行火箭贸易；阿富汗的尼日利亚女孩被迫离开学校，带上面纱，甚至遭到绑架。这些事件都是以无辜的人的生命作为代价。

这些事情与我们最开始的问题“为什么研究希腊人”又有什么关系呢？很多人都听说过东西方长期战争的言论，双方因为曾经的历史纠纷一直以来纠缠不休。然而现代冲突的根源也许比本·拉丹所说更深。据说，希腊与波斯之间的战争源于2500年前的一次冲突，在之后的不同时期又不断继续。然而尽管不同时期的冲突并不完全相同，现代冲突依旧根源深重。如果我们希望年轻男女冒着受伤与生命的危险去捍卫自由与生活方式，尤其是面对那些从根本上反对西方社会腐败的敌人，那我们必须要更好地理解自己的社会，否则不了解我们的过去，我们也无法预测未来。

最后的这个对比是为了说明研究希腊文化的重要性与及时性，这是一个多面的故事。公元前480年，波斯帝国的联合势力准备突袭希腊时，斯巴达国王列奥尼达（公元前530—前480年）前往希腊中部，加强塞莫皮莱地区的防御。塞莫皮莱地处山脉入海口，瓶颈地形易守难攻。前三天斯巴达及其同盟成功防守，但后来由于希腊叛徒告知了一条山上小路，波斯得以偷袭。明知留下来战斗必然意味着牺牲，斯巴达勇士依旧选择留下来。公元前5世纪历史学家希罗多德这样写道：

> 薛西斯带领军队步步逼近，尽管列奥尼达和希腊人知道他们即将赴死，他们依然前进，前进到更宽阔的地方。之前他们一直在狭窄的关口战斗，守卫那道防御城墙。然而，现在他们到了更宽阔的地方，很多野蛮人不断倒下，而他们的指挥者依旧在后面鞭笞他们、逼他们前进，甚至很多人都被推进海里淹死了。还有一些人被活生生的践踏，前进的人不顾脚下人的死活。希腊人已经知道他们一定会死在山上那拨人手里，所以面对那些野蛮人，他们展现出强大的战斗力、孤注一掷地战斗着。
>
> （希罗多德，《历史》，7.223，戈德利译）

这种英雄主义迅速成为传奇。直到今天还有人纪念那些牺牲的斯巴达勇士，塞莫皮莱的墓碑旁边是人们留下的野花，他们被列奥尼达的故事深深打动（参见第25页**图1.9**）。

也许波斯人不久会在萨拉米斯战败，一年后又在普拉提亚失利，但是斯巴达勇士的牺牲已经塑造出战争雏形，整个世界都将铭记这场战争。他们的行为很快产生了显著的影响，著名现代历史学家维克多·戴维斯·汉森（Victor Davis Hanson）这样将塞莫皮莱战后的情形描述如下：

> 当时的希腊人迅速意识到塞莫皮莱战争是一次重要的道德文化教训。从普遍意义上讲是一个小而自由的民族心甘情愿地战胜了鞭笞下被迫前进的帝国臣民。具体而言，西方思想认为士兵应该自己决定他们在哪里、以哪种方式、对抗什么人，而东方的对手则强调君主专制与独裁。因此在塞莫皮莱一战中，自由带给希腊人更多的勇气，也带来了他们后面在萨拉米斯与普拉提亚的胜利。
>
> [《历史与电影<斯巴达300勇士>》（*History and the Movie '300'*），私人文件]

这只是这个故事的一面，另一面虽然没有这么有名，却也值得在此一提。希腊的胜利促成了公元前5世纪雅典文化的蓬勃发展。如果不是因为战胜波斯为雅典文化生活带来了勃勃生机，人们往往很难理解埃斯库罗斯（公元前525—前456年）、索福克勒斯（公元前497—前406年）和欧里庇得斯（公元前485—前406年）的话剧作品，但是直到公元前5世纪末，一直

图1.10a 攸里梅敦花瓶，约公元前460年，陶制，高23.8厘米

图1.10b 攸里梅敦花瓶，背面图案

图1.11 大流士（坐着的）及其儿子薛西斯接见群众，波斯波利斯，约公元前490年，石灰岩，高2.54米

以打败波斯人为荣，不断嘲笑敌人的也是那些雅典人。

攸里梅敦花瓶（**图1.10**）上面装饰着公元前467—前465年波斯在攸里梅敦战败的场景，图中一名希腊男性手握生殖器靠近身着东方服饰的弓箭手，因为知道自己会被强暴，波斯人恐惧地举起双手。

奥林匹克式的平静或节制在这幅画中毫无痕迹。击退波斯人的胜利带给希腊人丑恶的、带有沙文主义的快乐，他们对波斯人轻蔑的态度是他们对胜利的反应，这种反应的影响就像他们在公元前5世纪的胜利一样影响深远。如果我们是希腊人的后代，帕特农雕塑是祖先的遗产，然而轻视伊斯兰教与伊朗、将近东文化归为“他者”“坏人”也是希腊遗产的一部分，这两方面体现的都是遗产的传承。西方将东方视为“他者化”（Other）的刻板印象的发展过程，在公元前5世纪起对波斯人的刻画中便可见一斑。

图1.12 扎克·施奈德的电影《斯巴达300勇士》中饰演薛西斯的罗德里戈·桑托罗（2006年）

图1.11中的浮雕创作于波斯战争开始的前10年，画中是波斯波利斯宝库门外的波斯大帝大流士一世（Darius I，公元前550—前486年）及其继承人薛西斯（塞莫皮莱战役的胜利者）。这是近东皇室肖像的传统描绘，画中除了坐着的波斯大帝，其他人都站在前面或者鞠躬，因此可见大帝的权威地位。大流士一世及其后代的形象比真人更加高大，彰显出与众不同的地位。大

流士和薛西斯手握的是权力的象征，莲花图案是阿契美尼德艺术（如：波斯皇室）常用的象征图案。这幅肖像恰好符合我们心中对皇室艺术的想象：严肃、秩序、复杂，皇帝和王子掌握管理整个宫廷，国家内的每个人都清楚自己的位置。

再看这幅扎克·施奈德（Zach Snyder）改编自弗兰克·米勒（Frank Miller）图像小说的电影《斯巴达300勇士》中薛西斯（公元前520—前465年）的形象，图中的波斯大帝秃顶、剃光胡子、戴着钉饰、穿着耳洞。这个形象与传统的波斯肖像截然不同，现代版本的薛西斯是对东方威胁论的夸张表述。他肤色黝黑、臀部纤细、喜爱珠宝、看上去就是双性恋者，现在的薛西斯形象都与阿契美尼德时代完全不同，与斯巴达国王的交流充满了性威胁。这段雅典历史与好莱坞文化结合的产物带有同性恋心理与恐同症的矛盾，而亚洲的薛西斯肖像是清醒严肃的。即使是现在处于21世纪早期的我们，创作的东方形象也不免带有“野蛮人”的特点。我们或许会问，为什么会这样呢？

教化

对于“为什么研究希腊人”这个问题，我们或许会有以下假设。所有的学习都是为了矫正流行文化中的糟粕，学习历史能够培养我们的历史意识，由此便可以更好理解这个社会及其成因。在这一层面，学习早期中国、玛雅或者任何文化群体的历史，都是有价值的。但是如果考虑到研究过去给我们带来的影响，研究希腊人就像是研究我们自己的家庭，研究我们与希腊人之间的关系就像厘清不同代际之前的家庭关系。无论是爱还是恨（或是又爱又恨），希腊人都是我们文化DNA中不可分割的一部分。

公元前4世纪，雅典思想家、演说家伊索克拉底（Isokrates，公元前436—前338年）提出在那个新旧权利交替的时代成为希腊人的新现实。对于希腊人，他给出了涵盖面更广的定义。他写道：“所有与我们接受同样教化的人都是希腊人。”这里所说的教化并非单纯学习诗歌、音乐、数学的教育，而是包括更广泛的文化学习。真诚探寻真理，严谨辩论政策，深度衡量美的概念，做事公开、宽容、举止端庄，尊重对手，这些都是文明的希腊公民应有的印记，也是我们与希腊人共有的教化。在笔者看来，我们一直研究历史中的希腊人是因为如果没有他们，我们远不会像现在这样正直、英勇、得体、可敬。为什么呢？因为我们都不是完美的人，希腊人可以告诉我们怎样变得更好，毕竟自己德行不佳时有个完美的典范并不是件坏事。在大卫的画中（第七章），胜利者为纪念塞莫皮莱战役中丧生的斯巴达勇士之墓送上花环，墓碑上面刻着西蒙尼特斯（Simonides）的话：

> 告诉所有斯巴达人，告诉所有陌生人，
> 葬身于此的我们永远听从命令。

所以，古希腊人似乎是最完美的一代，他们比我们更善良，是我们言行举止的榜样，时刻提醒着我们社会潜在的缺陷，他们的成就与丰厚的遗产让他们与众不同。在任期的最后一年，面对现代社会的挑战与威胁，美国总统奥巴马说：“多元与开放、法治与自由，我们（美国）因此而强大，因此而非凡。”总统的话在有意无意中暗示我们，我们与希腊人享有相同的教化，我们也是希腊人。

图1.13 常年性气体泄露火灾，燃烧的岩石，土耳其

焦点：

怪兽的来世

土耳其西南部有个地方叫雅纳尔塔斯（又名火山），很多游客都来参观岩石口的火焰在天然气作用下不断燃烧的景象（图1.13）。

这个地方原来叫利西亚，是柏勒洛丰（Bellerophon）骑在飞马帕伽索斯（Pegasus）上，杀死喷火怪喀迈拉（Chimera）的地方。据传，喀迈拉是利西亚国王阿米索达罗斯（Amisodaros）养来对抗敌人的怪物，或许这个传说源于此地不断喷火的奇异的自然现象。从天然气到喀迈拉，就像一些原始人用歌曲、舞蹈、仪式解释自然世界的现象一样，希腊人用神话解释周围的一切。

诗人赫西奥德曾在公元前8—前7世纪将喀迈拉描述为一只三头怪兽。荷马在《伊利亚特》中曾对喀迈拉进行详细的描述：

> 喀迈拉是永生的怪兽，狮头羊身蛇尾，一呼一吸间喷出明亮的火焰，几乎无人可以接近。伊俄巴忒斯（Lobates）命令柏勒洛丰杀死喀迈拉。柏勒洛丰顺应神明的指引，终于杀死了喀迈拉。
>
> （荷马，《伊利亚特》，6.179，拉铁穆尔译）

这种叙述风格就是古风时期（公元前700—前480年）希腊世界的叙述方式。那时的希腊人将之前的历史视作至高无上的神与英雄，野蛮的怪兽应该被驯服或杀死。赫拉克勒斯（Herakles）与涅墨亚狮子、宙斯与泰菲

图1.14 阿雷佐的喀迈拉，约公元前400年，青铜，长1.29米

图1.15 波瑞画家，拉科尼亚黑色基里克斯陶杯，约公元前570—前565年，陶瓷，深14厘米

图1.16 科林斯钱币上的帕伽索斯与卐字饰（太阳的象征），约公元前550—前500年，银制，8.6克

厄斯（Typhoeus）、忒修斯（Theseus）与马拉松公牛，这三个故事讲的都是众神和英雄战胜混沌的力量。公元前400年左右的伊特鲁里亚青铜雕塑——阿雷佐的喀迈拉，正是荷马笔下的怪兽形象（**图1.14**）。这个雕塑很可能是柏勒洛丰杀死喀迈拉的雕塑群中的一部分。

早在公元前6世纪，就有一些容器上面画着柏勒洛丰和珀伽索斯与喀迈拉的对抗场面（**图1.15**）。但是随着故事的流行，喀迈拉与利西亚之间的特殊关系也逐渐减弱，故事背景和其他因素变得更加引人注目。喀迈拉除了是利西亚的怪兽，也变成了科林斯流传的一系列故事中的一部分。科林斯人认为自己与珀伽索斯有特殊的联系：珀伽索斯在佩瑞涅泉饮水时就站在科林斯的土地上，因此科林斯的硬币上用珀伽索斯来代表这个城市（**图1.16**），就像猫头鹰象征雅典，乌龟象征艾伊娜一样。相反，科林斯的邻国（常常也是敌人）西顿城将喀迈斯视为自己的象征。如果科林斯人有飞马的话，估计西顿人也会找到与之对应的狮头羊身蛇尾喷火兽（**图1.17**）吧。公元前400年后，西顿人开始铸造带有喀迈拉图案的硬币。利西亚的传说故事后来用于讲述希腊本土的竞争。

喀迈拉的故事不仅停留在科林斯和西顿城，还与希腊文化一同传播到地中海地区。希腊神话中最常见的场景：

柏勒洛丰与喀迈斯的对抗，在罗马帝国中的很多地方都可以看到。有关的马赛克图像最远在法国南部的尼姆发现，波斯考古学家2003年在叙利亚沙漠的巴尔米拉找到相关的马赛克图像（**图1.18**），他们发现这幅图画与后来圣乔治和龙的图像有很多相似性。

从土耳其的天然气火焰到英国守护神的天敌，喀迈拉的各种变体都显示着我们与古希腊出人意料的联系。在现代文化中，喀迈拉的形象不仅出现在J. K. 罗琳（J. K. Rowling）的“哈利·波特”（*Harry Potter*）系列，还出现在根据《纳尼亚传奇》（*Chronicles of Narnia*）改编的角色扮演游戏中。喀迈拉与其他古希腊神话中的生物一样，都是我们文化DNA的一部分。就像我们实际的DNA由不同基因组成一样，对于喀迈拉的继承也是有好有坏。20世纪80年代，为了在细胞水平上研究人类的生物学进化过程，以及为人类器官提供孵化器，科学家们开始创造各种人与动物基因组合的生物。这些基因组合生物就是科学社会中的“喀迈拉”，因此这些科学研究的伦理问题异常复杂，跨越不同物种边界的研究令人惊讶，就像当年希腊人想到集不同物种为一身的喀迈拉一样令人震惊。也许我们在科学意义上创作出来的不同基因组合生物，与古代神话中的喀迈拉并无不同。

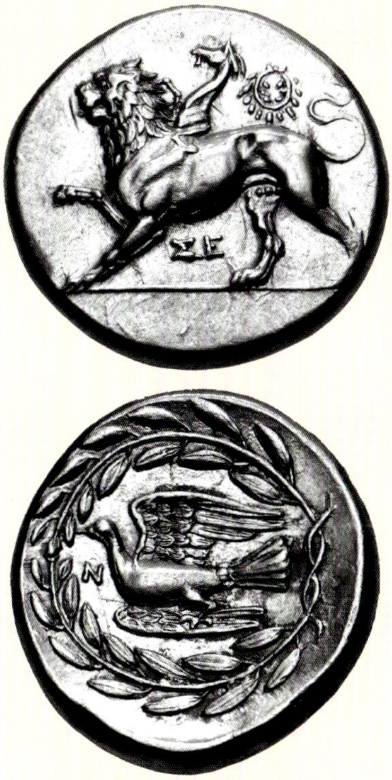

图1.17 西顿钱币上的喀迈拉和鸽子，约公元前330年，银制，11.9克

图1.18 柏勒洛丰与珀伽索斯屠杀喀迈拉，巴尔米拉，约公元260年，马赛克

公元前1650年 新宫殿时期
公元前1628年 锡拉火山爆发
公元前1470年 新宫殿时期结束
公元前1450年 线形文字B最早在克诺索斯有记载
公元前1200—前1100年 后宫殿时期后期

第二章

早期希腊人与米诺斯人：迷宫与弥诺陶洛斯

本章主要介绍的是克里特岛上的米诺斯人。我们将按照时间顺序介绍整个早期希腊，研究农业、贸易、阶级社会的发展如何促进米诺斯文明的发展。克诺索斯的平面图为研究米诺斯的经济再分配奠定了基础，基于这些地图，我们推断出米诺斯宫殿的文化本质是宗教性、戏剧性的。在划分米诺斯文明的阶段时，我们将聚焦于因火山爆发而毁掉的锡拉地区。根据古代近东地区的各种考古证据，我们将米诺斯文明的范围限定在地中海东部地区。希腊世界与古代近东地区的密切关系值得我们重点研究。本章结尾处则重点介绍使用非文本材料进行推断的研究方法，该方法在希腊研究中具有重要意义。

新石器时代的希腊：复杂社会雏形

古希腊的史前史到底可以追溯到什么时候？近期希腊-美国小组对南克里特岛的石器进行了研究，发现早至一万三千多年前就有古人类通过海路到达克里特岛，这一结果比10年前的研究结果还早了几千年。在公元前18000年的旧石器时代，希腊南部阿尔戈利德的弗兰克西洞穴遗址就曾有人定居。在开始人工种植粮食、驯养动物之前，人们主要依靠丰富的鹿肉为生，例如鹿皮、鹿筋、鹿角、鹿骨。公元前11000年之后，人们开始食用扁豆、野豌豆、开心果和杏仁；公元前7000年之后，野生燕麦和大麦也开始出现在植物记载中。住在洞穴里的人们逐渐开始开发附近海域中金枪鱼等深海物种。直到公元前3200年左右的新石器时代末期，人类一直居住在该洞穴，整个过程持续了近15000年。

其他部落在发展时也经历了类似的过程。法国考古学家发现公元前6400—前4000年及后来的青铜时代曾有人居住在希腊北部的迪基利塔什遗址内的一座山丘中。弗兰克西洞穴等穴居部落主要位于伯罗奔尼撒南部、科林斯地峡下方的一片陆地上，如德罗湾下的阿勒珀特里帕洞穴。目前考古挖掘发现了很多新石器时代中晚期（公元前5000—前3200年）的洞穴遗址，其中在一个以墓葬最为出名的洞穴中目前已发现161个独立墓葬：一部分是火葬，另一部分埋在洞口下5米深的竖井处。与弗兰克西洞穴一样，大部分洞穴靠近水边，易于隐蔽、防御。

部落联络与陶器起源

这些新旧石器时代的部落并不是独立存在的，而是可以进行远距离贸易的。弗兰克西洞穴中用于制造箭头、刀片和刮刀的黑曜石（黑色、具有玻璃质感的

图2.1 带有彩色装饰的球形花瓶，迪米尼，新石器时代晚期或末期（公元前5300—前3300年），陶器

图2.2 迪米尼虚拟现实造型语言（VRML）的模型

后来的房屋多为建在石头地基上的泥砖墙斜顶房。研究这些新石器时代房屋的结构并非易事，我们或许可以通过现存的厚环形墙获得一些启发。如图2.2中的还原模型，迪米尼的围墙为同心圆状，高度在1米～1.7米之间，呈放射状排列，中间有四条通道。这种建造方式有什么用意呢，是为了防御，还是用来挡土？无论是出于哪种目的，这种布局都已显示出中心规划以及明确的空间布局。位于中心稍大一些的建筑空间叫作正厅，一般被视为中心权力的象征，代表大人物或首领的住所。随着社会分层出现，我们可以推断出地位与阶级成为后来米诺斯社会的特点。

火山石）来自150公里外的米洛斯岛。现存的黑曜石证明，人们早在史前时期就开始与其他部落进行交流、贸易，有些贸易地方只能通过海路到达。

公元前5000—前4000年的两处遗址显示，希腊中部地区的社会构成渐趋复杂。在色萨利南部的塞斯克洛，人们住在高地上由泥砖建成的小屋里，可以俯瞰下面的河谷，河谷周围种着小麦、大麦等作物。赛斯克洛遗址是陶器出现在希腊世界的标志，其中尤其引人注目的是那些反映生殖崇拜的女性陶俑。在距塞斯克洛东部5公里外的迪米尼，有些部落与塞斯克洛遗址在选址上有重合，这些新石器时代的遗址大多坐落在靠近大海的肥沃平原上，公元前5世纪时平原与海仅隔1公里，因此居民的贸易网络覆盖范围远至爱琴海。迪米尼的高质量彩饰陶器显示了当地文化的生机与活力（图2.1）。

这些部落多以农业、牧业为主。现有动植物表明，绵羊、山羊、猪是那一时期常见的家畜。人们也会捕猎、采果，补充每日膳食。与早期弗兰克西部落和德洛部落相比，这一时期的希腊文化变得更加复杂。人们居住的地方正好可以俯瞰他们耕作的田地，居民们一年四季都住在这里。早期房屋通常是由瓦片简单砌成，而

公元前第三个千纪：青铜时代

塞斯克洛和迪米尼遗址显示了希腊大陆文化渐趋复杂的趋势。随着公元前3000年青铜冶金的广泛进行，以及当时爱琴海世界日益紧密的联系，商品和人员流通也渐趋频繁，文化因此变得更加丰富。例如：马拉松平原的采皮公墓，其历史可以追溯至希腊底文明I、II期（图2.3）（“希腊底文明”用于描述青铜时代希腊大

图2.3 采皮公墓墓室，靠近阿提卡的马拉松，公元前3200—前2000年

陆文化历史不断变化的一段时期)。采皮公墓由64个坟墓组成，按照统一规则整齐地排列起来：长方形坟墓周边整齐排列着河石或片岩，上面盖着厚木板，由此可见整个公墓都是经过精心规划的。采皮公墓与基克拉迪群岛的关系通过这些陶器可见一斑，铅黄（氧化铅的一种形式）的存在也显示出早期灰吹提炼法与铅银熔炼过程。采皮公墓的存在让我们更加迫不及待地想了解公元前三千多年时曾与地中海岛屿进行贸易的部落。

这一时期另一重要遗址是阿尔戈利德海湾附近的勒拿。考古学家在这里发现了6个不同时期的居住痕迹与建筑风格。公元前2500年左右，勒拿居民建造了一座叫作“廊屋”的纪念性建筑物，在艾伊娜（塞隆尼克湾中的一个岛屿；图2.4)、底比斯大陆、阿戈利地区其他遗址（如：育高丽斯）中都能找到相似风格的建筑。这些建筑的特色为二层楼与楼梯，暗示中央集权以及对劳动力的控制。勒拿建筑的特点为烤陶瓦屋顶，房屋周围为双层防御墙。建筑物被大火烧毁时，当地的人们就会在废墟中央搭起一圈石头，并在中心建起坟墓，或者叫土坟堆。这是为了纪念有权有势的首领吗？很有可能，但是有些人认为这里并不是首领的住所，而是公共建筑。与青铜器时代的其他文化一样，由于缺乏证

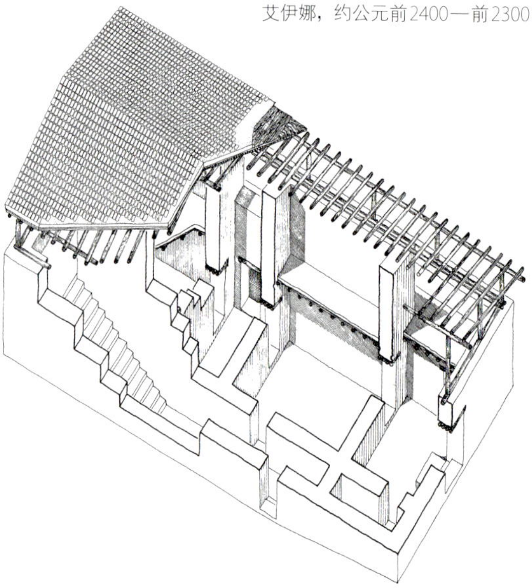
图2.4 重建的“魏瑟斯之屋”（白宫），艾伊娜，约公元前2400—前2300年

图2.5 沙尔克斯的环形梯状挡土墙，艾奥斯，约公元前2500年

据，我们往往很难解释清楚曾经的现象。

公元前3000多年的爱琴海其他地区也有改变的迹象，但是依然需要进一步解释。尽管大陆上没有位于中央的纪念性建筑，米洛斯岛的皮洛克皮，利姆诺斯岛的波利奥尼、弥里娜、可可尼西，艾奥斯（**图2.5**）的沙尔克斯等地的考古活动发现这些建筑和防御工事可能只是结构复杂、层级分明的社会留下的作品。然而沙尔克斯的最新考古研究发现了很多建筑都是二层楼，地面上铺着石子，还有灌溉系统，清楚地表明了这些建筑是有组织的集中部落。

利姆诺斯岛弥里娜的海边遗址显示出这些早期部落的复杂性。早在公元前3000年这里就有一个定居点，可以有效抵御恒风。公元前2500年，从新石器时代末期转向青铜时代早期后，该定居点扩大到80000平方公里，最多可容纳4000人。人们用石头建造住宅，还设计出沿着房屋间鹅卵石小道铺设的石制排水系统。

陶器对于还原爱琴海地区青铜时代的早期历史有着至关重要的作用。例如，“克洛斯-锡罗斯文化”一词就是用以概括基克拉迪群岛地区共有的陶器形态与建筑风格。促进这种同质文化产生的频繁交流或许并不是和平友好的往来，因为当时这一地区还存在很多关于战舰的描述，在锡罗斯岛的哈兰泽瑞阿尼等地，每艘船需要至少25名男性操纵，似乎是大部落向边缘小部落展示自己的实力。

青铜时代爱琴海地区另一难以理解的现象是那些大理石雕塑，又被称为基克拉迪小雕像（**图2.6**）。这些来自墓葬等地的可靠考古资料，可以通过某种类型序列（根据共有特征区分史前手工艺的方法），判断出是公元前3000年早期或末期的产物，但是这些小雕像的作用依然难以辨别。大部分基克拉迪小雕像都是女性身体概括，高度低于1米，手臂抱在胸前，胸部及阴部三角区外露。

图2.6 基克拉迪小雕塑，斯比多思风格，约公元前2600—前2400年，大理石，高49厘米

他们是象征女性生殖能力的崇拜对象，还是仅仅是玩具？这些小雕像用大理石雕成且遍布爱琴海地区及更远的地方，所以一定是重要的雕像，但是这依然没有解开上述问题。这些雕像是拿在手中的，还是陈列在什么地方？这是神的象征，还是代表祖先或家庭的灵魂？是不是和霍皮娃娃一样，代表家庭或当地的精神？另外，建筑、墙、陶器、肖像，所有这些也都需要我们进一步解释，如果没有文献支撑，我们该怎样重现留下这些物质遗迹的部落呢？与研究其他希腊史前文化一样，回答这些问题的第一步是尽可能多的搜集资料，但是解读这些资料时还需要进行推断与比较。我们与希腊人之间巨大的知识差距更是不容忽视，我们都不知道这些小雕像是某种仪式的一部分，还是在某些祈祷活动中使用。

现在我们见证了希腊史前部落渐趋复杂的趋势。这些部落规模变大的同时也更加阶级化，部落之间的联络（不同地区之间的货物贸易及陶器风格衡量）显示出希腊世界的一大特征：各部落沿水发展；水域并未将他们分开，反而促进了货物的流通、人与人的交流、思想的碰撞。新石器时代的集约化直接促进了青铜时代阶级秩序的形成，最先受到影响的就是克里特岛。

克里特岛上的米诺斯人

如果说青铜时期的希腊有一个地区拥有现代想象力，那一定是克里特岛，因为我们发现克里特中心地区克诺索斯的方式就非常戏剧化。海因里希·施里曼（Heinrich Schliemann）19世纪70年代时曾在特洛伊与迈锡尼进行考古探索（第三章中将会详细讲解），他发现这里的物质文化可以和《荷马史诗》中的世界联系起来，其他考古学家也发现了这一事实。19世纪末时这个考古发现似乎可以将希腊人的神话与故事变成真实的历史。

与特洛伊和迈锡尼一样，克里特在希腊神话中有独特的地位。传说中米诺斯国王与他的怪物儿子弥诺陶洛斯（Minotaur，他的母亲与公牛通奸后生下的孩子）的家乡就在克里特岛，弥诺陶洛斯享用百姓上供的雅典童男童女的迷宫也在这里。1900年后，英国考古学家阿瑟·埃文斯爵士（Sir Arthur Evans，1851—1941年）在克里特团队的帮助下开始克诺索斯地区的考古发掘。最开始他发现了青铜时代的一个大宫殿，这些发现让曾经仅存于神话里的文明变成了真切的实体。他们发现了巨大的建筑群，内有几十间房和蜿蜒的走廊，不熟悉这种格局的人或许会疑惑：我们是不是找到了米诺斯迷宫。

过去100年中，对于青铜时代克里特物质文化的研究让我们得以完善埃文斯最先提出的时间线。但是我们对于一些术语仍有疑问，树轮年代学（通过树上年轮确定时间）、碳14测年法（通过碳的放射性同位素确定时间）、热致发光法（加热古代材料后测量发出的光）等确定时间的方法进一步发展后，我们还需要修改一些具体的时间。米诺斯纪年学泛指发展、鼎盛、毁灭、重建宫殿等一系列内容。然而我们还会发现，宫殿并不是青铜时代克里特岛唯一值得研究的地方。

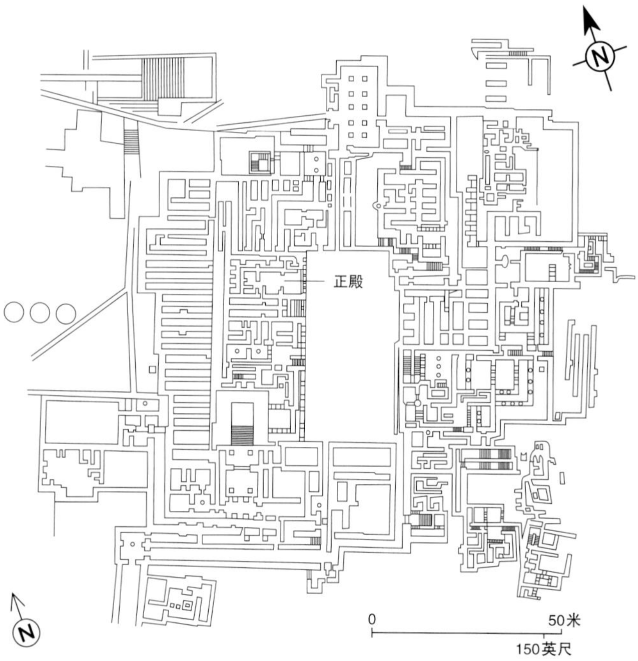

图2.7 克诺索斯平面图

居住在克诺索斯岛的社会很复杂，这一地区的平面图显示出的规律性与严格的对称布局恰好验证了这一观点（图2.7）。请看图，中心地区的入口都受到了严格的控制，如果想要进入宫殿正殿，人们需要先进入南北侧的纪念性建筑才能到达宫殿中心。叙利亚的乌加里特也有相似设计的宫殿，约建于公元前2500年。叙利亚与克里特相似的宫殿设计很具有研究价值，因为正好可以说明克里特文明逐渐深入更加复杂、阶级化的国家内部（公元前第二个千纪中很多证据都说明文化逐渐深入更广阔的世界）。前往中心宫殿的走廊都装饰着大幅壁画，画中有游行的人们（例如百合花王子壁画），还有真牛大小的发怒的公牛。尽管我们并不知道王座上是国王还是王后、牧师还是女祭司，严防死守的通道、华丽的壁画、王座侧面纹章狮鹫，这些留给我们的印象一定是强大的中央集权。整个建筑群展现了高度神权的特点，然而很多学者发现并没有人在这里长时间居住，这些建筑群，或者叫宫殿，只是仪式性的中心，并非现代意义中的中心。马里亚、费斯托斯、扎克罗等其他米诺斯遗址都有类似的平面布局，由此我们可以看出克里特文明的同质性。在这些地方，建筑群中间都是开放型的大王宫。东边的房屋一般被称为皇家公寓。通风的深井和宽阔的楼梯通向宽敞明亮的、装饰着美丽壁画的房间，壁画描绘快乐的场景，如嬉笑打闹的海豚。有些房间还配有浴室，仿佛里面有一位世故而高雅的精英整日安逸度日。西边是王座室、清垢脸盆（用于净化仪式），还有一些房间里的装饰和小物件显示出仪式功能，除此之外就是一些又窄又长的储物房间。

牛背跳

宫殿中心的大片空地可能是用于米诺斯宗教最重要的仪式，玛雅城市广场也有类似的现象。与新世纪球类比赛不同，米诺斯仪式更注重对公牛的崇拜，特别是常被误称为运动的牛背跳。尽管牛背跳需要高超的运动技巧，但并不单纯为了娱乐，而是一种解释恒星运动天文现象的表演，就像在夜空中英仙座“跳过”公牛

图2.8 牛背跳壁画复原图，泰勒搭拔（古阿瓦里斯），公元前16世纪

图2.9 克里特人献礼，克米尔墓壁画，公元前1475—前1425年

图2.10 阿基亚特里亚达石棺细节，图中是祭献牛的场景

图2.11 角状环，克诺索斯，公元前1550—前1500年，滑石，高30.5厘米

阿瓦里斯牛背跳的存在使我们意识到米诺斯克里特在地中海地区重要的作用，也就是说克里特不仅与希腊大陆有文化交流，还和周围岛屿有过广泛的联系。埃及新王国时期的壁画上有克里特人向法老献上礼物的情节，克米尔墓的历史可追溯到公元前15世纪中叶图特摩斯三世（Thutmosis III）或阿蒙霍特普二世（Amenhotep II）统治期间，画上的男人穿着克里特风格的裙子，手握角状环（装满后重达3000克的石制容器），铜片做成了牛皮的形状（**图2.9**），与乌鲁勃朗残骸中的图画相似，画上还写着一段文字：

救仙女座一般，年轻的克里特人通过跳牛背的活动来表演这一宇宙故事。与其他米诺斯文明一样，我们的解释都基于推断而非文本证据，但是对公牛的狂热崇拜是毋庸置疑的。富有的克里特人会戴一种带图章的戒指，上面是刻在宝石上的牛背跳图案，壁画和赤陶小雕像也能显示出当地人对公牛的崇拜。米诺斯艺术中随处可见的献祭角（代表神圣公牛角的象征）也证明了公牛崇拜在克里特的流行程度。不仅在米诺斯克里特，近期埃及阿瓦里斯首府喜克索斯的发掘表明，那里也流行过牛背跳（**图2.8**）。

开弗提坞首领及海上岛屿的首领怀着和平的心来到这里，谦逊地低下了头，因为蒙赫普里国王（图特摩斯三世）的能力可以给人永生！当人们在异国他乡听说这一成就时，就会把礼物背在背上，希望国王赐予他们生命的呼吸，想要效忠陛下，这样陛下的能力就可以保佑他们。

[《乌尔克》(*Urk*)
第四卷，1098:14—1099:3，加兰译]

埃及人所说的“生命的呼吸”是用于表达一个群体希望成为埃及国王封臣的愿望，他们带来的礼物也是作为与法老的部分交换。克里特人会收到什么礼物呢？“开弗提坞”（埃及对克里特的称呼）是在佩鲁-内弗的皇家船坞建造的船，这就是米诺斯人从法老处获得的好处：这些埃及建造的船使米诺斯人的力量远超克里特。

尽管克里特各处都有牛背跳的图案，其他地方也没有显示出牛被屠杀的痕迹，它们很可能既被献祭又被崇拜。例如阿基亚特里亚达石棺上画的是一只被捆住、吊在桌上的牛，刚被女祭司刺伤，血从脖子上的伤口里喷出来（图2.10）。角状环由滑石雕刻成牛头的形状（图2.11），这些角状环在仪式上被毁或被埋，又是一次献祭。有人说，这些角状环太重，因此不适合用来饮酒，于是就被用来盛放献祭公牛的血液。宫殿中心大片的空地、一致的设计布局、王座室的位置，我们把所有线索联系在一起，就可以想象出一个已经发展出周密僧侣特点的米诺斯社会。国王（或王后）是不是最高的牧师（或女祭司），他们是否还是神（或女神）的象征，我们依旧不得而知。

米诺斯宗教

关于米诺斯宗教，我们目前了解的是，尽管克里特人在宫殿布局和无处不在的公牛崇拜上显示出了与近东地区的联系，他们在别的方面与地中海东部其他地方依然不同。这里似乎没有神庙或神屋（其他青铜时代文化都这样命名），而且“金戒指”一词经常用于描述在空中盘旋的人，据说这是代表神仙显灵了。一些学者推测，壁画中坐在王座上的女神实际是由祭司扮演的，因此米诺斯宗教中的仪式进一步引起他们意识和精神状态的改变。米诺斯肖像画具有暗示性，画中的女神常戴一顶罂粟王冠，由此可以推断从罂粟中提取的鸦片很可能是宗教仪式的一部分（图2.12）。

图2.12 罂粟女神，加齐，克里特，约公元前1350年，赤土陶器，高79厘米

图2.13 蛇女神，克诺索斯，约公元前1600年，彩色陶器，高34.2厘米

图2.14 克诺索斯发现的线性文字B，记录牛头和杯子形状的贵金属容器，约公元前1375—前1350年，陶土

但是我们对于这些宗教仪式的了解依旧很少，也不知道使用这些物品的善男信女的真实信仰。相比之下，彩陶雕像蛇女神更为常见，穿着米诺斯短裙的女人手中拿着蛇（**图2.13**）。但是这些拿蛇的女人是否等同于美国南部的弄蛇者，还是说这是一种对祖先的崇拜（因为蛇一般是重生的象征），我们都没有确切的答案。

通过陶器和肖像画，我们可以更准确地推断出另一种仪式：宴会。通过近年来考古学家的研究对比，我们越来越理解宴会作为一种主要社会习俗的重要性。在宴会上各个部落可以展示自身实力，精英们也可以借此机会宣传自己的分发食物、酒水等能力。这些被称作“贵族角色”的宴会促进以陶器结成的社会关系进一步形成、发展，包括盛酒的大双耳喷口杯（或叫大碗）和个人使用的小陶杯（一种浅茶杯）。其他经常在宴会上大量出现的陶器，比如锥形杯、碗等，也显示出公共宴会的特点。意大利考古学家曾详细研究过费斯托斯的宴会考古证据，发现这些宴会一般在葬礼仪式或宗教节日的时候举办。那么那些宫殿就应该是用作宗教仪式和社会习俗的场馆，显示出富有、复杂的社会状态。

考虑到埃文斯在克诺索斯发现的大量物质文化，米诺斯并没有任何文献记载确实让人意外，我们对青铜时代的理解也面临着巨大的挑战。除了与地中海东部地区的其他青铜时代文明（主要是埃及、亚述、赫梯）有很多共同点，米诺斯并没有任何关于礼拜仪式、法律文本、历史纪年等半永久形式的记录，例如在泥板或纸莎草上的记录。考虑到他们应该不会毫无类似的记载，这的确让人很疑惑。米诺斯克里特人还发明了名叫线性文字A的书写体系，这是一种通过音节和表意记录宫殿产品和分发货物的语言体系。这个高度发达、阶级化的社会已有书写体系却没有文字记载，更让人疑惑。然而不幸的是，留存至今的线性文字A太少，因而不能确切判断它们的意思。但是克里特人使用的第二种书写体系线性文字B在青铜时代晚期还存有大量的材料，并且历史学家已经成功翻译出文字的含义。线性文字B使用了很多线性文字A的符号，刻在潮湿的陶板上，记录王宫的货物。王宫被毁时由于经过火烤，陶板上的字变成了永久的记录（图2.14）。与美索不达米亚的《吉尔伽美什史诗》（*The Epic of Gilgamesh*）不同，克里特线性文字B并没有提供过多的诗歌、文学信息，但是翻译这些文字还是为研究宫殿经济的学者提供了宝贵的帮助。结合在克诺索斯建筑群西侧发现的大型储藏室，线性文字B显示出宫殿是经济再分配的中心。

米诺斯经济

“经济再分配”一词还需要进一步定义。历史学家用它来表示基于主要作物不断累积的复杂经济系统。农民耕种的土地是否有一部分归自己所有，还是（作为奴隶或劳工）在宫殿的土地上耕种，这些我们都不确

图2.15 储藏室里的大口陶瓷坛，克诺索斯

图2.16 丰收花瓶，阿基亚特里亚达，约公元前1500年，滑石，高46.5厘米

定。但可以肯定的是，剩余的货物会有两种作用，一是供养宫殿里那些金匠、武器师傅和香水制造商，一是补偿遭遇作物歉收、粮食短缺的农民。因此这一制度需要基于宫殿精英、生产粮食的农民、生产奢侈品的劳动者三者之间的平衡。作物包括油、谷、酒，装在大口陶瓷坛内，放在宫殿里的储物间里（**图2.15**），奢侈品包括金、银、铜、锡（铜、锡可以制造青铜）等贵金属。香水、矛枪、战车等产品表示宫殿是生产制造的中心，米诺斯遗址中的珠宝首饰也证实了这一点。所以这些宫殿并不只是宗教中心，还是整个经济系统的中心。

按照基于供求关系的市场经济准则，这一系统几乎不可能存在，但是这一系统的存在是基于宫殿对人口的控制，而不是强制剥削系统。乡村的牧羊人、农夫，宫殿的士兵、金匠、官员，这些人之间的合作有很多原因。在这种平等互惠的经济中，农民可以少几天强制劳动［例如挖灌渠、修墙、收割等（**图2.16**）］，并从宫殿剩余的食物供给中得到补偿。这种补偿既是薪酬，又是需要时的紧急份额。考虑到爱琴海地区的谷物经常歉收，这种协议是互惠的。如果宫殿被视作国王的家或是上帝的代表，那么宫殿里的劳动生产就是一种对神的奉献。

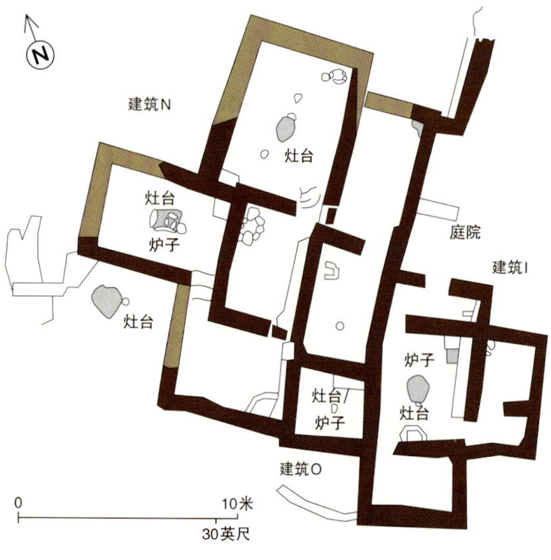

图2.17 弗昂达I-O-N型建筑平面图

宫殿之外

这些宫殿在历史研究中十分重要，但是并不是所有青铜时代的克里特人都住在类似克诺索斯或费斯托斯的宫殿或附近。对于普通百姓来说，生活截然不同。克里特人住在山顶或洞穴附近，那里的献祭可追溯到米诺斯时代早期（公元前2500—前2000年）。这些神圣的景观在宫殿之前就已经出现了，尽管有人说宫殿常常与山顶的圣殿建在同一条直线上，我们无法确认宫殿是否控制着当地所有的宗教活动。也许最戏剧化的宗教来自克诺索斯南部的阿奈莫斯匹利亚。20世纪70年代晚期，希腊的发掘者发现了一座神殿，里面有四具尸体，其中一具被地震中滚下的岩石砸伤，另一具在地震时正好用于献祭。

我们对青铜时代克里特宫殿以外的研究并不只限宗教领域。岛屿东部的米拉贝洛湾附近在水源和可耕种土地附近发现了发展起来的农场和村庄，但是起码在整个米诺斯时代中期（公元前2000—前1550年）都没有任何宗教中心。我们可以在现在卡乌斯附近的弗昂达村庄（**图2.17**）看到公元前1200—前1100年小镇鼎盛时期普通人的生活。我们在那里找到了按一定建筑模式排列的中等家庭布局：朝北的庭院、中心有3～5间房间、一个配备壁炉和长椅的大房间。除此之外，屋内还有大量厨具以及屠宰羊、猪、兔、牛（很少）的痕迹。这些仿佛显示出那个时期的持续发展，越来越多的房屋数量（先I型，后O型，再N型）与不断发展扩大的大家庭非常相似。

除了整体的建筑，还有两种房屋布局模式。G型在西面外观上使用了很多大卵石，内部的建筑材料却截然不同。与平时常用来准备食物、吃饭喝酒的房屋不

图2.18 米诺斯克里特：约公元前2000年主要考古遗址

同，G型建筑内部多为陶制，有蛇形管道、瓷片、高举双臂的女神陶土像。这个神殿似乎为整个部落服务。这一地区的发掘在解答很多问题的同时又带来了新的疑惑。凯文·格洛瓦茨基（Kevin Glowacki）在研究这一地区的崇拜现象和建筑、陶制雕像关系时这样说道：

> 然而我们依然不知道献祭的场合和频率。这些女神和其他崇拜用具只是在阶段性仪式时摆在上面吗？这些仪式是公开的还是私人的？这些物品是由个人、整个部落还是家庭等小群体祭献的？
>
> ［格洛瓦茨基，《LM IIIC弗昂达卡乌斯的房屋、家庭及部落》（*House, Household and Community at LM IIIC Vronda, Kavousi*）］

这些问题告诉我们了解青铜时代普通人的生活依然还需要很大努力，因此这些问题也需要我们思考。

随着时间推移，很多内陆村庄规模逐渐变小，卡乌斯的居民搬到山上的卡斯托，除弗昂达以外其他内陆地区人口减少可能与珀斯拉港口城镇的发展有关。珀斯拉在米诺斯时代晚期的规模有扩大的痕迹。一些建筑上装饰着壁画，陶器上的记录显示出与基克拉迪、塞浦路斯、黎凡特等地的贸易联系，追溯至公元前1800—前1675年的二百多个花瓶和瓦罐为海上油酒贸易提供了支撑证据。此外，金、银、石英、铜、锡、色素等昂贵的材料与地中海东部贸易网扩张后珀斯拉的贸易枢纽作用相呼应。在卡乌斯，我们依然有很多问题。统治珀斯拉的精英应该臣服于马里亚和扎克罗的权威吗？还是说珀斯拉的地理位置表示它是不接受任何王宫直接管辖的自治部落？

在一些地方，王宫中的精英或许会在郊区实行相同的制度（**图2.18**）。例如我们在维萨佩杰罗田庄内发现了住宅、窑炉、用来酿酒和压橄榄油的精轧机。虽然田庄的主人可能会向克诺索斯王宫献上酒、油、羊毛，这一地区很可能不归王室直接管辖。尔尼亚是小范围王室统治的典型例子。20世纪早期哈丽雅特·博伊德·霍斯

图2.19 青铜时代晚期利姆诺斯岛上的克可尼西遗址，考古学家赫里斯托斯·布洛提斯（Christos Boulotis）称为“米诺斯化”的部分，因为该地有丰富的米诺斯陶器及工艺品

图2.20 发现乌鲁勃朗船只残骸上的牛皮块

（Harriet Boyd Hawes，1871—1945年）最先发现了这个地方，在过去一百多年内，该地区为我们研究克里特东部普通百姓的生活提供了很多帮助。在青铜时代，鹅卵石铺成的街道将小镇分成了不同区域，中心坐落在西南部。哈丽雅特·博伊德·霍斯在水边发现了船坞，还有一条小路连接到小镇的港湾。从那里到爱琴海地区，船可以将尔尼亚生产的青铜器皿和武器运输到整个地中海东部地区。纺织、酿酒、生产陶制和石制的容器在这里都有迹可循。

克里特南部海岸克莫斯也曾有持续的海上贸易。考古学家在那里发现了塞浦路斯、埃及的陶器，由此可以判断出航线往东南方向，意大利、撒丁、伯罗奔尼撒的陶器又指向西北方的航线。最新考古研究发现即使是克里特岛上的小村落，也是海上贸易网络中的一部分，整个网络囊括公元前1700—前1200年大帝国时期的所有地中海东部国家。例如，我们于20世纪90年代在利姆诺斯岛穆兹罗斯湾的克可尼西岛和萨莫色雷斯岛发现了爱琴海北部的米诺斯工艺品和陶器。研究克可尼西岛的考古学家坚信米诺斯人来到北方的目的就是为了寻找金属（图2.19），所以这个地方也很有可能是一个贸易枢纽。

关于贸易网络的其他证据来自货船残骸，尽管青铜时代的货船很少，依然可以为公元前2000多年的贸易提供帮助。尤其有用的是潜水员于1982年在土耳其西南海岸发现的乌鲁勃朗船只残骸（图2.20）。该船的历史可追溯至公元前15世纪晚期，船上的货物显示出整个地中海东部地区的贸易联络。我们并不确定这艘船本来想去哪里，但是船上的货物覆盖了整个地中海东部地区的所有港口。

波罗的海的琥珀、非洲的黑檀和鸵鸟蛋壳等货物最早通过陆路运输到达地中海地区，这些货物运到港口后，无论是在非洲海岸还是亚得里亚海，都会立刻在整个地中海流行起来（图2.21）。这种港口对港口的贸易被称为沿海贸易，主要基于一个简单的原则：越稀少罕见的物品价值越高。因此地中海东部的贸易目标是需要货物运得更远。绿松石块或埃及圣甲虫通过海运并不难，但是只有运到没见过这些东西的地方才能升值。研究公元前2000年左右的米诺斯遗址时，我们会明白米诺斯的大小遗址都是东地中海贸易网络中的一部分。

锡拉：米诺斯人定居地

沉船遗址和外国的货物贸易进一步验证了克里特在青铜时代贸易网络中的地位。在各种货物运往克里特的同时，克里特文明也在向外输出，埃及阿瓦里斯

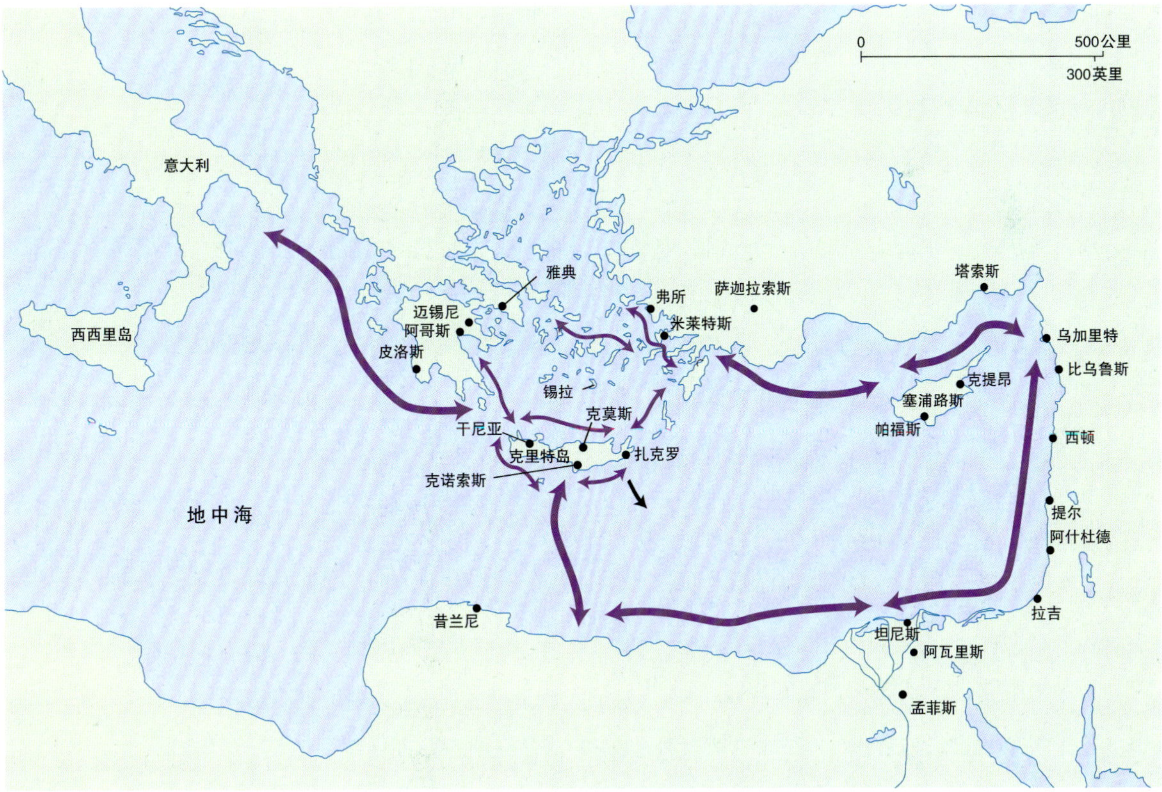

图2.21 克里特及地中海东部主要商路

图2.22 阿科罗提利西屋重建，北面视角

图2.23（右图）雅典国家考古美术馆中的阿科罗提利壁画

图2.24（第51页右图）摘番红花的人，阿科罗提利，壁画

的壁画就能证明这一点。然而，如果有一个地方最能唤起人们对青铜时代的回忆，那一定是位于现在圣托里尼岛上的阿科罗提利遗址，该地古称锡拉，曾有很多惊人的考古发现。公元前1628年被毁之前（具体时间还有待考证），阿科罗提利是米诺斯殖民者建立的殖民地，一度非常繁荣辉煌。与青铜时代其他岛上居民区一样，阿科罗提利可以俯瞰曾经爆发过的火山口。我们并不知道那时的居民是否知道他们住在活火山上面，但是我们可以确定的是火山喷发时整座小镇都被摧毁，强度相当于150枚氢弹同时爆炸。直到19世纪60年代，该遗址都没有被发现，后来工程师剥离火山灰制作苏伊士运河所需的液压水泥时，发现了这个青铜时代小镇的围墙。直到1967年，考古学家才开始系统的挖掘工作，后来希腊考古学家斯皮里宗·马里那托斯（Spyridon Marinatos）逐渐发现一系列装饰精美的建筑（图2.22）。由于装饰的丰富多彩以及与其他发现的联系，马里那托斯将锡拉称作“世界商人的港湾”。

虽然高质量的壁画很重要，但是此前的问题又出现了，那就是我们要如何解读这些壁画。阿科罗提利的一些壁画中似乎出现了不同的主题，例如贝塔建筑中，一面墙上的壁画是两人切磋武艺，另一面墙上则是两羊相争（图2.23）。德尔塔建筑中最出名的燕子壁画也是两只对抗的雄性燕子。其他壁画似乎是在赞美大自然的壮丽，其中番红花和百合是常见的图案。

这些壁画是不是某种图案规则，或者只是起装饰

作用？一些学者发现，锡拉壁画上的人物还有年龄变化，尤其是女性人物，或许这和生命循环的某种仪式有关。阿科罗提利的另一座建筑叫克塞斯3，其中的大部分壁画都是描绘年轻（光头）的女性，其他年长一点的头发盘在头顶。她们采摘番红花蕊（图2.24），随后献给带着狮身鹰首兽的女神。其他对女性的描述更像是宗教仪式：或祈祷或焚香。很多学者认为壁画具有赞美自然丰富多彩、生机勃勃的意味。

锡拉的毁灭

我们站在圣托里尼火山口时看到的那座火山曾在公元前2000多年爆发，毁掉了青铜时代所有阿科罗提利部落。考古学家发现青铜时代古城遗址时，发现火山喷发的强度甚至几百英里外的地方也会受到影响。2006年《国家地理》杂志的一项研究形容了火山喷发之猛烈："火山喷发时，高温的气体、火山灰、熔岩快速涌向大海，一旦碰到水就会引发大规模海啸。"

锡拉距离克里特150公里，所以当时克里特可能也感受到了火山爆发以及后续的海啸，米诺斯文明很可能因此走向末路。现代研究证实：1883年喀拉喀托火山喷发产生的火山灰带来了天气异常、阳光受阻、地震、海啸等一系列自然灾害。

希腊神话中的内容或许也能证实的确是火山爆发毁了米诺斯文明。正如忒修斯和弥诺陶洛斯的故事中有希腊人乘船去往克诺索斯这一关键节点，亚特兰蒂斯的故事中的记忆是曾经盛极一时的文明毁于火

图2.25 海洋风格章鱼花瓶，约公元前1450年，陶器，高28厘米

山、地震，最终沉在海底。柏拉图在《提麦奥斯篇》（*Timaeus*）中曾提到这个故事，他称亚特兰蒂斯位于大西洋上，而克里特和锡拉则位于地中海东部。如果这是一种诗意的夸张，我们可以说这个神话中也包括一个关键节点，那就是米诺斯文明逐渐衰弱。

解决这个问题的关键是火山喷发的具体时间。根据陶器我们可以推断出克里特宫殿修建的大致时间，再加上宫殿被毁与重建的时间，考古学家或许可以大致推断出以下情景：米诺斯前宫殿时期大约至公元前1900年，尽管中间有些许波折，但直到公元前1700—前1650年，也就是旧王宫时期末期，前宫殿时期的王宫一直在使用。旧王宫时期后有一小段空白，此后王宫被重建，后来直到公元前1450年，整个新王宫时期都在使用。此后除了克诺索斯和干尼亚的一些宫殿（迈锡尼人曾在公元前13世纪中叶占用），大部分王宫不再使用。

如果火山是在公元前1450年喷发，那正好可以与克里特的其他证据契合。海啸毁了沿海的房屋和船，农业受到火山灰云的影响，导致大范围的饥荒、疾病、社会动荡。由于这一系列自然灾害，米诺斯文明渐趋没落，克里特岛很容易就被迈锡尼人抢占。迈锡尼人利用克诺索斯遭受的自然灾害，抓住了统治者最弱的时机一举发起进攻，成功控制整个克里特岛。

火山解释论让人深信不疑，因为它结合了神话和科学方面的各种证据。然而，我们错了。米诺斯文明并非终结于火山爆发，主要有三种原因：首先，尽管我们之前在锡拉发现了米诺斯风格的陶器，但是一种在整个容器上精心描绘的、海洋图案的海洋风格陶器在锡拉并不存在（图2.25）。这种风格的陶器没有在阿科罗提利发现，因此这种风格一定是在锡拉火山爆发之后才存在的，但是在克诺索斯、马里亚、费斯托斯等米诺斯遗址发现了这种陶器，说明它在锡拉被毁后依然流行。关于海上贸易网络的研究发现，锡拉火山爆发前后贸易模式有了很大改变，但是并未因火山爆发而停止。

第二点是火山喷发及火山灰层的时间难以确认。爱琴海史前研究中心在克里特岛北岸的珀斯拉发现了火山灰层，覆盖了米诺斯早期的陶器，火山灰上面已经有了后来的一些建筑，因此可以确定火山爆发后米诺斯文明已经发展。近期，研究者使用北美的树轮数据，通过瑞典、爱尔兰的欧洲橡树进一步确定火山喷发的具体时间。树轮显示火山喷发约在公元前1628年，与宫殿公元前1450年被毁不符，其他研究的结果也与之相似。研究者通过北极冰芯的研究大致推算出的时间为公元前1645年，锡拉的放射性碳检测算出的时间在公元前1660—前1613年，2006年丹麦团队研究火山灰下掩埋的橄榄树后认为时间在公元前1627—前1600年。然而这些证据依然不足以确定喷发年份，因为与埃及陶器的时间顺序不能完全对上。根据埃及纪元，米诺斯陶器出现的时间更晚。所以还有很多问题需要专家解读。从我们的角度来说，公元前1600年的可能性更大。因此排除了火山喷发导致米诺斯王宫在公元前1450年左右没落的可能。

但是我们需要注意的是，火山喷发的时间的确与公元前1650年旧王宫时代终结有关。锡拉火山喷发范围广、强度大，因此一定会产生灾难性影响。整个作物耕种储存的王宫制度和地中海范围内的贸易网络都会受到火山喷发的影响。我们很容易想象出当时作物歉收、船只被毁、铜和锡等贵金属供应暂停的场面。掌控王宫、重整秩序的克里特精英和新宫殿时期见证了社会恢复期，取得的成果也超过了之前的成就。克里特社会迅速恢复的原因得益于地中海东部未受严重影响的地区及埃及法老的帮助。

米诺斯文明的没落

如果锡拉火山喷发不是米诺斯文明没落的原因，那是什么原因呢？米诺斯文明没落与同迈锡尼之间的竞争有关，但是在探究两地关系之前我们还需要注意一些细节。人们普遍认为，无论是宏伟的遗址还是阶级、规模、复杂程度更低的遗址都经历过灾难性破坏，造成经济社会系统崩溃。这种彻底的毁灭可追溯至公元前1470年左右。然而最新研究发现，整个毁灭过程持续了近50年。克里特经历的并不只是入侵或起义，而是长时间的国内冲突，我们可以想象出当时因为大量掠夺者涌入宫殿，平民们只能撤到山上。畜牧业一直是雅典经济中重要的组成部分，所以在冲突时期百姓们带着羊群去山上避难时必然造成城市中心瘫痪。就像我们之前在弗昂达和卡斯托看到的场景一样，部落里的所有人都搬到了山上。公元前1200—前1100年，这样的场面在各地轮番上演。例如坐落于东克里特的拉斯什高原的米诺斯中期遗址卡非，因为地形条件易守难攻，还能俯瞰1公里下的整个海岸平原，在那时逐渐发展成避难所。

除克诺索斯和干尼亚，其他大部分克里特宫殿在公元前1470后逐渐丧失功能。当时的彻底毁灭在现在看来可能持续了一代人的时间，但是我们可以确定的是，造成米诺斯文明没落的主要原因是迈锡尼人的到来。现代学者依然在争论迈锡尼人的到来是否能被称为“入侵”，以及克诺索斯君主是否又经历了一次“迈锡尼化”过程。米诺斯文明在一段时间内渐趋没落，经过迈锡尼文明逐渐渗透，影响深远。为了理解青铜时代的克里特文明大幅改变的原因，我们将在下一章对青铜时代的第二种希腊文明——迈锡尼文明进行介绍，但是现在我们还需要看一下解读青铜时代现存的一些问题。

解读过去

本章中引用的很多考古依据至今都没有解释清楚。那些复杂的建筑平面图对我们理解当时的社会有什么帮助？宫殿里由哪些人构成，国王、王后、精英，还是工人、奴隶、朝拜者？宫殿之外，作为地中海东部贸易系统的一部分，弗昂达居住着很多农民、牧民，生产的作物和奢侈品在百里外的地区流通，我们又该怎样理解这一现象呢？无论是壁画上的锡拉蓝色猴子，还是土耳其海边沉船残骸中的埃及圣甲虫，这些证据都留下很多未解之谜。除了这些问题，或许所有想要重塑青铜时代爱琴海世界的人还会受到第一代考古学家的影响，我们至今都会受困于他们的想象和解释。在下面的章节中，我们对迈锡尼和特洛伊战争的理解与海因里希·施里曼几乎相同，但是对于克里特米诺斯文明主要基于阿瑟·埃文斯的生平、工作、视角，甚至于“米诺斯”文明和“宫殿”的建筑群都是埃文斯命名的。

图2.26 白宫门北廊，克诺索斯，大部分为埃文斯于20世纪重建

埃文斯的父亲是中产阶级磨坊主、古董家。埃文斯曾在牛津学习考古学，后来找到了一份在英国本地和外国进行考古发掘的工作，同时也是牛津阿什莫林博物馆的管理员。然而，在妻子去世之后，他把对考古的热情与对现代世界政治的兴趣结合起来，将研究目标转移到地中海地区。埃文斯在巴尔干半岛当过记者，报道奥斯曼帝国逐渐解体的过程；在克里特岛积极参与岛上的事物，谴责基督徒与穆斯林相互迫害。由于受到施里曼在迈锡尼和特洛伊发掘成果的影响，埃文斯又将研究重点放在现代首都伊拉克利翁南部的卡菲拉遗址，米诺斯卡菲拉人曾经在那里发现了轻质陶器、墙和刻字的陶板。埃文斯希望找到文字方面的青铜时代文化，因此开始与克里特农民一同工作。

这些努力立刻取得了成效。数月内，他不仅发现了与之前书写体系线性文字A不同的线性文字B，还发现了克诺索斯建筑群。埃文斯将各种房屋命名为王后住处、王座屋等，还画出了克诺索斯平面图。如果没有他的平面图和这些命名，我们将很难研究克诺索斯地区。

考古学家总会影响我们的阐释，这很容易理解，但是埃文斯做得更多。他的复原作品与原作相差很多，而且因为20世纪的作品看上去与原作有些重合，我们因此很难判断青铜时代截止到什么时候、又在何时开始。而且因为埃文斯重建了克诺索斯岛一些建筑，过去的百年内，重建的建筑也经过了风霜洗礼，因此和原建筑几乎没有不同。在**图2.26**内我们很难辨认白宫门北廊的哪一部分是曾经的遗迹。

埃文斯的其他复原作品甚至还存在一些错误。20世纪时大部分走进伊拉克利翁博物馆的游客会看见壁画上一个蓝色的人在精心挑选番红花，埃文斯将壁画中的人画成身量纤纤的年轻人，在我们脑海中自然而然会出现爱好和平的米诺斯人形象。然而如果再看另一幅在锡拉发现的类似壁画，我们会发现埃文斯犯了很明显的错误，壁画上的蓝色形象有尾巴，其实是一只

图2.27 百合王子，克诺索斯，约公元前1550年，公元1905年复原，壁画，高2.1米

猴子。即使到现在游客们还非常喜欢克诺索斯的百合王子壁画，埃文斯笔下的“祭司之王”带着羽毛头饰，但是现在专家说图上头饰很可能是狮身鹰首兽或狮身人面像等另一个形象（**图2.27**）。

如果我们仔细观察壁画和埃文斯的复原图，一定会注意到这个“头饰”并不是人物的一部分，原作中的脸已经完全看不见了，但是大部分身体（腰部纤细、大腿紧实、小腹平坦）就是答案，除了一条腿，其他都是埃文斯想象出来的。早在20世纪20年代，一些游客就对埃文斯的研究方法和通过现代思想重塑米诺斯文明的方法存疑。伊夫林·沃（Evelyn Waugh）曾说过，

图2.28 海豚壁画，克诺索斯，艾米尔·吉列龙和皮特·德容复原作品

如果考虑与原作相比，复原品时就好似花很长时间看时尚杂志封面，新艺术派的影响遍布整个欧洲。

埃文斯请的艺术家是艾米尔·吉列龙（Emile Gillieron）父子，他们是勤奋、有天赋的艺术家，但是最近在纽约大都会艺术博物馆展出的作品却被扣上了“精明”的帽子，对于艺术家来说这并不是一件好事，吉列龙父子后的艺术家也受到了同样的批评。皮特·德容（Piet de Jong）在迈锡尼和克诺索斯（20世纪40年代—20世纪60年代）创作了大量作品，其中包括对吉列龙复原作品的改造。艺术家的天赋又一次掩盖了复原品的真实性。

当我们看克诺索斯皇后正厅的海豚图时，我们看到的就是后来人们用现代思维创作出的复原品（图2.28）。说埃文斯将克里特文明从黑暗中挽救出来并非过誉，我们也应承认他的智慧与才华。但是早期考古学家的成果的确好坏参半。以埃文斯为例，尽管米诺斯文明并不曾在大陆上殖民，埃文斯一生却始终坚信这一观点。

埃文斯不仅发现了青铜时代克里特文明，还影响了我们对它的理解。祭司之王对宫殿的统治、百姓对牛的崇拜、防御工事缺乏，埃文斯认为这一切都是米诺斯和平和谐生活的印记，但是这些“事实”是基于考古学家自身对文明的理解与想象（图2.29）。埃文斯的思想在很多地方都影响着我们，由此也能看出他强大的影响力。埃文斯及合作者［邓肯·麦肯齐（Duncan Mackenzie）］的视角并未被我们改变，这也是我们对于他作为考古学家能力的衡量。

图2.29 克诺索斯复原图

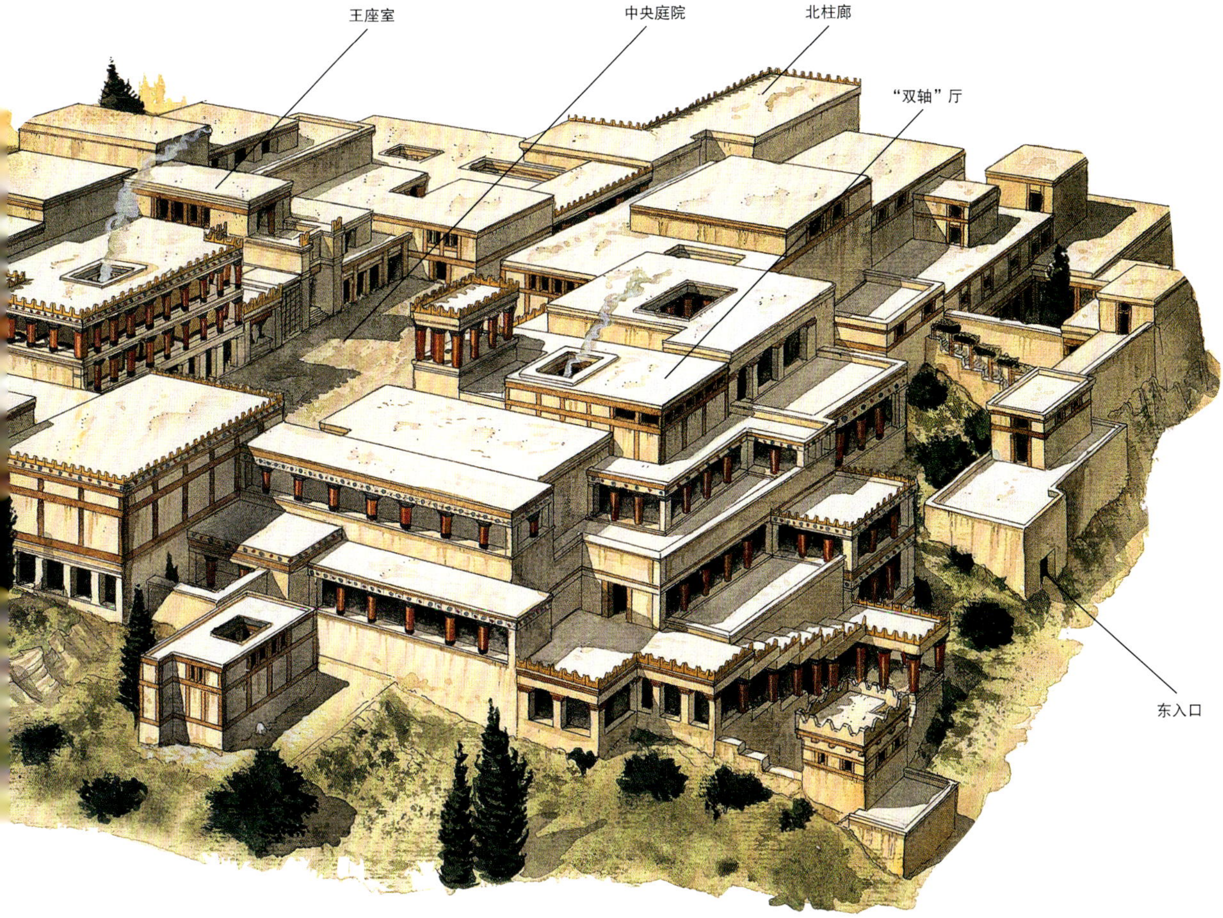

图2.30 采番红花的人，壁画，阿科罗提利，高1.83米

焦点：

锡拉壁画：米诺斯人定居地的艺术与生活

20世纪60年代以来，希腊考古机构在圣托里尼岛上的发现引发了学界对青铜时代爱琴海在艺术、生活方面的一些争论。例如：现在很多学者认为壁画中的场景是锡拉青铜时代的真实景观，而不是其他地方的、普遍的，甚至想象出的景象。基于这种观点，图中的莎草纸、开放的百合花、岩石上蹦来蹦去的蓝色猴子、穿着米诺斯风格裙子的女性，这些都是锡拉当时真正的生活。发现阿科罗提利遗址的考古学家克莱里·帕里乌（Clairy Palyvou）认为，通过比较现代女性在阿科罗提利附近采摘番红花的图片与锡拉女人采摘番红花蕊的图片，我们会发现当地人在生活方式

图2.31 渔夫壁画，阿科罗提利，高1.1米

图2.32 舰队壁画，西屋，阿科罗提利，高43厘米

上与锡拉文明有很大相似性（**图2.30**）。

毫无疑问，锡拉艺术家在作画前首先仔细观察了自然。例如我们在渔夫壁画中可以看到年轻人手中提着刚捕的鱼（**图2.31**）。我们通过阿科罗提利的考古发现可以看出锡拉人也会在海边捕鱼，但是他们的鱼是深海鱼鲯鳅，只有熟知鱼性、技巧高超的渔夫才能在开阔的水面捕到这种鱼。因此年轻人手中的鱼能表现出他是经验丰富的渔夫，但是我们能否这样推断呢？一些学者认为，之前的壁画不能和现在的照片相比，一些人觉得画上的年轻人也可能是将鱼作为贡品感激神，还有人说年轻人可能刚过完成人礼，图上是他第一次尝试捕鱼。这些解释或许都合理，所以我们依旧不能完全解读这些美丽的图画。

带着这么多不确定因素，我们现在看一下锡拉西屋中的著名壁画。西屋是一个二层建筑，一层包括厨房、工作间、储存室，似乎供日常使用，而二层则装饰着很多壁画。其中最主要的舰队壁画上画着沿海湾航行的船驶过两座城市，俯瞰水面（**图2.32**）。

与埃及当时的壁画不同，这幅壁画的视觉场景中没有象形文字或图案，因此很难判断图片的意思。这是一组叙事壁画吗？游客是不是应该在屋中走动才能看全整个故事？游客会不会将壁画视作一种仪式？这些壁画中的场景是真实出现的吗？从某种意义上说，这个场景可能是为了纪念远征海军的归来。另一种可能是，这个场景可能类似于通过诗歌讲述的故事，是通过图像讲述海军远征的伟大故事，如：荷马故事中的阿卡亚人远征特洛伊。

带着这些问题，我们需要特别注意一下5号房间北墙上的雕带（**图2.33**）。在这里，全副武装的人们带着羽毛头盔和盾牌在一座城镇前排列：下面的海中，靠岸的船前漂浮着尸体。在图的右上角，牛群或是被赶到山里安全饲养，还是已被捕获？城市里的旁观者从墙后往外看，所以我们看到的是牛群突袭吗？荷马经常写到，这样的牛群突袭在英雄世界里也很常见。有人认为锡拉壁画证实了荷马笔下的英雄世界是基于青铜时代历史真实存在的，而不是幻想中的世界。

图2.33 北墙雕带上的海战壁画，西屋5号房间，阿科罗提利，壁画

公元前1250年	公元前1200年	公元前1184年	公元前1100年	公元前750—前700年
迈锡尼、梯林斯防御工事	迈锡尼宫被毁	历史记载中的特洛伊灭亡	青铜时代结束	创作《伊利亚特》与《奥德赛》

第三章

迈锡尼：盛产黄金的地方

在上一章关于米诺斯文明的内容中，我们在解读物质文化时遇到了很多问题。本章我们将研究青铜时代爱琴海地区的第二大文明——迈锡尼文明，在此过程中很可能也会遇到相似的困难。我们可以从巨石墙和带有武器的坟墓中推断出什么信息？我们可以从迈锡尼圆形墓葬和围墙外面的蜂巢墓（*tholos tombs*，也有称其为“托洛斯墓”）得到什么内容？荷马书中提到的迈锡尼以黄金最为出名，这些黄金从何而来？本章将主要介绍阿尔戈利德的勇士文化，这些雇佣兵的作战范围从黑海延伸到埃及。本章将跟随施里曼的观点，提出是否可以用考古学验证荷马作品的问题，其中引入了文化记忆的概念以及该概念与史诗的关系。

施里曼与创造青铜时代

如果说米诺斯文明的发现（某种程度上还包括创造）与我们对青铜时代克里特的了解归功于阿瑟·埃文斯，那么我们对青铜时代爱琴海地区的了解应该归功于德国商人、考古学家海因里希·施里曼（1822—1890年）。施里曼在特洛伊和迈锡尼的考古发现完全改变了现代西方世界考古研究的方法，过去的历史在我们心中不再是荷马笔下那个充满英雄事迹的传奇时代，一段辉煌的史诗。然而，施里曼本人对《伊利亚特》和《奥德赛》中的世界深信不疑，对他来说，阿伽门农（Agamemnon）、阿喀琉斯（Achilles）、奥德修斯（Odysseus），这些人的丰功伟绩记录在《荷马史诗》当中，都是曾经真实存在的。尽管当时的其他学者认为荷马对英雄时代的向往只是为了写诗，施里曼却怀着对《荷马史诗》的极大热爱，找到了荷马对特洛伊描述的真实证据。但是施里曼常常为了夸耀自己的成就而不择手段、伪造记录，因此我们对他的发现还是要保持谨慎的态度。

年轻时的施里曼因为在克里米亚战争期间向俄罗斯政府提供军需品而赚了很多钱，后来又在加利福尼亚的银行中发了财。19世纪60年代末期，施里曼已经四十多岁。彼时他非常富有，因而决定投身于《荷马史诗》中英雄世界的研究。他将《伊利亚特》作为探寻英雄世界的地形指南，在1868年前往土耳其西北部的希萨利克（Hisarlik）。施里曼与其他考古学家发现那里的景象与荷马对于特洛伊的描述非常相似。英国考古爱好者弗兰克·卡尔弗特（Frank Calvert）早已对当地的周围环境有了初步的了解，但是没有施里曼那样丰富的资源。施里曼雇了一批工人，于1872—1873年间在希萨利克的土堆中进行发掘，很快就找到了古代人类居住过的痕迹，后来发现了罗马时代、古典时期、青铜时代等一系列分层遗迹，命名为特洛伊年代分层。该地区的考古发掘持续到现在，考古方式也越来越科学。用施里曼自己的话来说，发现“普利阿摩斯的宝藏”（Priam's Treasure）引起了人们对于考古的兴趣，那时考古还不是专门的学科：

> 在普利阿摩斯国王的宫墙边进行考古发掘时，我发现了一件形状奇怪的大型铜器，它立刻吸引了我的注意力，因为铜器后面很可能藏着金子……为了把这件物品留作考古研究，也为了防止工人看到宝物心生贪念……我立刻让他们吃饭休息……趁这些工人吃饭休息时，我用刀把宝物弄出来……如果没有我妻子的帮助，我也不能顺利把宝物转移出来，她总是在旁边等着我挖出宝物，然后用披肩裹上拿走。

图3.1 戴着“海伦的珠宝”的索菲亚·施里曼

施里曼后来公开了发现物品的部分清单，普利阿摩斯王宫发掘出的大量宝物都是他想保护的：一个铜盾，一个带把手的铜锅，一个不知名的铜器，箱子搭扣，放着两个金王冠的银制花瓶（“海伦的珠宝”），8750枚金戒指、纽扣和其他小物件，六个金手镯，两个金奖杯，一个铜花瓶，一个锻造金瓶，两个金杯（一个锻造的、一个浇铸的），打开宝箱的钥匙，若干银杯、铜斧、铜矛。

施里曼从不会放过任何一个宣传自己的机会，他让妻子索菲亚戴上“海伦的珠宝”，然后把照片发表在自己的考古报告中（**图3.1**）。大多数宝藏都被送到柏林博物馆，第二次世界大战之前都在德国，后来希特勒统治下的第三帝国灭亡后，宝藏消失了一段时间，最后于1993年重新出现在莫斯科普希金博物馆的保险库中。

与埃文斯的遭遇类似，施里曼也遭受了修正主义者更严重的指控。人们说施里曼伪造记录、从现场偷文物、捏造考古材料，甚至还对施里曼的一生进行深度研究，发现了他的欺骗手段和全部谎言。其中一些是微不足道的小事，比如他说自己1851年6月目睹了旧金山的一场大火，但是那时他应该在萨克拉门托；还有一些则是比较严重的错误，施里曼1869年获得了美国公民身份并和自己的俄罗斯妻子离婚，他在自己的居住地上说了谎，还让目击证人做了伪证。对于考古学家来说，考虑到施里曼一生的欺骗行为，他的考古成就有几分可信呢？例如：施里曼后来被迫承认，他的希腊妻子在发掘普利阿摩斯王宫时并不在场，所以他所说的把文物藏在披肩里完全是自己捏造出的事实。

1876年，施里曼在特洛伊完成考古发掘后，又将目光转向希腊。他在迈锡尼的发掘揭开了青铜时代希腊大陆先进且复杂文明，其历史可追溯到公元前2500年左右。该文明与同时代爱琴海、近东地区文明之间的关系在未来几十年中也许还会经历各种争论，但是施里曼在迈锡尼的考古发现对于理解荷马笔下的世界有着重大作用。荷马曾写到阿伽门农来自盛产黄金的迈锡尼，而迈锡尼的确有一处富人统治者的堡垒，被高墙围住，周围的深井与巨大的斗拱墓里埋葬着英雄。尽管迈锡尼的堡垒并不足以保卫整个国家，但是由于该地遗址宏大壮观，历史学家用“迈锡尼”这个术语代指青铜时代晚期的希腊文明。自从发现被维苏威火山喷发掩埋的罗马古城庞贝后，已经很久没有这样受到广泛关注的考古发现了。当时的希腊刚从奥斯曼帝国的统治中独立出来50年，这些考古发现为这样一个新生国家带来了强烈的民族自豪感，赫里斯托斯·聪塔

图3.2 爱德华·多德韦尔，《迈锡尼之景》，1821年，水彩

图3.3 狮子门，迈锡尼，公元前13世纪

斯（Christos Tsountas）、后来的斯皮罗斯·艾克维迪斯（Spyros Iakovides）等希腊考古学家进一步发展了施里曼在迈锡尼和其他青铜时代晚期遗址的考古发现。

如果说埃文斯塑造了我们心中克里特人的形象，那么施里曼赋予了《荷马史诗》有形的物质证据，迈锡尼文明尤其能说明这一点。人们相信，为夺回弟弟墨涅拉俄斯（Menelaus）的妻子海伦，阿伽门农率领一支庞大的联军前往特洛伊。迈锡尼从未从记忆中褪去，这一事实也一直鼓舞着施里曼：青铜时代晚期堡垒巍峨壮观，希腊人说只有独眼巨人库克罗普斯（Cyclopes）才能建出这样的宫殿（因此称为“库克罗普斯风格”），在19世纪早期爱德华·多德韦尔（Edward Dodwell）的水彩画中也可以看到这样的景象（**图3.2**）。

步入迈锡尼，映入游客眼帘的是一扇大门，上面隐约可见狮子的图案（**图3.3**）。狮子的脚踩在圣坛上，侧面是一根柱子，或许代表里面的王宫。整个雕像固定在一个重约20吨的巨大门楣上。这是希腊最早的纪念性石雕，显然是为了威慑来访者，告诉他们已接近堡垒入口。近期研究发现，雕刻狮子的钻头和锯子与安纳托利亚中部赫梯王国所用的相似，赫梯王国首都哈图沙的入口附近也有类似的狮子纹章。施里曼在1876年的时候可能并不知道迈锡尼与赫梯的联系，但是由于他的考古发掘为荷马笔下描绘的世界增添了真实性，也对公元前2000年末迈锡尼在地中海东部地区的具体位置提供了证据。我们会在后面再次详细介绍荷马笔下的世界，但是在此之前我们先来看一下施里曼发现的迈锡尼世界。

竖井坟墓民族的起源

考古发现的迈锡尼人是荷马笔下的希腊人吗？通过对他们的物质文化判断，他们属于同一武士贵族群体统治的社会。蜂巢墓、保护迈锡尼遗址的高墙、中央正厅（或是国王所在的正厅）等建筑都可以验证这一

图3.4 圆形墓葬A，右侧后面还能看到狮子门

观点。尤其著名的是狮子门里的皇家墓葬——圆形墓葬A（图3.4），其中两圈石头勾勒出正式埋葬的空间，6个竖井内埋葬着19具尸体。最早的坟墓可追溯至公元前1550年左右，早于公元前1250年的狮子门。大规模的环形墙约公元前13世纪在迈锡尼建起，建立者选择将竖井坟墓建在墙内，而且仔细地用两圈石头和厚板填补坟墓内的空间，环形墙和填补用的石头现在依然清晰可见。这种方法很有可能是用来表达对祖先灵魂的敬意，或是把祖先当作堡垒的守护神。

图3.5 墓葬石碑，圆形墓葬A，约公元前1550年，石刻，高1.34米

迈锡尼的圆形墓葬A中，竖井上刻着手持长矛的战士形象（图3.5）。这些石碑上的图案与埃及神庙中法老屠杀敌人的图像非常相似，这告诉我们迈锡尼文明像米诺斯文明一样，与爱琴海之外的世界保持着文化交流。然而，我们还发现迈锡尼竖井布局和建造与阿尔巴尼亚的风格非常类似，所以这些竖井是外国文化引入还是本地的发展依然有待考证，这一问题也是迈锡尼文明未解之谜之一。迈锡尼文明突然出现在公元前2500年左右，我们很难还原当时社会快速合并在一起的条件。如果他们是外国侵略者，我们会希望能从他们的物质文化中找到一些他们家乡的痕迹；如果他们是原住民，那么是什么原因造成了建筑、财富、陈列等一系列的显著变化，然后形成了迈锡尼社会呢？

竖井中有很多墓葬品，而且都经过反复使用，从墓葬内的物品可以看出里面被埋葬的人都是战士。很多人被埋在里面的时候还带着武器，比如镶嵌着金银的精美青铜匕首（图3.6）。匕首上的黑色物质是乌银（一种铜、银、铅硝酸盐），这种物质和装饰的方法很可能来自埃及。刀刃上的图案中男性参加了猎狮等活动，他们带着8字形或塔形盾牌，从头武装到脚。迈锡尼壁

图3.6“猎狮”匕首，迈锡尼，4号竖井坟墓，约公元前1550—前1500年，青铜制成，嵌有金、银、乌银，长23厘米

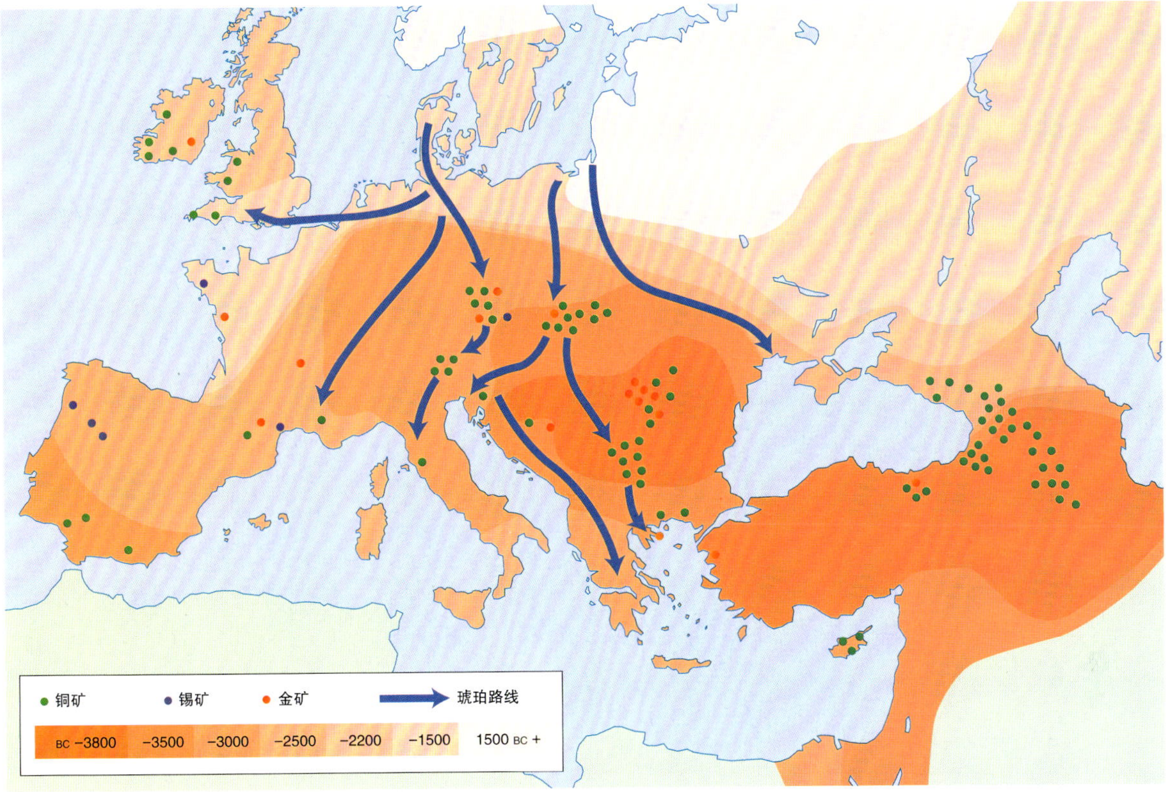

图3.7 公元前3800—前1500年青铜时代冶金与琥珀传播

画中经常有这样的图案，荷马对于希腊英雄阿亚克斯（Ajax）的描述中就将盾牌比作高塔。

人们在这些竖井坟墓中发现了15千克黄金，这笔巨大的财富对于考古学家来说又是一大难题。这些黄金从何而来呢？迈锡尼和其他迈锡尼文明遗址所在的阿尔戈利德是迈锡尼世界的核心，迈锡尼人在那里建起堡垒、石桥、运河，调控整个阿哥斯平原的山洪。然而这一地区并不盛产矿物资源，那么迈锡尼人是怎样获得大量的黄金，甚至可以在皇家葬礼上用金箔裹满尸体呢？曾经很多学者认为，解决这一问题的关键在于克里特和埃及。埃文斯认为米诺斯人曾经在这块大陆上殖民，这些黄金应该是他们带来的。但是那个时期，克里特的金制器皿比迈锡尼还少，而且迈锡尼竖井和米诺斯宫殿在风格上也没有什么相似之处。埃及假说的基础是第十八王朝法老曾雇佣迈锡尼战士，让他们赶走希克索斯人，帮助自己建立新王朝。完成任务后，迈锡尼战士得到了相应的奖励。但是这一观点也有问题，因为那时的迈锡尼人并不是组织有序的海军力量，而且当时希克索斯人控制着底比斯与迈锡尼之间的三角洲地区，我们想象中的军事行动实则难以实现。

近期人们又提出了另一种更有说服力的解释观点。公元前16世纪，罗马尼亚人开始大量发掘金矿、换取青铜制品，特别是爱琴海风格的刀。罗马尼亚北部的邓不拉维奥拉就曾出土了迈锡尼的刀。迈锡尼和皮洛斯的大量金质物品与北欧的琥珀，再加上特兰西瓦尼亚的爱琴海青铜，这些证据都指向公元前16世纪希腊南部和多瑙河盆地突然形成的高利润贸易网络（**图3.7**），我们在北至斯堪的纳维亚地区都可以发现爱琴海的商品（特别是

图3.8 迈锡尼世界

剑）。尽管我们不需要想象迈锡尼人在欧洲中部进行大规模、有组织的探索，这些商品交换的确证实了在爱琴海与欧洲中北部的贸易网中，迈锡尼比克里特更适合市场开发。同时考虑这些发展变化和米诺斯记录，我们可以得出在公元前1600年两大青铜时代文明向不同方向发展，米诺斯克里特人向东方、南方发展到地中海和黎凡特地区，迈锡尼希腊人向北部发展。然而在青铜时代晚期，由于发展方向变化，两大文明最终发展为对立状态。

迈锡尼世界

无论迈锡尼的财富来源到底是什么，从公元前2500年开始，迈锡尼逐渐发展成复杂的社会，控制希腊中部和南部大部分区域（**图3.8**）。希腊中部的底比斯和格拉建起堡垒，阿尔戈利德变成了迈锡尼人在迈锡尼、底比斯和美狄亚的主要权力中心。在希腊西部的麦西尼亚，皮洛斯的考古活动发现了另一建筑群遗址。2010年之后，拉科尼亚地区的爱奥斯瓦斯里奥斯又发现了另一处行政中心。

这些堡垒中心是由风格相同的三部分组成的中央大厅：前院通向前厅，再往里是主厅，主厅里四根支撑屋顶的柱子围绕着中央的壁炉（王座也在主厅内）。根据迈锡尼堡垒复原图（**图3.9**），我们可以看到中央大厅下面是房屋、宗教建筑，以及制作雪花石膏、金、银奢侈品的区域。在迈锡尼，公元前1250年建起的环形防御墙围绕着整个山顶。

图3.9 迈锡尼堡垒复原图，
约公元前1250年

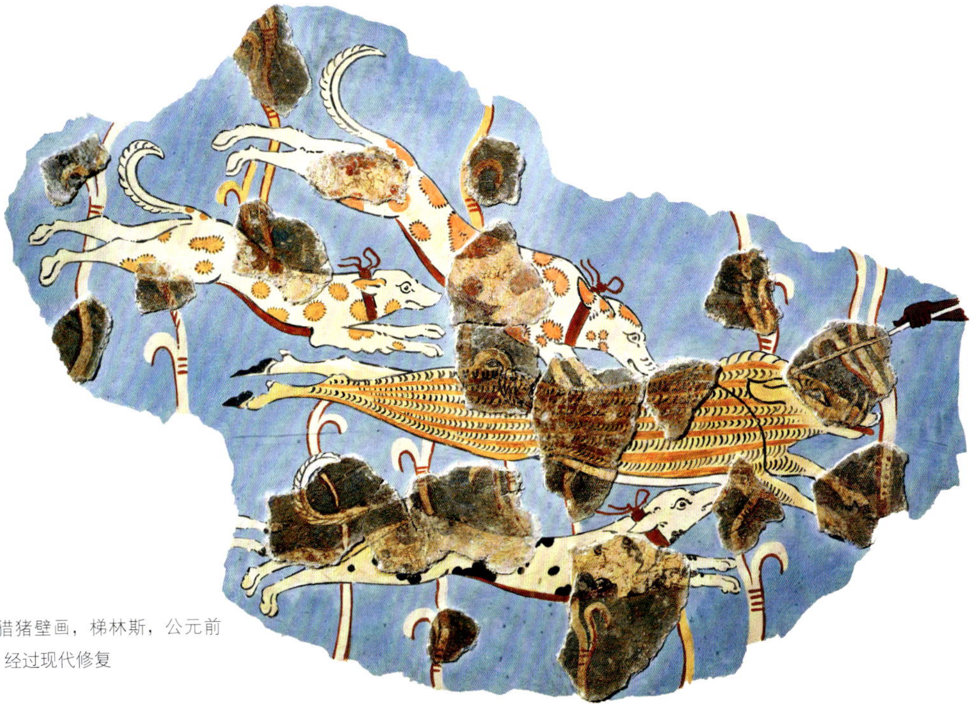

图3.10 猎猪壁画，梯林斯，公元前
13世纪，经过现代修复

图3.11 阿特留斯宝库，约公元前1250年

很多房间内都装饰着精美的壁画，尤其是那些山顶宫殿群内的房屋。迈锡尼和梯林斯等其他遗址内的壁画是对迈锡尼精英自我形象的反映：梯林斯壁画描绘的是打猎（如图3.10中的猎猪图）和战车里或步行的女性队伍；皮洛斯五颜六色的壁画描绘了歌手在七弦竖琴伴奏下唱歌和屠杀公牛用作供品以及迈锡尼战士屠杀敌人的可怕场面。

青铜时代晚期，特别是公元前13世纪的堡垒顶峰时期，统治精英们修筑防御墙，将死者放入堡垒墙外的蜂巢墓中，彰显自己的权力。被称为阿伽门农之墓的迈锡尼的阿特留斯宝库，就是一个很好的例子（图3.11）。施里曼用创造者阿伽门农和墨涅拉俄斯的名字为这座古墓命名。该古墓约为公元前1250年由迈锡尼精英成

图3.12 皮特·德容，涅斯托尔宫中央大厅内部复原图，水彩

员建造，里面是直径14米的房间，切割石头砌成的同心圆高出地面13米。古墓外，一条36米长的通道直通入口，门口两边立着由两根绿色石头制成的华丽石柱。一根巨大的过梁顶在门上，重心被下面的三角形分散。这座坟墓被埋在人造山丘下，与迈锡尼的其他坟墓相似，是为了显示主人的权力，所以通过坟墓的规模和用料可以判断这是统治精英或皇家墓地。

迈锡尼中心的生活是怎样的呢？近期的考古研究逐渐改变了施里曼和德国考古学家威廉·德普费尔德（Wilhelm Dörpfeld）描绘出的场景。例如我们现在发现，迈锡尼除了堡垒、中央大厅、宗教建筑和制作手工艺品的建筑，宫殿围墙外还有一些低矮的小镇。2007—2011年的调查运用地理物理勘测的方法，发现了占地面积约30公顷的小镇。小镇外面的三个大门处筑有围墙，里面是一些用于居住、商业、行政的建筑。堡垒墙外的区域是道路、大坝、桥梁网络以及各种建筑群，如油店、酒店等。综合这些证据，迈锡尼的山顶堡垒并不是为了满足现在的游客所需而单独建成的，它是曾经城市生活的中心，内部在宫殿的保护下进行专门的生产与贸易。

近期在迈锡尼发现的另一处遗址可以帮助我们进一步了解青铜时代晚期萨尔尼克湾的可弗斯-卡拉迈阿

图3.13 涅斯托尔宫平面图，皮洛斯

诺斯社会。可弗斯遗址的存在说明迈锡尼百姓并不总是在宫殿和堡垒周围聚集居住。2007—2010年，宾夕法尼亚大学的研究队在迈锡尼附近的港口与城镇发现了超过60栋建筑与120间房间。整个小镇有围墙保护，附近是小型居民聚居点、挡土墙、一系列小型防御工事等，由此可见该地很可能与内陆地区的田园资源开发有关。

第三个遗址告诉我们皮洛斯的迈锡尼社会组织方式。在可弗斯-卡拉迈阿诺斯，我们发现了与迈锡尼不同的社会组织方式。《荷马史诗》又一次为皮洛斯迈锡尼遗址中的涅斯托尔宫提供了证据，《荷马史诗》中写到这些宫殿四周并没有防御墙保护（图3.12），但是这些说法的真伪我们还未可知。在这一方面，该宫殿与米诺斯宫殿有一些不同，但是相同之处在于这些宫殿都是再分配的中心（图3.13）。一些证据表明宫殿内曾存有货物，然后分发给人民。通过线性文字B泥板等实物线索，我们可以推断出宫殿内房间等具体作用。例如，7号、8号房内有很多泥板，由此推断是档案室；19号房内有近3000个饮水杯，可以说明皮洛斯宫殿内的宴会规模；43号房间发现了陶制浴缸；38号房内的芳香油应该是公元前1200年左右宫殿被毁时从楼上房间掉下来的。

迈锡尼工业与劳动力

迈锡尼的主要产业是香水与纺织制造，记录芳香油加工的泥板对于研究当地工业规模有很大帮助。下面是富人阿尔克达斯（Alxoitas，线性文字B写作A-ko-so-ta）与香水制造商梯厄斯忒斯（Thyestes）之间的交易记录：

阿尔克达斯为
梯厄斯忒斯提供的
芳香油制作
原料
芫荽香剂576升
莎草香剂576升
水果240升 酒576升 蜂蜜58升
羊毛6千克 未发酵葡萄汁58升

（皮洛斯Un 267泥板，克里斯蒂斯译）

橄榄油在浸泡玫瑰、鼠尾草等香料之前需要先加入上述原料熬制。这一记录不仅展示了香水制作的过程，还能显示其生产规模。记录中的油都是上百升起生产，然后装在上千个马镫罐中运往皮洛斯等地。结合第二章中提到的乌鲁勃朗残骸，皮洛斯及其他迈锡尼中心也参与了该贸易网络，把爱琴海地区带到更大的商品交换世界。

宫殿里专门制作金银铜器和首饰的金匠、陶器匠、染工、艺术家、抄写员等都是宫殿成员的一部分。涅斯托尔宫99号房间内的泥板记下了战车的制作过程，说明这个宫殿就是一个工坊。迈锡尼文字将车轮描绘成“裹满青铜”的样子，我们可以判断出99号房间内的青铜薄片是车轮轮缘。像发达的香水行业一样，这个战车产业规模也令人印象深刻，另一块泥板上记录了50棵树苗（可能用作牵引杆）和50根轴从伐木工处到战车车间的转移。

除了这些生产作物和奢侈品的社会阶级底层人员，我们从皮洛斯及其他地区的上百个线性文字B泥板中还可以得到精英阶层其他人的信息。例如，有一块泥板讲到了被称为“国王”的人；还有一些工人叫作“御用工人”；其他级别很高的人叫作“人民的领导”，很可能是与国王不同的、指挥战争领导。这些领导下面略低一级的是总督（掌握某个地区权力）、地主（拥有土地的人或宗教神职人员）、车伴（与战车有关的军事团体）。社会最底层的是奴隶，有男有女，往往需要在田间耕种或进行生产活动，宫殿内生产的香水和纺织品

图3.14 HV Rb1 正面，爱奥斯瓦斯里奥斯的线性文字B泥板，陶土

就是这些奴隶的劳动成果。需要注意的是，泥板中提到的“议会”和“地主团体”两词指出了迈锡尼社会不同的组织形式。这两个词曾在几百年后古典时期的希腊再次出现，“地主团体”用来表示村庄或人民，后来逐渐发展成古典时期的新政府制度的核心：民主。

线性文字B泥板中有争议的一点是对于“所有者”的定义，一般情况下这个词常和大片土地、牛羊成群、橄榄油生产、大量奴隶一起出现。这些人拥有大量的财产，泥板记录中的牛羊都是成千上万的，橄榄油生产有时高达5000升。尽管迈锡尼社会中没有对这些所有者的地位进行明确划分，但是他们估计是统治精英，家庭很可能与中央权力有关。他们掌握着迈锡尼经济

图3.15 青铜刀刃，建筑A，爱奥斯瓦斯里奥斯

图3.16 皮特·德容，勇士壁画复原图，皮洛斯，约公元前1250年

的一大部分，包括生产者与贸易者。迈锡尼经济非常复杂，所有者的角色意味着中央权力需要依靠与中间人群的合作。例如，其中一名所有者叫阿尔克达斯，Un276泥板记录了他为香水制作商提供的香料。其他泥板记录中，他又是土地巡查员，收到了至少62件商品，征收牲畜，为别人分发亚麻。线性文字B的记载证实了这个社会非常复杂、有不同社会阶层，经济活动规模比荷马笔下的宫殿经济活动还庞大。青铜时代晚期真实的商业情况要比史诗中的英雄世界更加复杂。

在迈锡尼中心阿尔戈利德南部地区的拉科尼亚，近期考古活动显示出迈锡尼经济的复杂性。人们在距离斯巴达20公里的爱奥斯瓦斯里奥斯村中的一个矿井内发现了线性文字B泥板，后来被证实这其实是倒塌的坟墓。2009年以后，该地开始进行考古发掘。早期研究在这一区域发现了迈锡尼陶器，之前发现的泥板显示出该地区是规模较大、权力较高的行政中心。后来的考古发掘找到了在麦西尼亚州艾帕娜英格利安娜斯的皮洛斯山顶遗址迈锡尼宫殿平面图，大小与底比斯和格拉的宫殿相似。发掘者阿达曼提雅·瓦斯洛嘎梅坞（Adamantia Vasilogamvrou）曾这样描述拉科尼亚宫的重要性："这座宫殿可容纳上千人，里面有上百名工人、十几个抄写员在忙着制作泥板、标签和绳结。"

爱奥斯瓦斯里奥斯的泥板提到了纺织品和武器，这些物品与皮洛斯等地宫殿中的物品相似。在拉科尼亚发现的第一块泥板HV Rb1中的信息尤其值得琢磨（**图3.14**），上面清晰地写着"e-pi-zo-ta"，后面的符号是数字500。在这一时期，泥板的真实数量可能比记录中的更多。其他遗址发现的泥板中也有"e-pi-zo-ta"的字样，与后来的希腊单词对应，它应该是"鞘"的意思。这块泥板应该表示武器的大规模生产与储存。建筑A房间中的发现进一步证明了这一点：屋内有16把青铜剑、一把匕首、一把刀、若干矛头、一个青铜头盔、一个野猪獠牙头盔（**图3.15**）。

正如过去100年中发掘出的其他迈锡尼文明的遗址一样，这里也能看到荷马的影子。在史诗中，阿伽门农的兄弟墨涅拉俄斯是斯巴达国王，妻子海伦被帕里斯（Paris）掳走是特洛伊战争的导火索。因此如果我们想要将这些考古事实与史诗中的叙述对应上，我们会想到爱奥斯瓦斯里奥斯的遗迹就是墨涅拉俄斯与海伦的宫殿，忒勒马科斯（Telemachos）在寻找父亲奥德修斯的途中就是在这里遇到了这对夫妇。尽管我们不能接受诗歌创作与考古研究之间的直接联系，但是《荷马史诗》的确可以与迈锡尼世界的政治地理对应上。例如荷马认为皮洛斯是亚该亚（荷马对希腊人的称呼）参事涅斯托尔（Nestor）的家乡，事实上它的确是主要迈锡尼王宫遗址。我们解读过去的难点是无法决定考古是否应该与史诗一致。某个领域会加强我们对其他领域的理解吗？陶罐和诗歌应该完全分开吗？

线性文字B：解开谜题

自现代考古研究开始，考古学家一直面临的挑战是如何厘清克里特文明与迈锡尼文明之间的关系，以及判断这两种文明是否属于希腊文化。施里曼、埃文斯、布利根（Blegen）、聪塔斯的考古发现让学者们不断思考这一不争的事实：迈锡尼文明与克里特文明之间有很强的联系。迈锡尼墓葬和当地布局中现存的陶器、石制容器等米诺斯工艺品说明迈锡尼人很喜欢米诺斯人设计的风格，迈锡尼壁画中的人物放在米诺斯宫殿的艺术品中也很合适。事实上，米诺斯文明的确对迈锡尼艺术产生了非常深远的影响，埃文斯甚至认为米诺斯人曾经攻占希腊大陆，把迈锡尼变成自己的殖民地。然而，有的时候我们并不能把艺术风格当作民族认同，就像开奔驰的不一定是德国人，穿牛仔裤的不一定是美国人。此外，一些风格上的差别体现了大陆居民认为自己与众不同，比如皮洛斯的壁画中描绘的景象是穿着褶裙、带着野猪獠牙头盔的迈锡尼勇士屠杀穿着动物皮敌人的场面，但是克里特艺术中就不会有这么生动、暴力的场景（图3.16）。

米诺斯与迈锡尼社会的主要信息来源依然是考古学家发现的物质材料，因此我们只能通过推测来确定克里特岛上的米诺斯人与希腊大陆上的迈锡尼人之间的关系。迈锡尼人修建的蜂巢墓似乎指向他们与克里特人之间的关系，早在米诺斯中期的美沙拉（Mesara）就曾有过这种蜂巢墓。但是即使是这些有形的物质材料也会有不同的解释，造成这种现象的原因是迈锡尼人的祖先来自克里特，还是迈锡尼人在装饰风格、埋葬、衣着、社会组织等方面吸取了克里特风格？拉科尼亚南部帕夫洛彼特里的水下发掘带来了新的证据。该遗址现在沉在水下，但2009—2013年诺丁汉大学进行的考古研究显示，此地曾是迈锡尼重要的港口，占地九千多平方米，很可能是米诺斯货物运往迈锡尼大陆的港口。

然而，解开迈锡尼与克里特之间关系的钥匙并不在宫殿、水中城市、堡垒与奇珍异宝中，而是在克里特岛的克诺索斯与希腊大陆的迈锡尼、梯林斯、皮洛斯中发现的线性文字B泥板中，这些泥板的翻译终于赋予了青铜时代爱琴海人发声的机会。经过诸多学者的数年努力，线性文字B终于得以破解，其中贡献最大的是美国学者爱丽丝·科伯（Alice Kober，1906—1950年）。她在1930—1950年认真抄写下一万八千多份泥板文字。在这一过程中，她发现了线性文字B的基本音节结构和语言模式，即单词由音节词根加上不同结尾构成。尽管很多学者并不认为线性文字B是希腊语，科伯的发现却证明线性文字B是希腊语的变体。科伯去世两年后，英国的迈克尔·文特里斯（Michael Ventris，1922—1956年）彻底破译了这种语言，从而确定它就是希腊语。文特里斯发现后人知道的很多地名、神名都来自线性文字B，例如线性文字B中的po-se-da-wo-ne与ar-te-mi-to分别代表波塞冬（Poseidon）与阿耳忒弥斯（Artemis）。近期，克里特岛西部的干尼亚、底比斯大陆、爱奥斯瓦斯里奥斯发现了更多泥板。在文特里斯破译线性文字B后，这些泥板上的文字都能证实迈锡尼的语言就是希腊语，线性文字B中的很多地名都与后来的相同。底比斯的一块泥板曾在2001年被转写、发表，里面提到了名叫e-u-te-re-u的地方，就是后来荷马提到的彼奥提亚小镇欧特西斯。

尽管线性文字B在某些方面的翻译还不尽人意，泥板记录中也没有留下诗歌和文学作品，但是作为迈锡尼世界经济条件与政治组织的信息来源，这些资料还是非常有价值的。泥板Un2中的内容就提到了庆典仪式：

> 在斯班吉奈斯，在国王入会仪式上
> 负责发布［？］的人会写上：
> 1575升大麦；14.5升莎草；
> 8升“O”［另一种莎草？］
> 115升面粉；211升橄榄油；
> 19升［？］132；10升蜂蜜；
> 96升无花果；1头公牛；26只公羊；6只母羊；
> 2只公山羊；2只母山羊；
> 1头肥猪；6头母猪；586升酒；
> 2块［？］；146匹布
>
> （PY Un2，卡索登译）

除去没有翻译的那些内容（用［？］表示的部分），这些足够证明国王加冕的细节，这是一场由宫殿组织的盛大宴会。1头公牛、近600升酒，再加上宫殿饲养的羊，可供上百人食用。将这些数字和宫殿储存室里上百个饮酒杯联系到一起，我们就可以想象出这种再分配经济：整个国家的人都聚集在斯班吉奈斯，参加国王的入会仪式，用一头公牛做贡品，然后享受宴会。仪式性的屠杀和宴会后来成为未来几个世纪后希腊的供奉与宗教来源，这些根源来自迈锡尼传统仪式。

线性文字B还提供了一些有关迈锡尼政治组织的信息。线性文字B中的pu-ro，即后来希腊语中的皮洛斯（线性文字B中的pa-ki-ja-ne），被阿吉拉里昂山分成希瑟和发瑟两个地区，泥板提到在这两个地区内部还有不同的行政团体，每个都由总督进行管理。例如皮洛斯发现的线性文字B泥板Jn829里提到了16个省地名，并解释了这些群体与中央集权之间的关系。这些文件显示，每个群体都收到一些青铜为宫殿制作矛头和箭头，其他社区的人需要把猪喂肥后交给宴会，普通百姓可以收到宫殿分配的酒。除了这些信息，这些泥板还提供了纳税、派遣士兵看守海岸等内容。尽管这些线性文字B泥板都是官僚主义的记录，并没有告诉我们皮洛斯居民的信仰，它们却能让我们看到高度组织的社会是如何运作的。这些宫殿既是象征性的仪式中心，也是经济网络中心。与克里特宫殿相似，整个系统基于作物生产、储存、再分配与奢侈品制作、贸易、消费之间的平衡。这个系统很复杂，包括本地关系与国际关系，通过泥板上的线性文字B可以看到迈锡尼社会的复杂组织。

克诺索斯的迈锡尼人

解读线性文字B不仅可以理解迈锡尼宫殿的运作形式，还能更好地理清迈锡尼与克里特之间的关系。整个公元前2000多年中，迈锡尼世界因为主要宫殿的修建与被毁也经历了一系列起伏。公元前1470年左右，宫殿第二次被毁，后来的时间里大部分宫殿都是仪式或行政中心。克诺索斯经过重建又成为当地经济再分配中心，但是公元前14世纪克诺索斯的记录是由线性文字B，也就是现在的希腊语写成的。考虑到当地的克里特统治者在已有当地发展出的线性文字A的

图3.17 瓦菲奥杯（1），约公元前1400—前1350年，金制，高7.8厘米

情况下，不会再去其他地方学别的语言，因此可以确定最后占领并统治克诺索斯的是希腊人。克诺索斯线性文字B的使用对我们的研究会有很大的帮助。如果希腊人曾经统治过克诺索斯，那么造成克里特毁灭的应该是希腊大陆的殖民入侵。所以埃文斯不仅错误估计了米诺斯曾在希腊大陆殖民的事实，还彻底将情况弄反了：迈锡尼希腊人取代了米诺斯克里特人，摧毁了整个宫殿系统，并在青铜时代最后几年中统治着克诺索斯地区。

这种解释和线性文字B泥板的记录一致，而且也可以和其他证据对上。例如，长久以来人们认为，后面200年内，在米莱特斯和罗兹岛（曾在公元前16世纪有过高质量的米诺斯陶器）等希腊大陆与克里特之外的地方，米诺斯陶器的减少与迈锡尼陶器有关。我们不难想象两族人在爱琴海地区争夺主权的战争。迈锡尼力量逐渐强大之际，米诺斯势力也在逐步衰退。克里特本身是没有城墙的，主要防御都在船上，所以攻占克里特岛打破了权力平衡的状态，开始长期敌对状态。

证实这一观点的材料来自各种不同渠道，甚至还有一些出人意料的，如希腊神话。后来的希腊传统基于史实，将克里特岛（传奇的米诺斯国王）与海上帝国联系在一起。在上一章中我们说到，埃及的文字及图像证据显示米诺斯人曾远航到地中海东部地区。来自锡拉岛的证据也说明克里特人本来想通过海路方式，将自己的力量渗透到爱琴海地区。这些与米诺斯海军帝国相关的证据说明，米诺斯每年都会要求希腊大陆上贡7对少男少女，送往克诺索斯，献给了米诺斯的怪物儿子弥诺陶洛斯。后来，来自大陆的忒提斯进入迷宫，杀死了怪物，解救出里面的雅典人。这则神话很像入侵大陆的借口，克里特人被妖魔化，他们豪华的宫殿变成了鬼屋，他们对公牛的崇拜被视作变态。据说弥诺陶洛斯是由于米诺斯的妻子帕西法（Pasiphae）受到波塞冬的惩

图3.18 瓦菲奥杯（2），约公元前1400—前1350年，金制，高7.8厘米

罚，与一头公牛乱伦生下的孩子。克里特人不大可能这样看待对公牛的崇拜。近东地区的人们会对公牛有相反的态度，也许国王或祭祠也同样被视为力量的化身。但是在迈锡尼时代末期，一些学者注意到与公牛崇拜相关的图像有一些变化。有人猜想，公牛头面具中的萨满是不是基于弥诺陶洛斯的故事。如果是这样的话，那么长久以来对公牛的崇拜最终变成弥诺陶洛斯的故事，是因为目睹了公牛崇拜的希腊人把这些故事带回了希腊大陆。

克里特岛最新的考古发现进一步支撑了克诺索斯曾是迈锡尼王国在克里特岛的权力中心这一观点。1990年，干尼亚丹麦研究所在克里特岛西部发现线性文字B泥板，证明迈锡尼人曾在那里生活过。后续发掘在2010年发现了一座迈锡尼统治者在科多尼亚的建筑，科多尼亚是干尼亚的迈锡尼语名字。在这座建筑中发现了五块迈锡尼人用于封印文件和器具的封印石，还有象牙刀和青铜刀。一些房间的设备与纺织生产有关，或许是这一地区的财富来源。更引人注目的是一些来源可靠的干尼亚线性文字B泥板，时间晚于公元前1425—前1375年，这些日期一般是克诺索斯泥板出现的时间，而且其中一块的内容与克诺索斯的泥板相似。因此迈锡尼在克里特岛的时间很可能持续到公元前1250年，覆盖了迈锡尼人在大陆上用线性文字B记录经济文件的时期。迈锡尼人与米诺斯人是否拥有统一的身份（或者彼此视为仇人），我们很难判断，克诺索斯的档案室中一开始存放的是线性文字A泥板，后来是线性文字B泥板，这种相同的功能似乎代表着新迈锡尼精英与手下之间的合作。

克里特岛其他发现进一步证实了公元前1450年宫殿文化的最后阶段是由迈锡尼人完成的。公元前1425年时，一种新型的墓葬方式出现了，这种在干尼亚和克诺索斯出现的“战士墓”埋葬着尸体、饰品和武器。

因为起源于伯罗奔尼撒的“蝶状幼体”，这些墓葬中的陶器被称为“蝶型”陶器。DNA研究显示，青铜时代晚期伯罗奔尼撒和希腊西部中克里特人口数量曾快速上涨。

迈锡尼人在克诺索斯的最后阶段对其影响是可观的，而且并不局限于对他们控制克里特的影响。在很多方面，克里特宫殿文化适合大规模的土地管理与资源剥削（克诺索斯中央权力曾控制着十万多头羊），因此迈锡尼人遇到的克里特社会比自身更加复杂、发展程度更高。希腊人不仅用装饰着迈锡尼图案的杯子喝水，雇佣克里特工匠装饰他们的宫殿，最重要的是他们还模仿克里特发展出了一套国家管理方法。统治者们喜欢战争与战利品，公元前13世纪迈锡尼人也变成君主国的国王，发展出同样的储存、制造、奢侈品贸易、再分配和记录书写体系，这些也曾是米诺斯克里特的标志。

1889年，赫里斯托斯·聪塔斯在斯巴达南部的蜂巢墓中发现了两个杯子，这两个杯子可以证明这种复杂关系。瓦菲奥杯（**图3.17、图3.18**）上的图案是猎牛和牧牛的场景。这种风格、构成、制作工艺都出自大师之手，但是这对杯子的出处在过去的一百多年内一直存在争议。这对杯子是米诺斯人制造的吗？是作为墓地主人最珍贵的宝物，和主人埋在一起，还是像其他学者想得那样：它们有不同的出处，一个来自克里特人，一个来自迈锡尼人？两个杯子制作工艺上有些细微的差别，这也许意味着它们不是一起生产出来的。事实上，有一种说法似乎更合理，即描绘猎牛的杯子是对另一个描绘牧牛杯子的回应。如果后者田园牧歌般的和谐氛围代表克里特人，那么横冲直撞的公牛是迈锡尼人更强硬、残忍的人生态度。

然而，将身份和文化价值统一成图像的解读方式是有风险的，不过还有一些方法更令人满意。其中一种是为了评估墓葬宝物的整体环境而研究整体；另一种方法是在更广阔的范围内考虑整个宝物分配。

图3.19 整套盔甲和野猪獠牙头盔，登得拉，约公元前1200年，青铜与野猪獠牙制成

图3.20 迈锡尼D型剑分布

关于第一种方法的作用，一个例子就是1926年瑞士考古学家阿克塞尔·佩尔松（Axel Persson）在迈锡尼堡垒附近的登得拉发现的迈锡尼公墓。那里发现了16间墓室，其中很多间曾多次用于埋葬。登得拉墓葬有两点令人惊讶：第一，坟墓里发现了整套的铜质盔甲、野猪獠牙头盔（**图3.19**）和青铜壶、盆、带嘴锥形碗等陪葬品；第二，这里的坟墓中有一些马冢，动物尸体面对面整齐地摆在一起，就像纹章图案一样。阿缇卡的马拉松迈锡尼墓中也有相似的现象。人们难免会认为埋葬在这里的首领是看重军事实力的精英阶层，与《荷马史诗》中的英雄一样，登得拉与马拉松的马主们骄傲地自称为战士。

当我们绘制迈锡尼D型剑发现位置图时，会体会到分配方式的重要性（图3.20）。这些剑造型特殊，最长的70厘米，中部有棱、顶部是圆角，翼缘延伸，木头或象牙与把手相接。与我们所得的其他证据相似，这种剑大致沿迈锡尼世界边界分布，在伯罗奔尼撒，特别是阿尔戈利德地区高度集中，然而皮洛斯、奥奇奥墨诺斯和雅典等其他迈锡尼遗址也有散落。但是存在D型剑并不代表附近有宫殿，反之亦然。不过通过搜集武器、建筑、蜂巢墓、线性文字B泥板等数据，我们还是可以逐渐构建出完整的迈锡尼世界。

特洛伊与荷马

我们通过考古重塑希腊的迈锡尼世界，但是我们发现青铜时代还存在于希腊人的神话与记忆中。这些遗址将特洛伊的考古发现与神话联系到一起，任何与对青铜时代希腊的解读都要解决有关特洛伊的问题。荷马笔下的特洛伊靠近海岸，在斯卡曼德河附近，该地位于今天的土耳其，靠近达达尼尔海峡。这条长长的海道连接着爱琴海和博斯普鲁斯海峡，最终到达黑海。我们已经知道，海因里希·施里曼早在1870年就发现了希

图3.21 特洛伊城断层图，展示了公元前3000年一公元500年的特洛伊变化

萨利克遗址，证明了特洛伊并不只是美好的虚构。如今距离第一次在特洛伊的系统发掘已经过了150年，我们对这里历史的理解比施里曼更全面。

很显然，在不同时期，人们在特洛伊这一片土地上有过不同的发展（**图3.21**）。最早的特洛伊I期可追溯至公元前3000多年的青铜时代早期。传统意义上的特洛伊战争也可以与特洛伊的不同时期相对应，亚历山大的埃拉托斯特内斯（Eratosthenes）认为特洛伊战争发生于公元前1184年，对应特洛伊VI或VII期。有些证据表明特洛伊VI期曾因地震被毁，但是没有被战争毁坏的痕迹；而特洛伊VII期曾受到包围和攻击，多数学者普遍认为这是荷马笔下的特洛伊。

直到1988年，人们依然相信这一观点。但是，20世纪90年代，对于荷马笔下的特洛伊争论愈演愈烈，其中德国考古学家曼弗雷德·科夫曼（Manfred Kordmann，1942—2005年）称特洛伊VI、VII期比之前时期的规模要大10倍，因为他找到了特洛伊低城周围的沟渠和防御工事。科夫曼认为，特洛伊不仅是地区中心，还是青铜时代晚期大型的商贸中心之一。他认为特洛伊的地理位置显示了这座城的重要性。这座古城靠近水源，因此城市可以从往来于黑海和爱琴海之间的赫勒斯庞特海峡贸易中获利。黑海是多瑙河地区的入口，通往中欧、北欧、乌克兰，东临乌拉尔山脉，古格鲁吉和亚洲中部地区，谷物、酒、油、兽皮、奴隶、贵金属奢侈品等商品因此得以在两个区域间实现交换。阿富汗青金石等珍贵的小物件先通过陆路到达黑海，然后再到爱琴海和地中海地区进行交换。两条贸易网络交叉的位置就是达达尼尔海峡，因此特洛伊在这种自然条件下获益颇丰。

反对这一观点的是科夫曼的蒂宾根同事弗兰克·科尔布（Frank Kolb，1945—），他认为“低城”这一所谓的证据其实是不切实际的还原。此外，科尔布注意到，黑海的奢侈品很少在特洛伊出现，而且与青铜时代晚期其他宫殿中心不同，特洛伊VI、VII期的宫殿没有相关档案记载。然而大多数学者认为科夫曼的观点并不是夸张，他在特洛伊城堡下的考古发现与其他主要防御工事一致，例如那些阻挡战车的水渠。卡夫曼的观点得到了约阿希姆·拉塔兹（Joachim Latacz）等著名学者的认可，拉塔兹通过阿蒙诺菲斯三世（Amenophis III）神庙的埃及地理列表证明了迈锡尼和底比斯在青铜时代晚期被埃及人视为主要王国，在他看来，这些王国与赫梯人争夺安纳托利亚西部的控制权，因此特洛伊所在的位置是迈锡尼人与赫梯人之间争夺的区域。

特洛伊VI、VII期并不只是安纳托利亚西北一座不重要的小城的不同时期，支持这一观点的还有其他证据。赫梯首都哈图沙的外交信件中曾多次提到威鲁萨遗址，威鲁萨赫梯语中的伊利昂是特洛伊的另一名称。此外，这些公元前14世纪晚期到13世纪晚期的信件中提到很多与《伊利亚特》中相似的名字，例如书中曾经提到名叫皮牙马拉都（Piyamaradu）的人，成为背叛赫梯人的叛徒。一些学者会在他的名字里看到《荷马史诗》中特洛伊国王普利阿摩斯（Priam）的历史起源。赫梯文献中的另一个人是威鲁萨的国王阿拉卡杉多（Alaksandu），在《伊利亚特》中，帕里斯常被叫作亚历山德罗斯。最后，皮牙马拉都对赫梯领土发动袭击的地方被称为阿希亚瓦，据说该国国王在信中下令将皮牙马拉都交给赫梯人。很多学者会将阿希亚瓦视作《荷马史诗》中的亚该亚人，埃及语中称为埃克万斯人。赫梯国王哈特西利三世（Hattusili III）在公元前1250年的一封信中简单提及了阿希亚瓦国王支持皮牙马拉都的事情，甚至还提到赫梯人和阿希亚瓦人曾经因为关于威鲁萨的纷争而战，但是后来和解。

需要注意的是，赫梯的外交文献并不能证明荷马对特洛伊战争的描述是否真实。皮牙马拉都可能与普利阿摩斯有关，但是这两个人物并不一样。然而这的确表明，史诗中的元素来自青铜时代末期，但是又没有叙述史实。公元前13世纪西安纳托利亚的区域冲突中，真正的特洛伊处于野心勃勃的当地势力与更强大的王国的夹缝之间。这些冲突是《荷马史诗》中事件的核心，那么历史学家们面临的问题就变成了诗中哪些部分是历史事实、哪些部分是捏造出来的？帕里斯更靠近阿拉卡杉多还是亚历山德罗斯？

回答这些问题之前我们先要回到史诗本身上。这些诗采用严格的六音步抑扬格（见后文）口头做出。《荷马史诗》最早于公元前750年写下，然而在这之前都是口口相传。20世纪30年代，米尔曼·帕里（Milman Parry）和阿尔弗雷德·洛德（Alfred Lord）曾对斯拉夫游吟诗人进行研究，发现这些人拥有超强的记忆力与表现力，同时还发现这种口头创作是不断变化的，没有哪两次表演完全相同。这些诗人根据观众对作品的接受度不断对作品进行修改。基于严格的音律，诗人在创作时会借助符合格式的小片段来写好整篇，例如在希腊诗歌中使用的是六音步长短短格，用长短短格（–ˇˇ）和长长格（––）组合构成。其中一些诗只有半行（如《快脚阿喀琉斯》），有一些则长达十行以上，例如对武装战士战争场面的描述中会包括对战士穿戴的铁甲、护胫甲、盾牌、矛、头盔的描述。当诗歌最终在公元前750年写下时，风格逐渐固定，最终在希腊化时期演变成我们现在知道的诗歌。

诗歌的口头传颂说明诗歌写作与描述的历史事件之间至少有350年的差距，在这之间的几个世纪里，故事和诗歌不断演变。研究口头创作的学者发现，诗人几乎不可能完全准确地讲述出一个世纪之前的社会机构和抽象概念。所以荷马提到的忒勒马科斯出发去寻找父亲之前召集大家在伊萨卡岛集会，赫克托（Hektor）求婚时安德洛玛刻（Andromache）提到自己的嫁妆，这些婚礼安排和政府惯例的场景很可能是荷马描绘自己所在时代的现状。另一方面，为了引起听众的兴趣，对战车、盾牌、头盔等物体的具体描述在很多文章中有重复段落，而且在不同时代均有重复。下面是诗人对涅斯托尔杯的描述：

> 这些东西旁边有一个杯子，
> 这是涅斯托尔带回家的杰作，
> 上面镶着黄金。还有四个把手，
> 每个把手周围是两只正在吃食的金鸽子，
> 下面是两个支架。杯子装满的时候，
> 一人很难拿得动，
> 虽然涅斯托尔年事已高，却能轻而易举地拿起来。
>
> （荷马，《伊利亚特》，9.629—37，约翰斯顿译）

施里曼在迈锡尼的圆形墓葬A中找到了一只精美的杯子，与文中的描述相似。我们很容易相信诗人这样描写一只杯子只是为了取悦大众，特别是他们那个年代没有见过这样的器具（**图3.22**）。这些内容都是对奇珍异宝的造型描述，因此一些古玩得以出现在诗歌中。荷马写到阿喀琉斯在塔形盾牌后顽抗，这样的画面在锡拉壁画中也曾出现过，但是壁画距离荷马所处年代已经有三百多年历史了。

然而这种将诗歌地层学与某处遗址（如特洛伊）的考古层面信息相匹配的诗歌研究方法很复杂，主要原因是诗人在吟诗时需要考虑观众和顾客的喜好，这些人一般都会崇拜自己当地的英雄。因此这些片段可能会被编入不同的诗歌中。例如狄俄墨得斯（Diomedes）在《伊利亚特》卷五中是一个重要角色，整首诗中的这个部分可能来自以他的英雄事迹为中心的其他史诗。公元前8—前10世纪时，一首诗在不同场合会被反复提及，听众的生活环境比青铜时代的宫殿还要简陋，诗人用幻想出来的英雄气概吸引观众，因此很难为人物找到准确的历史背景，比如我们不知道独眼巨人的历史背景。当

图3.22 杯子，圆形墓葬A，迈锡尼，约公元前1500年，金制，高14.5厘米

英雄们遇到会魔法的怪兽时，他们自然会拥有一些超人的能力，这样才能让他们更有趣。即使在古代，批评家们也会发现荷马笔下的英雄只爱吃肉，因为在那个以面包、橄榄、奶酪为主食的年代，吃肉显得更了不起，就像排骨比沙拉更有英雄气概一样。

因此，研究历史上的特洛伊战争和《荷马史诗》中的世界很困难。考虑到当时的动荡，特洛伊很可能是在公元前12世纪早期遭遇攻打、洗劫，迈锡尼人也很可能参与其中。然而，在考古中的特洛伊与史诗中世界之间的交汇点上都存在着分歧。现在让我们以海伦的形象为例：迈锡尼人攻打特洛伊的原因更像是占据那座城市在战略位置上的优势，而不仅是夺回墨涅拉俄斯误入歧途的妻子，因为海伦不仅是《奥德赛》和雅典喜剧中的蛇蝎美人，而且在拉科尼亚还被视作斯巴达的英雄祖先，她在斯巴达外铁拉普涅的神龛在整个古典时期和古风时期持续使用。也许最明显的差距在于那些让我们看到青铜时代威鲁萨的赫梯人。尽管赫梯王国在整个公元前13世纪控制着安纳托利亚，荷马的《伊利亚特》中却完全没有提及。《伊利亚特》卷二的特洛伊同盟目录中，来自安纳托利亚的利西亚人、吕底亚人、迈西亚人都在与亚该亚人对抗，但是并没有提到该地区最强大的帝国，也就是与迈锡尼人同时代的帝国。然而赫梯人的确在其他黎凡特文学传统中留下了印记，例如希伯来语的《圣经》提到以色列和赫梯国王在《列王记》第7.6章中结盟，但是赫梯人却被排除在荷马的地理意识之外。如果青铜时代最大的安纳托利亚王国都没有出现在荷马笔下的特洛伊战争中，那么我们也不能期望在《伊利亚特》中看到很多史实。

迈锡尼文明的没落

如果《荷马史诗》引领青铜时代的爱琴海地区，那么特洛伊的没落是青铜时代末期的开始。无论《荷马史诗》是否能为特洛伊没落的神话解释，基于迈锡尼、梯林斯等强大的宫殿和皮洛斯等小城发展的迈锡尼文明还是在公元前1200年灭亡了。与之前的米诺斯克里特相似，主要迈锡尼遗址的地层学图像中都能看到被毁的痕迹，这种一致性需要进一步解释。迈锡尼文明到底经历了什么？

关于这个问题，有很多互相矛盾的理论，从干旱等气候变化导致迈锡尼经济衰退，到因为迈锡尼系统的强制性引发奴隶和农民的反抗。一些学者研究外国入侵，还有一些学者研究战争科技的主要变化，例如可移动步兵代替笨重的战车成为地中海东部地区最受欢迎的武装形式。根据这一理论，随着战车被步兵取代，喜欢战车的精英们认为他们的权力受到了挑战。《荷马史诗》中也可以看到相关内容：战士们坐着战车去打仗，但是仍需要步行作战。也许当战车作战被淘汰之后，这种英雄化的联想依然保留了下来。

图3.23 梯林斯重建图，约公元前1200年，（从上而下）扩建的环形墙、宫殿和中央大厅内部，城墙横截面

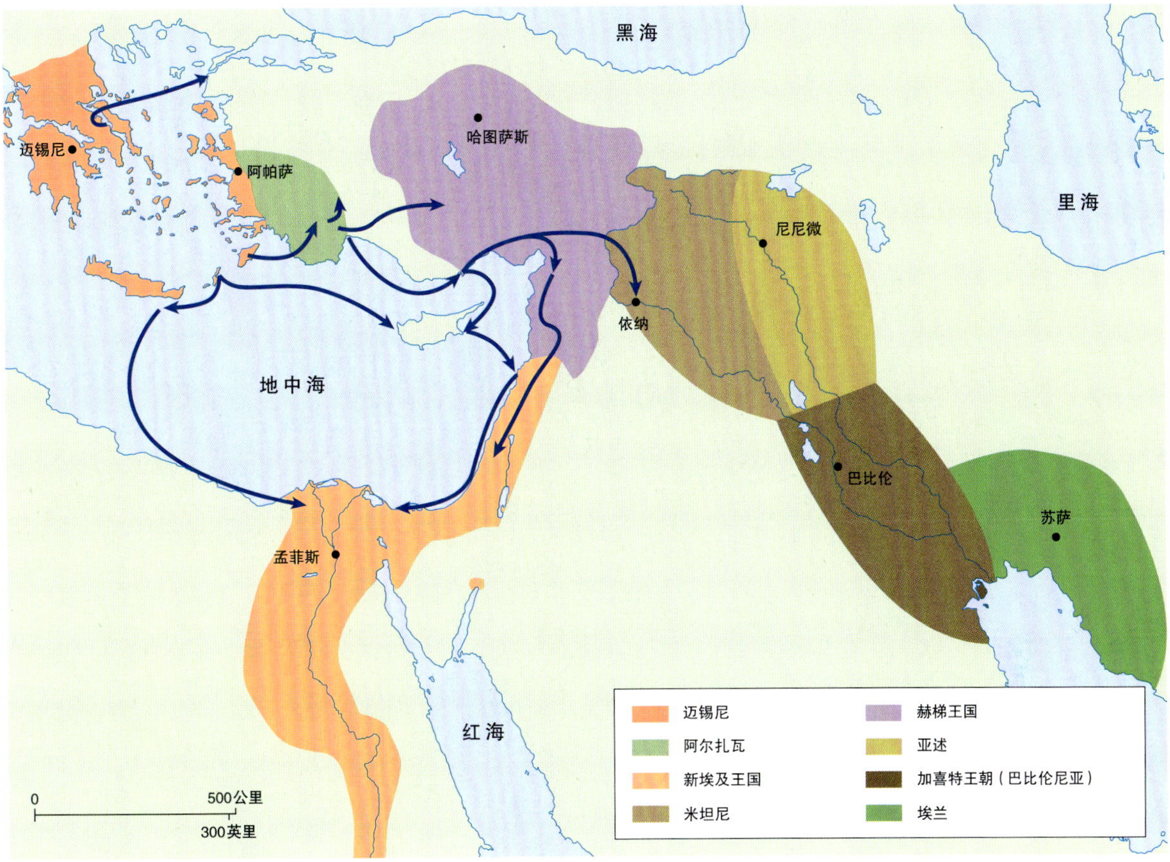

图3.24 遭到海上民族攻击的区域

尽管这些解释看起来相互矛盾，但是仔细推敲会发现每种观点都有可取之处，很可能都发挥了作用。例如，尽管迈锡尼世界并没有证据证实长时间的干旱，安纳托利亚的树轮数据却可以证明公元前1200年赫梯文明没落与当时的干旱气候有关，所以我们可以由此推测希腊也经历了相似的情况。此外，迈锡尼、梯林斯、美狄亚的考古学家发现这三处遗址都在公元前1200年经历过大规模地震，还有证据表明洪水冲毁了梯林斯城墙外的低矮小城。综合来看，这些事件造成阿哥斯平原粮食产量减少，产生连锁反应，激发宫殿群体内部的不满与冲突。公元前1300—前1200年，迈锡尼宫墙外的一些房屋都发生过火灾，但是波伊奥提亚的格拉城堡被烧是意外还是人为尚无定论。

尽管这些灾难影响的是迈锡尼权力中心，统治阶级的精英们也处于焦虑中。在迈锡尼和梯林斯，防御工事进一步发展。迈锡尼开辟了通往城墙内蓄水池的通道，梯林斯的城堡规模扩大了两倍，城堡储物能力大幅增加（**图3.23**）。这些建筑工程说明统治阶级开始抵御外敌进攻，同时线性文字B泥板中提到了“海上哨兵”，说明他们也害怕来自海上敌人的袭击。

害怕来自海上的袭击也不是没有原因的，因为证据表明，在公元前1200年左右，地中海东部常有劫掠集团出没。这些证据来自埃及，主要涉及的是名叫“海上民族”的组织，**图3.24**中的地图显示了海上民族侵略的区域。历史学家认为海上民族是一个松散的部落民族联盟，他们利用地中海东部埃及、米坦尼、赫梯之间的冲突夺取黎凡特周围的沿海领土。从亚马拿泥版（可追溯到青铜时代晚期的埃及皇家档案）开始的一系列埃及资料中都提到过这些人，拉美西斯三世（Rames III）的哈布神庙墙上刻着有关他们身份的铭文，上面写道：

> 一场阴谋在他们的岛上酝酿。卡蒂、科德、卡基米什、阿尔扎瓦和阿拉西亚……这些土地在战争中分散，没有国家能抵挡住他们的力量。他们来了，带着火焰走向埃及。派莱赛特人、阐卡尔人、舍克利斯人、达奴人、万舍斯人组成联盟，他们的手伸向了整个世界的土地……
>
> [加德纳（Gardiner），《埃及法老》（*Egypt of the Pharaohs*），284—85]

考虑到这段文字是为了庆祝拉美西斯的胜利，因此或许有些夸张，但是这段文字依然可以用来证明这些掠夺者在公元前1184年被击败之前的所作所为。根据埃及文本，他们的受害者包括赫梯人、叙利亚北部居民、卡基米什（幼发拉底河源头）、西安纳托利亚的阿尔扎瓦和阿拉西亚（塞浦路斯古称）。

图3.25 派莱赛特囚徒，哈布神庙浮雕，约公元前1180年，石制

该联盟中提到的名字引起了大家的兴趣，很多学者认为派莱赛特人（Peleset，准确说应该拼写为“PLST”，因为埃及当时的书写系统不使用元音）是希伯来《圣经》中提到的非利士人。这一群体最终占据了迦南的五处遗址，他们带来的陶器与公元前1200年—前1100年的迈锡尼陶器并无不同。阐卡尔人或许来自特洛伊（与后来文献中名叫提克里的部落有关）或克里特东部，他们的名字与扎克罗遗址有关。舍克里斯人可能就是后来西西里岛的西西里人。如果名字可以显示出海上民族来自哪里，那么一个合理的假设就是这些人来自黎凡特西部。这样的话，达奴人、万舍斯人的出现说明海上民族中包括希腊的迈锡尼人，因为这些名字可以与《荷马史诗》中提到的内容相对应，荷马曾将希腊人称作迦南人与亚该亚人。在这种假设下，海上民族中包括迈锡尼人，哈布神庙浮雕中海上民族头戴的羽饰头盔、身着的迈锡尼褶裙都能证明这一点（图3.25）。即使这样我们也很难对海上民族的种族来源下定论，因为其他理论将他们与安纳托利亚和叙利亚联系在一起。所有这些可以证明海上民族的存在与公元前1200年左右黎凡特的大规模动乱有关。

尽管迈锡尼假说并没有被广泛接受，海上民族中存在迈锡尼人的观点依然值得深思。如果是真的话，那么还有一个问题，就是既然海上民族中有迈锡尼人，那么迈锡尼中心的没落是否与海上民族有关，他们或许既是侵略者又是受害者。

为解决这一疑问，让我们不妨想象以下场景：公元前1200年左右，伯罗奔尼撒的迈锡尼中心与希腊中部都进入一场长期危机，地中海东部地区由于人们对土地与财富的渴望人口流动增多。这些强盗来自地中海中部地区的西西里、萨丁等地，路过伯罗奔尼撒，皮洛斯与迈锡尼国王沿海增设瞭望台，并在其他可能的地方增强防御工事。同时，迈锡尼的经济社会系统受到自然灾害、环境变化、社会结构变动的影响。每种灾害都会产生连锁反应，如格拉被烧毁时，没有足够人员救火，也没人修复改造下面农业平原的运河和灌溉系统。由于缺乏监督，维护迈锡尼系统的工程失败，曾经肥沃的平原很快变成开垦之前的样子。受到一系列危机的影响，迈锡尼人开始下海，他们离开希腊去往东边的塞浦路斯，后来又往西、南走到叙利亚和迦南沿海地区，最远到达尼罗河三角洲。这一过程并不只是入侵，而且突发且多变的，其中一些人是雇佣军，被法老和国王收买；一些是海盗，在沿海地区游荡，洗劫乌加里特等地；还有一些人在以色列的泰尔多尔等地住下，抢占那里的土地。

无论我们怎样解释，自然灾害、外部入侵，还是系统内部崩塌，公元前1100年，这个青铜时代的复杂文明结束了，但还继续活在神话里。在后来的铁器时代，特洛伊英雄的故事标志着黄金时代消失。宫殿倒塌，侵略者占据了国王的中央大厅，储存作物的石制廊台变成了牧羊人的羊圈，但是史诗依然保存着辉煌时代的记忆。我们会看到，青铜时代因荷马而永垂不朽。

焦点：

迈锡尼皮洛斯的新发现

在过去的时间里，皮洛斯的涅斯托尔宫附近不断有新的发现，帮助我们进一步理解这一希腊迈锡尼的重要区域。伊卡莱娜位于涅斯托尔宫南5000米（但是被山脉和山谷分开），希腊-美国联合考古队从2006年开始在那里进行发掘，出乎意料地找到了一处遗址，其中有巨大的露台建筑群和非常先进的城市设施（里面有铺好的路、广场、复杂的排水系统和石制排水道、配水系统和陶制管道，**图3.26**）。这些特征加上线性文字B书写的行政记录，还有该地不同活动区域的划分（行政性、工业性、居住性），说明伊卡莱娜在被皮洛斯统治者吞并前曾是主要的中心（吞并日期还有待考证，应该在公元前1400—前1300年，对当地陶器的细节研究可能会找到这个问题的答案）。

图3.26 希腊-美国联合考古队在伊卡莱娜的近期发现鸟瞰图

尽管我们不确定伊卡莱娜何时被并入涅斯托尔宫，但是这一进程是皮洛斯扩张的重要标志。根据泥板上的线性文字B，整个进程结束于伯罗奔尼撒西南部的控制。皮洛斯王国范围很大，北至内达河，行政记录中还提到希瑟、发瑟两个省。对该地的进一步挖掘或许可以厘清伊卡莱娜与涅斯托尔宫之间的关系，但是电脑修复的巨大露台建筑群图还是能让我们看到迈锡尼国王在该地的权力（**图3.27**）。

图3.27 伊卡莱娜巨大露台建筑群复原图

图3.28 格里芬战士墓中的梳子，皮洛斯，约公元前1500年，象牙制，长15厘米

皮洛斯统治者权力的另一证明近期才被发现。尽管早在1939年，涅斯托尔宫就第一次由卡尔·布利根进行系统挖掘，周边地区并没有被开发。辛辛那提大学的发掘者2015年时在涅斯托尔宫周围150米进行考古发掘，仅一天时间就在布利根发现的迈锡尼蜂巢墓周围找到了迈锡尼石制坟墓，进一步研究后发现该首领坟墓可追溯至公元前1450年迈锡尼文明早期。坟墓中埋葬的是一位30～35岁之间的男性，遗体位于竖井底部，周围是1500件陪葬品，有珠宝、封印石、金银青铜制容器和象牙梳（**图3.28**）、青铜镜、金戒指等克里特生产的珍贵物品。这一发现被迅速命名为格里芬战士墓，具体的重要性还在评估中。

早期迈锡尼墓中发现克里特生产的物品对发掘者来说是个意外。米诺斯物品或许是战争中得到的战利品，但是发掘者认为这些东西是专门收集的，显示了迈锡尼精英对米诺斯物品的喜爱。最重要的是迈锡尼首领戴的金戒指，一枚图案是站在神龛前五名穿着米诺斯风格裙子的女性（很可能是女祭司）（**图3.29**），另一枚戒指的图案是一头公牛和准备跳牛背的人，这是米诺斯宝石中常见的画面（**图3.30**）。这些在皮洛斯的发现表示迈锡尼人为了增强威信、提高地位，随意使用米诺斯风格的物品。

图3.29 画着神龛前女性的戒指，格里芬战士墓，约公元前1450年，金制，长约3厘米

图3.30 画着牛背跳图案的戒指，格里芬战士墓，约公元前1450年，金制，长约3厘米

公元前1150年	公元前1000年	公元前950年	公元前800—前700年	公元前776年
地中海东部剧变	铁器时代开始	勒夫坎地英雄祠	城邦出现	首届奥林匹克运动会

公元前725—前700年	公元前750—前500年	公元前720年	公元前700年	公元前700—前600年
《伊利亚特》和《奥德赛》以书面形式写下	希腊大流散	希腊字母表发明	赫西奥德	希腊艺术东方化时期

第四章

铁器时代

本章的主要内容是“公元前8世纪复兴”中的主要变化，包括：人口增加、早期城邦发展、新生贸易网络、希腊人在地中海附近进行的殖民活动。在此之前我们先要讨论铁器时代在人口、宗教、经济活动、写作方面对青铜时代的延续。此外，本章还会讨论《荷马史诗》反映出早期希腊世界观中的英雄理想，以及对该世界观是否适用于公民社会的焦虑。我们还会探讨史诗的人种志想象。史诗中将非希腊人妖魔化为怪兽和巨人是早期殖民活动的缩影。最后是关于希腊最著名机构——奥林匹克的介绍。

铁器时代早期的中心及周边

正如我们所见，荷马的诗歌将青铜时代塑造为英雄的世界。荷马对于战争场面的细节描述（如盾牌、头盔、战车）或许会让我们想起迈锡尼战争，但是史诗中的世界与真实的米诺斯克里特宫殿和迈锡尼大陆防御工事不同。《荷马史诗》中的物质世界其实更接近铁器时代早期的情况。例如荷马笔下统治者居住的房屋，既不像那些宏伟壮观的宫殿（例如克诺索斯的宫殿），也不像迈锡尼与梯林斯的堡垒，更像是长廊。墨涅拉俄斯居住的涅斯托尔宫与阿尔喀诺俄斯国王（King Alcinous）在斯刻里亚岛的房屋，在诗中都被写成壮丽辉煌的样子。但是仔细阅读那些描述的文字，我们会发现这些建筑的设计其实非常简单，比如在对斯巴达的诗意描写中，墨涅拉俄斯与海伦住在宫殿里面，他们的宾客则睡在前院搭起来的床上。

埃维亚岛勒夫坎地发现的铁器时代早期建筑，就是荷马笔下的那种长廊。勒夫坎地是目前已发掘出公元前10世纪希腊的最大建筑，可以与青铜时代晚期的宫殿相比，但是首领或“大人物”统治的社会则在原几何时期才开始出现［铁器时代（公元前1000—前700年）因为在制作陶器时喜欢几何图案，所以常被称为几何时期，原几何时期是这一系列中最早的分支］。

图4.1 勒夫坎地半圆形建筑复原图，公元前10世纪

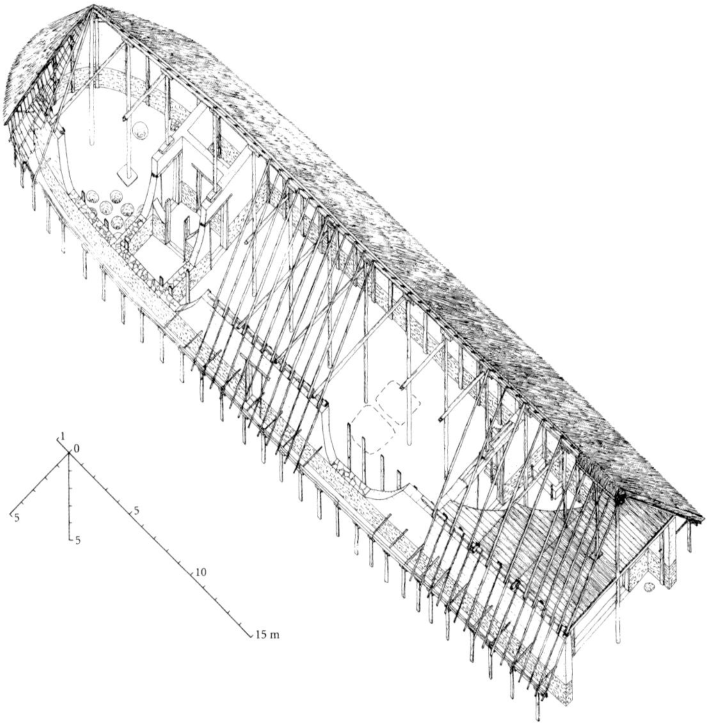

勒夫坎地的建筑长50米、宽13.8米，因为其中一端是半圆形，被称为半圆形建筑（**图4.1**）。石制地基上的泥砖墙有一组凹槽，表明建筑周围有门廊环绕，建筑内部由前院、前厅、大一点的主房，以及建筑西边的小储物室组成。

与迈锡尼宫殿相比，尽管勒夫坎地的建筑规模小些，依然能看到此前时期的痕迹。该建筑最主要的特征是在刚建好后又当作英雄坟墓使用。主屋中心挖了两个深坑，其中一个放着战士首领火化后的遗体和戴着珠宝的女人尸体，另一个埋着4匹马，应该是用来祭奠已死的主人，这让我们联想到迈锡尼文明的登得拉（参见第81页）马冢和埃维亚附近马拉松的迈锡尼蜂巢墓。同时，公元前10世纪勒夫坎地的马墓也让我们想到《伊利亚特》卷二十三中阿喀琉斯向帕特克罗斯（Patroklos）供奉的4匹马、2只狗、12只特洛伊木马（有人怀疑勒夫坎地的女性尸体是一种殉葬行为）。

当首领、伴侣、马都被放入深坑中后，整座建筑被埋在高地之下，高地周围的区域也被用作大型公墓，内有83个坟墓与32个火葬柴堆。根据竖井中的贵重物品和后来的石棺，发掘者认为这些公墓的主人可能是半圆形建筑中英雄的亲属。

由于勒夫坎地建筑的存在，学者们需要再次研究迈锡尼文明没落后的希腊世界。大约在一代人之前，迈锡尼堡垒的终结过于突然且影响巨大，所以人们常把后面的时代称作希腊的黑暗时期。通过对伯罗奔尼撒半岛的尼科瑞亚等遗址的研究，我们发现人们重新回归简单的畜牧生活。希腊世界中不再是构成复杂、有阶级组织的群体，而是穷苦的农民和牧民。由于勒夫坎地

遗址，我们现在知道实际的故事更加复杂。宫殿的确停止运转，但更严重的是，从底比斯、格拉到阿哥斯平原的中心走廊都受到了迈锡尼世界崩溃的影响，这些地方的梯林斯小堡垒也有曾被占领的痕迹。

相反，迈锡尼世界周边受到的影响更小，恢复也更快。在希腊中部的卡拉波迪（kalapodi），德国考古机构发现该地区的崇拜活动从希腊化时期中期（约公元前2000—前1650年）一直持续到罗马时期，这说明该地至少在崇拜方面有连续性（图4.2）。美国人在伯罗奔尼撒半岛吕开山宙斯神殿进行的考古发掘也显示出当地崇拜活动从青铜时代到罗马时代延续下来。然而过去10年在埃维亚的考古研究发现了当地从青铜时代晚期到铁器时代早期的居住痕迹。米特鲁、凯诺斯利瓦纳顿、亚特兰特以及靠近伊拉提亚的阿罗纳基公墓，这些地方的居住痕迹和墓葬表明，这里从迈锡尼文明末期到铁器时代之间没有遭受过扰乱，货物从这里运往色萨利与基克拉迪群岛，最远到达克里特岛。在米特鲁进行考古挖掘的比利时人与希腊人这样评价："与维奥蒂亚到伯罗奔尼撒半岛南部之间的居民不同，希腊中东部的居民在青铜时代到铁器时代早期的转变过程中，并没有经历过什么文化断层，物质文化受到的影响也更小。"

我们现在可以更好地理解《荷马史诗》中的世界与现实中铁器时代的世界。铁器时代的希腊人积极地为过去的事创造回忆，他们用特洛伊战争的模糊回忆加上本地英雄创作出新的故事，这些英雄与铁器时代早期的王子和国王同样重要。然而诗歌并不是连接过去的唯一方法，希腊各地的很多青铜时代标志墓葬都会唤起之前的荣耀时代，比如那些蜂巢墓和墓室。公元前8世纪和公元前9世纪，当地人经常重复使用之前的

图4.2 古庙西面，卡拉波迪，同一地点发现的一系列建筑，包括古庙下面的半圆形建筑

图4.3 蜂巢墓，曼尼迪，阿提卡，约公元前1400年

坟墓，或者把后来的物品献给坟墓最早的主人，以表敬意。例如，阿缇卡的曼尼迪墓（**图4.3**），第一次下葬约为公元前1400年，当时埋葬的物品非常丰富，有珠宝、武器，还有象牙竖琴，而且坟墓中的古物完好无损。人们在蜂巢墓的地道中找到了从铁器时代到古典时期连续排列的陶器。

墓葬是过去的实体证据。后世的人们在这些坟墓献上贡品，将这些地方变成了回忆，因此自己和这些英雄也有了一些联系。这些铁器时代的人们经常将坟墓最早的主人称作自己的祖先，而且认为那些人都是史诗中人物。公元前6世纪，当地人在斯巴达外的莫尼莱恩为斯巴达传奇国王墨涅拉俄斯献上祭品。即使是《荷马史诗》中那些不那么有名的人物，人们也会跟自己扯上关系：希腊中部帕诺佩斯的一个无名小镇说《船只名录》（*Catalogue of Ships*，荷马在《伊利亚特》中列出的曾在特洛伊战斗的希腊团队）中的史迪奥斯（Schedios）曾是他们的国王，其他两个小镇也说自己地区有史迪奥斯的坟墓。《荷马史诗》也许并没有为青铜时代提供准确的信息，但是通过现在与过去的联系塑造了铁器时代。

铁器时代的社会与身份

勒夫坎地的其他特征为铁器时代早期的情况提供了一些线索。尽管这些英雄祠（因为里面埋葬的英雄而得名）不是迈锡尼宫殿，但是勒夫坎地英雄的后代们也并没有生活在迈锡尼宫殿被毁的阴影中，而是加入了远至腓尼基与埃及的贸易网络。坟墓中发现的圣甲虫、印章、金制珠宝、陶制容器、铁武器说明迈锡尼世界东部周边在宫殿被毁后100年内恢复了。这些坟墓中的宝物让我们想起《奥德赛》中这样描述墨涅拉俄斯在特洛伊战争后获得的财富：

我的船中载着我的财富，
我们在流浪的时候经历了很多。
我们花了7年多时间，
终于回到了家乡。
我们在塞浦路斯、埃及、腓尼基流浪，
远至埃塞俄比亚、西顿
和吕底亚，
那里的羊生来就长角，
一年能产三次崽。

（荷马，《奥德赛》，4.81—89，约翰斯顿译）

但是也许只在荷马的想象中才有这些修复的宫殿。迈锡尼和特洛伊等地的群体在原有青铜时代遗址上修建房屋，新型社会组织的发展代替了青铜时代高度权威的权力中心。铁器时代的主要社会机构是家庭，即以

图4.4 铁器时代早期半圆形房屋，尼科瑞亚

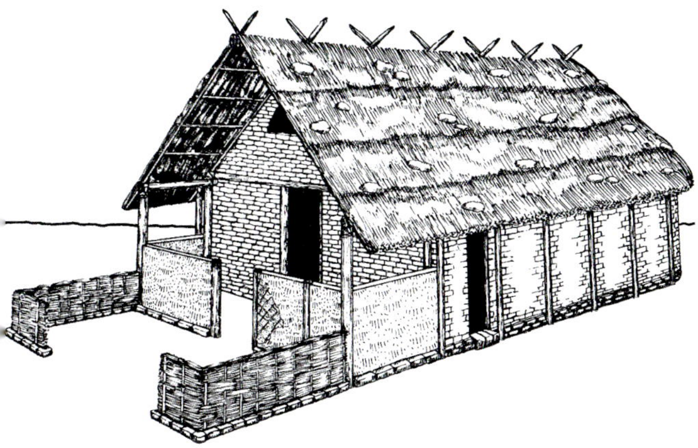

男性氏族首领为中心的父系家庭单元，这些人会认为自己是贵族。在荷马诗歌写下之前，最早的雏形就产生于他们控制的那个竞争激烈的社会。正因为如此，尽管青铜时代的一些装饰曾出现在史诗中，史诗描绘的世界准确来说还是铁器时代早期。公元前13世纪的僧侣制度与再分配经济对荷马描述英雄世界影响很小，墨涅拉俄斯也许是史诗中的人物，似乎来自迈锡尼斯巴达，但是他的“宫殿”、财富和经历实际上都属于勒夫坎地的原几何时期。

在某种程度上，我们是在依赖这些以家庭、宗族为中心的家族首领重塑这一时代，这些人统治自己的部落，争夺权力。物质文化是我们的另一大信息来源，它能充实我们对铁器时代的希腊的想象。瑞士和希腊的考古学家在与阿缇卡隔埃维亚湾相望的埃雷特里亚发现了铁器时代早期的社会群体，尽管那里在公元前700年前还没有城墙，复杂的运河系统中还是能发现群体组织的迹象，这些运河可以为沿海平原排水，并且发展出城市。美塞尼亚的尼科瑞亚（图4.4）和希俄斯岛的艾姆波里奥都有相似的早期城市群。

这些铁器时代早期群体的房屋多为单间的简易半圆形房屋，爱琴海另一侧的旧士麦那房屋与尼科瑞亚和埃雷特里亚的风格相似。在雅典、阿哥斯、科林斯等其他铁器时代早期聚集点中，每个村庄都由首领领导，多个村庄彼此相邻、相互竞争。大多数学者会认为这些群体是控制大量农民的战士精英，而且武器和战士的雕像在这一时期非常流行。这些挥舞着长矛、拿着盾牌的小型站立雕像是色萨利卡尔季察战士献上的贡品，这类物品在神殿中很常见（图4.5）。正如这些来自卡尔季察的战士会反映出他所在社会的关注点，其他物品也会显示出铁器时代早期的相关信息，例如其中一件物品是来自勒夫坎地通巴公墓的人首马身陶像（图4.6）。一些学者认为，这座小雕像刻画的人物是抚养阿喀琉斯的人首马身兽喀戎，但是相关证据不足。

然而，这的确是在提醒我们，铁器时代是一个富有想象力的时代，这些希腊神话中的怪兽和咱家迈拉物种都在该时代有所呈现。后来的神话认为半人马在色萨

图4.5 战士像，卡尔季察，色萨利，约公元前700年，青铜，高28厘米

图4.6 人首马身雕像，勒夫坎地，约公元前920年，陶土，高36厘米

利，由此我们发现该地区处于迈锡尼世界周边的地理位置非常重要。即使迈锡尼文明已是过去，这些先进文明与南方之间的关系依然存在，同时北方依然是野蛮的代名词。

第二件反映当时时代精神的物品是画着特洛伊木马的米科诺斯大口瓷坛（图4.7），尽管这个瓷坛的时间更晚一些，约为公元前7世纪早期，但是它依然可以告诉我们史诗中海伦被掳走、特洛伊战争、洗劫城市、幸存者心情低落地返回等情节，在相关历史事件都结束后的几百年中依然活跃在希腊人的想象中。

作为铁器时代希腊的重要特征，米科诺斯瓷坛上的特洛伊木马体现了荷马故事的重要性。这种重要性还体现在人们在那不勒斯湾的希腊殖民地匹德库塞中找到的涅斯托尔杯上（图4.8），上面的铭文写着：

> 我是涅斯托尔的杯子，最适合用来喝酒，
> 谁喝光杯里的酒，就会立刻
> 抓住戴着美丽王冠的阿佛洛狄忒的欲望。

图4.7 画着特洛伊木马的大口瓷坛细节图，米科诺斯，约公元前670年，陶瓷，（所选细节部分）高35厘米

我们需要注意，这段文字是刻在简单的陶制容器而非豪华金杯上，这个杯子曾是英雄的象征，但是现在作为酒杯，上面的文字将酒和性联系在一起。这个杯子不再是英雄的象征，而是在史诗世界与公元前8世纪的世俗世界之间开了个玩笑。如果对英雄世界没有认知，这个笑话也就没了意义。

然而，通过荷马的诗歌复原整个铁器时代或许是个错误，因为这个时代已经开始有自己的文化发展了。例如在雅典，迪普龙大师的工坊在公元前8世纪中期生产了很多纪念性陶制葬礼用品。这些容器，有的超过1.5米高，立在精英的坟墓上，通常在出殡与哭丧两种葬礼场景中出现。出殡是指将尸体从家里运到埋葬处，这时候这些战车与佩带武器的战士站在死人旁边，送葬行列变成了庆祝死者地位的仪式（图4.9）。哭丧是

图4.8 涅斯托尔杯，罗德斯陶器，匹德库塞，约公元前725年，陶器

指把死者放在棺材里，家中侍从站或跪在周围哭泣哀悼。大家族会抓住葬礼的机会宣传家族领导权力，显示自己的地位。

总的来说，从青铜时代到铁器时代的转变可以归为以下几点：地中海东部地区在公元前1150年经历过大规模动荡，危及国际贸易，影响制作青铜的铜锡等产品运输。受影响最严重的是宫殿中心，中央统治因此崩溃。尽管公元前10世纪精英统治与国际贸易再次出现，但是一些改变已经无法避免。线性文字B（不是希腊语言）手稿永远丢失，希腊在后来300年中没有书写体系，但是口头诗歌将过去的宫殿与公元前1000年—前700年新产生的铁器时代社会联系在一起。铁器时代社会由参与国际贸易的精英统治，甚至有人提出要新型武器制作金属：铁。希腊从青铜时代文明没落中恢复后，基于战士精英的统治建立了一种新型社会制度，这些精英以《荷马史诗》中的英雄作为自己的榜样。我们很快看到，公元前8世纪，希腊文明面临新挑战，但是《荷马史诗》中的英雄依然是他们面临问题时的榜样。荷马赋予了希腊人在铁器时代的身份。

英雄与恶人

我们看到，铁器时代早期见证了新希腊世界的形成。在这一过程中，对于过去英雄世界的记忆塑造了现在的世界。贵族维护他们作为领袖与战士的地位，他们的家庭通过对青铜时代祖先坟墓的崇拜也获得了精英的地位。在这些贵族背景下，荷马的诗歌表达了对于过去的复杂态度：这个英雄的世界正生动地展示在眼前，但是在某些层面却已经永远地逝去了。

《诺斯托伊》(*Nostoi*)的故事讲述了特洛伊英雄的回归，但是更多的是沉船、背叛、死亡的话题。在整篇《奥德赛》中，奥德赛回家的故事与阿伽门农形成了鲜明的对比，奥德赛回到迈锡尼后被克吕泰涅斯特拉（Klytaimnestra）和她的爱人埃癸斯托斯（Aigisthos）杀害。所以，即使史诗中的精英仪式适合那些自称荷马英

图4.9 描绘出殡场面的迪普龙花瓶，雅典，约公元前765—前730年，陶器，高1.08米

雄后代的贵族，其中映射出的社会还是表示对国王统治的不满。这些司法管理机构往往显得很简陋，写下史诗的公元前8世纪似乎对权威如何运作充满担心。在《伊利亚特》中，阿伽门农的权力也常常显得专制又任性。

公元前8世纪，伟大诗人赫西奥德的作品中也显示出对权力与权威的担心，他的诗《工作与时日》（*Theogony and Works and Days*）探寻了正义的问题。其中著名的一章里，主人公因为继承哥哥佩尔斯土地与遗产的问题受到法官审判。他挥舞着拳头，把那些审判者叫作“吃贿赂的走狗”，大喊着让他们伸张正义（《工作与时日》：38—41）。这段情节是否是赫西奥德的自传并不重要，但是故事表现出人们看透了精英们荷马式的虚荣做作，对贪得无厌、等待接受贿赂的统治者表现出愤怒。作者在诗中的另一处寓言故事中讲了鹰与鸽子的故事：鹰可以轻而易举地赢过所有鸟类，但即便如此也没有对它的权力合法化有任何裨益，这个故事的主题正是很多希腊人熟悉的一课，历史学家修昔底德将其表述为：强者为所欲为，弱者必受其苦。

即使国王没有行事冒失，读者们还是透过诗歌感受到以《荷马史诗》作为社会契约的基础并不合适。阿喀琉斯死后会下地狱，告诉奥德修斯他宁可做最贫穷的碎土工，也不愿当阴间的王，这就是所谓的英雄主义。奥德修斯不会通过法律和法官的裁决重塑他的家庭，而是杀死了那些趁他不在诱惑妻子佩内洛普的追求者，吊死了不忠诚的女仆。他把尸体一直挂在那里，脖子已经血肉模糊，就像准备烹饪的鸽子。在这种情况下，《奥德赛》的结尾尤其值得深思，当奥德修斯意识到这些追求者使自己变得贫穷时，他准备掠夺别人补偿自己，暴力就这样循环下去。

荷马的英雄主义在战场上壮丽宏大，号称要将铁器时代的社会变成永久的战争状态。就战争心理而言，这些诗歌思维敏捷、洞察力强，发现战士会在战争中丢失自己的力量，但是这些诗歌同时还提出一个复杂的问题，那就是培养出这些战士的法则是否能与和平共处呢？奥德修斯的报复是英雄主义的，他脱下破旧的衣服、系上强有力的弓箭，把箭射向十几个人的咽喉和腹部，但是这些死者的家人想要复仇时，他们会怎么做呢？

公元前8世纪的城邦和民族

公元前8世纪时，这些冲突塑造了希腊社会未来的发展方向，城邦逐渐成为希腊社会政治生活的独特形式。由于希腊人在这一阶段经历了很多大改变，该世纪的发展促进了古代希腊的形成，赋予希腊文化独特的形式与内涵。这是第一届奥林匹克运动会的时代；这是第一个跨海贸易中心的时代，还开启了希腊人在整个地中海及以外地区的大流散；这是希腊人形成字母表的时代。

这些现象中最早出现的是城邦的兴起。在公元前8世纪，城邦逐渐形成。位于现在土耳其海岸的旧士麦那（**图4.10**）和科林斯，考古学家发现了聚集的房屋与单独的生产区域（尤其是生产陶器的区域），标志着复杂社会组织的发展。美国的考古学家在发掘科林斯时发现了铁器时代群体发展的详细记录：靠近市场的村落的水井和坟墓数量的增多说明当地人数也大幅上涨。同时，科林斯的陶器开始出售到远方，说明当地商业生活也充满活力。我们也许认为这些原型城市的发展还是得益于科林斯湾周围平原农业资源的开发，但是真正使城市获益的是科林斯湾与萨罗尼克湾之间的地理位置，肯彻里埃与勒凯翁的港口可以向东西方出口货物。同时，科林斯派出的移民队在阿基亚斯（Archias）与刻西克拉提斯（Chersicrates）的带领下分别前往西西里岛的叙拉古与现在科孚岛所在位置的科西拉。这些移民队的首领都来自名为巴驰阿德的贵族家族，由此说明这个强大的家族对这个新兴城市的寡头统治。

这些城邦成为古代希腊最有名的群体形式，代表的意思与雅典、斯巴达、科林斯这些主要城邦相同，但是城邦并不是铁器时代唯一的社会组织形式。在希腊的很多地区，聚集在一起的群体都有相同的种族认同，称作“民族”（ethne，单数形式ethnos）。很多群体发展起政治联盟，例如希腊西部的安纳托利亚同盟，包括卡吕冬和普勒容地区的小镇，这些居民都认为自己是安托洛斯的后代。这些联盟有些曾是宗教网络，如萨罗尼克湾的卡劳里同盟；有些变成重要的宗教组织。提洛近邻同盟是一个联邦团体，里面的成员来自整个希腊，这个同盟管理着德尔斐的希腊主义神殿，确保神殿保持中立立场。这些政治联盟还经常作为地区性联盟，例如爱奥尼亚的希腊人在米莱特斯附近麦卡莱角的波塞冬神殿派纽尼恩集会，探讨所有成员城邦所关心的问题。有时候，一两个主要小镇会与该区域的其他小镇产生冲突：例如博伊奥提亚有时从属于底比斯，有时它又是区域组织，拥有来自底比斯和波伊奥提亚的代表与行政官。

图4.10 公元前8世纪旧士麦那复原图

不朽的寺庙与法治

与城市聚落增加密切相关的是寺庙的发展。克里特的普利尼阿斯显示出群体与神殿的发展。早至米诺斯文明晚期就有人在这里生活，并且一直持续到公元前9世纪。公元前8世纪时该地区的特点是城市被街道划分成不同街区。需要注意的是，公元前7世纪的两栋建筑（应该是寺庙）显示出受到埃及与近东深刻影响的痕迹，同时标志着不朽的石制建筑归于希腊建筑目录中（参见**图4.11**）。A寺庙的过梁上有一个坐着的人像，戴着女神头饰，是典型的近东女神，而浮雕上的黑豹却是受到叙利亚北部寺庙浮雕的影响。大约在公元前550年，这处定居点附近的大墓场被弃用，与此同时定居点和寺庙也都被弃用。因此这些遗址像是一种时间胶囊，表现出早期古代建筑群体的典型特征，同时又显示出希腊文化受到外部其他文化的影响，一些学者称其为希腊文化的“东方化时期”。

早期寺庙证实了公元前8—前9世纪的宗教与崇拜活动，我们还发现古风时期早期神殿的特征为统治者的住所变成神灵的寺庙。早在公元前800年，埃雷特里亚的阿波罗神殿内有很多半圆形小屋，也许是精英或统治者的住房。铁器时代时，更大的“百尺斤”，建在同样的位置，后来在公元前670—前650年的古风时期早期与公元前530—前520年的古风时期晚期这个位置又重建过两次。

埃托利亚的色蒙也经历过相似的过程（**图4.12**）。正厅A在迈锡尼时代使用，旁边是铁器时代早期的另一建筑——正厅B，这两个建筑都可能是统治者的居所。古风时期早期，正厅B上面建了一座寺

图4.11 普利尼阿斯，过梁浮雕，A寺庙，公元前7世纪

庙，二者都是由木头、泥砖在石头地基上建起来的。然而，古风时期的寺庙不仅是这里最后的建筑，而且规模更大、制作精心，宏大的规模与彩色黏土柱间壁令人印象深刻（图4.13）。

公元前6世纪，希腊人抢先一步开始用石灰石和大理石建造寺庙，因此学者们开始寻找寺庙建筑中的发展模式，他们发现大建筑取代了小建筑，石灰石和大理石取代了简单的建造材料（如木头、泥砖、黏土）。但是我们还可以从功能的角度看待这种变化的过程。从统治者宫殿到神灵寺庙，这不仅是建筑上的变化，还有社会阶级性质的本质改变。

该时期的另一大发现是有关法治的。当神灵变成古风时期群体的中心时，这些群体最先发展出规则的法典，国王地位随之下降。那些以荷马英雄为自身榜样的贵族的手中的权力转移到群体的主权。例如，公元前8世纪中叶在德莱罗建成的另一处阿波罗神庙中，当地群体通过了他们的法律并且用最早的希腊语写下：

愿神灵仁慈（？）。本法律由整座城市共同决定：现在掌握权力的人，十年之后将不再掌控权力。如果想要掌握权力，无论给出什么判断，自己都应双倍付出；如果一个人一生都一无是处，那么他掌权时所做的一切都没有意义。发誓者：掌权者、大众、二十人代表。

（福尔纳拉译）

在克里特岛的群山中，一个不知名的群体开始实行由法律权威制定的法律。行政权力循环起来，地方法官委员会防止一人独揽大权，这标志着青铜时代和铁器时代以国王为中心的世界和理想中的荷马英雄世界已经结束。

我们知道很多希腊立法者，如最著名的吕枯尔法斯（Lykourgos）、察莱科斯（Zaleukos）、卡龙达斯（Charondas）、梭伦（Solon），但是他们的故事似乎

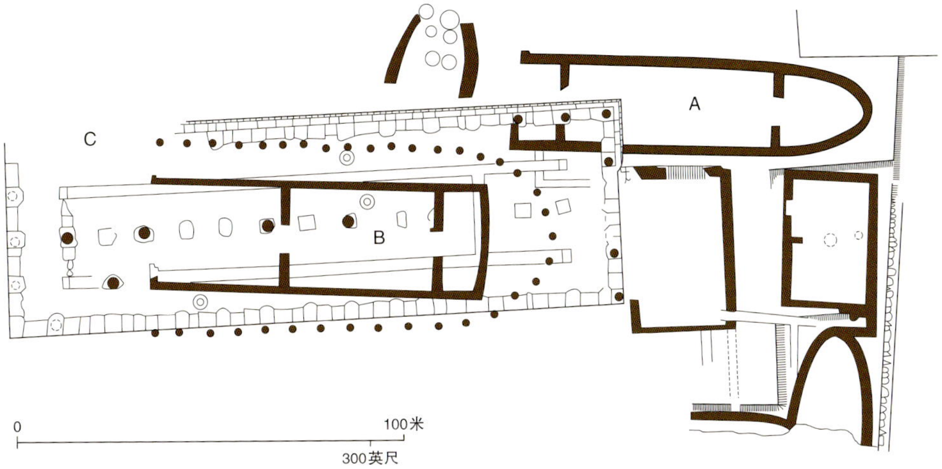

图4.12 色蒙平面图，注意：古风时期阿波罗神庙（C）建在了青铜时代统治者的居所正厅B的上面

都沿着相同的轨道发展：最初的危机、立法者任命、测试新法律、立法者离开。重复的立法程序说明，借助全神或半神圣的立法者颁布法律是社会发展中的重要一步，新兴群体想要存活下去都会经历这一步，但是我们要记住，并不是每个古风时期的群体都经历了这样的过程。即使法律制定者是半神圣的，我们还需要注意法律出现的两个特点。第一个特点是，早期希腊法律多为程序性而非实质性，也就是说大部分早期希腊法律关注的是仲裁如何进行，以及法律没有生效的话会有哪些惩罚，但是很少有希腊法律提及一些规则，法律为实践性而非理论性。第二个特点是，书面形式写下的法律改变了法律的实行方式，能够记住法律并解释清楚的法律阐述者在公元前800—前500年越来越不重要。写下法律这一举动将重点从法律专家转移到法律本身上，因此一些学者认为书面形式的法律是走向民主的一步。

希腊大流散

推动这些变化的是一系列复杂因素，或许包括人口增长和社会复杂性增强，但其中一定有公元前750—前500年希腊世界活跃的商业活动的影响。在这时期，希腊人向北在黑海地区进行贸易，最远到达乌克兰，往南最远到达埃及，往东与罗兹岛、塞浦路斯、叙利亚海岸进行贸易，往西到达西西里岛、意大利南部，还有地中海北岸现在法国与西班牙的位置。他们在这些地

图4.13 柱间壁细节，阿波罗寺庙，色蒙，黏土

方建立永久殖民地，通过种植作物养活那里的人（图4.14）。学者们通常会用简单的二分法来看待这一复杂过程：希腊人开拓殖民地是为了缓解自身的人口压力、获得大量土地，还是在寻找贸易机会的同时促成了殖民地的建立？事实上，这一现象是很多原因促成的，二选一的答案将问题变得过于简单。思考希腊大流散的问题，研究什么因素促使希腊人离开他们的家乡或许对回答这个问题很有帮助。

有时候名字可以给我们一些线索。希腊殖民者把位于现在西班牙北部海岸的殖民地叫作安普里奥/安普里亚斯，意思是“贸易场所”。银、锡等珍贵金属从内陆带到沿海地区，兑换成希腊的物品。其他殖民地的位置也都是有关贸易的战略部署，比如：那不勒斯湾伊斯基亚岛的匹德库塞（货物运输可以到达意大利中部及更北的地区）、叙利亚海岸的阿米娜、尼罗河三角洲的瑙克拉提斯（法老割让给希腊人的贸易场所，埃及人得以控制进出埃及的货物）。

这些地方都进一步促使希腊人去地中海世界的远端寻找金属、奢侈品以及兽皮、谷物、奴隶等商品。然而，匹德库塞的近期考古发现显示出早期土地划分，说明土地也是希腊人寻找的资源。殖民者一般都被派往科林斯与米莱特斯，说明管理地方的官员都是由希腊城市派出的，但事实上这些殖民地被希腊各地来的几批殖民者发现，贸易与土地占用同时进行。希腊在乌克兰最大的殖民地名叫奥尔比亚，意思是“财富”，但是财富的来源并不是单一的，木材、金属、兽皮、谷物都是财富的来源，考虑到谷物需要种植，因此农业殖民地与贸易殖民地密不可分。

大多数希腊殖民地都有证据表明这些土地曾被统计，并将大小相等的土地分配给第一批殖民者。西西里岛的土地分配尤其明显，西西里岛与意大利南部被称为“大希腊”，因为该地区的大部分城市，如叙拉古、阿克拉加斯、施里诺斯、锡巴里斯和克容顿，都是希腊的殖民地。过去30年中的调查显示，这些殖民地中的大部分是一开始就规划好的。规划的两大原则为尊敬神灵（有单独崇拜神灵的区域）、为新定居者提供土地。但是新定居者的土地分配存在很多问题，一些人只有一两英亩土地，其他人则有几十、上百英亩，分得少的人会满意吗？于是寻找殖民地的行动变成每个殖民者都需要分得同样多的土地。在科西拉岛梅莱娜的殖民地特许状中，土地被分成一千块，每块三普勒特拉，这是每位殖民者可以分到的标准限额。普勒特拉（*Plethra*）是当时的面积单位，三普勒特拉约等于0.3英亩。这比现代地中海地区最一般的农场还小。而且即使不考虑农业与灌溉设备不同，希腊殖民地的这一小块土地仅可供一家人开一个小商品菜园，养上几只家畜。很明显，这些殖民者维持生计的手段是饲养牲畜、种植土地、进行贸易。

西西里岛东海岸的早期殖民地迈加拉海布莱阿已经开始施行这些原则、计划。法国考古学家在这里进行调查后发现，殖民地建立的时候中间留了一片土地作为供奉神灵的庙宇和城市广场（或公共空间）。道路从中心区域放射开来，将社区土地划分为几乎同样大小的小块。这些街道划分出的“岛屿”可以证明，殖民地的群体与希腊大陆上“有机”群体不同，从一开始就已经完成规划。现在叙拉古的奥提伽半岛依然有这种土地分配模式，现代的街道保留了古代棋盘状街道的形式（参见图4.15）。

有趣的是，我们可以将“大希腊”的土地平等分配的现象与赫西奥德的诗联系起来，里面提到宙斯向众神分配礼物的情节。赫西奥德认为宙斯是慷慨的父亲形象，为下面的人分配礼物就像殖民地的建立者为下面的人分配土地一样。这些创立者后来受到崇敬，得到殖民地授予的神圣荣誉。殖民者在利比亚昔兰尼市场中央竖起一座祭坛，纪念最早前往非洲北部殖民的锡拉人巴图斯（Battos），我们后面会讲到他的故事。

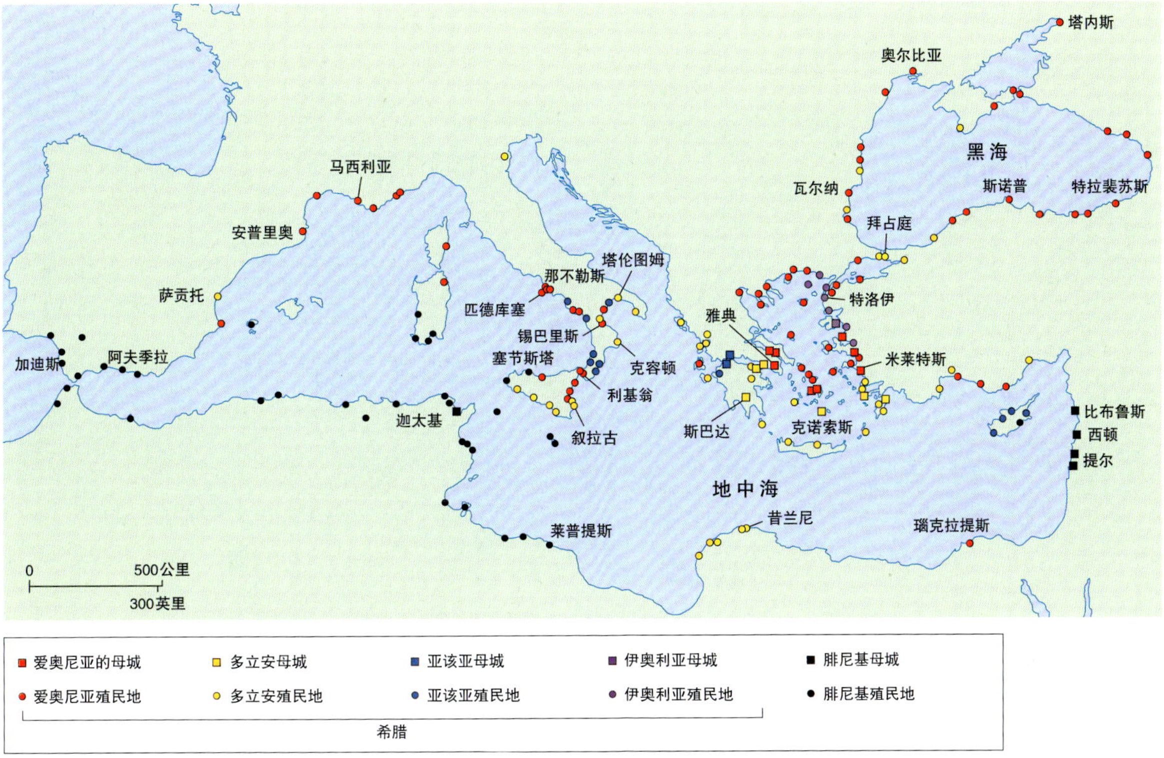

图4.14 希腊大流散：地中海与黑海周边的殖民地

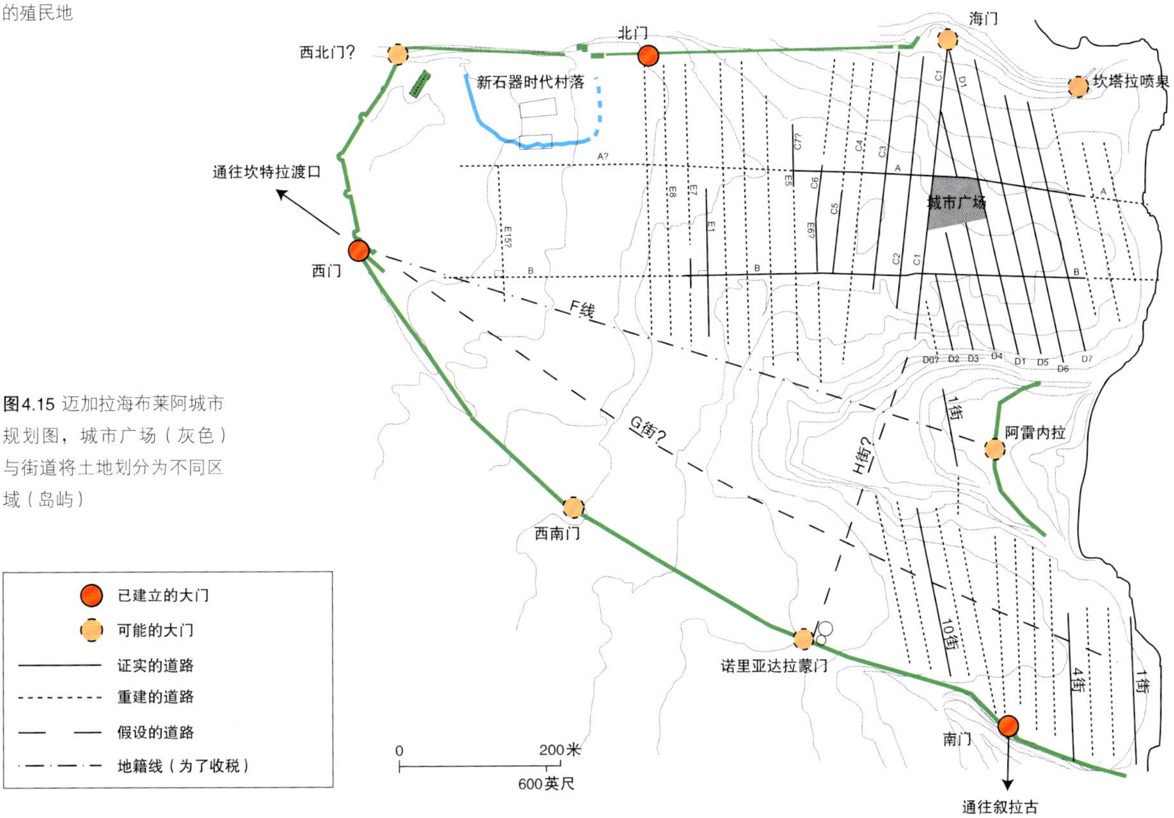

图4.15 迈加拉海布莱阿城市规划图，城市广场（灰色）与街道将土地划分为不同区域（岛屿）

群体、组织与身份

因此大流散对希腊文化产生了深远的影响。殖民地证明殖民地创立者与立法者享有宙斯式的权威，同时殖民地还有利于解释平等的概念。平等的理念以具象而非抽象的形式进入希腊思想，那些离开希腊、面对未知、在新地方重新开始的人都体验过这种感觉。近期，关于殖民的学术辩论又增加了一个层次，一些学者认为，由原城市（希腊人称为大城市）组织、德尔斐基本宪章准许殖民地建立者领导的正式移民远征是后来时代的倒退，因为这些群体通过讲述自己建立殖民地的故事获得合法权利。毫无疑问，一代一代传承下来的这些故事会变得详尽又异想天开，于是神话与历史在这一点上结合。

昔兰尼是一个有名的例子，我们在几百年后得到了这个殖民地建立的详细故事。希罗多德给了我们两个版本的故事，一个是锡拉人自述的，一个是昔兰尼人说的。锡拉人的描述从几十年之前的斯巴达时代开始，以锡拉国王格里诺斯（Grinos）访问德尔斐时提到要在利比亚建殖民地结束。昔兰尼人的故事有不同的开头，里面提到了沉船上的水手，但是依然以德尔斐结尾。最终建立殖民地的巴图斯，名字意思是“口吃的人”，他曾去神谕处询问自己口吃的问题，得到了以下回复：

> 巴图斯，你来问自己声音的问题；菲巴士·阿波罗（Phoibos Apollo）说你要在利比亚建一座盛产羊毛的城市……
>
> （希罗多德，《历史》4.155，罗林森译）

巴图斯忽视了神谕，回到锡拉，但是当锡拉人再去请神谕的时候受到了阿波罗的惩罚，阿波罗的祭司皮提亚再次让他们在利比亚建殖民地。锡拉人依旧不愿意完全遵守神灵的旨意，但是这次他们在利比亚海岸的岛上建了一个殖民地，结果神灵依旧不满意。

锡拉人在这里居住了两年，但厄运还是在最后降临。他们把岛交给其中一个人照顾，然后离开这里前往德尔斐，他们在那里向神抱怨，为什么已经在利比亚建了殖民地，却还像之前一样贫穷。祭司这样回答他们：

> 你比我更清楚，
>
> 利比亚是不是盛产羊毛？
>
> 曾经踏足过那片土地的人应该比陌生人更清楚吧，
>
> 噢，聪明的锡拉人！
>
> [《历史》4.157，罗林森译]

最后，巴图斯和锡拉人意识到，他们除了在利比亚大陆殖民，没有别的选择。他们在当地人的带领下穿过沙漠，历经千辛万苦，终于到达他们最终建立昔兰尼殖民地的地方。

在希罗多德的整个叙述中，我们听到了斯巴达人、锡拉人、昔兰尼人的不同版本，萨默斯岛和克里特岛的伊达罗斯（Itanos）也参与其中，这些说明很多希腊群体对于创立昔兰尼殖民地有自己的故事版本，或是包含在昔兰尼版本的故事中。这些故事的基础就是我们所说的“神话”，基于详细的地理与英雄们经历的旅行发展出来。希腊人与这些故事的关系就像把自己并入英雄家谱一样，让古风时期的群体基于善意、虚构的血缘关系，在英雄的旅程与成就中分享自己的片段，从而发展出亲密的关系。用古代民主的语言来说就是：这样会促成相同的崇拜、贸易网络，甚至是军事联盟。事实上，这些故事就像是一张叙事网，把爱琴海地区的各个群体连接起来。

除了希罗多德在旅途中收集来的各种口头故事，我们还找到了昔兰尼殖民地建立者的官方故事。公元前3世纪和公元前4四世纪，昔兰尼人的石碑上重新刻下300年前最早一批殖民者留下的誓言：

> 大会决定：由于阿波罗要求巴图斯与锡拉人将昔兰尼变成殖民地，锡拉人派巴图斯前往利比亚，巴图斯将作为团队领导、殖民地国王，锡拉人乘船同去。同去人员按照公平公正的原则选拔，每个家庭选出一个正值壮年的孩子，剩下的锡拉人中想要参加的也可以随行。如果这些殖民者建成，后来去利比亚的其他公民也会享有同样的公民身份与荣誉，获得未被分配的土地。但是如果这些人没有建立殖民地，锡拉人也不能帮助他们，他们船上载着的五年物资也足够他们返回锡拉，继续在自己的领地居住。但是，如果被选中的人不愿意去，一定会被处以死刑，财产充公，任何想要保护他的人，无论是父亲、儿子，还是兄弟，都会受到同样的惩罚。
>
> 在这些条件下，留在家里的人与出发寻找殖民地的人签下这个庄严的协定，无论是前往利比亚还是留在家里的人，只要违背誓言都会受到诅咒。他们的蜡像会带着诅咒焚烧，男人女人，男孩女孩，所有人聚在一起："希望那些没有受到约束、违背誓言的人连同他的子孙、财产一起，都像这些蜡像一样融化。那些遵守誓言的人、去利比亚的人、留在锡拉的人，自己和子孙后代都会有无尽的财富。"
>
> （ML.5，默里译）

很显然，如果这是官方版本的故事，那么应该比那一时期写下的其他文件更长、更详细。但是学者们依然在争论，这是否是对公元前7世纪和公元前8世纪原版内容的准确记录。也许昔兰尼人希望后世这样看待它的起源：这是遵循神灵旨意建造的殖民地，通过公正平等的方式实现，以最庄严的方式发誓遵守约定。因此希腊人在这个殖民地被迫提出并回答社会生活中最基本的问题：群体的组成是什么？应该如何治理？哪个机构应该享有法律权力？我们要如何生活？

德尔斐与希腊身份

在昔兰尼殖民地建立过程中，还有一点需要注意的就是德尔斐的中心地位。据说，殖民对德尔斐造成的影响要比德尔斐对殖民的影响更大，但是事实是神谕与流散的群体都得益于阿波罗的参与。干旱、饥荒和其他自然灾害成为这些殖民地建立的记录中重要的一部分，在神谕建议下采取行动，是弥补错误的方式。无论是否明白他们做错了什么、是否知道如何安抚上帝，古代希腊的群体必须通过神谕寻找神灵的指引，所以阿波罗作为神，既交流神谕，又作为使者引导探险的殖民者到他们的新家。因此昔兰尼殖民地建立的故事中，阿波罗的权威为殖民地增添了合法性。正如我们在公元前6世纪洛克里斯殖民地看到的法令，阿波罗可以确保这些新群体遵守大家共同承认的法律。法令中提到土地（很可能是瑙帕克托斯）如何在新旧殖民者之间划分，而且明确指出"本法律对于皮提亚阿波罗以及其他与他居住在一起的神是神圣的。违反法律的人会被毁灭"（*ML*.13）。在昔兰尼，阿波罗作为神圣的权威一直以来都享有核心地位，他赋予法律力量。公元前4世纪时，昔兰尼人写了一系列包括婚姻、继承及其他需要判决问题的法律。法典开头写着：

> 神谕宣告：阿波罗永远住在利比亚的土地上，
>
> 进行净化与节制，
>
> 缴纳什一税。
>
> （*SEG*.IX.72，麦金纳尼译）

需要注意的是，阿波罗参与了流散殖民地建立的方方面面，而且后来的存在塑造了希腊群体的身份：海外的希腊人依然属于希腊。希腊人与地中海地区其他人接触后发展出“我们”和“他们”的概念。这时，需要注意的是希罗多德关于昔兰尼殖民地建立的叙述，那是为数不多的被希腊驱逐的土著人所承认的案例。公元前800—前500年，在大部分希腊殖民地建立的这300年，仅有16个案例中写到当地人的存在。当希腊人在地中海地区分散，建立了上百个群体时，他们将遇到的当地人妖魔化，把他们视作魔鬼或下等人，这种殖民心态是希腊遗产中的另一部分。正是出于这种原因，古风时期的希腊想象中充满半人马、独眼巨人、狮身人面等形象，这正是他们眼中的新殖民地的土著人的形象。公元前7世纪中叶埃莱夫西斯的赤陶双耳瓶（**图4.16**）

图4.16（左图）原始双耳瓶，埃莱夫西斯，约公元前670—前650年，陶瓷，高42厘米

图4.17（113页图）珀尔修斯杀死美杜莎的浮雕，C寺庙，塞利农特，约公元前530—前510年，石灰石，高1.47米

“东方化”与东方影响

公元前7世纪和前8世纪的艺术可以显示出大流散对希腊文化的深远影响。例如，来自近东地区的设计在科林斯花瓶上盛行说明了所谓的希腊文化东方化时期，即地中海东部地区的思想与图案进入希腊文化。科林斯混酒杯（**图4.18**）上的外国动物（如狮子、黑豹）和奇异混种（如狮身人面像）表现出希腊人对新奇、大范围文化交流的反映。

这些外来的思想与图案促进“希腊性”的形成，但是同时在物质上改变了希腊文化自身的本质，当希腊人接触到地中海地区（尤其是地中海东部地区）的其他人与其他文化时，他们吸收了这些故事、诗歌、科技。在这种情况下，赫西奥德的诗歌很重要。我们知道，赫西奥德的诗歌与荷马不同，并没有反映出特别的英雄观点。宙斯在天上施行正义，但是他的人类伙伴，赫西奥德时代的贵族，会把财富与权力置于正义之上。尽管有明显的自传体与现代特征，赫西奥德的诗歌中依然充满古代近东文化的图像（这里的古代近东地区正是经常和希腊交流的地区）。例如，当他提到众神的连续代际时，他借用了著名的东方图像。在希腊版本的故事中，科隆纳斯（Kronos）割掉了父亲奥兰诺斯（Ouranos）的生殖器，然后夺取了权力。在下一代，父亲科隆纳斯屠杀自己的孩子，宙斯被救出来，长大后与父亲和泰坦巨神（Titans）较量，最后把父亲扔入地狱。同样地，胡里安人与赫梯人的宇宙诗歌《天国王权》（*Kingship in Heaven*）和《屋里库米之歌》（*Song of Ullikumi*）中，库玛比神（Kumarbi）咬掉并吞下父亲阿努（Anu）的生殖器后夺取了王权。另一个借鉴东方宗教的例子中，赫西奥德描写了宙斯与名叫堤福俄斯（Typhoeus）的

显示了这种希腊意识中的世界观：双耳瓶的瓶颈处希腊英雄奥德修斯刺破独眼巨人的眼睛，瓶身上戈耳工追逐另一个英雄——珀尔修斯。花瓶上表现的信息很明确：除了希腊人，其他都是怪物。

同样，我们会在这一背景下修建的寺庙中看到希腊众神与英雄争斗的场景，这是希腊人自认为所处的奇怪新世界。在塞利农特的C寺庙，图中的珀尔修斯残忍地将美杜莎斩首（**图4.17**）。巨人、悍妇、怪兽都是潜伏在已知世界边界的危险与威胁。这里蕴含的信息很复杂，因为即使当时希腊人频繁来往地中海进行商贸交流，不可避免会与非希腊人见面，但是上述言论中强调希腊人与其他人的区别在当时造成了长期的敌对关系。

百头巨兽的战争场面，为了在宇宙范围内建立自己的统治与管理宇宙秩序，宙斯在此战中必须胜利（**图4.19**）。还有巴比伦的神马杜克（Marduk）也是把箭射进怪兽提亚玛特（Tiamat，意为生命母亲）腹中，从而获得胜利，神谱与史诗每年都会提到他的英雄事迹（**图4.20**）。

从巴比伦到哈图沙，这些故事在近东背景下有不同的作用。他们不仅对古代近东各个国王与城邦之间的竞争进行叙述，而且还利用阉割、出生、世代竞争等内心深处的恐惧。此外，这些故事将星座运动变成叙述形式，还具有占星学意义。赫西奥德从来不在他的故事中直接讲述东部的故事，所以很难判断他以什么方式借用这些文化，其中有多少是故意为之的。然而可以确定的是，公元前8世纪借用东方字母表、重塑希腊世界书写体系等借用东部文化的例子与之息息相关。

重塑书写体系

青铜时代末期及宫殿经济没落后，线性文字B不再使用，因此后来的三百多年内希腊一直没有文字书写体系（除了塞浦路斯还在沿用线性文字A基础上改编的音节书写体系）。考虑到线性文字B用来记录青铜时代晚期宫殿经济的变化，我们很容易理解这种大规模书写体系缺失。经济体系结束时，记录也停止了，所以书写也停滞了（但是希腊语依然在口头使用）。然而，公元前720年左右时，希腊人借用了闪米特西北部的一种书写字母。这种书写系统在叙利亚海岸的阿米娜使用，希腊人曾到这里进行贸易，来自同一地区的腓尼基人也曾在这里进行贸易。因此，在叙利亚和西西里等希腊人及腓尼基人进行贸易的地方是希腊文字最早出现的地方。也许聪明的希腊人意识到标签可以帮助记录贸易商品，所以在商人们交换商品的时候才借用了腓尼基文字系统。另一种观点是希腊人与腓尼基人联姻后生下的孩子采用一种语言的书写形式记录另一种语言的发音，这种观点尽管无法证明，但是依然值得思考。

图4.18（下图）科林斯混酒杯，公元前630—前615年，陶器，高18.4厘米

图4.19（右图）黑像式提水罐上宙斯打败堤福俄斯的图案，约公元前540—前530年，陶器

图4.20 马杜克射杀提亚玛特，亚述王宫浅浮雕，约公元前885—前860年，尼姆鲁德

无论文字的源头在哪里（也许有不止一种来源），无论希腊人是在什么情况下开始用字母写下他们的语言，这种转变是非常快速的。2003—2007年，考古学家在希腊北部玛士顿的考古发掘证明了这一点。希腊考古学家在当地名为“地下”的长方形建筑物中找到了刻着希腊名字及诗篇的几十个容器。这个建筑非常奇怪，而且我们目前还不知道为什么要先建一个11.5米深的建筑。这个建筑不是井，也不是房屋，或许是储存设施或贮窖。然而公元前700年后，这里似乎变成了垃圾堆，里面有木材、石头、铜铁炉渣、制金的坩埚，底下还有上千个破碎陶片。这些陶器包括运输容器和饮酒会上的饮酒杯。

这些来自希腊和腓尼基世界的物品进而验证了玛士顿的重要性。该城市坐于沾米湾，来自埃维亚的殖民者约公元前730年时占领了此地。得益于其优越的地理位置，殖民者在这里发现了大量木材、玛士顿充足的金属储备，还有进入爱琴海北部及巴尔干岛中部的贸易网络入口。**图4.21**中所示为“地下”发掘出容器的来源地分布。

这些刻字的容器包括来自中国的双耳瓶、当地及埃维亚生产的饮酒杯、雅典葡萄酒壶、其他刻着主人名字的饮酒杯。费力昂杯（**图4.22**）或许是莱斯博斯岛制造，与其他刻字容器一样，可追溯到公元前8世纪晚期。另一件来自埃维亚的双耳深酒杯上的铭文让我们想起之前讨论过的匹德库塞的涅斯托尔杯。桑德罗斯杯上的铭文写着：“这是桑德罗斯的杯子……偷走它的人会失去双眼！”

这些都是最早以文字形式写下的希腊语，可追溯至公元前8世纪中叶。希腊文字用来标记运输的容器，或是用于区分随身物品的所有者。如果这些能够反映出字母的使用，我们就可以得出以下结论：希腊人在贸易和饮酒会这两种情况下使用闪米特语字母。这些字母很快用于记录荷马诗歌，这个发展并不让人意外，因为讨论诗歌也是经常性的集会。玛士顿与其他公元前7

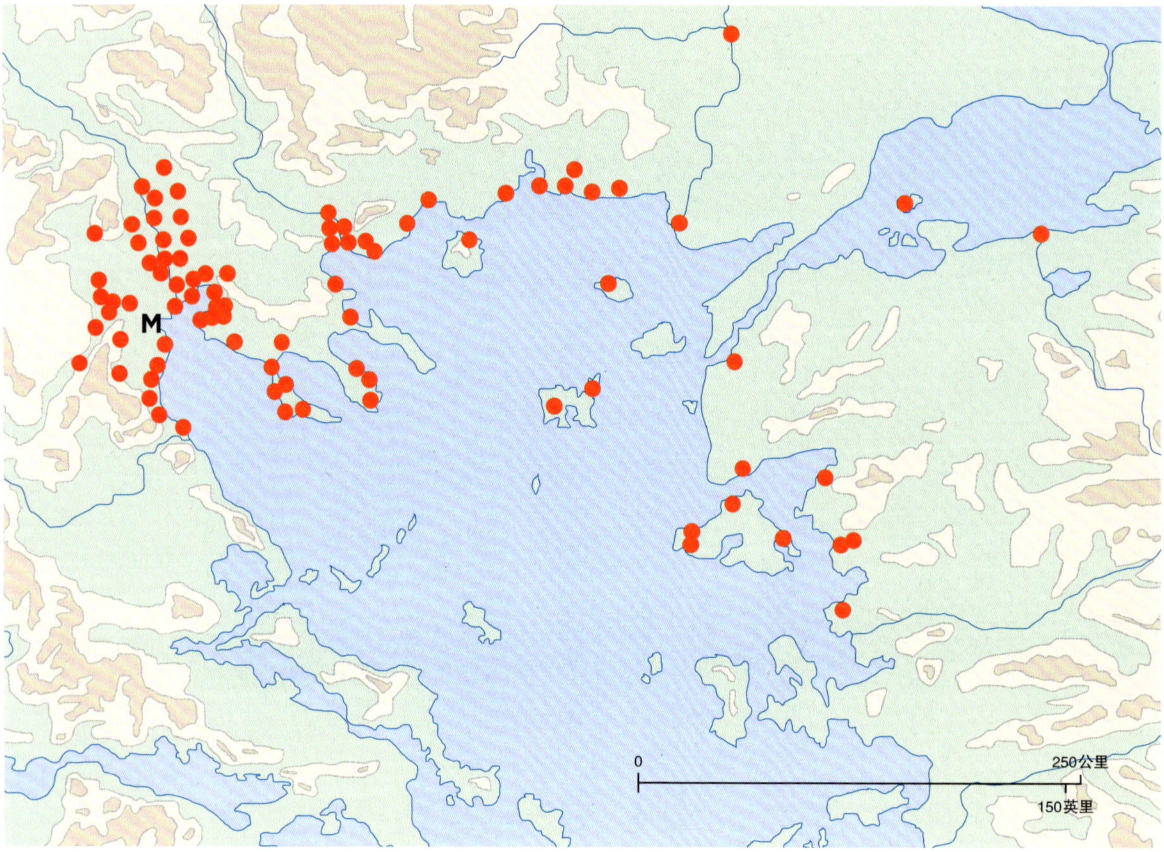

图4.21 爱琴海北部中玛士顿“地下”陶制容器来源分布（图中标“M”的位置）

世纪和前8世纪的殖民地一样，显示出希腊文化与爱琴海和地中海世界联系密切。希腊人与非希腊人之间的文化交流使这一时代对希腊文化产生深远的影响。

图4.22 费力昂杯，公元前8世纪晚期，陶器

奥林匹克运动会

如果说希腊大流散时期与非希腊人的密切接触促进了希腊文化发展，那么这一时期也见证了一种平等且对立的希腊身份产生。这种表述在希腊最具特色的文化活动——奥林匹克运动会中得到体现。根据奥林匹克传统，运动会于公元前776年由赫拉克勒斯创办，“希腊裁判”确保运行，在一千多年中一直是包容希腊人、排斥非希腊人的关键机构。公元前6世纪晚期时，马其顿国王亚历山大一世（亚历山大大帝的继承者）想要参加，但是只有当他画出马其顿皇家族谱证明自己是阿哥斯的希腊人后代时，才被准许参与。

运动会每四年在奥林匹亚宙斯神殿附近的科隆诺斯山山脚下举行（**图4.23**）。该神殿位于希腊西部地区，远离中央权力直接控制，因此奥林匹克运动会得以成功举办。尽管在运动会开始的早期，斯巴达人控制着所有竞技项目，但是他们似乎对控制神殿没有什么兴趣。相反，奥林匹亚与德尔斐、尼米亚、伊斯米亚逐渐发展成大希腊主义神殿，是希腊少数几个可以自由结合的神殿，因此这些神殿在塑造希腊形象上有至关重要的作用。讽刺地说，因为运动会只有希腊人相互竞争，所以无论是雅典对科林斯、麦加拉对阿卡迪亚，还是斯巴达对阿哥斯，这些比拼都促进了统一的希腊身份形成。这种希腊身份在政治统一中共有的文化、语言、神话下尤其重要。尽管希腊不是一个统一的国家，所有希腊人还是会为奥林匹克冠军感到骄傲。在希腊历史上，除了公元前4世纪时曾由比萨控制，这些神殿和运动会一直都是由该地北部的伊利斯人控制。奥林匹亚及其他大希腊主义神殿是表达共有希腊身份的主要场所，如果说德尔斐从殖民中获利最多，那么奥林匹亚的地位是基于古代希腊的竞争性文化。

说到奥林匹克运动会，我们一定会与现在的奥运会进行对比，尽管二者非常相似，但是古代奥林匹克最显著的特征是：这是一项神圣的活动，运动会为了宙斯及运动员的荣誉而进行。运动会开始前一个月是希腊的休战月，这期间所有战争都要停止，方便运动员和观众前往奥林匹亚观赛。一到奥林匹亚，观众们就会在神殿周围看到体育场（至少扩建过三次）。运动员则需要穿过圣殿中心，走过供奉着菲狄亚斯所做宙斯雕塑的宙斯神庙，然后进入热身区，再走过建于公元前6世纪晚期的多立克式赫拉神庙和中间建有壮观祭坛的阿尔蒂神庙。代表个人和希腊城邦的运动员和参观者在阿尔蒂神庙为宙斯献上供品。阿尔蒂神庙里的各个角落放着上千个雕塑，这里的神庙都是用来供奉这些供品

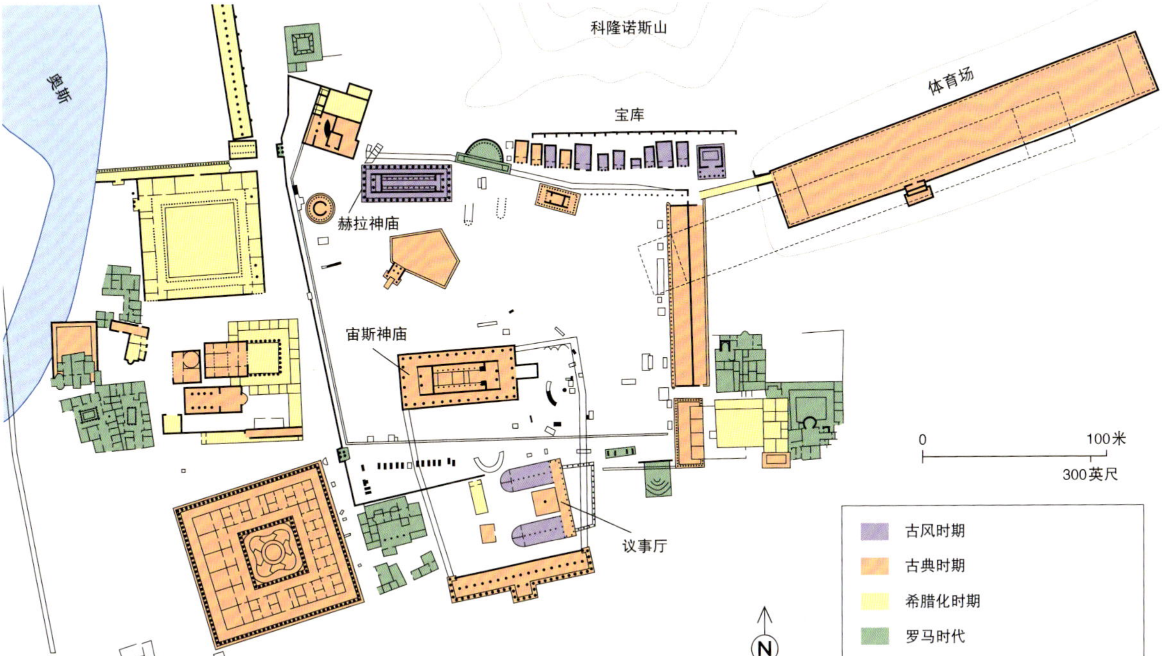

图4.23 奥林匹亚不同发展阶段平面图

的。运动员们穿过这些神庙、祭坛、供品后来到通往体育馆的小路，两侧是存放供品的珍宝室。珍宝的前面，被称为宙斯群像的16个宙斯雕像排成一排。建成这些雕像的资金来源是对比赛中作弊运动员的罚款。运动会是神圣的，但是运动员毕竟还是人类。

运动会的形式在一千多年中经历了很多改变，但是核心依然是注重希腊价值。最古老的项目就是最简单的跑步，其中包括“单程赛跑”“双程赛跑”和“长跑”。单程赛跑就是在体育场长度的跑道上（192米）进行冲刺；双程赛跑是在体育场长度的跑道上跑个来回，相当于现在的400米项目；长跑（**图4.24**）的总长度约为20条体育场赛道，相当于现在的4000米。但是马拉松并不是当时的奥运会项目，该项目是后来纪念费迪皮迪兹（Pheidippides）从马拉松跑到雅典带来波斯战败的消息而被列为现代奥运会项目的。

除了跑步比赛，古代运动会还有一系列搏斗项目。拳击运动和现代拳击相似，用皮带缠在运动员手上，相当于现在的手套。与现在不同的是，当时的摔跤项目是不允许抓握的。摔跤有直立和地面两种形式，直立摔跤时，把对手放倒三次即为胜利；地面摔跤时，迫使对手举手认输即为成功。第三种搏斗项目是古希腊式搏击，综合拳击和摔跤，类似于现代的混合武术，比赛时允许摔跤动作和搏击动作，但是不能挖、咬、抓生殖器。那时的奥林匹克运动会还有五项全能运动，即铁饼、标枪、跳远［*halteres*，借助重物（**图4.25**）］、跑步和摔跤。

与现代奥运会粗暴的商业价值比，古代奥运会经常被视为业余主义的典范，但是这并不是古代奥运会的真谛，也不是我们忽略其悠久历史的理由。在奥林匹克与运动会开始的第一个百年中，贵族地位和奥运会胜利之间有着强烈联系，公元前5世纪底比斯诗人品达（Pindar）的凯歌神话与胜利颂歌中，就时常称赞奥运会胜者和家庭中其他胜利的成员。这些胜利者中很多

图4.24 长跑运动员，泛雅典娜节花瓶，约公元前330年，陶器，高84厘米

图4.25 红绘风格基里克斯陶杯，约公元前500—前490年，图中为运动员跳远，陶瓷，直径22.5厘米

人都是希腊大陆、艾伊娜岛、西西里城邦中历朝历代的统治者，他们在奥运会中取得的胜利与家族的合法性紧密相关。正是这种原因，品达的诗歌把这些胜利者当作《荷马史诗》中的偶像，例如在第7篇奥林匹克颂歌中，品达提到公元前464年奥林匹亚拳击比赛获胜者罗兹岛的戴亚戈拉斯（Diagoras），并列举了他在尼米亚、伊斯米亚等其他胜利。他祈求众神授予戴亚戈拉斯"来自市民和陌生人"的荣誉，并且将获胜者的胜利与家人和社区的繁荣未来联系在一起。提到戴亚戈拉斯的家族时品达说："伊拉提黛（Eratidai）高兴的时候，整个城市都在设宴庆祝。"品达还在第2篇奥林匹克颂歌中称赞阿克拉加斯（Akragas）的西伦（Theron）在战车比赛中获胜（这是这种游戏起源于贵族的另一个证据，因为那时的农民不会拥有一辆战车和四匹马），他写道：

> 比萨属于宙斯，
> 赫拉克勒斯创办的奥林匹亚宴会是战争的战利品，
> 但是因为西伦的四次胜利，
> 你的声音响起，
> 他对宾客彬彬有礼、和蔼可亲，
> 又像是守卫阿克拉加斯的堡垒；
> 在他身上可以看到曾经光辉的祖先
> 花朵因此绚烂，城市因此繁荣。
>
> （品达，《奥林匹克颂歌》2.3—10，鲍勒译）

这些联系非常重要。阿克拉加斯与西伦的关系正如奥林匹亚对宙斯和赫拉克勒斯的关系。西伦的战车比赛胜利证明了他的品德与能力，同时按照荷马对主人的定义，他还表现出一些好客精神（xenia）。他的优秀证明了家庭的贵族背景，正是由于这种品质，整座城市因此繁荣。即使在公元前4世纪，荷马的年代已经过去很久时，埃斯基涅斯（Aischines）写道：

> 胜利很少见……为了胜利带来的竞争和不朽的荣誉，人们愿意赌上自己的身体，并以严格的纪律将斗争进行到底。
>
> [埃斯基涅斯，《驳克忒西丰180》（*Against Ktesiphon 180*），亚当斯译]

我们一定会注意到，埃斯基涅斯说胜利的奖励是"不朽的荣誉"，就像荷马笔下的英雄一直在追寻的不朽荣耀。《伊利亚特》卷23中帕特洛克罗斯（Patroklos）葬礼上的游戏包含大部分奥林匹克运动会中的项目，进一步说明奥林匹克运动会是《荷马史诗》的一种表现。或许运动会上贵族家庭想要显示他们的权力，展现他们拥有荷马诗歌中提到的那些美德。

然而，随着时间流逝，严格意义上的贵族特征逐渐消失，取而代之的是职业运动员。古典时期的奥运会获胜者不再收获单纯的奖励橡树叶王冠，而是用金钱（在某些地区奖金高于劳工一年的工资）或免费饭菜奖励他们的家乡城市。然而，这与现代的职业运动员还有很大区别。古典时期成功的运动员会对他们的群体产生巨大影响，他们被称为政治、军事上的领袖，甚至在死后还会被尊为半神。例如，克容顿的米洛（Milo），因为力量巨大、食量惊人，在漫画形象中可以扛着巨大的公牛行走，把牛打死后可以吞下整只公牛饱餐一顿，后来因为带领克容顿人打败锡里巴斯人而被人铭记。另一位有名的奥运会冠军，来自萨索斯岛的特阿根尼（Theagenes），于公元前480年在奥林匹亚的拳击和搏击比赛中获胜，据说他家乡的人都是赫拉克勒斯的后代。

在对获胜运动员的长篇描述中，保萨尼阿斯（Pausanias）讲述了特阿根尼死后的故事。萨索斯岛的这个故事值得我们仔细研究：

> 特阿根尼死后，他生前的敌人每晚都会去鞭打他的铜像，仿佛这样可以打在特阿根尼本人身上一样。那座雕像最终倒了下来，压死了旁边鞭打他的敌人，但是死者的后代起诉雕像，认为这是雕像的谋杀。根据德拉科法典中处理杀人案件时，即使没有生命的物品掉下来杀死别人也需要受到惩罚，萨索斯人把特阿根尼的雕像沉入海底。然而随着时间推移，萨索斯始终没有种出庄稼，于是他们派人前往德尔斐请求神谕。神灵指示他们接受那些被流放的人，可当他们把流放的人都接回来后，饥荒还是没有任何缓解。第二次，他们去问祭司皮提亚为什么他们已经遵循了神灵旨意，神灵的愤怒还是没有缓解。皮提亚回答说：
>
> 你们忘了特阿根尼。由于萨索斯人没有办法再造一座特阿根尼的雕像，只能让渔民出海打捞当时扔下海的雕像。后来萨索斯人把雕像放在原来的位置，并且像对待神灵一样尊敬这座雕像。
>
> （保萨尼阿斯，《希腊志》6.1.16，琼斯译）

即使在荷马时代之后，运动员依然享受着超级英雄的地位，他们的成就和力量受人尊敬。赫拉克勒斯这类半神血统的人物并不是希腊世界独有的，吉尔伽美什、大力士和麦勒卡特都与赫拉克勒斯有相似的特征，但是除了希腊人在奥林匹克创造的有关赫拉克勒斯的制度，古代近东没有可以与之比拟的。奥运会的来源以及奥林匹亚、德尔斐大希腊主义的神殿反映出古风时期塑造希腊文化的背景。

焦点：

叙事诗、瓶画与饮酒会

公元前5世纪和公元前6世纪时，瓶画画家（尤其是雅典的画家）被《荷马史诗》中的画面所吸引。贵族在饮酒会上唱歌、背诗、讨论哲学时，使用的很多容器上都画有《荷马史诗》中的场面。这种聚会常常拿奴隶、乐手、女性寻欢作乐，有些会稍微克制一些。史诗中的画面在宴会所用的饮酒容器中出现进一步验证了荷马在希腊文化中的地位。荷马的诗歌作为古风时期与古典时期希腊文化的奠基之作被人们背诵、讨论、争辩。

我们在**图4.26**中可以看到，画面中心的瑟西（Circe）把带有魔法的毒药插入饮酒杯中，将奥德修斯的同伴变成动物（画着图案的容器名为基里克斯双耳浅酒杯，所以这幅图也可以当作对饮酒危害的警告，并不是所有提到史诗的画面都是严肃的）。

公元前6世纪还有一个双耳瓶上的图案广为人知并且经常被仿造（参见**图4.27**），那就是玩骰子的阿喀琉斯与阿亚克斯。这幅画因显示出英雄们人性的一面而非常出名。即使这两人都因力量与勇猛而出名，他们在这里却从战争中停了下来。尽管两人都带着武器，他们却在扔骰子。他们嘴边写着“三”“四”的字样，当我们看到这些词的时候，我们似乎可以听到这些英雄喊出他们扔出的数字。这一次英雄的地位与普通人世俗的品质为这个场景增添了力量。这个场景并不只是同情或讽刺：任何看到这幅画的希腊人都应该知道，在阿喀琉斯死后，阿亚克斯为彰显自己的地位而夺取了阿喀琉斯的武器，然而因为没有让所有希腊人信服，经历过谋杀般的狂

图4.26 黑绘基里克斯陶杯，画着瑟西与奥德修斯的同伴，公元前560—前550年，陶瓷，高13.2厘米

图4.27 埃克塞基亚斯，黑绘双耳瓶细节图，画着阿喀琉斯与阿亚克斯玩骰子的场景，公元前530—前520年，陶器，高61厘米

暴后最终自杀了。下面这幅史诗中的作品，阿亚克斯在绝望地倒下之前把自己的剑立在地上，也是瓶画画家埃克塞基亚斯（Exekias）有名的作品，并且经常被人们仿造（**图4.28**）。

最后一幅图也显示出史诗中的画面在后来的流行。丘西（Chiusi）红绘基里克斯陶杯上的奥德修斯一身游客装扮，把脚放在盆里，他年迈的乳母欧律阿勒（Eurykleia）抬起头看他（**图4.29**），看到他腿上展现身份的伤疤。拿水洗去旅行者脚上的尘土是一种表达好客之情的常见仪式，这是希腊艺术中最容易被认出的画面。

一些学者认为阿亚克斯自杀的场面有政治意义，因为英雄的死可以视作旧贵族秩序的结束。无论这种观点是否正确，很显然使用这些杯子、碗、储存容

图4.28 埃克塞基亚斯，黑绘双耳瓶，图为阿亚克斯之死，约公元前530年，陶器，高24厘米

器的饮酒会可以让这些精英发挥他们贵族的角色，他们可以喝酒、交谈，将荷马世界作为自身模范。毫无疑问，荷马诗中的场景是贵族最喜欢的容器装饰图案。陶器可以理解主人的品位。

图4.29 珀涅罗珀画家，红绘基里克斯陶杯，图中为奥德修斯与欧律阿勒，来自丘西，约公元前440年，陶瓷，高20.5厘米

约公元前706年
塔伦图姆建立

公元前700年
古风时期开始

约公元前700—前675年
第二次麦西尼亚战争

公元前669年
海西战役

约公元前657—前627年
科林斯僭主凯普塞洛斯在位

第五章

古风时期：斯巴达

公元前700—前480年是古风时期逐渐繁荣的时代，但是阶级之间、贵族家族都面临着更大的冲突。在本章和下一章中，我们会讲解波斯战争前两世纪中希腊群体经历的巨大变化，并且研究斯巴达和雅典这两个城邦在面临挑战时的反应。斯巴达面对社会变革时采取的措施与众不同、引人注目。作为一个军事城邦，斯巴达采取的行动与我们想象中的截然不同，早期的《大公约》就已经显示出明显的原型民主冲动。我们会看到，由于权力逐渐集中到主要的监察官和斯巴达社会上等阶层手中，这种冲动被压制下来。促成斯巴达独特发展道路的另一关键因素是麦西尼亚战争，这场战争使斯巴达成为希腊领土中唯一一个长期控制其他民族的民族。斯巴达人通过内部殖民压迫麦西尼亚人，让他们成为奴隶。因此斯巴达的主导意识形态变为永久备战状态，所有的机构都在培养战士。在研究斯巴达如何面对古风时期的各种挑战之前，我们需要先看一下当时希腊的大环境。

古风时期危机：财富、冲突、僭主统治

古风时期是希腊世界发生深刻变化的时期。公元前8世纪，希腊与其他文化进行长时间的融合，各种商品与思想涌入希腊，因此希腊也在地中海地区发展起来。

古风时期外来文化对希腊文化的渗透影响深远，涉及神明观到穿衣风格等方方面面。在希腊人寻找资源、土地、奢侈品的过程中，贸易也有所发展，地中海其他地区发现的埃维亚陶器就可以说明这一点。这一时期对于后来希腊人从黑海到地中海另一端的大流散十分关键。尼罗河三角洲的瑙克拉提斯、利比亚海岸的昔兰尼、叙利亚海岸的艾米娜、那不勒斯湾、西西里海岸周围，以及亚得里亚海岸和黑海周围都能发现古希腊人的身影。来自腓尼基北部的字母证明希腊的这些变化得益于文化交流。希腊人在扩展自身的世界范围时讲述了很多故事，比如赫拉克勒斯曾远行到地中海尽头的直布罗陀。对于希腊人来说，贸易往来与殖民地

建立将地中海地区的各个群体联系起来，同时与其他地区的交流也带来了充满奇迹、威胁与忧虑。古风时期希腊艺术、神话中常常出现的怪物代表着文化变化带来的不确定性。《奥德赛》讲述了奥德修斯从特洛伊归来的故事，表达了他航行在陌生、奇妙又吓人的新世界时面临的挑战（图5.1）。

与外界的接触使希腊大陆发生了很多重要的变化：城邦规模越来越大，雅典、底比斯、斯巴达等地区性权力中心开始出现。城邦内部财富地位的竞争、贵族群体之间的竞争愈演愈烈。然而，不同群体面对变化时采取了不同的方式，例如科林斯借助了当地的地理位置。该地位于塞隆尼克湾与科林斯湾之间的狭长海峡，拥有一座坚固防御的卫城，还有两座独立的港口。本章中我们会看到肯基莱港和勒凯翁港分别控制东西方的贸易（一条石灰石路横跨海峡，用来运输两个海湾中的船只，直到19世纪晚期，中间运河才正式开通）。大量的财富涌入城市的各个角落，当地人的喜悦不言而喻。这座城市因妓女（阿佛洛狄忒寺庙的奴隶）出名，迅速发展成意大利与西西里岛和地中海东部的贸易中心。这里是很多人向往的目的地，但是地理学家斯特拉波（Starbo）却写道："并不是每个人都适合去科林斯。"（《地理学》8.6.20）

在古风时期早期，科林斯完全由巴驰阿德贵族统治，该家族一直以来支持第一位国王、后来的地方行政官和建立新殖民地的殖民首领。然而公元前7世纪中叶时，统治者凯普塞洛斯未经选举就夺取了权力，开始了他的僭主统治。僭主抓住当时紧张的社会政治局势，控制下面的百姓，希腊的很多地方都经历过这种统治。由于"僭主"一词在现代具有消极意义，所以早期学者将僭主视作早期希腊城邦混乱的表现，但是现在研究对这种现象的态度有些细微的变化，因为很多僭主作为立法者，统治具有相对积极的影响。事实上，我们会在下一章对雅典僭主的讨论中看到一些地方的僭主统治结束了当地的党派之争。僭主确保某个地区一段时间的稳定，而且在政治权力与动荡社会中的自由和经济繁荣方面都留下了宝贵的经验。然而，很多僭主即位时，既没有国王与生俱来的权力，也没有获得群体选举的授权，这的确说明了古风时期希腊城邦的政治动荡。

诗歌对内部公民冲突的描写也反映出这一时期的社会经济动荡。我们听说很多群体内的男性因为城邦内部的党派之争被杀死或流放，因此很多历史学家将古风时期的特点归纳为：越来越多的人服从少数人的统治，从而导致富有公民与贫困公民之间的阶级斗争。当时诗歌中对精英的描述可以表现他们的观点：当时的精英自称"贵族"（aristoi），意思是"最好的统治者"。同时我们还知道很多被压迫的群体，如色萨利的奴隶（作为奴隶被束缚在土地上）、克里特的奴隶、斯巴达的奴隶。另一方面，当我们对当时莱斯博斯岛、哈利卡尔那索斯和迈加拉等地的内乱有更具体的了解时，就会知道矛盾的焦点是贵族集团和小群体。换句话说，不是各个阶级的矛盾而是宗族集团之间的问题。简单来说，一些历史学家认为古风时期的社会分层是平行的阶级矛盾，还有一些人认为是垂直的地位之争。我们在下一章中还会讲到贵族竞争，那时我们会提到雅典几乎因为这种混乱状态分裂。

其他方面也表现出当时紧张局势。在埃维亚，哈尔基斯和埃雷特里亚早期的城市从爱琴海地区的贸易中获益，当地的繁荣激发了周围群体的竞争。公元前7—前8世纪，以哈尔基斯和埃雷特里亚中间肥沃平原命名的利兰丁平原战役开始，这是古风时期具有划时代意义的事件之一。在后来四百多年中，希腊各城邦关系史就是城邦、地区、同盟之间一系列战争史。为什么希腊冲突不断，是研究古风时期的历史学家需要回答的问题之一？也许正是因为体育竞争和英雄价值中包含的竞争文化过于强调个人价值，所以除了家庭、宗族、小群体之外的任何忠诚都受到了竞争文化的影响。

当然，从政治层面来看，除了波斯战争期间或马其顿和罗马等其他权力统治时，希腊从来都不是统一的国家。

如果说竞争与冲突是这个时代的特点，日益发展的商贸活动也促进了希腊文化的传播与转变。我们曾了解到，在埃及，普萨美提克（Psammetichos）法老允许希腊贸易城邦财团在三角洲的瑙克拉提斯地区建立商业中心，因此埃及的石刻技术与人型雕塑制作（埃及宗教和葬礼中常见的方法）成为希腊文化的一部分绝非偶然。

如果想要了解波斯战争前两世纪时影响希腊文化的转变，还有一处发展需要我们注意，那就是货币引入和货币化经济的出现。公元前6世纪时，硬币最早在安纳托利亚（现在的土耳其）制造出来。这些货币由金银矿、金银合金制作，货物贸易可以绕过复杂的以物易物直接进行。在贸易双方对货物价值估计不同时，以物易物会非常麻烦，而且整个过程耗时长、不确定性大、有危险。希罗多德曾经提到，希腊商人在非洲把他们的货物摆在街上想换本地产品，但是直到希腊人把他们的

图5.1 红绘风格葡萄酒坛细节图，图中为奥德修斯与塞壬（Sirens），瓦尔齐，约公元前480—前470年，陶器，高35.6厘米

货物堆到当地人想要的数量时，交换才最终成行。相比之下，使用货币有明显的优点，贸易者可以提前商量货物价值，而且不用再换算成酒、贵金属、奢侈品等物品。希腊人在提到这一变化时，据说是阿哥斯的裴冬（Pheidon）从赫拉神庙（阿哥斯的一所古庙）中带来了一些铁块，切成片后变成了最早的硬币。尽管我们并不能确定裴冬所处的时代，而且整个过程也有些可疑，但是这个故事并不是毫无用处。小面额的希腊硬币名为欧宝，来自“铁块”这个单词，很多小面额硬币合称德拉克马，意思是“一把”。1900年，美国也在阿哥斯的赫拉神庙发现了小铁块，所以即使裴冬不是创造出硬币的人，他也的确为硬币使用做出了贡献。

图5.2 泰格特斯山脉范围，下面是斯巴达

无论通过何种方式变成古风时期贸易的一大特征，硬币的产生都具有深远的影响。在迈加拉诗人泰奥格尼斯（Theogins）的诗中，曾经不断抱怨那些视权力高于出身的人。传统意义上象征财富的是土地和有形的资产，这些都是人们可以传给后代的东西，但是货币交换意味着货币财富会取代高贵的出身成为人们的最高追求。《奥德赛》中，几乎消失的淮阿喀亚人因奥德修斯不愿参与贵族游戏而羞辱他，他们对待奥德修斯像打发商人一样，称他是：

> 老船长，
> 管理商人水手的老船长，
> 只关心自己运送的货物，
> 贪恋货物和利益。
> 看起来就不擅长运动。
> （荷马，《奥德赛》8.161—65，约翰斯顿译）

《奥德赛》的作者认为，在他创造出的世界中，金钱与英雄主义不能共存。

早期斯巴达

希腊不同地区在面对古风时期的各种冲突时有不同的反应，其中斯巴达是最独特的。在整个斯巴达历史中，公民一直鼓吹自己“对僭主的敌意”。但实际上，斯巴达认为他们所有的政治、公共事务基于良好的秩序，而这一切归功于传奇的立法者来库古（Lykourgos）。早期的立法者并不是斯巴达独有的概念，雅典的梭伦、以色列早期的摩西都是立法者，但是斯巴达人后来形成一种与其他希腊群体截然不同的社会政治契约，强调严格的社会阶级，社会最顶端的是独立公民组成的战士阶层。

很多原因促成了斯巴达独特的社会组织，其中包括地理原因。斯巴达位于欧罗塔斯河沿岸，泰格特斯山脉遮蔽下（**图5.2**），陡峭的山脊将拉科尼亚地区与西边毗邻的麦西尼亚分隔开来，东北面的帕尔农山（Parnon Mount）将拉科尼亚与阿哥斯平原分隔开来（**图5.3**）。这种地理上的隔离使斯巴达认为自己与众不同，因为来库古和他颁布的宪法，斯巴达避免了其他古风时期群体遭受的混乱状态。当其他城邦被迫屈服于混乱中夺权的僭主时，斯巴达人遵循严格的行为准则，培养出一代又一代战无不胜的勇士。

或者说至少斯巴达人始终坚信这样的观点。历史学家面临的问题是很难将早期斯巴达历史与后来生活中神话性的“斯巴达幻想”联系起来。当时的斯巴达人很开心地接受了自己的传奇形象；斯巴达人语言简洁（英语中“简明”一词就来自斯巴达所处的拉科尼亚地区）；斯巴达人可以在战争中坚持到最后；珍贵的荣誉与光荣的死亡比生命更重要；斯巴达人在最艰苦的条件下训练，在寒冷的冬天穿着单薄的衣服，吃着其他希腊人无法接受的斯巴达黑肉汤。斯巴达母亲听到儿子在战场上牺牲时说道：“我的孩子生来就是为斯巴达而死，他死了我的愿望也满足了。”这就是斯巴达人留下的形象。公元1世纪晚期时，普鲁塔克（Plutarch，46—126年）收集了很多类似的言论，希望展示斯巴达人不屈不挠的勇气。这种自我神话的结果就是现实与神话之间没有清晰的界限。

解决这个问题的一种方法就是使用当地的物质文化研究斯巴达的早期历史。在第三章中，爱奥斯瓦斯里奥斯的宫殿证明斯巴达所处的拉科尼亚地区曾是迈锡尼世界的一部分，瓦菲奥的蜂巢墓和墓中的金杯与伯罗奔尼撒半岛其他地方的相似。1909年，英国学者在斯巴达东南5公里的铁拉普涅发现了希腊化时期晚期的建筑群（公元前1650—前1050年），证明了青铜时代拉科尼亚文化与青铜时代迈锡尼地区的其他文化相似。然而，青铜时代末期迈锡尼中心阿尔戈利德的突然变

图5.3 伯罗奔尼撒地图，图中为拉科尼亚及周围区域，注意拉科尼亚与阿哥斯之间的库奴里亚和西面的麦西尼亚

化也影响了拉科尼亚地区。后来的传统将这些动乱与赫拉克勒斯的回归联系到一起，据说赫拉克勒斯的后代曾经住在伯罗奔尼撒半岛，后来离开了该地区。这些人口流动的故事都属于英雄的半神话时代，尽管这些细节在后来历史学家的作品中有所体现，但是这些传奇并不能作为研究斯巴达早期历史的可靠证据。很多学者更愿意将这些传说视作社会转型的证据，特别是新兴精英认为自身独特的家族渊源使自己和被统治的人区别开来。古风时期的斯巴达社会与其他希腊城邦有很大区别，例如斯巴达城市中心并没有特别的形态，而是由利姆奈、皮塔纳、居诺苏拉、米索亚和阿米克莱五个村庄组成的松散联盟。这种联盟本身并没有什么特别之处，雅典也有相似的组织结构，但是雅典的联盟最终形成发展完善的城市中心，然而在斯巴达很难判断罗马时代之前是否有民用建筑或城市中心。公元前5世纪，修昔底德发现未来的人们可能会被雅典和斯巴达的遗迹欺骗：雅典有很多富丽堂皇的寺庙，但是当时并没有那么强大，而斯巴达简陋的建筑反而隐藏了真实的实力。斯巴达在这一方面和其他方面都与古典时期的其他希腊文化不同。

斯巴达宗教

宗教活动指向独特斯巴达文化的出现。例如阿米克莱的斯巴达人崇拜英雄雅辛托斯（Hyakinthos）和阿波罗神。虽然这种英雄与神的搭配并不特殊［埃皮道鲁斯人崇拜的阿波罗和阿斯克勒庇俄斯（Asklepios）也有相似的关系］，但是阿米克莱的纪念碑却很特别。该纪念碑建于公元前6世纪中期，由萨默斯岛的巴斯克勒斯（Bathykles）设计，形状类似于大型王座（**图5.4**）。发现该遗址的希腊人安耶洛斯·迪里夫瑞亚斯（Angelos Delivorrias）认为该建筑的结构（事实是双层建筑）看起来像是一件家具，是“非传统的建筑创造”。保萨尼阿斯于公元2世纪时看到这座建筑，他的描述表明整个建筑镶嵌着木质面板，带来一种神话般的感觉，他还曾描写过14米高的阿波罗站立雕像。罗兰·马丁（Roland Martin）复原的建筑与保萨尼阿斯的描述相似，表现出该建筑的奇怪之处。

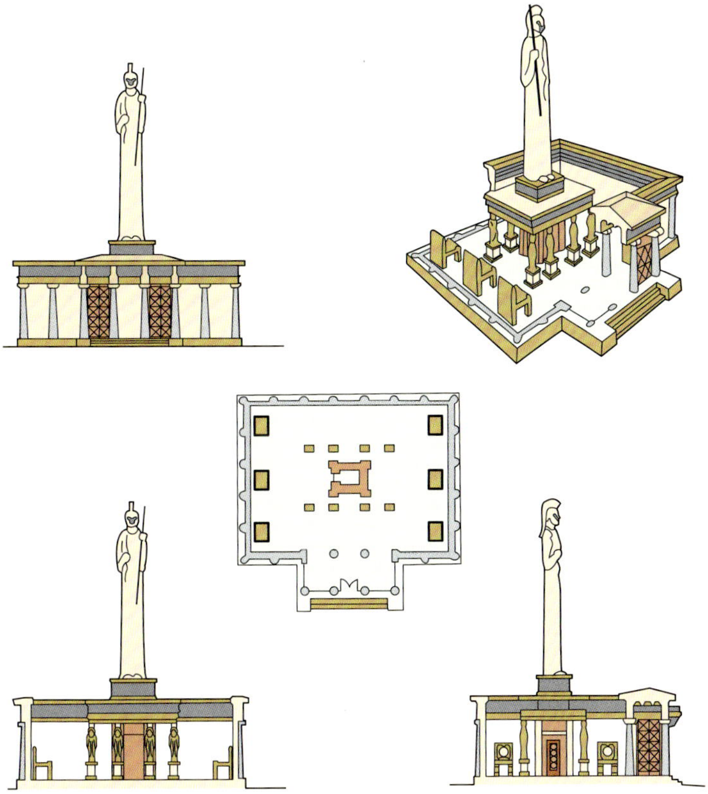

图5.4 阿米克莱王座复原图，罗兰·马丁作（1976年）

斯巴达宗教在很多方面与古风时期希腊的其他宗教不同，例如最著名的特洛伊的海伦。我们在《伊利亚特》中看到她抛弃丈夫和孩子，跟随帕里斯来到特洛伊。在

图5.5 莫尼莱恩神殿遗址，斯巴达东南5公里处

《奥德赛》中她与墨涅拉俄斯重聚，但是却给男人下药，没有殷勤好客的精神。海伦的这种负面形象在雅典戏剧中也有所体现，然而她在斯巴达却享受着女英雄与女神般的地位。海伦与丈夫墨涅拉俄斯在莫尼莱恩神殿中接受供奉，该神殿位于古典小镇东南处5公里的山上，俯瞰欧罗塔斯河（**图5.5**），距离铁拉普涅青铜时代晚期的房屋仅100米，人们对于墨涅拉俄斯与海伦的崇拜在这里持续了上百年。

与希腊其他宗教活动相比，斯巴达阿耳忒弥斯奥提亚圣域（the Sanctuany of Artemis Orthia）的相关宗教活动也不同寻常，那里曾有十万多座小型铅制雕像，上面刻着重装士兵（*choplites*）、女性崇拜者与动物的形象，这些雕像很可能是士兵、猎人、女人为了得到女神帮助献上的供品。该圣域还有很多奇怪的陶土面具，仿佛代表魔鬼，也可能代表年轻男性进入某个神秘组织（**图5.6**）。

象牙饰板上的女神戴着王冠，看起来与腓尼基的塔妮特（Tanit）女神相似，或许说明了斯巴达与东方的早期联系。一些学者甚至认为对阿耳忒弥斯奥提亚的崇拜是腓尼基人引入斯巴达的，然而小饰板和其他象牙制品等证据，却指向了斯巴达与克里特工坊的联系。

对阿耳忒弥斯奥提亚的崇拜与一种奇怪又残忍的仪式有关：男孩们因为被指控从祭坛偷奶酪而遭到鞭打，因为据说他们的血可以安抚女神，而且如果鞭打的人太过宽容，女神的雕像会变得非常沉。这种传统一直持续到希腊化时期和罗马时代，因为非常受罗马游客欢迎，寺庙与祭坛对面专门建了一座剧院，供游客观看这种鞭打仪式。据说拉科尼亚的基里克斯陶杯上有早期鞭打仪式的图案（图5.7），画上的人背上有鞭打过的痕迹，左边忙着逃跑的人因为恐惧而大小便失禁。

拉科尼亚寺庙的建筑与希腊其他地区有很大区别：大多数希腊寺庙都是围柱型的，说明中间房屋周围有柱廊包围，而拉科尼亚的建筑为非围柱型。这些建筑外

图5.6 公元前600—前450年，献给阿耳忒弥斯奥提亚圣域的陶土面具。这些面具可能由亚麻或木头制成，用于戏剧表演或开始仪式

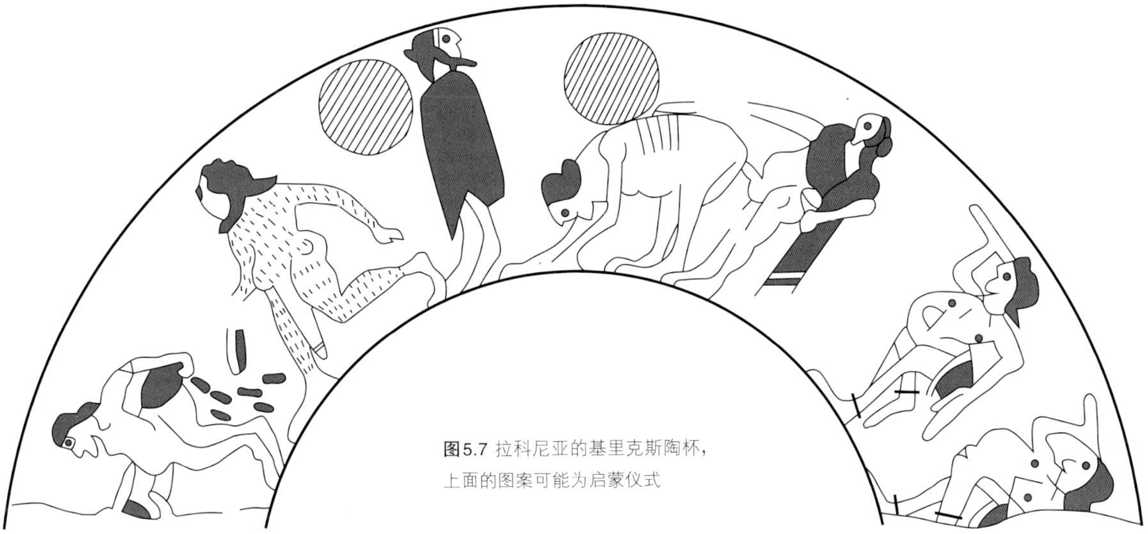

图5.7 拉科尼亚的基里克斯陶杯，上面的图案可能为启蒙仪式

表上更简单，装饰更少，反映了斯巴达人坚强不屈的性格。这些例子中能看出斯巴达仪式代表着希腊世界中的不同一面：其他地区的男孩女孩通过不同寻常的方式参加入会仪式（阿卡迪亚的仪式需要游泳横渡一条河或者在野外与狼一起生活）；其他城邦中，荷马式的特点是本地的英雄；整个希腊世界中，阿耳忒弥斯的不同化身都与她在斯巴达的原型一样嗜血。然而就连希腊人也认为斯巴达是与众不同的地区。或许应该说《荷马史诗》中流传下来的大希腊主义掩盖了希腊文化与宗教的差异。德尔斐、奥林匹亚和其他地区除了这种熟悉的大希腊主义崇拜，斯巴达的希腊众神令人难以辨认。比如雅典娜和得墨忒耳（Demeter）这两位有名的女神，雅典娜战时戴着头盔与护胸甲，非常容易辨认，而马头的得墨忒耳（费加利亚雕塑中的形象）并不符合我们对希腊女神的传统认知。

斯巴达例外主义

是什么让斯巴达与希腊大陆其他城市不同呢？也许是因为斯巴达与西面的麦西尼亚在公元前8世纪中期到晚期的一系列战争。尽管我们还不知道确切的日期，但是斯巴达在意大利南部塔伦图姆建立的塔拉斯殖民地是确定这段时间的关键。该殖民地的建立，可追溯至公元前700年前。斯巴达传统认为，斯巴达男性征战麦西尼亚时妻子生下的私生子建立了这块殖民地。这些人的合法性与地位造成了斯巴达的紧张局势，最终他们被送往意大利。这个故事真的可信吗？恐怕不太可信。事实上，很多学者认为这些私生子其实是斯巴达贵族阶层的秘密组织（古风时期斯巴达的特点之一），他们在政变失败后逃离斯巴达。但是有关该群体的信息很少，这种说法不过就是对这些私生子的合理化解释。然而，不管这些人到底是谁，他们与塔拉斯殖民地建立的联系为我们提供了一个大概的时间表，因此可以确定麦西尼亚战争开始于公元前8世纪晚期，不晚于公元前700年前（这个日期最近受到了P. J. 肖的质疑，认为这与其他斯巴达事件都应提前170年）。

第二次麦西尼亚战争发生于公元前725年左右，是斯巴达内部发展的转折点。这是因为斯巴达征服麦西尼亚后决定永远压制他们，让他们在自己的领土中变成奴隶阶级。在之前的战争（以及后来的大部分战争）中，希腊人的做法是在战争季时（夏天的几个月）掠夺邻国土地，掳走一些牛和牲畜，那些没有及时应对的人会沦为奴隶。这种方法在很大程度上避免了激烈的战斗，即使有战争也能很快结束。在最初的矛盾相交后，一方会败下阵来，立刻逃走，胜利的一方则脱下死者衣服，在敌人逃跑的地方竖起胜利的标志。邪恶的战争有时还会焚烧庄稼、砍倒树木，战争季结束的时候这些战争也就结束了。然而，斯巴达对麦西尼亚则采取了不同的方式。斯巴达人没有放弃麦西尼亚，而是将该地区并入拉科尼亚。后来的三百多年中，斯巴达人一直充当着缺席的地主的角色，斯巴达诗人提尔泰奥斯说麦西尼亚广阔富饶的土地“适合耕种”，耕种出的作物送到斯巴达公民的共同餐桌上。土地由斯巴达奴隶耕种，其中包括很多麦西尼亚人。

伯罗奔尼撒半岛的一个地区统治着另一地区，形成了内部殖民，这一过程非常重要，麦西尼亚变成了殖民地，斯巴达因此必须变成培养精英战士的社会。由于奴隶起义的威胁一直存在，斯巴达社会的每个机构都在为培养精英战士服务，斯巴达独立公民的地位与权力取决于持续征服别的希腊民族。这些人在其他斯巴达公民眼里也并不受欢迎，公元前4世纪时，反叛的独立公民金那顿（Kinadon）被地方监察官逮捕，他说如果其他阶层的斯巴达人凑到一起，就会把上等的独立公民生吞活剥。

负责训练的独立公民的机构是在麦西尼亚战争后发展起来的，因此在其他希腊人眼中斯巴达人更加与众不同。例如，斯巴达的男孩们在7岁时就被从家中送出来，和其他同龄的孩子住在一起，后来的马赛人也曾实行过这种年龄阶段体制，马赛人也注重军事和吃苦训练。有些人认为，这就是一种超级男子主义。一些资料显示，斯巴达体系中，孩子们甚至需要偷盗。然而后来描写他们坚强不屈的文字并不可靠。普鲁塔克在公元1世纪末期时曾对斯巴达男孩的行为进行描写：

> 这是另一个孩子的故事，那时候孩子们看到东西就偷，已经成为一种日常，不偷东西被别人发现是一种耻辱，小男孩的同伴中有人偷了一只活狐狸，交给他保管。丢了狐狸的孩子们来找时，藏狐狸的孩子不小心把衣服里的狐狸摔了一下，于是狐狸变得非常暴躁，一直在咬男孩的关键部位。为了避免暴露，这个孩子没动也没有叫出来……找狐狸的人走了以后，其他孩子发现藏狐狸的男孩被咬了，他们说就算让那些人找到狐狸也比让狐狸咬死你好啊。然而小男孩说："并不是，我宁愿死也不想屈服于疼痛，这要比因为意志薄弱被人发现从此一生生活在耻辱中好。"
>
> ［普鲁塔克,《斯巴达名人语录》（*Sayings of the Spartans*）35，巴比特译］

请注意，男孩们的偷盗很可能是一种入会仪式，就像孩子们在寄宿学校或联谊会中会先受到欺负，但是整个故事与罗马时代的斯巴达联系紧密，普鲁塔克在搜集这些故事的时候很难分辨这是男孩自己真实的行为还是故事中的描述。

结束青春期的男孩们和同一年龄阶段的人一起进入斯巴达军队。他们继续接受训练，共同生活。近期研究发现，这种共餐制度下每个年龄段都有十五至二十名成员，新成员都是12岁左右的孩子，被22岁左右的人介绍带过来。因为这些团体中包含两个年岁较大的人，所以团体非常和谐、联系紧密（就像底比斯神圣军团的那种关系）。这些群体的会员需要通过狩猎游戏或生产出大麦小麦等形式进行贡献，不能在群体中做出贡献的人不仅会被驱逐出去，社会等级还会从独立公民变成低级的"下等人"。

这种共餐制度为斯巴达独特机构的来源带来了一些线索。尽管希腊大陆上的其他城邦与斯巴达的社会组织并不相似，克里特岛的一些团体却采取了相似的形式。一种文献提到，克里特岛的里特托斯人把他们的农产品集中在一种共有体系中，城邦留下一部分，剩下的分到各家。早期时代的这种城邦规定和介入是为了帮助人们挺过作物歉收的日子。无论最初为了什么目的，这种机构似乎为斯巴达提供了一些灵感。在其他领域，据说斯巴达人也与克里特人关系密切，他们都说希腊语中的多立安方言，据说半神话的斯巴达立法者来库古曾去过克里特，学习如何为斯巴达设立法律。柏拉图也说过斯巴达与克里特共有"同族的法律法规"。联想到克里特奥提亚圣域的象牙饰板，克里特与斯巴达特色机构的联系就变得更加可信。

独特的训练方法把斯巴达人都变成了专业的战士，斯巴达人还建立了其他机构，宣传他们与其他希腊社会的不同。例如，大部分希腊城邦中，年轻男子都在青春期晚期时接受军训，为以后成为重装步兵方阵（*phalanx*）中的公民战士做准备，这些青年的服役时间包括军训和特定服务，比如他们会在雅典边境职守两年。然而在斯巴达，他们还需要在克里普提服务，该机构与现在南美洲处理公民冲突的准军事部队不同，是秘密治安机构，负责镇压奴隶阶层。他们在斯巴达带刀巡逻，如果天黑后发现还有奴隶在外面就会立刻杀死他们。

斯巴达社会的严格秩序是为了防止奴隶反抗，斯巴达人同时还担心外来的冲击。辩论、演讲会促进思想自由流动，成为雅典民主文化的特点。然而在寡头统治的斯巴达，根本不允许公开言论，沉默被视作一种美德，是真正男子汉的象征，也将斯巴达人与其他人区分开来。在修昔底德对于伯罗奔尼撒战争的叙述中，雅典外交官进行了长达六章的演讲，证明波斯战争以来的五十多年，雅典采取的政策是多么的正确，而斯巴达监察官斯特涅莱达斯（Sthenelaidas）只做了一章的小演讲，并且对雅典人冗长的语言与复杂的论点反击道："如果他们在伯罗奔尼撒战争中表现很好，但是现在故意藏拙，那他们应该受到两次惩罚，因为他们曾经是好人，但是现在变坏了。"（《伯罗奔尼撒战争史》1.86）

这种观点与对言论的怀疑密切相关，并在斯巴达非常盛行，所以他们会定期举行驱逐外来人的仪式。公元前5世纪60年代晚期的一个著名片段中，雅典向斯巴达派了一批人，想要帮助他们从伯罗奔尼撒地震中恢复重建，同时镇压奴隶反抗。但是雅典人和他们的斯巴达领导客蒙（Kimon，约公元前510—前450年）在拉科尼亚待了几个月后被迫离开。修昔底德说，斯巴达人害怕雅典人带来的新思想可能对斯巴达产生的影响。尽管斯巴达人当时并没有什么能力应对奴隶反抗，但是他们还是把雅典人赶走，不愿承受"民主"对斯巴达带来的任何影响。这一切体现了公元前5世纪中叶的斯巴达是多么的封闭。

《大公约》

古风时期斯巴达的分权被视为治安城邦，说明当地的政治制度发展与民主方向渐行渐远。为理解斯巴达体制发展历史的特殊性，我们需要分清斯巴达政府的不同形式。大部分希腊城邦都废除了国王或者国王只享有仪式功能，而斯巴达的王权政治一直保留下来，此外斯巴达在历史上曾被阿基亚得和尤利彭狄得两个贵族家族统治。国王拥有实权，斯巴达军队听命于国王，因此他们又被称为"领导者"。这个称谓曾经也用于阿波罗，据说阿波罗领导殖民探险，带领人们来到新土地上。这种表述常见于名为《大公约》的神秘文本中，一直留存到公元1世纪，由普鲁塔克保存，据说是立法者来库古在寻求神灵帮助建立斯巴达基本准则时，得到了来自德尔斐的神谕，具体内容据说为：

> 树立起对宙斯和雅典娜的崇拜后，城邦又被分成不同部落和村庄，建立起包括国王在内的三十人元老院后，他们时常在芭比卡和那克里昂举行人民大会，元老院负责提出建议但不参与决策，民众有权力作出决定。
>
> ［普鲁塔克，《来库古的生活》（*Life of Lykourgos*）6，卡特利奇译］

《大公约》中的每句话都引发起了后世学者的激烈讨论。一些人认为这完全是虚构的，一些人认为这是公元前7世纪的官方文件。将城邦划分为不同部落的确符合斯巴达后来的历史，当时所有男性成员都被分到海勒斯、第马那斯、帕姆罗伊三个部落中，所以部落划分也可能是斯巴达早期的社会组织。与这种部落划分相似的村庄划分似乎也是斯巴达早期组织形式。元老院是由斯巴达年长者组成的议会，这种组织是古风时期的特征之一。因此，根据《大公约》研究古风时期斯巴达体制发展完全可行，但是难点在于什么样的社会冲突最终促成法律建立：斯巴达的廉洁政府是缓解贵族竞争的方式，将其引入特定、可预测的机构中吗？亚里士多德相信，在麦西尼亚战争时期，斯巴达是贵族城邦，被党派之争弄得四分五裂，但是他认为这种冲突引起土地再分配的需求，然而将贵族阶级的垂直冲突与贫富的平行划分区别开来依旧很困难。

无论我们从什么方面重塑早期斯巴达，《大公约》的两个特点都不能忽视：第一是里面并没有提到监察官，后来斯巴达历史中每年都会选举出五位监察官管理城邦事务；第二是《大公约》中清楚地写到权力属于民众。如果这份文件是后来仿造的，或许作者会提到监察官，因为这是后来斯巴达体制的一大特征，没有提到监察官的存在恰好可以证明《大公约》的真实性，我们终于拥有了研究斯巴达体制发展的早期文件，那时所有人公认民众享有最高权威。换句话说，早期斯巴达已经走上民主制度，如果没有改变发展方向，在不同社会条件下发展出的社会制度会与雅典开放、平等、善于论述的政府相似。

普鲁塔克认为，《大公约》后面应该加上附文："如果民众说话不正当，元老和国王应该废除他们。"这里的民众很显然指的是群体中成年斯巴达男性公民，而将元老院成员和国王比作移除者，说明他们拥有否决权。把这些信息结合起来，重塑斯巴达体制的历史，应该是这样的：公元前7世纪时，新兴的斯巴达群体采取了民主原型的政府发展方式，将国王作为战争领导者和城邦首领，承认最终立法权在成年男性公民手中。然而，也许在公元前6世纪麦西尼亚战争后，贵族重新掌握斯巴达大权，以奴隶暴乱为借口培养出封闭的政治军事精英。这些监察官监督政治决策，其他希腊城邦用于政治辩论的时间在斯巴达变成精英军事训练的时间（图5.8）。

斯巴达文化

对军事的关注扭曲了斯巴达社会发展，但是斯巴达人在体育领域脱颖而出。例如，公元前720—前580年间，每四年举行一次的共35届奥林匹克运动会中，斯巴达男性运动员总共获得了44次胜利，高于其他城邦的运

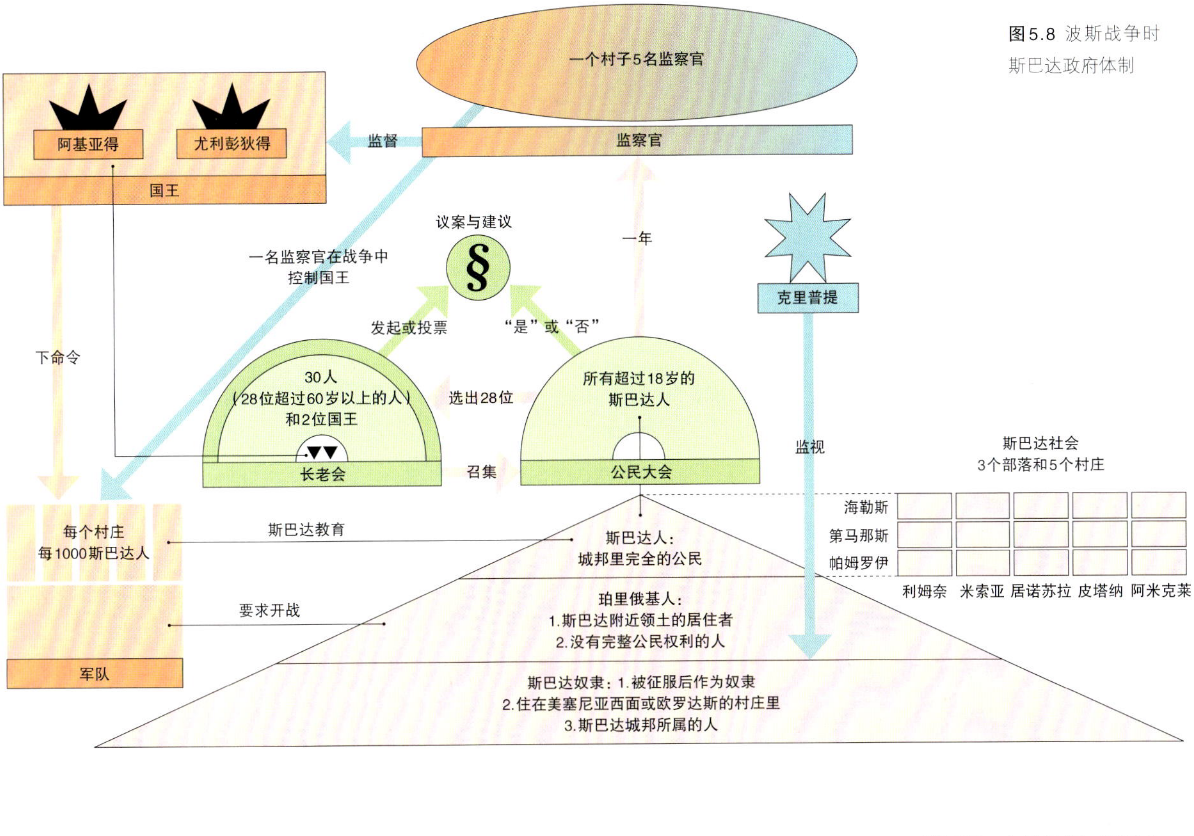

图5.8 波斯战争时斯巴达政府体制

动员，女性也在纪念赫拉女神的项目中占据主导地位。但是城邦内部的奴隶冲突几乎导致斯巴达社会崩溃，当我们看到古风时期的其他文化传统充满活力，而古典时期斯巴达的贫瘠时，这一点尤其明显。例如，在波斯战争之前，斯巴达工匠在金属加工方面技艺出众，跑步的女孩（图5.9）、研讨会中斜靠的贵族（图5.10）等小件青铜器与当时希腊世界的其他金属制品水平相当。

早期斯巴达比较突出的另一领域是象牙制品。除了我们之前已经提到过阿耳忒弥斯奥提亚圣域的陶土面具和小铅雕塑，该地用象牙雕刻的供品也非常有名，其中一个象牙饰板上面的图案是一条船上带着盾的士兵（图5.11），画面中心的两个人似乎在展开船帆，左面的男人搂着女人的腰。这种姿势在彩绘花瓶上经常出现，描绘的可能是希腊史诗中的拐骗场景，例如伊阿

图5.9 跑步女孩的雕像，约公元前520—前500年，青铜，高11.4厘米

图5.10 斜靠贵族的雕塑，约公元前520年，青铜，长10厘米

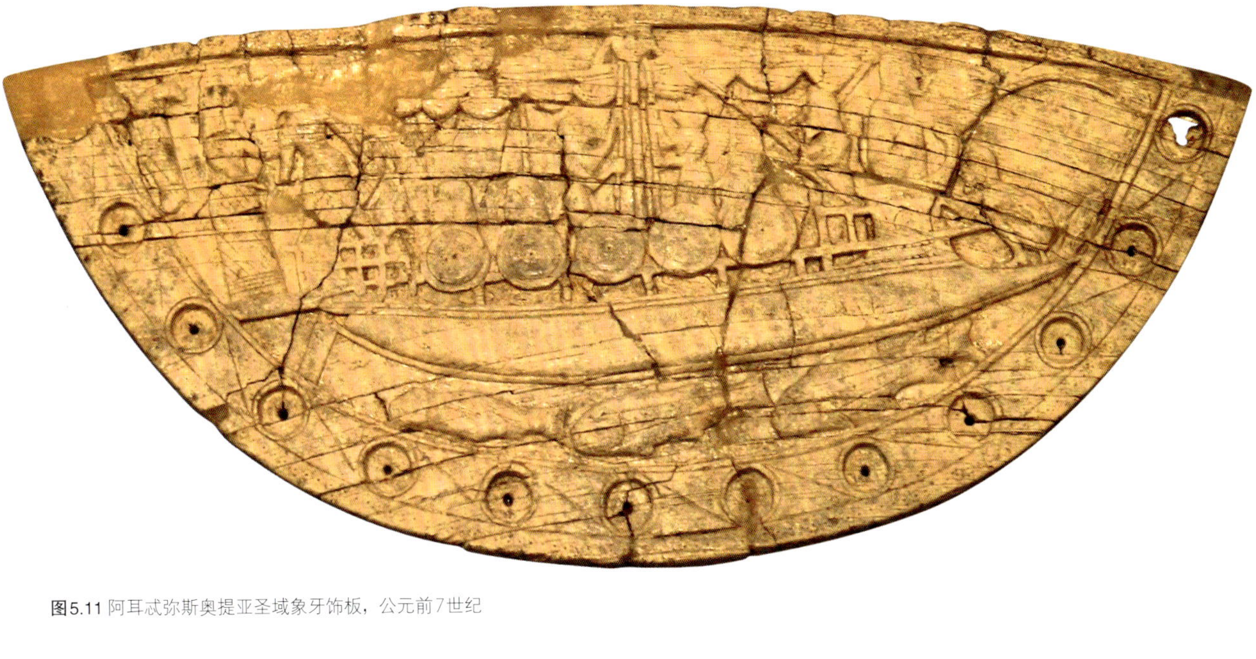

图5.11 阿耳忒弥斯奥提亚圣域象牙饰板，公元前7世纪

宋和美狄亚、帕里斯和海伦。

早期斯巴达人在诗歌方面也是创造者和大师，例如诗人阿尔克曼在公元前7世纪的作品中，为合唱的女孩们所做的赞美诗内容丰富、形式复杂、风格优美，适合在宗教节日中表演。其中一首合唱诗中将年轻女孩的美丽比作各种各样的奢侈品和不同品种的马，合唱的领唱坦率地谈到伴侣的性能力经常使自己精疲力竭：

> 大量的紫色还不足以提供保护，纯金的蛇也不行，吕底亚的头巾、深色眼睛女孩的骄傲也不行，南诺（Nanno）的头发不行，神灵般的阿雷塔、泰莱克斯（Thylakis）和克雷斯特拉（Kleësithera）也不行；如果你去艾那斯波塔（Ainesimbrota）那里，说“要是阿斯塔菲斯（Astaphis）是我的该多好，要是非亚拉（Philylla）走我的路，达玛瑞塔（Damareta）和爱安斯米斯（Ianthemis）”也无济于事，因为哈哥斯朝拉（Hagesichora）已经让我筋疲力尽。
>
> （阿尔克曼，fr.1坎贝尔译，哈钦森及施特勒修订）

如果近期对这首诗的研究理解正确的话，那么这首诗会更有力量、更加神秘：格洛丽亚·费拉里（Gloria Ferrari）认为这首诗中年轻女性的名字代表着行星、星星、毕星团、昴宿星星座等天体，合唱是对宇宙运动的赞扬。这首诗纪念斯巴达的众神与男女英雄，将他们比作宇宙规律的年运动。由此看来，古风时期斯巴达人的想象力与他们的物质生活一样丰富美丽。

如果阿尔克曼的诗歌反映出占星学与色情的结合，那么与之对比的是提尔泰奥斯，他似乎浓缩了军事意识形态，使斯巴达人生活的其他方面看上去黯然失色。在他的诗中，古老的荷马式法则在新时代中再次修改，整个营的公民士兵而不仅是个人英雄都投入战斗中：

> 那么让我们在中空的盾牌后，像蝗虫或群鹤一样前进吧，海勒斯、第马那斯、帕姆罗伊，野蛮地挥舞着我们锋利致命的岑木矛。因此，所有一切都掌握在永恒的神的手中，让我们永远追随这神圣的领导者。但是现在我们将一起挥舞着连枷，站起来面对持矛的士兵，双方交战的时候会有喧闹，人们一个一个倒下、胸膛刺入长矛时会有尖叫，他们不会因为遭受的重击而后退，尽管有大量的投石攻击，我们不会屈服于战争的喋喋声。
>
> （提尔泰奥斯1.2.2，埃德蒙兹译，修正版）

荷马的诗歌描写战场的死亡时刻，但是诗歌从来不会劝说听众参加战争，而提尔泰奥斯的诗会故意将战争作为检验自己的竞技场，因为他们只有通过这种方式为自己赢得荣誉，避免战败的耻辱。他对战争无情理解的最著名表述已经在西方世界回响了几个世纪：“为国战死是件好事。”贺拉斯（Horace）把这句话翻译到拉丁语中，这句话曾在不同时代不同地方的战争葬礼中出现，但是需要注意的是提尔泰奥斯的原文中不仅歌颂了在战争中牺牲的伟大，还提到不上前线的选择，这幅画面比战死沙场更惨：

> 然而他离开了城市，离开了富饶的土地，
> 转而去乞讨，
> 与亲爱的母亲和年长的父亲在街上游逛，
> 还带着幼小的孩子与妻子，
> 这一定是最可悲的事了。
> 在被奴役的人中，
> 如果有一个这样可恨的人，
> 穷困潦倒，
> 他玷污了自己的血统，
> 掩盖了高贵的美丽，

随之而来的是邪恶与耻辱。

（提尔泰奥斯，转引自来库古：107，埃德蒙兹译，修订版）

近期很多学者讨论过在斯巴达宗教影响下，他们的文化也许不算常见，斯巴达生活中的很多特征都与其他城邦相似，特别是多立安城市（希腊西部南部城市，说着统一的多立安方言）。毕竟，其他城邦有奴隶，也有议会、地方行政官、立法者等政治机构。如果公元前4—前5世纪的雅典自由人对他们的民主感到自豪，那么斯巴达独立公民也会对他们平等的地位感到自豪，自称"平等者"。支持斯巴达的雅典演讲者伊索克拉底甚至说斯巴达人"特别民主"，因为平等的风气在斯巴达顶层社会非常盛行。但是即使考虑到斯巴达人心中自己的形象是不屈不挠的战士，以及把后面的形象与思想放到早期，我们也会错误地认为斯巴达与其他希腊城邦并无不同。当时公元前4—前5世纪的希腊人，从修昔底德到色诺芬（Xenophon）再到亚里士多德，都认为斯巴达文化很特殊，因为斯巴达的文化、政治发展模式与其他希腊城邦的都不一样，造成这种变化的原因体现在斯巴达社会的军事化中。

斯巴达女性

研究斯巴达军事化过程与吞并麦西尼亚对斯巴达社会女性角色的影响很有意义。古代材料中经常出现的观点（包括拥有斯巴达一手经验的色诺芬）认为斯巴达的女性比希腊其他城邦的女性更有能力。亚里士多德认为斯巴达女性也可以继承、拥有、管理财产，这和其他大部分希腊城邦都不同，因而也被视作斯巴达体系的不足之处。亚里士多德一定参考了很多人的观点，然后写道："在斯巴达至高无上的时代，很多事情都由女性管理，女性统治者与统治者被女性控制有什么区别呢？"（《政治学》，1269b）与之相关的说法是斯巴达人实行一妻多夫制，女性可以有不止一个丈夫。公元前4世纪以来的资料显示，一些情况下，即使没有结为夫妻，男性也可以合法获得孩子。实际上，这些女性都可以有不止一个丈夫。与之类似的是兄弟共妻，即一家中的兄弟娶同一个女人。我们应该怎样解释这些呢？在古代，人们认为斯巴达女性直言不讳、混杂淫乱、独立自主、掌握大权。亚里士多德对斯巴达女性的评论受到后来很多作者赞同，由于女性的权力地位，斯巴达人数减少，最终衰落。相反，根据同样的证据，现代学者认为斯巴达女性是"现代的自由女性"。这两种评论都有相同的缺点，那就是他们以自己所处时代的标准去评价斯巴达人。一个更好的解释是，斯巴达人喜欢有选择的生育，开始实行优生学。在阶级社会，最排外的斯巴达独立公民嫉妒他们的特权与土地，生育能力好的女性会受到奖励，因为她们可以生出继承人确保家庭延续。大家庭中，共享的女性更好，因为这样意味着家庭分支更少、划分家庭财产的压力也就更低，否则兄弟和各自妻子生出的孩子还需要分割继承的土地。生物学认为强壮、坚韧的女性会生出和自己一样强大的儿子，因此进一步加强了这一观点。

在希腊世界的其他人看来，这种生育方式不同寻常，因此斯巴达女性恶名远扬。希腊世界的大部分女性公民都会把自己的身体遮好，而斯巴达女性则会锻炼身体、露着大腿。但是我们需要注意古代史料的道德化倾向。如果考虑到斯巴达人生活的特殊条件，让亚里士多德和色诺芬感到奇怪的东西就更容易理解。对于斯巴达经济生活的近期研究发现，斯巴达社会军事化与监督远方土地的需求意味着斯巴达人必须允许女性管理家庭，因此与希腊其他地方相比，斯巴达女性的自主权更大。换句话说，斯巴达女性强大的观点不应该因为欠缺真实性而被摒弃，因为这些观点经过害怕强大女性概念的男性重新阐述，最后以道德说教和性别歧视的形式呈现在我们面前。相反，我们应该研究斯巴达女性的地位怎样反映出斯巴达社会不同寻常的条件。斯巴达女性并没有毁掉她们的家园，而是有更多自由，因为这样男人才能有精力照看远处的土地、参加军事训练。斯巴达女性像铆工罗西（Rosie the Riveter）一样有高度自主权，离开了她们，社会就无法正常运转。

斯巴达与伯罗奔尼撒

受斯巴达军事化影响的另一领域是斯巴达对其他城邦的外交关系与策略，尤其是伯罗奔尼撒。在伯罗奔尼撒地图中（参见第130页），泰格特斯山脉与帕诺纳斯山将拉科尼亚与西边的麦西尼亚和东北的阿哥斯分隔开来。然而，这些区域的冲突持续了整个古风时期。

我们看到斯巴达与麦西尼亚的一系列战争最终导致斯巴达吞并麦西尼亚。然而，对于阿哥斯采取的措施没有那么成功，但斯巴达人依然全力以赴。他们的冲突主要集中于阿哥斯西南部帕尔农山下的沿海平原中库奴里亚和泰瑞亚平原地区。希罗多德认为公元前6世纪中期时，两方的边境冲突持续了很长时间，创造了解决冲突的新方式，即双方各派出最好的300名士兵对决。两方的战争持续到只有三个人活下来，因此出现了模糊的结果：

> 没有一方在这场战争中获益，曾经出战的600人中只有3人活了下来，阿哥斯的阿尔克诺（Alkenor）、克罗米奥斯（Chromios）和古斯巴达的欧特率阿德斯（Othryades）活到了夜幕降临。后来两个阿哥斯人认为自己已经胜利，就跑回了阿哥斯，而斯巴达的欧特率阿德斯踩在阿哥斯人的尸体上，拿起武器回到营地，等待第二天的战争。第二天，双方都来查看战况。阿哥斯人认为他们活下来的人更多所以胜利了，而斯巴达人表示阿哥斯人从战场逃走，只剩斯巴达人踩着敌人的尸体守卫自己的战场。最后他们又打了起来，斯巴达人最终取得了胜利。
>
> （希罗多德,《历史》1.82，戈德利译）

希罗多德说，后来阿哥斯人剃光了自己的头发，发誓不夺回泰瑞亚平原就永远不把头发留起来，而斯巴达人从此留起了长发。

尽管考虑到故事讲述中会有各种修饰，希罗多德的叙述依然准确地捕捉到斯巴达人与阿哥斯人几百年不合的原因。公元前480年，当斯巴达在塞莫皮莱独自应战波斯人时，一年以后斯巴达作为希腊联军领袖在普拉提亚应战波斯人时，阿哥斯都拒绝加入，而且在对抗雅典的伯罗奔尼撒战争时，阿哥斯选择站在斯巴达对立方。希罗多德常常提到的冠军之战，不只是斯巴达与阿哥斯的冲突。古风时期早期，约公元前669年时（有些人认为时间更晚），以及后来公元前418—前417年的伯罗奔尼撒战争中，斯巴达与阿哥斯在海西还有一场战争，斯巴达人逮捕屠杀了海西所有的男性公民。

斯巴达对待旁边的伯罗奔尼撒人采用的是对抗性的方法。同时，在过去200年中，斯巴达与伯罗奔尼撒形成松散的伯罗奔尼撒同盟。相比雅典人，斯巴达人对待同盟的方式更宽容。除了战时征收，伯罗奔尼撒同盟不需要缴纳其他贡品，而且在议会中有平等的投票权。但这些显然是斯巴达霸权主义的积极方面，我们需要谨慎对待。伯罗奔尼撒城邦中与斯巴达距离最远的几个城邦，如西北的伊利斯、东北的科林斯和埃皮道鲁斯，因为得到了尊重，所以忠诚地恪守与斯巴达的联盟关系，然而紧挨拉科尼亚北面特基亚（Tegea）与曼丁尼亚的阿卡迪亚情况更危险。公元前6世纪中期，斯巴达人戴着镣铐前往特基亚，打算把北面的邻居收为奴隶。然而特基亚人取得了胜利，并且在雅典娜阿莱亚

(Athena Alea)神庙献上镣铐，从而避免像麦西尼亚人那样沦为奴隶。20年后，斯巴达国王阿纳科斯安得瑞达斯（Anaxandridas）终于成功将特基亚归入伯罗奔尼撒同盟，因此这座城市变成了拉科尼亚北方边境的守门人，但是特基亚人从来没有放下对斯巴达人的仇恨。

图5.12 带着泰瑞亚之冠的运动员雕塑，公元前6世纪中期，2012年时被从奥林匹克运动会博物馆偷走，青铜，高17.7厘米

我们该如何讲述斯巴达在伯罗奔尼撒的霸权呢？公元前6世纪持续的话题是斯巴达人不断获取土地、征服城邦，使用各种方法加固拉科尼亚边境。摆脱科林斯僭主使斯巴达在富裕的城邦中获得了盟友，支持埃利安关于控制奥林匹亚的言论也为自己带来了有用的盟友，但是斯巴达人在靠近家乡的地方采用直接、残忍的军事干预，平息或缓和附近的麦西尼亚、阿哥斯、阿卡迪亚等临近城邦。宗教也是商讨边境线的有效武器。阿哥斯平原西南边上，跨过帕尔农山到达争议的库奴里亚地区，斯巴达人在那里建立了阿波罗圣殿（靠近现在的科斯马斯）。那里的人们除了崇拜拉科尼亚马莱亚斯角的阿波罗以外，还以神祇的名义在那里举办比赛。

公元前5世纪有名的斯巴达运动员达莫农在伯罗奔尼撒的很多次运动会中获得胜利，小时候就在单程赛和双程赛中获奖而成名。为纪念阿哥斯的战败，他被授予“泰瑞亚之冠”（**图5.12**）。

除了这些胜利的运动员，斯巴达战士也通过神殿上的供品宣扬自己的存在，例如**图5.13**中斯巴达重装步兵的青铜像进一步证明该区域属于斯巴达管辖，这里的崇拜活动与运动项目也有领地划分。神殿的供品也反映出这些界限是军事和宗教上的存在。

斯巴达人与麦西尼亚人之间的关系也促进了当地的宗教活动。伯罗奔尼撒南部广泛信奉的女神是阿耳忒弥斯，麦西尼亚人与斯巴达人都会到拉科尼亚与麦西尼亚边境泰格特斯山脉上的阿耳忒弥斯神殿进行参拜。但是两个互相为敌的民族共用同一个宗教地点的

图5.13 拉科尼亚重装步兵雕像，发现于库奴里亚的圣科斯马斯，公元前6世纪，青铜

观点受到很多争议。斯巴达人说迈锡尼的青年人曾经攻击去神殿参拜女神的斯巴达女孩，甚至还杀了斯巴达国王泰利克洛斯。接着斯巴达人通过麦西尼亚战争报复，但麦西尼亚人说进入阿耳忒弥斯神殿的不是斯巴达女孩，而是个年轻没有胡子的男人，掀起战争的是斯巴达人的挑衅。最终斯巴达在郊区的利姆奈重建了神殿，又一次通过这种方式展示对领地的野心。

我们在古风时期不断发现斯巴达压迫、进攻周围的群体，在整个伯罗奔尼撒地区（特别是拉科尼亚周边地区）施行霸权主义。因此我们对斯巴达走下领主地位后其他城邦有所复兴并不会感到惊讶。公元前421年，伯罗奔尼撒战争的第一阶段，雅典与阿哥斯结成同盟，公元前418年，曼丁尼亚的阿卡迪亚（曾经和特基亚一同受到斯巴达控制）加入反斯巴达联盟，斯巴达敌人从此开始在血腥的战争中合理地反攻伯罗奔尼撒联盟。斯巴达人取得了最终的胜利，他们再也不会忘记曼丁尼亚的背叛。公元前4世纪80年代，斯巴达又一次进攻，曼丁尼亚人被迫离开自己的城市，被分到斯巴达的五个村庄中。然而斯巴达的霸权并不只是古风时期一两个地区权力中心，我们下面将会讲到斯巴达人如何对待雅典和雅典人。在第六章中，我们会看到雅典统一了阿缇卡地区，最终却寻找一个岛屿施行霸权主义。也许更重要的是漫长的停滞期折磨着雅典，经历混乱状态、暴君统治后最终走向民主。

图5.14 维克斯双耳喷口杯，约公元前520年，青铜，高1.63米

焦点：

维克斯双耳喷口杯

图5.15 维克斯公主墓内部复原

尽管斯巴达社会主要训练勇士，不断压制奴隶阶层，但是斯巴达在艺术与工艺品制作上依然有着悠久的传统，其中最有名的就是青铜铸造。维克斯双耳喷口杯（**图5.14**）是一件重要的文物，该纪念性青铜水杯高1.63米，重两百多千克，1953年在法国北部高地位的凯尔特女性墓葬中发现（**图5.15**）。墓中的尸体躺在马车的床上，轮子靠在旁边，其他陪葬物品还有希腊黑绘花瓶、金属纽结的颈饰、伊特鲁亚耳环、波罗的海琥珀。这个巨大的喷口杯是最令人印象

图5.16 双耳喷口杯手柄处的戈耳工头部细节图

图5.17 雕刻着重装步兵、战车、战马的喷口杯瓶颈细节图

深刻的物品，是对斯巴达工匠技术的检验，也表现出斯巴达手工艺人作品杰出的品质。

容器的细节部分可以显示出手工匠人的高超技巧，戈耳工的头刻在喷口杯螺旋形的手柄上，装饰着浓密的卷发、长长的发卷和鱼鳞似的皮肤，说明这座雕像具有辟邪的功能（**图5.16**）。瓶颈处的图案是战车、重装步兵和战马（**图5.17**），自然主义与古风时期晚期艺术的夸张风格巧妙地结合在一起。

我们需要结合当时的时代背景理解维克斯双耳喷口杯的重要意义。20世纪90年代早期，我们在该墓葬进行了集中调查，发现居住在这里的凯尔特部落占据了拉索瓦山的防御要塞，控制着连接塞纳河与卢瓦尔河之间的战略走廊，地中海地区的货物得以运输到大西洋。因此墓葬中的陪葬品应该属于公元前6世纪晚期，位于法国中心地区的最富有、最强大的统治者。

2006年时，与该坟墓有关的宫殿群被发掘出来，主楼长35米、宽21米，后面为半圆形，入口处有门廊，与铁器时代希腊的中央大厅结构类似。这座宫殿与墓葬的周围都有沟渠和8米厚的围墙，居住环境中的住房与储存区域并没有严格划分，是欧洲凯尔特最有名的欧匹达姆（Oppida，有防御工事的定居地）。

公元前683—前682年	公元前632年	公元前621—前620年	公元前594年	公元前592—前591年
雅典首位年度执政官	基伦的阴谋	德拉科的杀人法	梭伦，第一位执政官	梭伦立法

公元前561—前528年 庇西特拉图的改革
公元前546年 帕勒涅之战
公元前514年 喜帕恰斯被暗杀
公元前510年 希庇亚斯被驱逐
公元前508—前507年 克里斯提尼改革

第六章

古风时期：雅典

与斯巴达不同，雅典面对古风时期的危机并没有侧重于排外与阶级统治，而是创造出开放包容的社会，然而这一过程并不是一帆风顺的。梭伦（约公元前640—前560年）在公元前6世纪早期进行制度、立法改革之前，雅典经历了长期的危机。梭伦离开雅典后，雅典又开始动荡，紧接着被僭主庇西特拉图和他的儿子们统治了四十多年，尽管庇西特拉图统治温和，却坚持施行法治，那一时期雅典经济有所发展，而且还压制了威胁雅典社会的贵族竞争。僭主统治结束后，雅典选举克里斯提尼，避免了再次动荡。克里斯提尼的体制改革为后来几百年的雅典民主发展奠定了基础。

古风世界的竞争

我们在上一章中看到，古风时期是整个雅典经历动荡与变化的时代。大部分地区废除了王权政治，很多地方僭主的出现是为了抵消贵族竞争的影响。尽管这种做法促进了体育竞赛，但是依然有潜在的危害性。

希罗多德有一个有趣的故事可以说明那个年代的情况：来自希腊各地的追求者都想得到西顿城年轻高贵的阿格瑞斯特（Agariste）青睐。在宣布获胜者之前的宴会上，雅典贵族希波克拉底斯（Hippokleides）喝醉了开始倒立，考虑到当时雅典的服装，这一举动非常不雅，于是他被告知失去了求婚的机会，他却漫不经心地回答道："我根本不在乎。"（《历史》6.129—30）这个故事反映出当时来自不同城市的贵族家庭互相争夺权力地位。这可不是闹笑话。雅典卫城中很多年轻男女的雕塑都是互相竞争的贵族家庭献上的供品，他们希望通过这种方式让人称赞精英们年轻的儿子和美丽的女儿（图6.1）。

在那个世界，面对贵族竞争与不稳定的危机时，斯巴达和雅典代表了两种截然不同的应对方法。斯巴达着重训练士兵去面对异议者压力，保持良好秩序，发展出高度严格、高度阶级化的社会系统，而雅典发展道路上的第一要务是统一。公元前7—前6世纪，雅典将卫城南边的一些小村庄合并成统一的城市群（令人困惑的是，“民众”一词在雅典既指当地群体，也指所有雅典人）。雅典人认为统一是忒修斯的功劳，但是与其他半神话性质建立者的故事不一样，并没有事实支持这一观点。

大城市建立后，基本社会单元依旧是家庭。很多古风时期的家庭在听到荷马诗歌对海伦与墨涅拉俄斯宫殿的描述时，意识到那时的家庭与他们现在的家庭不一样。家庭包括家庭成员、奴隶和仆人，相关的家庭

图6.1 科莱（Akr. 675），约公元前520—前510年，大理石，高55厘米

再组成氏族（genos，复数gene）。雅典男性还是兄弟族盟中的成员，同盟中的成员都有血缘关系，尽管随着时间推移，这种关系更像是想象出的而非真实的，就像现在的兄弟会一般不是真正的兄弟关系。另一社会群体“归化民”是由相同信仰的男性组成的宗教群体，他们会为我们完全不知道的当地英雄献上供品。

所有这些群体都可以拥有土地和财产。这种制度

图6.2 法勒隆公墓被铐住的尸骨，雅典附近

的结果就是每个人都参与到复杂的社会网络中。与其他古风时期群体一样，大部分雅典男性都是部落成员，但是有人认为这些人是之前社会发展遗留下来的，或许会随着新兴时代变化。大部分城市群都很灵活，能够适应各种变化。

重塑古风时期的雅典生活并不容易，但是很多证据表明雅典曾经历过重大改变，社会冲突不断激化。其中最可怕的证据与雅典法勒隆地区的1500个坟墓有关。法勒隆公墓最早于100年前发现，后来希腊考古服务机构在2012—2016年间进行系统发掘，发现了公元前7世纪后期的八十具尸骨，其中三十六具下葬时胳膊被铐起来（图6.2）。修昔底德曾详细讲述过公元前632年雅典僭主基伦希望夺取政权，但是他的支持者都被雅典人屠杀，法勒隆遗址中的尸骨或许就是基伦的支持

图6.3（上图）雅典纹章硬币，约公元前515年，银制，16.98克

者。无论对这些考古发掘的解释是否正确，这些骷髅都会证明雅典历史中的混乱时期。

影响古风时期雅典暴乱的一个原因可能是货币引入及后来对经济的影响。斯巴达人拒绝使用货币，而安纳托利亚在公元前600年发明了货币后，其他希腊城邦纷纷效仿。雅典人最早在公元前6世纪中叶开始铸造硬币，早期雅典硬币是带有纹章图案的硬币，但是我们目前还不知道图案的确切含义（**图6.3**）（其中比较令人信服的观点是这些图案代表雅典的主要家族）。各个社会都开始使用硬币发展自己的身份认同：艾伊娜岛的图案是乌龟，代表岛上的海洋贸易（**图6.4**），科林斯的象征是珀伽索斯。公元前6世纪末期时，雅典采用象征雅典娜的猫头鹰作为自己的图案。

货币经济开始，财富不再以麦捆和酒袋衡量，而是开始用金银衡量，很多群体都感到惊慌。公元前6世纪迈加拉诗人泰奥格尼斯曾在诗中写到这些焦虑：

图6.4（下图）艾伊娜岛“乌龟”硬币，约公元前530—前525年，银制，12.3克

> 坏人都很富有，
> 好人都很贫穷，
> 但我们不能与他们交换，
> 因为负责财富的女神
> 永远都公正可信，
> 财富在不同年代
> 会属于不同的人。
>
> [泰奥格尼斯，《挽歌集》（*Elegies*）1.315—18，米勒译]

古风时期的诗歌中，美德（一般指贵族出身）与财富的对比是常见的主题，说明对于很多人来说，社会正在进行着不被人接受的大转变。诗歌中这种转变常被描写成道德沦陷，同时暗示会有政治崩溃。泰奥格尼斯认为他所在的城市处于崩溃的边缘，于是在写给爱人库尔诺丝（Kyrnos）的信中，抱怨道：

库尔诺丝，这座城市
酝酿着一场危机，
我害怕有人出来
惩罚、纠正我们邪恶的傲慢。
尽管公民依旧头脑清楚，
他们的领导者却注定要堕落到万恶之源中。

（《挽歌集》，1.39—42，米勒译）

他害怕统治者像科林斯的凯普塞洛斯与米蒂利尼的庇达卡斯（Pittakos）那样，从混乱中走出来，独自一人掌权。在另一首诗中，泰奥格尼斯提到了僭主统治的未来后，他恳求道：

一旦人们把心放在
这些事情上，
人们会受到
冲突、战争屠杀以及
僭主带来的伤害。
愿这座城市永远不受这些控制。

（《挽歌集》1.49—52，米勒译）

法治

雅典面对冲突威胁时采取的一种方法就是强调法治。古风时期，很多群体开始弃用年长者与祭司负责的习惯法，开始起草希腊世界第一部成文法典。例如，艾皮则弗里亚洛克里的察莱科斯、卡塔尼亚的卡龙达斯与斯巴达的来库古，这些立法者都是半神话性质的，人们对他们的了解几乎都是杜撰出来的，比如在大多数故事中，立法者被叫来解决公民冲突，同时也检验立法者是否能够遵从自己的法规，比如卡龙达斯意识到自己带着匕首来到市场，违反了自己设下的规定，为了保持法律公正性而刺伤了自己。然而，我们不仅有立法者，还有法律。公元前7世纪晚期，雅典立法者德拉科颁布了关于杀人的法律，后来在公元前409年重新刻在石头上。那时雅典人已经建立了复杂的法律程序处理财产纠纷与弹劾官员等案例，但是对于杀人事件，他们选择了一种古老而神秘的方式，以晦涩难懂的语言书写出来，因此这些铭文是雅典人尊重古老法规的文件。法律中保留下来的部分写道：

第一条

即使在不经意间杀了人，也该被流放。国王应该将蓄意杀人案件的人定罪（无论是自己动手还是其他人动手），世族法庭负责做出最终决定。如果有父亲、兄弟、儿子在场，和解需要在场所有人同意，否则不能和解。如果没有父亲、兄弟、儿子，那么需要表亲堂亲同意和解，否则不能和解。如果没有出现上述情况，但是犯人属于意外杀人或者51名法庭成员认为犯人属于意外杀人，需要胞族中10名成员允许他进入，这10人由51名法庭成员基于能力选拔。之前杀过人的人也应该按本条例执行。表亲堂亲需要在集会中向凶手发表通告，表兄、表兄儿子、姐夫妹夫、公公岳父，以及胞族成员……应对杀人负责……51人……杀人的罪犯……如果有人杀死了杀人凶手或造成了他的死亡，他不能进入市场以及同盟中的比赛或仪式，应该受到一样的对待，法官将会决定……他是否是自由人。如果在被迫移动时出于自卫杀死了人，那这个人将会没有任何处罚直接处死……

（*IG* I^3 104，兰伯特与罗兹译，改编版）

这段内容告诉我们雅典人早期如何执行法律。这一过程中国王似乎是上诉者，法官在对杀人者进行调查、听取申诉后确定告发。在判决时受害者的家人起到了关键作用，如果他们同意，可能会和解，如果不同意，一定会施行。进行审判的压力巨大，因此法律规定需要胞族参与，在受害者没有家庭成员帮助时，代表受害者。因此我们可以认为杀人法主要目的在于恢复平衡状态，在解决杀人案造成的问题时需要尽可能多的人参与。这并不等同于报仇，如果这种机制看起来没有那么有效的话（其中没有专门的监察官或辩护律师、没有选举法官，法律并不详尽，没有调查进行的细节）。我们需要记住，当社会经历大规模复杂发展时，审判机构和他们服务的人一样，都很脆弱。

公元前6世纪早期的雅典就是这样，亚里士多德在《雅典政制》（*Athenaion Politeia*，由他的学生编辑的早期雅典历史）中认为公元前595—前594年是动荡的时代，因为公民骚乱没有统治者。在这些不稳定的环境中，公元前594年，雅典人选举梭伦为执政官，负责解决困扰雅典的冲突。梭伦认为社会冲突的主要原因是经济萎靡。在佃农制度下雅典人需要将收成的六分之一交给地主，很多雅典人陷入债务束缚。古代地中海经常出现的作物歉收、土地贫瘠、饥荒、干旱、疾病等问题会让他们负债累累，很多人失去生计、丧失土地，最终被迫成为奴隶。梭伦的改革方法是废除一切债务，但是具体施行的细节比较模糊，有些资料显示债务并没有完全取消，只是有所降低。亚里士多德与普鲁塔克在几百年后才写到这些事情，但是梭伦自己在诗中已经提到了危机的大致轮廓：

出于各种目的，我将民众
聚集在一起，
当我退位的时候还有哪些目标没有实现呢？
在时间的裁判面前，
奥林匹斯诸神的伟大母亲——
那黑色的土地，
将是我最好的证人，
我为她去掉了众多的债务标准，
以前她备受奴役，而今已重获自由。
那些被卖为奴隶的雅典人，
无论是否有正当的原因，
我都已将他们带回神灵建立的土地，
而其他人，
因为债务所困
被迫离开雅典，
不再说家乡的语言，
在世界各处游荡，
还有一些人惨遭奴隶的卑贱命运，
被主人责打，
我也让他们重归自由。
我实现了这些目标，
将权力与正义结合在一起，
我会努力实现我的诺言。

（梭伦，fr.36，波特译）

重要的是，我们要知道梭伦的诗并不是对经济改革如实的报道，诗中有很多修辞语言。这首诗并不是对政治改革未来的规划，相反，诗中反映出立法者希望找到方法解决雅典面临的混乱状态。与迈加拉诗人泰奥格尼斯一样，梭伦采用东亚地区常见的智慧诗形式，强调公正与节制，所以诗中主要关注的是财富与贫穷之间的道德困境。然而即使考虑到智慧诗题材的要求，他在诗中提到的问题也很明确：土地被债务拖累，那些无法偿还债务的人（例如在土地上获得的贷款）陷入困境。因此，一些人逃到阿缇卡地区，一些人被卖为奴隶。因为没有确凿的证据证明当时的情况，所以人们认为梭伦写下的是一种诗意的夸张，但是如果他的诗真的完全是虚构的，那么同时代的人一定会感到非常奇怪。

图6.5 雅典几何储物箱，盖子上刻着五种粮仓的字样，公元前9世纪中叶，高25厘米。如果这五种圆锥式的物品代表谷仓，那么出土这些物品的墓中的女性很可能属于五百麦斗阶层

梭伦的社会改革

尽管梭伦做出了努力，经济改革并没有立刻产生效果，富裕的人认为梭伦做得太过，而贫穷的人则认为他做得远远不够。梭伦自己在一首诗中写道："我们在伟大的事业中很难取悦所有人。"（梭伦fr. 7）梭伦结束执政官的任期后，冲突还在持续，公元前592—前591年左右（当时的情况依旧不太清楚），他被再次任命为执政官。他在第二次任期中，又进行了经济上、体制上的一系列改革，为雅典的未来发展产生了深远影响。首先，梭伦对所有雅典人进行了人口普查，并基于他们土地的粮食产量分为四个阶层：

第一等级五百麦斗级	超过500斗
第二等级骑士级	超过300斗
第三等级双牛级	超过200斗
第四等级日佣级	小于200斗

这里指的是阿缇卡式的测量方法，一斗约为52.2升。上等人中的骑士级可以养得起马匹，双牛级的农民可以养两头牛，日佣级是最贫困的阶层，是仅仅能够生存的农民。需要注意的是，最顶层的五百麦斗级从名字上就能看出社会地位的与众不同，他们直接以拥有的财富命名。这些人非常富有，他们的名字说明这可能是梭伦新创造的阶层，但是公元前9世纪中期的坟墓中显示出雅典人在当时已经开始使用这一名称了（图6.5）。

这种人口普查的意义在于，执政官的权力与上面两个阶层相关，所有阶层都可以参加公民大会。尽管贵

图6.6 格拉画家，葬礼细节，约公元前550年，赤陶土，高9厘米

族的特权没有完全取消，出身已经不再是获得官职的唯一标准。我们需要仔细思考一下引导这次改革的原则：这只是为了削弱贵族的权力吗？还是通过将下层阶级排除在外确保贵族的特权？事实上，这两者都不是核心，梭伦采取的方式使政治生活变得可预测、有秩序。短期来看这个目标比较难懂，但是长期来看有助于确保法治，帮助雅典建立起稳定的民主。

梭伦的改革进一步进行。意识到确保粮食供应是社会稳定的关键后，他禁止了阿缇卡的粮食出口。那时候，雅典越来越依靠外国进口的粮食，但是早在公元前6世纪，梭伦就决定要自给自足。雅典人不能出口小麦和大麦，于是开始出口橄榄，并很快以此闻名。为了鼓励多种技艺发展，梭伦还授予来到雅典的外国工匠以公民权。意识到贸易会促进经济繁荣后，梭伦强制雅典人采取爱琴海地区通用的埃维亚重量与测量单位。雅典硬币接受度变得更高，很容易换成统一标准下铸造出的硬币，因此雅典硬币的价格也有所提升。在法律方面，梭伦正式划分公共法律与私人法律，因此地方执政官和那些向法庭寻求帮助的人更容易明白案件审理过程。最后一点不完全确凿，但是很多资料表明梭伦还建立了四百人议事会，为大会提供意见，准备议程。

综合来看，这一系列改革非常全面，很显然改革中并没有偏袒任何传统反对派，而且没有任何利益集团获得特殊对待。相反，潜在的准则随事件推移逐渐显现，具有现代化与持续性趋势，政府和经济活动变得更理性、更有序、更可预测。

社会生活的另一方面也吸引了梭伦的注意。资料中零星地提到一些关爱弱势群体的法律：梭伦认为应该帮助孤儿，女继承人应该获得丈夫遗留的财产。梭伦颁布法令，确保执政官监督这些案例，确保亲属履行家庭义务（这些被视为促进社会凝聚力的法律）。梭伦还对雅典人怎样埋葬去世的亲人进行了严格的规定（图6.6）。荷兰学者乔塞纳·布洛克（Josine Blok）将这些规定归纳为：

1. 尸体需要在房屋内放好等待奠礼。
2. 送葬队伍需在第二天日出前出发。
3. 尸体需要进行装饰，下葬时穿的衣服不能超过三件。
4. 送葬队伍中男性在前、女性在后。
5. 除三代以内血亲，只有60岁以上的女性可以进入死者房间参加出殡仪式。

6. 哀悼者不能自残或过度悲伤。

7. 墓前不许有哀歌。

8. 墓前不能摆放公牛进行祭祀。

9. 坟墓不能被打扰或转给陌生人使用。

10. 逝者将会在亡灵节哀悼。

11. 不能说死人坏话。

一些学者认为对葬礼进行规定是为了防止贵族家庭葬礼过度铺张，但这并不是立法真正的目的。梭伦希望对葬礼中的各项内容都加以限制，包括尸体穿的衣服数量，哀悼者在哪里，什么时候、以何种方式进行哀悼。贵族葬礼一般是家族公开展现他们地位的机会，葬礼上庆祝死者的歌也会有政治意义，所以立法禁止公开葬礼也有助于遏制雅典早期潜在的冲突。在长期威胁社会稳定的党派风气之下，梭伦对葬礼立法有着特殊的意义。

从解负令到葬礼法律，我们可以在梭伦的各种措施中看到统一的主题，即反复无常的决定、不可预测的政策、不明确的法律、既得利益都会威胁社会发展。正如现代很多政治危机中不断出现的那样，缺乏信心是不稳定的根源。梭伦在历史上不同时期被尊为典范般的改革家，也算是实至名归。他或许是希腊第一个试图进行体制改革、经济改革的政治家。

将雅典立法者与斯巴达立法者来库古进行比较，我们会有很多有趣的发现：来库古是一个模糊的人物，他的故事蒙着一层神秘的面纱。例如，他写下的《大公约》据说是来自德尔斐的神谕。在斯巴达和其他古风时期的城邦，法律是神的旨意，而在很多相对弱小的城邦，宗教权威赋予法律意义，因此斯巴达人认为良好的秩序归功于来库古。相反，梭伦在雅典从未被视为具有神圣性的，他颁布的法律都是自己的创作。当然，德拉科（这个名字字面意思是“蛇”，因此与崇拜祖先有关）在雅典人心中也是类似于来库古的半神话性人物，但是除了杀人法，德拉科的其他法律都被梭伦废除。换句话说，梭伦更像是一个有血有肉的真实形象，他的法律体现出人的智慧，是对人与人之间问题的妥协。

在这种层面下，梭伦对抗贵族的法律尤其引人注目。根据法律，任何试图建立僭主统治的人都会被剥夺公民权，这剥夺了所有僭主的保护，他们会被别人处死而其他人不受任何处罚，但是只有在被起诉的情况下惩罚才会实行。换句话说，即使是为了保护城邦，对不忠诚的人执行惩罚，也需要经过各种严格的法律过程。梭伦非常相信自己施行的法律的力量，最后还施行了另一个非常重要的法律。亚里士多德的《雅典政制》中曾写到那条法律的内容：“当整座城市处于冲突中，无论是哪一方，只要拿起武器就会被剥夺公民权。”（8.5）

这里面的一大部分笔墨都在讲述伟大的调解人如何颁布法律保持中立。难道他应该谴责雅典人为什么更混乱吗？问题的解释非常真实。一些学者尝试用比喻的方式理解这些语言，认为梭伦希望公民参与政治决策而不是站着旁观，但是另一个可能性是，法律和他的诗歌不同，法律只需要理解字面意思。如果是所有人而不是少数派系战士需要选择一方，那么这座城市会面临两种可能：全面公民战争，整座城市毁灭，或者人们通过公民大会、议会、最庄严的法庭等法律、政治机构，统一不同意见。只有确保没有一个人凌驾于法律之上，才能保证法律至高无上的地位。

梭伦之后的动荡与僭主统治

然而，梭伦改革的成果需要一定时间才能显现出来。如果说他为后来的雅典繁荣奠定了基础，那么他统治后的结果并不是很好。在他执政后的10年中，雅典人经历了两次混乱，所以没有人当选执政官，整个城邦变成无政府状态。从当时的混乱时期开始，雅典人逐渐走上僭主统治的道路。公元前582—前581年，达马斯亚斯（Damasias）当选执政官，但是拒绝接受权力，公元前580—前579年被驱逐出境。一些学者引用梭伦改革的理论，看出了公元前6世纪早期雅典人将会面临阶级战争的危机，最贫困阶级中勉强糊口的农民对最富裕地主的压迫感到愤怒。然而，我们知道公元前6世纪时政治冲突主要是阿缇卡地区宗族与家族竞争。他们的目的非常简单（我们已经在第五章科林斯的凯普塞洛斯与巴驰阿德的案例中看到），就是家族或领导者手中的权力。公元前561年左右，来自阿缇卡东部海岸区域中心的地区性宗族领导庇西特拉图，尝试将自己立为雅典的僭主。希罗多德认为这一时期的雅典还面临着派系集团争端，麦格克里斯（Megakles）带领的来自海边的群体与来库古（并不是斯巴达立法者，只是同名）带领的来自平原的群体之间存在冲突。庇西特拉图组成了第三派，撕烂自己的衣服后进入城市广场，说自己被竞争者袭击。他希望雅典人批准一些拿棍棒的人组成卫队，因此他占领了卫城，自立为僭主。这个故事听起来很牵强，但是后来的情节更加离奇。庇西特拉图被对手的联合力量驱逐出去，但是他在公元前558年进行了第二次尝试。庇西特拉图利用麦格克里斯与来库古之间的矛盾，接受了麦格克里斯的邀请，与他的女儿成婚。为了巩固自己在雅典人中的地位，庇西特拉图还从外面雇了一位年轻高大的女性，名为弗伊（Phye），让她穿上铠甲，用战车将自己送到雅典，就像是雅典娜女神亲自送自己回来。这个故事听上去很荒唐，但是庇西特拉图或许真的是依靠这些英雄主义色彩成功的：公元前6世纪雅典的瓶画中，44%都画着赫拉克勒斯，其中最著名的场景就是雅典娜亲自驾着战车送他上天堂变成了神（**图6.7**）。但是这种政治表演依然滑稽可笑：希罗多德认为，庇西特拉图拒绝和妻子“用平常的方式”进行性行为。

图6.7 皮莱克罐，上面是赫拉克勒斯幻化为神的场景，约公元前410年，陶制，高43厘米

当麦格克里斯发现后，与自己的女婿断绝关系，与自己的政治敌人和解。庇西特拉图逃离雅典后，在爱琴海北部待了10年时间，寻找建立私人军队的方法。公元前546年他再次回来，在帕勒涅之战中打败敌人。现在他又一次成为雅典的僭主，并且他与儿子统治了雅典近40年。

庇西特拉图的遗产

后来的雅典人非常尊重将自己从僭主统治中解放出来的人，说明公元前5世纪的民主强调僭主统治与民主法治之间的区别。确立民主地位，毁坏僭主声誉，但是庇西特拉图统治时期的情况则截然不同。庇西特拉图维护法律，每年都进行选举。发展繁荣所需的规律性与可预测性并没有被僭主的统治影响，反而有所加强。现代社会，很多地方的民主化都依赖于中产阶级繁荣与扩大。从这一方面来看，庇西特拉图的统治或许比梭伦的改革对后来民主政府的发展影响还大。例如，庇西特拉图任命地方执政官，公民不需要花很长时间来往城市中心就可以参与诉讼，减轻了富人的负担。他降低了穷人的借款利息，并且在生产上加收5%的税。对于一个从宗族战争混乱中发展出来的城邦，这种税收为经济提供了坚实的基础，在劳雷恩的阿缇卡领土与爱琴海北部的潘盖翁山扩大银矿开采也起到了这样的作用。

与其他僭主相似，庇西特拉图也用基本建设工程加强城市的基础设施建设，为工匠和劳动者提供工作岗位。卫城北部的城市广场第一次被清晰地划分为公共区域。城市广场的边界由石碑划分，上面刻着“这是城市广场的边界”，说明这块土地现在被划分为雅典生活中心的公共区域（图6.8）。

图6.8 雅典城市广场边界石

庇西特拉图的另一处著名建筑是城市广场西北角的十二神露天神龛。修昔底德曾经提到神龛的来源：“在雅典执政的僭主继承者中，希庇亚斯（庇西特拉图的儿子希庇亚斯以祖父的名字命名）的儿子庇西特拉图在统治期间于城市广场建立了十二神神龛，里面有阿波罗的祭坛。”（《伯罗奔尼撒战争史》6.54.6—7）但是在僭主继承人对雅典的其他恩惠中，与纪念碑相关的僭主意义被抹去，说明庇西特拉图用新民主掩盖了建立祭坛的原因。因此祭坛上的文字只提到了城市，并没有提到庇西特拉图。其中一个路标上写着：“这座城市立起这个石碑，告诉人们旅行的长度：从港口到达十二神祭坛有45个体育场那么长。”（*IG* 1^3 1092 bis）

雅典卫城东南处奥林匹亚宙斯神庙的开工还与庇西特拉图有关，尽管该神庙并不是在僭主时期完工，而且直到公元2世纪罗马皇帝哈德良（Hadrian）重建时依然没有完成。庇西特拉图和他的儿子们还修建了城市广场西南角的泉水屋，为该地区提供可靠的水资源。尽管公元前6世纪卫城一些建筑的具体修建时间还存在争议，但是很多建筑都与庇西特拉图有关。其

图6.9 山墙雕塑群，约公元前550—前540年，来自旧雅典娜神庙或赫卡托巴恩，建在后来帕特农神庙的位置。这个名叫蓝胡子的怪物有三个身体，下面是三条扭曲的蛇尾巴。这幅图似乎结合了三种元素：水、火、鸟（空气）。大理石，宽3.25米，高0.78米

中最著名的就是在卫城为阿耳忒弥斯布劳罗尼亚崇拜（Brauronian Artemis）所建圣域，几乎完全复制了布劳隆（Brauron）的阿耳忒弥斯神殿。除此以外，雅典卫城中间还建了一座雅典娜神庙，里面供奉着女神的雕塑（这座神庙的地基一直树立在伊瑞克提翁神庙和帕特农神庙之间，直到公元前480年波斯人劫走雅典娜像之后，旧神庙依然存在）。山墙雕塑（图6.9）的历史可追溯到公元前6世纪中期，或许与另一座纪念性的“百尺厅”（Hekoatom pedon）有关，这座神庙就建在旧雅典娜神庙后来矗立的地方，南边一点就是帕特农神庙后来的位置。这些神圣的建筑与卫城上百个雕塑和供品，证明了庇西特拉图和儿子们统治下卫城的变化。

除了中心城市和卫城的这些建筑，酒神节、泛雅典娜节等节日也是庇西特拉图统治成就的重要体现。泛雅典娜节尤其有利于树立雅典人的身份认同：正如名字一样，这是一个“全雅典”的庆典，庆祝奥林匹亚秩序确立前，雅典娜在宇宙战争中战胜巨人。每四年为一次大庆，其他年份小规模庆祝，这个节日属于阿缇卡的所有公民，不论出生于平原、海边，还是城市，他们都是雅典人。泛雅典娜节还包括从城市中心到卫城的游行，数百人参与其中，在游行中扮演元帅、运水工、织工、骑兵和牧马人的角色，其他人在一旁观看，最后以为雅典娜献上新的长袍结束。如果有牛被领到卫城，人们就会开始宰杀，然后把肉分给参与庆典的上千个家庭，这种时候正好可以庆祝雅典社会的凝聚性。

庇西特拉图从布劳隆的小节日中获得灵感，将泛雅典娜节中加入音乐、运动的比赛。音乐比赛的细节在公元前6世纪很少提到，但是在公元前4世纪，音乐比赛有五种不同类别。第一种是游吟诗人表演，由他们吟诵《荷马史诗》。《伊利亚特》与《奥德赛》中有很多对雅典人的称赞。《荷马史诗》是否经过庇西特拉图修改引起了激烈的讨论。如果泛雅典娜节真的像是一个过滤器，决定史诗中哪些保留、哪些删除，那么庇西特拉图在雅典历史和史诗接受方面都起到很大作用。第二种比赛由齐特尔琴伴奏，类似于现在的吉他。第三种比赛由阿芙洛斯管伴奏，类似于现在的笛子。第四种和第五种比赛是齐特尔和阿芙洛斯管的乐器演奏。我们现在还有这些比赛的铭文记录，并且知道齐特尔比赛的前五名都有奖品（一等奖会奖励价值1000德拉克马的金皇冠，约为工匠3年的工资）。随着时间推移，泛雅典娜节开始与奥林匹亚、德尔斐、尼米亚、伊斯米亚等地的大希腊主义运动会竞争，同时也将雅典变成希腊世界的第一文化中心。在体育领域，雅典人将泛雅典娜节作为大希腊化节日运动会中的竞争对手，项目包括单程赛跑、五项全能、摔跤、射击和搏击。男性还有双程赛跑和长跑两个项目。一位全副武装的武士为比赛添加了氛围，也与节日“战胜巨人”的主旨契合。泛雅典娜节除了皇冠以外还有很多贵重的奖品，雅典娜的圣物橄榄油被装在泛雅典娜双耳细颈罐中送给获胜者，他们可以自己留下也可以卖出（图6.10）。公元前4世纪时，每届泛雅典娜节会赠送出1450瓶雅典娜橄榄油，每瓶价值6德拉克马，这些奖品在现在相当于50万美元。

我们需要注意，泛雅典娜节随着时间推移有所改变。柏拉图与亚里士多德时期提到的节日内容并不是早期的情况，但是却能证明这是庆祝雅典人身份认同的重要事件。庇西特拉图促进了民主精神与和谐群体的发展，因而民主成为可能。公元前6世纪的雅典是动荡的群体，然而由于庇西特拉图的努力变得稳定。随着信心与繁荣增长，海外也出现一种新的自信。当庇西特拉图与纳克索斯岛的吕戈达米斯和萨摩斯岛的波吕克拉底等其他僭主发展和平关系时，又占领了提洛岛，将爱琴海地区最重要的神殿归入雅典控制中。

图6.10 泛雅典娜双耳细颈罐，左面刻着：“这是来自雅典娜的礼物”，约公元前565—前560年，陶制，高56厘米

雅典僭主统治结束

公元前528年，庇西特拉图去世后，他的儿子希庇亚斯和喜帕恰斯继承僭主地位，统治到公元前514年。那一年，喜帕恰斯（Hipparchos）在雅典人庆祝泛雅典娜节时被杀。公元前5世纪的史料记载这次暗杀来自爱人间的争吵。喜帕恰斯曾向名为哈莫迪亚（Harmodios）的雅典贵族示爱，但是遭到拒绝。所以喜帕恰斯开始刁难他，不让他妹妹在节日中担任荣誉职位。为了报复，哈莫迪亚和他年长的情人阿瑞斯托吉顿（Aristogeiton）等到了下一个泛雅典娜节，那时他们组装武器的时候不会引起别人怀疑。因为看到有同伙与希庇亚斯交谈，他们惊慌失措，于是杀了喜帕恰斯，哈莫迪亚当场被杀，阿瑞斯托吉顿被处死。希庇亚斯又统治了4年，越来越专制，最后被一些斯巴达人和阿尔克曼尼昂尼达（Alkmaionidai）在其统治期间流放的雅典家族逐出雅典。最终希庇亚斯走上波斯国王的法庭，变成大流士的顾问。大流士在公元前490年领导波斯入侵希腊。在僭主统治结束的时候，雅典人还歌颂过哈莫迪亚与阿瑞斯托吉顿刺杀僭主的英雄事迹，为他们唱赞歌：

> 我会像哈莫迪亚与阿瑞斯托吉顿一样
> 把剑插在桃金娘枝上
> 他们杀死了僭主
> 雅典人在法律面前
> 终于获得了平等的地位
>
> [阿特那乌斯（Athenaios），《智者之宴》（*Deipnosophistae*）15.50，福尔纳拉译]

刺杀僭主后，雅典人从庇西特拉图的统治中解放出来，这一说法太过笼统。希庇亚斯统治的最后几年，阿尔克曼尼昂尼达和其他贵族家庭尽可能与僭主保持距离，但是在此之前也有证据证明贵族家庭曾与僭主合作。美国考古学家本杰明·梅里特（Benjamin Meritt）于1939年发布了雅典城市广场中的部分铭文，为庇西特拉图统治的最后几年带来了新证据，C部分中写着：

欧那托瑞德	公元前527/6年
希庇亚斯	公元前526/5年
克里斯提尼	公元前525/4年
米太亚德	公元前524/3年
卡利亚德斯	公元前523/2年
[……]斯特拉托斯	公元前522/1年

（ML 6，麦金纳尼译）

这些铭文是雅典执政官的名单，其中C部分是公元前528—前527年庇西特拉图斯死后的内容。上面清楚地写着，阿尔克曼尼昂尼达家族的克里斯提尼、菲莱代家族的米太亚德那时都在雅典，且担任执政官一职，而且并不反对希庇亚斯继承父亲的地位。

克里斯提尼与民主基础

在希庇亚斯被驱除出境后，雅典又一次面临着公民冲突的威胁，正如现在独裁者下台有时会引起党派动荡。在雅典，曾经的区域贵族派别再次出现，整个城市面临着重回梭伦时代宗派暴力的危险。由于阿尔克曼尼昂尼达家族的克里斯提尼的聪明才智，雅典人免遭危机。希罗多德曾经写道克里斯提尼怎样与人们交换权力：

> 雅典曾经是个强大的城邦，但是僭主被驱逐出境后反而变得更加强大。当时最强大的克里斯提尼与伊萨格拉斯（Isagoras）开始权力之争。当克里斯提尼被打击时，他转向平

民，与他们结盟。雅典曾经有四个部落，但是现在克里斯提尼把他们变成了10个新部落。

（希罗多德，《历史》，5.66.1—2，麦金纳尼改编翻译）

这个简单的描述背后是雅典民主起源的复杂故事。我们刚刚讲过，克里斯提尼在传统贵族党派之争中处于劣势，但是他没有采取暴力与虚假的方式，而是直接联合雅典民众。希罗多德的原文是“他把人民划入自己的政治集团”，说明这是政治家第一次越过其他贵族首领联盟，直接吸引雅典平民。克里斯提尼意识到，这些人非常愿意加入政治生活，同时也是为了避免重蹈覆辙，对雅典部落与选举制度进行了综合系统的改革。雅典曾经有四个部落，被区域内最强大的家族主导，克里斯提尼提议采取复杂的制度，取消曾经的权力聚集，所以说阿缇卡的选举地图是重新绘制的（参见第168页焦点部分）。新的制度将所有雅典男性公民固定在他们出生的定居点中（包括群体、小镇或村庄），他可以在别的地方拥有土地，但是定居点始终是登记注册的地方。在克里斯提尼改革时，共有139个定居点，有阿卡奈这种比较大的，也有普罗巴林索斯这种比较小的。这些定居点集合成群，当作一个单位，即一个三分区（单数trittys，复数trittyes）。三分区的意思是三分之一，10个部落由来自城市、平原、海岸的三个三分区组成。

这10个部落也是雅典政治军事生活的基本组成。军队按照部落集合，三分区位置固定，这样村庄里的人可以快速到达雅典加入城市的队伍。同样，新成立的五百人议事会负责起草大会议程，监督城邦运营，由10个部分组成，每个里面包括一个部落中选举出的50人。后来的几个世纪里，雅典的繁荣持续到马其顿与罗马统治时期，克里斯提尼绘制的基本政治图谱经受住了时间的考验，部落与三分区发展出了议会等其他机构。

克里斯提尼制度的怪异性与特殊性值得我们重点研究，因为历史学家对于他改革的目的一直争论不休。一些学者认为，克里斯提尼制度的选区划分并不公平，由阿尔克曼尼昂尼达家族领导的选区散布到每个三分区和部落中。因此阿尔克曼尼昂尼达家族会对很多部落产生影响。然而证明这一观点的证据很少，各个选区中都有阿尔克曼尼昂尼达家族的人也可能产生相反的影响，反而削弱了家族权力。另一种说法着重于军事方面的改革，认为道路网络的存在促进边远部落来往于雅典城市中心。尽管这一观点需要基于结果推断改革的目的，但是很有可能就是他的计划。但是我们现在依然不清楚，如果克里斯提尼本人关注长期的军事准备，再加上海外的威胁逼近，为什么还要在这个混乱的时期进行复杂的内部改革。

我们可以明确地说，本地与区域间的竞争是雅典经历长达一世纪混乱的主要原因，克里斯提尼改革直接解决了这个问题。克里斯提尼将每个定居点与邻居分割开来，因此贵族家庭很难组织投票。以菲莱代定居点为例，这个定居点以米太亚德与客蒙所属的菲莱代家族命名。菲莱代家族位于雅典西边的拉基亚戴，但是以家族命名的菲莱代定居点却在东面，曾经是僭主继承人在布劳隆的大本营。因为改革，这个定居点变得没有那么重要，而且与米太亚德和客蒙的家庭联系并不紧密，僭主继承人在布劳隆附近的势力也有所衰弱。菲莱代定居点的势力本来会扩散到5公里外的凯特洛斯与斯泰里阿，但是由于克里斯提尼改革，菲莱代被分配到阿埃戈乌斯部落，周围的邻居被分到潘狄翁部落。因此在部落大会或选举中控制附近定居点的投票现在不可能实现，因为这些定居点的人被分到不同部落大会中参会、投票。即使在所有定居点同时参加的大会中，地区性强大宗族与邻居之间的关系也有所减弱。这里有一个著名的人工划定界限案例，阿缇卡东北部的宗教聚集群特忒拉波利斯城，由马拉松、特瑞克瑞索斯、普罗巴林索斯和厄伊洛埃四个定居点组成，继续作为独立的宗教集团，向德尔斐派遣特使，但是普罗巴林索斯与其他定居点在新部落政策中属于不同的部落，普罗巴林索斯属于第三部落，马拉松、特瑞克瑞索斯和厄伊洛埃属于第九部落。因此特忒拉波利斯城作为宗教中心曾经的政治力量现在都被瓦解了。

理解克里斯提尼改革特殊性与重要性的一种方法就是自下而上研究。斯坦福大学的乔赛亚·奥伯（Josiah Ober）曾经研究过潘狄翁部落海边的普拉亚定居点。奥伯认为这种居民互相了解的社区是雅典社会生活中联系紧密的小集团网络的典型案例。普拉亚居民之前与潘狄翁部落城市的其他人很少有联系，但是由于克里斯提尼的改革与当地的联系，现在他们不仅一同在军队服役，还参加宗教节日、献祭、宴会等部落活动，在部落大会中一起参与投票。奥伯曾经强调过这种融合的影响："这种制度本来是通过各种活动，将不同地理/经济区域的雅典人融合在一起，克里斯提尼原本的设想是通过一起行走、打仗、祭献、吃饭、舞蹈等活动让人们在城邦层面形成统一的身份认同。"

在这种制度开始实行后，克里斯提尼很快从历史中消失，但是制度并没有受到很大影响。伊萨格拉斯家族或许代表古风时期旧贵族最后的挣扎，希望斯巴达人将克里斯提尼驱逐出境，废除克里斯提尼的制度，解散五百人议事会。克里斯提尼因此逃离雅典，总共还有七百多个家庭被废除（如果希罗多德的数字是准确的话），但是后来雅典崛起，将斯巴达国王克琉墨涅斯（Kleomenes）在卫城囚禁了三天。斯巴达因此上诉，最后他被允许和伊萨格拉斯一起离开雅典。克琉墨涅斯后来又一次尝试进攻阿缇卡，为他的失败报仇，但是他的军队因为意见不一致而最终解散。同时，雅典在对抗波伊奥提亚和哈尔基斯的一系列战争中获得了胜利。他们把战争的胜利品献给卫城，利用俘虏缴纳的赎金在卫城山门入口处建起一座四匹马的青铜战车。

图6.11 陶片，公元前5世纪早期，赤陶土，最大10厘米

陶片放逐法

克里斯提尼对雅典政治体制改革中最后一项值得一提的措施就是陶片放逐法，雅典公民可采用这种方法将领导人放逐10年，被放逐的人并不会失去公民身份和财产，只是需要离开城市10年。此项制度的目的是找出那些可能成为僭主的人，整个过程实施的细节反映出民主在雅典社会中逐渐深入的过程。公民年6月冬季，公民大会对于是否实行陶片放逐法进行投票，如果投票通过，陶片放逐法将在两个月后实行，然而在史料中并没有清晰记载后面的事情。我们知道的是，陶片放逐法需要公民将他们想要放逐人的名字写在碎陶片上（**图6.11**，希腊语中陶片为ostrakon），但是我们并不清楚是不是只有收到6000份投票后，获得投票最多的人需要离开。无论是哪种情况，这种投票都不是随心

所欲的。为了防止冲动决定，第一次投票和第二次投票之间会有一个间隙。而且雅典人并不是每年都使用陶片放逐法，只有当他们对某个人有充分的理解后才会使用。公元前487—前415年，被放逐的只有13人。

卡莫斯（Charmos）之子、僭主继承人喜帕恰斯公元前487年被放逐，克里斯提尼的外甥麦格克里斯公元前486年被放逐，这两个例子说明民众对于这些大人物十分警惕，因为他们的权力争夺造成了社会混乱。此外，陶片放逐法还在雅典人刚刚经历过波斯人登陆马拉松后使用，被流放的僭主希庇亚斯为波斯人当向导，毫无疑问，他本想在波斯人成功后重新当上僭主。然而波斯的威胁在马拉松战役后没有完全消退。同年代末期，大流士的继任者薛西斯带军从陆上和海上进攻希腊。雅典人希望保护他们刚刚建立的民主不受破坏是完全可以理解的，因为他们面临着真实的威胁。

一些学者对一个现象感到疑惑，关于陶片放逐法的最早记载是在克里斯提尼其他改革实施20年后才开始出现的，因此这项制度应该是在克里斯提尼以后才有的。我们并不知道这是否是克里斯提尼创造出的制度，但是我们需要知道公元前500年的历史记录并不完善，比如我们都不知道克里斯提尼是在什么情况下去世的。所以这项制度很可能在喜帕恰斯之前就有，也可能是公元前508年被克里斯提尼引进，后续进行了一些调整。无论是哪种情况，克山提伯斯（Xanthippos，伯里克利之父）和客蒙（米太亚德之子）等政治人物在一生中都曾被流放过。考虑到古风时期雅典政治的贵族风气，陶片放逐法作为一种非常有价值的手段，可以抑制那些意图进行僭主统治的野心。毕竟，客蒙的父亲米太亚德曾经在色雷斯的切索尼斯进行僭主统治，帮助波斯人突袭欧洲领土，因此人们担心他的后代拥有同样的野心并不是没有道理。陶片放逐法表现出，民主的方法与僭主对待挑战自己权威的力量时采取的方式相似。例如在一个故事中，当僭主色雷西布拉斯（Thrasyboulos）被问到如何巩固统治时，他穿过一片麦田，砍下最高的稻草，表示僭主绝不容忍对手。公元前5世纪的雅典人采取了相似的态度，但是方式更温和，避免了僭主统治的危险。

无论陶片放逐法是否应归功于克里斯提尼，他在雅典历史和民主发展方面的重要性是首屈一指的，但是他的事业还存在很多疑问。当我们回顾公元前600—前500年雅典动荡的历史时，我们是否应该将民主视作这一世纪法律制度变革的结束？从梭伦开始，以克里斯提尼创造出复杂的阿缇卡选举地图结束？或者说我们是否该将民主视作庇西特拉图统治下繁荣、稳定、平等的社会的制度面貌？现代中西方国家认为伊拉克、阿富汗等地的选举证明了国家建立、民主制度在哪里都可以实现，但是如果雅典人告诉我们，我们会发现民主的基础一定是稳定持续的经济发展与繁荣、坚持法治。然而克里斯提尼后的雅典，此类问题变得太过学术，因为当时所有雅典人都面临着更大的威胁，即波斯人的入侵。

焦点：

克里斯提尼政治改革

我们可以通过阿缇卡地图上的定居点与三分区（**图6.12**）了解克里斯提尼制度的复杂性。

政治地图的基本单位是定居点，可能小到只有几栋房子，也可能像阿卡奈地区一样，大到一个小镇，规模可以与雅典中心相媲美。地图上的圆点是定居点，克里斯提尼将它们连接起来，组成三分区。三分区的意思就是三分之一，即每个部落由海边、内陆和雅典城市中心的三个三分区组成。综合来看，这幅地图显示了阿缇卡的大小城镇如何融入30个三分区组成的10个部落。

这幅地图表现了三分区怎样联系在一起，图中属于同一部落的三分区用同样的颜色表示，例如，艾瑞克瑟斯部落中沿海的三分区是红色，该部落在城市东南的组成部分也是红色。城市北部的定居点是同一部落中来自内陆的那部分。

圈里的数字是每个定居点需要提供的人数，也就是该群体每年需要为公民大会提供的代表数量。克里斯提尼制度中的公民大会共500人，10个部落各出50人，一年中工作十分之一的时间。每个定居点要出的人数与总人数有关，大定居点人多，小定居点人少。举一个具体的例子可能更容易理解：名为阿埃戈乌斯的第二部落在地图上是黄色，三个三分区每年需要选出50人。城市内的一些小定居点（如克里托斯墙内的定居点份额为3人）、城市墙外迪奥美亚及安可乐地区到科洛莫斯的一些定居点，这些地方的份额加起来为12人，再加上艾卡瑞恩、波鲁斯亚这些地方的定居点，就变成了17人。每个三分区都选出十六七人，整个部落正好可以满足50人的数量。

该部落的平原三分区位于海米托斯山山嘴北部，这个区域以外是阿拉芬、米瑞诺塔沿海区域的定居点聚集群。这样看来，克里斯提尼的体系主要基于区域内定居点自然形成的网络，但是部落组成并没有优先顺序和地理关系，所以减弱了区域间的依附性。因此亚里士多德认为克里斯提尼改革的目的是“融合雅典领土中的所有居民”。（*Ath. Pol.* 21.2—3）

对于克里斯提尼改革的复杂性，不同人有不同的理解，一些人认为这是军事改革，还有一些人则认为是打击100年来困扰雅典的地区党派之争。近期，两名管理研究专家尝试用商学院的语言解释克里斯提尼改革：

> 克里斯提尼的部落创新很可能代表了世界上最早的矩阵组织模式，带有特殊目的的新项目跨越了传统的地理划分。这位雅典改革者寻求的目标似乎与现在的管理者相似，希望加强合作、促进交流、提高积极性与承诺性，如果民主可以通过团结实现，这正是新制度所需要的。
>
> [卡明斯（Cummings）与布洛克勒斯比（Brocklesby），《面向民主——神话与古代雅典制度改革》]

尽管克里斯提尼并不可能认为定居点是“部落项目团队”，但是这种比喻指出了克里斯提尼改革的复杂性和意向性，因此非常有价值。历史学家面对的问题是解释克里斯提尼制度在雅典民主起源与成功时的重要性。民主可以通过一系列机构实现，还是需要坚持平等与法治的准则。当西方社会尝试在世界各地建立国家、发展民主时，更需要回答这些问题：我们是应该进行选举，还是应该为了经济公平和繁荣而努力？民主的成功是仔细规划的结果还是侥幸存在？

图6.12 克里斯提尼统治时期阿缇卡的政治组织。图中的定居点和定额人数只标出了某几个部落的，但实际上，克里斯提尼的改革计划覆盖了所有定居点

约公元前558—前530年
居鲁士大帝

约公元前530—前522年
冈比西斯

约公元前522—前486年
大流士一世

公元前513年
大流士一世横跨欧洲

公元前499—前493年
爱奥尼亚人起义

公元前490年	约公元前486—前465年	公元前480年	公元前479年	公元前472年
马拉松战役	薛西斯一世	塞莫皮莱、萨拉米斯战役	普拉提亚战役	埃斯库罗斯作品《波斯人》首演

第七章

波斯

波斯战争的故事表现的英雄主义与军人勇气，在马拉松、塞莫皮莱、萨拉米斯、普拉提亚的一系列战役中都能体会到。此外，波斯战争对于希腊文化身份认同的形成有重要作用。但是，在我们分析波斯战争对雅典人的影响之前，首先要研究一下波斯人这一群体。只有当我们对波斯文化及统治波斯的阿契美尼德家族有清晰的认识后，才能更好地评估波斯战争带来的影响。我们会发现，波斯战争是一把双刃剑：一方面打败波斯人使雅典开启了古风时期的文化繁荣时期，但另一方面对东方的魔鬼化以及文化分裂也对当时的世界产生了重要影响。

波斯战争前夜的希腊

雅典与希腊其他地区一样，都在古风时期经历了各种变化。人与人的竞争、货币引入、财富分配不均等问题为一些人带来了困难，也为少数人带来了巨大财富。在雅典，那些失去土地、债务缠身的人遇到的问题尤其严重。雅典和其他城邦一样，通过解决公民混乱、建立良好秩序的方式应对当时的危机。首先，他们任命了特别的立法者梭伦。梭伦颁布了一系列法律，缓解紧张局势、避免其他冲突，斯巴达、洛克里斯、西西里的其他立法者也采取了相似的方法。但是尽管有了梭伦的改革，僭主统治依然威胁着公元前6世纪的雅典，这座城市从公元前546年到公元前510年最后一位僭主被废除时，一直由庇西特拉图家族统治。克里斯提尼在僭主被驱逐、即将回归混乱的情况下建立了参与型民主制度。克里斯提尼的制度将权力下放到雅典的定居点与部落中，因此权力不再属于一个人或一个家庭，而是均匀地分配在城邦各处。这种民主于公元前508年实现，但是推动改革的一代人还没去世，民主制度就先结束了。雅典在不到20年的时间里，受到了外国入侵。在不到30年的时间里，被一些外国人洗劫，然而雅典和希腊其他地区一样，依然保持自己的独立，没有变成波斯帝国在西方的军事基地，雅典人逐渐把波斯人视作敌人。

我们已经知道希腊人在青铜时代和后来的古风时期中一直是东地中海地区重要的组成部分，与腓尼基人、埃及人、迦南人、赫梯人之间进行频繁地文化交流。古典时期前的几百年，希腊人与东地中海地区的其他民族进行贸易，交换金属、象牙制品等物质文化和思想、宗教、诗歌、歌曲等非物质文化。波斯战争之前的雅典就已经意识到种族区别，撇开了殖民地的原住民，他们还认为乌加里特、吕底亚定居的居民以及他们在地中海世界遇到的其他人居住的城邦与希腊不同。在这个使用多种语言的世界中，希腊人将说希腊语的人视为一个群体，将说其他语言的人叫作“野蛮人”，因为他们的语言“吧啦吧啦”的发音听上去像英语中的野蛮人（barbarian）一词。然而波斯战争后，公元前480年左右，“野蛮人”的本意并没有什么改变，但是带上了低级的色彩。公元前1世纪的作家斯特拉波这样写道：

> 那时所有语言模糊的群体都被叫作野蛮人，但是似乎除希腊以外的所有语言发音都是那样模糊不清。因此他们开始用这个词的特殊含义形容野蛮人，刚开始是笑话他们的语言模糊、刺耳，后来这个词被当作种族词汇，表现希腊人与其他种族之间的区别。
>
> （斯特拉波，《地理学》14.2.28，琼斯译）

希腊的胜利既有积极影响也有消极影响。希腊在波斯战争中取得胜利，带来了极大的自信心，他们开始建造帕特农神庙这样宏伟却简约的建筑，创造出欧里庇得斯的《美狄亚》（*Medea*）等绝佳的剧本。但是消极影响在于，一些派别众多又争强好胜的小城邦把这次胜利发展为一种必胜主义，带有种族主义地庆祝希腊的一切事物，妖魔化外国的一切东西。希腊人在波斯战争胜利后创造的文化是衡量文明的标准，欧洲（从文化上看应该包括所有以英语为母语的地方）自此之后再也没有平等地看待非洲、中东、亚洲。如果希腊人对欧洲、英国、美国文化都表现出奉承，认为这是西方文明的基础（然而问题似乎出在了“西方”一词上），那么相反也会认为东方文化与西方文化在价值上势不两立。这一过程叫作“他者化”，既不公平也不公正，但却是文化构成的特点，例如，一些人诬陷伊斯兰、移民、融合在文化方面带来冲突。同样，希罗多德在他对薛西斯的塑造中第一次让我们知道东方暴君的样子。在舟桥被毁之后，薛西斯拿鞭子愤怒地鞭打大海，就像我们现在评价某些独裁者时心中所想的那样。无论我们是否读过希罗多德的文章，其他希腊历史学家的著作中也都体现出这些独裁者身上任性与狂妄的品格。同样，为了理解波斯战争对现在的我们有什么意义，我们先来了解一下波斯人。

波斯人是谁？

公元前4000年以来，希腊世界东部有很多国家兴起（**图7.1**），其中最突出的是埃及文明，分布在尼罗河两岸肥沃的狭长地带与底格里斯河、幼发拉底河之间的河谷地带。美索不达米亚，在希腊语中是“两河之间土地”的意思，位于现在的伊拉克，苏美尔、阿卡德等一系列文明都发源于这里，包括希伯来《圣经》中常见的巴比伦、乌鲁克、乌尔等城邦文明。数学、天文学、写作、法律、诗歌、纪念性建筑等是该地区在文化上发展的重要成就。文化发展、外来入侵、破坏文化这样的循环是青铜时代和早期铁器时代历史发展的规律，亚述人（拜伦笔下“仿佛进入羊圈的狼”）、赫梯人、巴比伦人、新巴比伦人、新亚述人等新兴力量吞并了之前的文明。

波斯人起源于东部地区，亚洲中部的草原上，现在伊朗的北部，他们的语言属于印欧语系，与梵文和希腊语来自同一个语系。他们的语言文化与美索不达米亚之前的文明有明显不同（就像现在伊朗人与阿拉伯人之间的关系）。从来源上来看，他们都是俄罗斯南部

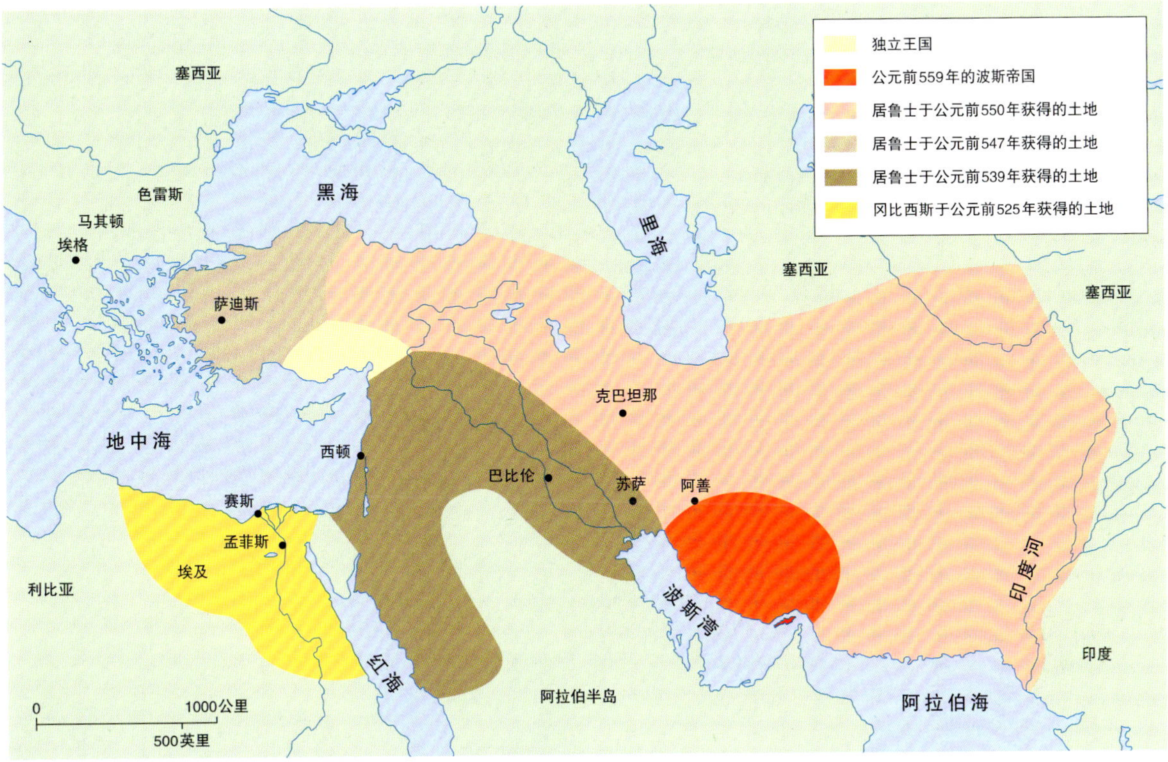

图7.1 波斯帝国公元前559—前525年的发展

广阔草原上的半游牧民族，公元前700年前进入伊朗高原，开始与其他游牧民族接触交往，通过婚姻、征战的方式吸收当地文化，例如卢里斯坦原住民的青铜制品反映出他们游牧民族的特点（图7.2）。这一地区的其他文化，很多都在物质文化上取得了较高的成就，例如伊朗北部的马力克文化。他们居住地区的坟墓出土了金碗等器物（图7.3），碗上的凸纹（一种敲击金属造出浮雕图案的方法）画着长翅膀的狮子，卧在棕榈树上，是公元前1000年左右的物品。不幸的是，出土这些物品的坟墓没有经过系统挖掘，而且曾经被盗。因此，波斯人到达伊朗的历史至今没有完全厘清。

图7.2 卢里斯坦马衔链与马勒带，公元前9世纪至公元前7世纪，青铜，长12厘米

阿契美尼德家族起源

公元前6世纪早期，整个伊朗地区由不同部落和小王国组成，其中包括法尔斯西部的安善王国。公元前

图7.3 马力克碗，约公元前1000年，金制，高18厘米

600年左右，波斯政权真正的建立者居鲁士大帝（公元前600—前530年）出生，并于公元前558年即位。后来的几年中，居鲁士大帝征服了旁边的米底王国，逐渐发展出波斯王国的基础，此后从东到西不断扩展波斯的霸权。公元前530年，居鲁士大帝去世时，波斯的控制范围东达阿富汗，西至爱奥尼亚海岸。除了希腊沿海的一些城市，整个小亚细亚都位于波斯的控制中，独立的王国也被并为波斯帝国的新管辖区（satrapies）。

居鲁士、安善国王与波斯阿契美尼德家族之间的关系很难厘清。国王记录祖先的陶土文件古列圆柱上说到，居鲁士是安善国王铁伊斯佩斯（Teispes）的后代，波斯波利斯泥板上也写到他的祖父（居鲁士二世）是铁伊斯佩斯的儿子。由此来看，居鲁士和他的家人可能不是波斯人，而是安善人或埃兰人。虽然这并没有削弱居鲁士的成就，但是的确说明阿契美尼德系族血统掩盖了关于波斯王权的一些争论。

公元前530年左右，居鲁士去世时，他的儿子冈比西斯二世继位。冈比西斯二世的统治只持续到公元前522年，最著名的成就是征服了欧洲。他死后大流士一世继位，开始实行绝对王权统治，国王的权威甚至位于天神阿胡拉·马兹达（Ahura Mazda）之上。大流士统治时期的图画作品中，他比任何人都要高大，或者永远位于他人之上，说明了其他所有人都从属于阿契美尼德国王（图7.4）。大流士在波斯波利斯宫殿石阶上接受那些比他更小、站得更低的臣民献上的贡品，只有国王的儿子兼继承人薛西斯可以与他平起平坐。

阿契美尼德宗教

居鲁士建立的王国疆土广阔，覆盖了高加索山到黑海之间的区域，西至里海，东至阿富汗与印度河谷。统治如此庞大的帝国对阿契美尼德国王来说也是一项挑战，他们采取了灵活、机敏的方式应对，人道地对待

图7.4 大流士一世浮雕，波斯波利斯宫殿，约公元前490年，石刻

臣民，默许他们的宗教信仰。此外，国家的行政管理由省级总督负责，这些人一般都是阿契美尼德家族后代，对国王忠诚，遵循宽容的政策。我们可以通过希伯来《圣经》理解阿契美尼德的宽容，人们认为居鲁士在巴比伦解放了被流放的犹太人：

居鲁士在位的第一年，颁布了一道法令："关于耶路撒冷的神殿，我们需要重建供奉用的寺庙，保持地基稳固……所有花费由国库承担。尼布甲尼撒从耶路撒冷带到古巴比伦的金银器皿也应归还回去，放在神殿中。"

[以斯拉记：6:3—5《新美国标准圣经》（*New American Standard Bible*）]

居鲁士后一代的大流士写给西部总督的信中也体现出类似的政策，国王像是严厉的父母，在鼓励与愤怒中取得平衡：

万王之王大流士的后代希斯塔斯普（Hystaspes）对加达大斯的奴隶说道："我发现你们在各个方面都不服从我的命令。如果你们在远处的亚洲耕种我的土地，培育来自幼发拉底河的果树，我会称赞你们的想法，同时也会在宫殿中帮你们美言几句；但是如果你们蔑视我对神祇的尊敬，还不悔改，我一定会让你们感受到我的愤怒。如果你们需要神圣园丁阿波罗的礼物，让他们耕作神圣的土地，不顾我正直的祖先对这些神明的态度……"

（梅格斯、刘易斯12，克劳福德、怀特海译）

伟大的国王赞美手下让土地生产力提高并不令人惊讶，但是波斯君主直接让手下尊重领土内供奉希腊众神的神庙，说明阿契美尼德家族对待神明高度虔诚，保持正确行为。

希腊人很难理解波斯的宗教制度。希罗多德在公元前5世纪时对观众讲道，波斯人崇拜的只有天空、太阳、月亮、土地、火、水等最基本的元素，与其他人接触交流之后，才开始崇敬别的神明。然而，波斯宗教中也有道德准则的部分，以创始人琐罗亚斯德（Zarathustra）命名的琐罗亚斯德教，关注意志自由，坚持好思想、好言语、好行为这三大伦理规则。支撑这种宗教的理论认为，天神阿胡拉·马兹达是至高无上的存在，可以与邪恶的力量（一般认为是"谎言"）相抗衡。大流士和阿尔塔薛西斯二世（Artaxerxes II）都在公众演讲中提到阿胡拉·马兹达，并且宫殿建筑和铭文中通常将他的形象以有翼的圆盘表现出来（**图7.5**）。大流士还在贝希斯顿悬崖的大型铭文中写道："阿胡拉·马兹达给予我王位，给我整个国家。"

正如埃及法老认为自己与玛亚特神（Maat）一样崇尚真理、秩序与公正，波斯国王认为他们的统治是神圣的秩序。需要注意的是，赫西奥德的诗中曾经写道希腊早期时代，首领们都拥有同样的观念，认为至高无上的宙斯打败巨人后赋予他们统治的权力。然而，尽管有这些相似性，却很少有证据表明古典时期的希腊作家探索波斯的宇宙进化伦。柏拉图的文本中曾提到"琐罗亚斯德，阿胡拉·马兹达的儿子"[柏拉图，《亚希比德》（*Alcibiades*）122A]，公元前400年左右，色诺芬与阿尔希庇亚底斯二世法庭上的博士泰西阿斯（Ktesias of Knidos）认为，曾经有宗教专家组成的祭司阶层被希腊人称为东方三博士（magi），但是总体而言，尽管波斯与希腊在传统上有很多不同，希腊人从来没有对东面的帝国表现出明显的好奇。希罗多德在提到东方三博士的贡品时写道：

至于仪式，当波斯人为神明献上贡品时，他们不设祭坛，也不生火。我们熟悉的奠酒、

图7.5 法拉瓦哈，阿胡拉·马兹达的视觉呈现，波斯波利斯，约公元前486—前465年，石刻

> 笛声、花环、洒餐，在他们的仪式中都没有，但是仪式开始之前，会有人插着一串桃金娘树叶，把祭品带到空旷的地方，祈求神明。信奉宗教的人不允许为自己的事情祈祷，只能祈求整个群体或国王的平安。
>
> （希罗多德,《历史》，1.132，德塞林科特译）

其中提到的所有元素，祭坛、火、奠酒、音乐等都表现出波斯人有多么与众不同。也许波斯在公元前5—前6世纪的权力范围远比希腊大，所以希罗多德和同时代的人需要描述波斯人在哪些方面与希腊人不同。波斯的国王似乎是全能的统治者，希腊城邦中却没有这样的人物。即使是特洛伊战争中领导希腊人的阿伽门农，也只能处于中间位置，从来没有统一过整个希腊。当然，无论是科林斯的凯普塞洛斯、雅典的庇西特拉图，还是萨默斯的波吕克拉底，这些僭主的统治范围也都没有超过希腊中属于自己的那部分。而坐在阿契美尼德王座上的人都是独特的万王之王，他们被称为“大帝”，简称“国王”。

管理国家

希腊领土小而分裂，但是阿契美尼德家族统治的波斯疆土辽阔，因此需要有效的管理方法进行统治，有时还需要诉诸武力。波斯外围的叛乱很常见，内部互相竞争的党派也常常演变成相互残杀的争执。大流士在贝希斯顿铭文中详细记录了一场名为“假斯米尔底斯”（False Smerdis）的暴乱。斯米尔底斯被自己的兄弟、国王冈比西斯二世刺杀后，一名叫高墨达（Gaumâta）的巫师冒充了皇家成员斯米尔底斯（**图7.6**）。大流士一世记下他如何杀害高墨达、把王国还给大流士家族。

大流士一世讲述这段故事的内容发人深思：

> 整个国家曾经偏离了我们的轨道，但是我把它纠正回来，并且在此基础上重新建立，巫师高墨达的庙已经被毁，我将牧场、牛群、居所以及被高墨达抢走的房屋还给人民，我把波斯人民安置在美狄亚省，我把所有被夺走的东西都重置成原来的样子。在阿胡拉·马兹达的指示下，我就像原来那样，努力使我们王国步入正轨，不再让高墨达侵占我们的房子。
>
> [《贝希斯顿铭文》(*Behistun Inscription*) 卷1.14，金与汤普森译]

大流士一世将这些使自己登上王位的事件通过祖先的方法重塑，将王位的合法性与阿胡拉·马兹达的旨意连接起来。同样，他还记录下镇压波斯、埃兰、美狄亚、亚述、埃及、帕提亚、玛尔吉亚那、撒塔吉地亚、塞西亚地区的叛乱，每次叛乱都以叛军失败告终，他们会被肢解、折磨、钉在十字架上。这带来的教训很明确：与阿契美尼德家族合作会有好处，所有叛乱都会被立即镇压，这也是希腊人自己要学会的道理。

虽然没有大流士一世的战争那么引人注目，但是阿契美尼德家族成功的原因还在于在整个波斯帝国范围内修建道路网络。与希腊的网络不同，波斯的道路主要为了方便住在波斯波利斯、苏萨、埃克巴坦那皇城中的国王与国家边缘的总督进行联络。希罗多德对道路网络中萨迪斯（现在的土耳其）到苏萨（现在的伊朗）之间的道路特别熟悉，可以提供每一段路的详细信息。在描述完道路经过的各种总督辖地后，希罗多德总结道：

> 如果想从萨迪斯到苏萨，需要经过这些休息区。如果皇家道路测量正确的话，从萨

图7.6 贝希斯顿铭文，大流士镇压叛乱的画面

> 迪斯到门农宫殿共2500公里，按照一人每天可以走30公里计算，一共需要90天才能走完。
>
> （《历史》5.52—53，德塞林科特译）

有人认为阿契美尼德家族建造的道路曾经是亚述人在现在的叙利亚、伊拉克北部、土耳其东部进行贸易的道路。然而这丝毫不会减弱波斯人的成就。这些路宽敞平坦、保养良好，安纳托利亚中部弗里吉亚的路有6米宽，而且里面还有换马的驿站，整个系统使古代波斯的道路运输比工业革命前的任何系统效率都高，希罗多德也曾写道：

> 没有人比这些信使走完全程的速度更快，波斯人的道路系统设计非常巧妙。有些人根据走完全程所用的时间估计，认为每个驿站都备好了很多马和人，一人一马负责一天的行程。无论雨雪、炎热还是夜晚天黑，都不能阻止他们高效地完成任务。第一个人把信息传给第二个，第二个再传给第三个，不断传下去，整个过程就像雅典人为火神赫菲斯托斯（Hephaistos）传递火炬一样。
>
> （《历史》8.98，德塞林科特译）

阿契美尼德国王关于这些领土的官方看法是，这片土地由特色鲜明的民族和群体组成，他们有序地为皇室进贡，而且我们看到对阿胡拉·马兹达的崇拜使皇帝权力合法化，强化了阶级秩序。因此，阿契美尼德家族代表着一种特殊的现象：农业与游牧传统混合的社会在古代近东成功养成了庞大、复杂、定居、官僚主义、阶级化的习惯。只要人们坚持缴纳贡品，阿契美尼

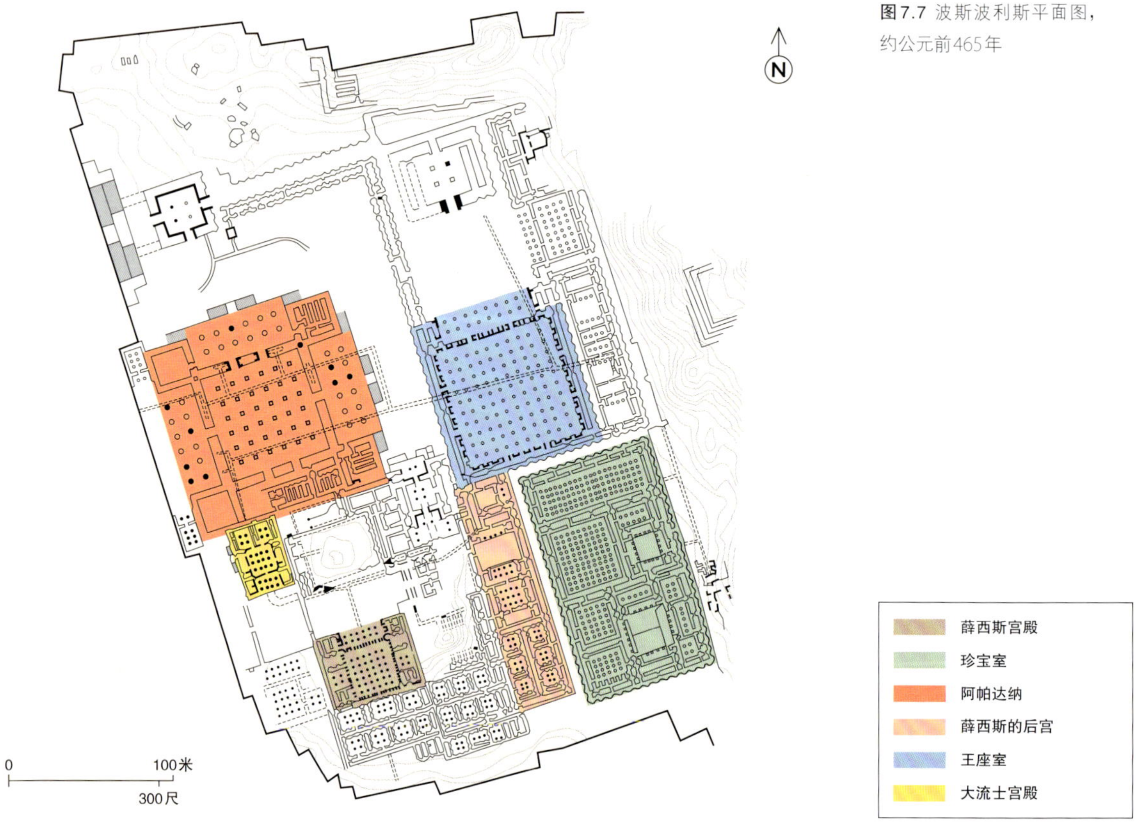

图7.7 波斯波利斯平面图，约公元前465年

图7.8 阿帕达纳（Apadana）浮雕，波斯波利斯，描绘的场景为亚美尼亚代表团在波斯官员的带领下觐见国王，公元前7世纪，石制

德家族的体系就能正常运行下去。

阿契美尼德家族统治权力的一致性与希腊世界的任何统治阶层或官僚机构都不一样，大流士一世与薛西斯在皇都的建筑与装饰更夸张地表现出这一点。例如，在波斯波利斯，阿契美尼德的世界观希望游客敬畏阿契美尼德家族的权力与势力范围（图7.7）。皇家建筑群中最早的建筑是公元前518年大流士一世在完整平台上修建的巨大的阿帕达纳大厅，里面有72根柱子，二十多米高。通往大厅石阶上的浮雕雕塑同样壮观，而且现在还完好无损。除了这些画着狮子攻击牛（与雅典卫城的赫卡托巴恩图案一样）打斗场景的石雕，还有一些面对台阶的石雕上画着为国王献上礼物的人。每个人的衣服都有所不同（图7.8），在视觉上营造出从属于波斯的感觉，爱奥尼亚的希腊人的形象也包括在内。

阿帕达纳的雕刻显示了波斯帝国的很多内容，其中狮子与公牛的争斗场景（图7.9）与雅典卫城的（图7.10）很像，说明波斯与雅典曾在文化交流上有所联系，可能是波斯中部地区的手工匠人与艺术家曾到过地中海地区（也可能真实情况与之相反）。波斯战争后雅典与波斯之间的对立让我们忽略了之前两种文化的关系。确实，古代雅典的贵族精英们喜欢的衣服或饮酒杯等物品都与东方的奢侈品相关。阿契美尼德的碗尤其受欢迎，开始由金属锻造，后来变成了赤陶土烧制。波斯与希腊之间的文化联系并不十分紧密，但是希腊人需要意识到东面强大帝国的存在。正如我们所见，希腊与波斯的战争冲突塑造了希腊自身的身份认同，将波斯人视作“野蛮人”。

帝国与扩张

阿契美尼德家族的所有统治者都希望继续扩张居鲁士征服的土地。我们看到，公元前530年到公元前522年，冈比西斯二世统治期间的大部分时间都用于发动战争，征服埃及。大流士一世也采取了相似的政策，吞并了东部的巴基斯坦地区与西部的利比亚，公元前513年时，他还带兵横跨博斯普鲁斯海峡进入欧洲，并通过船连成的桥进入多瑙河地区。大流士的军队后方有很多人，比如雅典的米太亚德（Miltiades），他的家庭在色雷斯切索尼斯地区自立为僭主。尽管大流士远

图7.9 阿帕达纳的石阶，波斯波利斯，图中的画面为狮子攻击公牛，公元前6世纪晚期，石制

图7.10“百尺厅”东墙部分，图中画面为狮子攻击小牛犊，约公元前570年，石制

征多瑙河并没有再次吞并土地，但是到公元前500年时，波斯的控制范围已经覆盖到爱琴海沿岸（图7.11）。无论是刚刚建立民主的雅典还是底比斯、科林斯、斯巴达，希腊大陆上的城邦认为波斯使者一定会来要求希腊人臣服，只是时间早晚的问题。

考虑到波斯的连续扩张，波斯与希腊大陆的冲突不可避免。然而，激起冲突的并不是波斯人。公元前499年，小亚细亚的沿海城市开始反抗波斯人与当地亲波斯派傀儡僭主。公元前498年，一些雅典人和爱奥尼亚人焚烧萨迪斯，宣告起义结束。人们很容易把爱奥尼

亚起义当作爱自由的希腊人第一次表现他们对抗波斯人的欲望，但是爱奥尼亚起义远比想象中更复杂。这次起义由米莱特斯的僭主阿里斯塔格拉斯（Aristagoras）挑起，他说服了波斯总督阿尔塔弗涅斯（Artaphernes）进攻纳克索斯岛。进攻失败后，阿里斯塔格拉斯害怕自己的地位受到威胁，于是放弃了僭主地位，宣布米莱特斯是一个民主的城邦，挑起爱奥尼亚其他希腊城邦的反抗。因为爱奥尼亚的其余城邦都开始起义，所以当时的不满情绪肯定很激烈。但是大多数历史学家却认为，相比于波斯存在，希腊人更反对当地缺少僭主。公元前494年，爱奥尼亚人在拉德之战失败后，波斯人将很多地方的僭主统治变成了民主政治。只要贡品源源不断送来，爱奥尼亚地区也保持总体稳定，波斯人就不关心民主的情况或宪法的具体细节，希腊人与波斯人在意识形态方面也没有明显的差异。后来雅典解放了很多城市后，征收的税率与波斯完全相同，因此波斯对爱奥尼亚的控制也不会比雅典的统治更让人厌烦。

马拉松战役

然而没有一位波斯国王可以容忍外面的干涉、叛乱和暴动。公元前490年，大流士一世派使者到雅典索要土地和水（雅典臣服的标志），雅典人直接把使者扔到了井里。因此大流士远征爱琴海地区，打算惩罚雅典人。公元前490年9月，波斯人在雅典外44公里的马拉松停下，毫不夸张地说，这些事件改变了历史。波斯

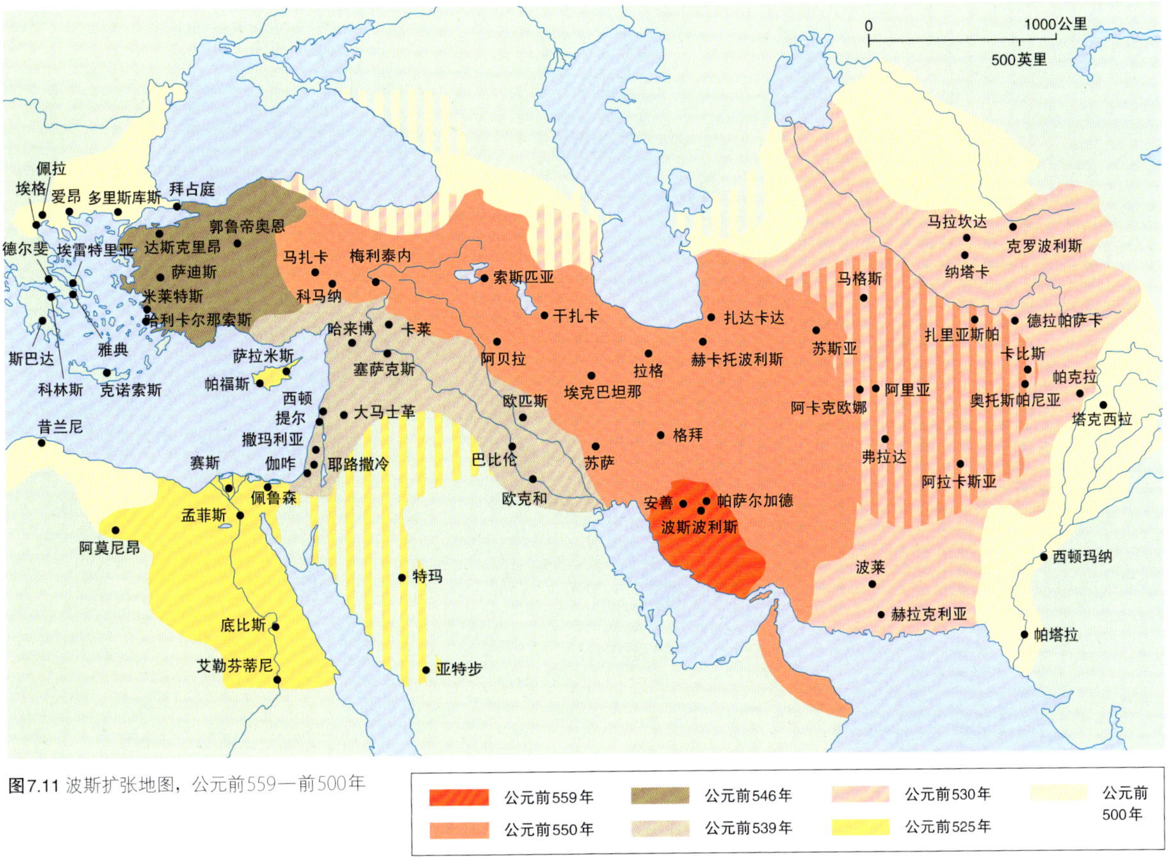

图7.11 波斯扩张地图，公元前559—前500年

人自己并没有提到过这场战争以及战争来源的相关内容，希罗多德的叙述也是一个世纪后创作的，所以有关马拉松战役的很多细节并不清晰，甚至还存有争议，但是马拉松战役的整体时间线还是很清晰的。波斯军队在雅典东北部的马拉松港湾停下来，于是10 000名希腊重装士兵（从头到脚都武装着青铜盔甲）在1.6公里外的内陆地区集结。波斯军队至少有25 000名轻装弓箭手和长矛兵，聚集在海边停着的轮船附近（关于波斯军队的人数，古代资料记载的数字高得难以置信，从200 000—500 000不等）。雅典人在被迫开战之前等了五天，这个等待的时间令人疑惑，但是拜占庭资料中提到等待的原因是波斯的骑士还没有来。尽管这个理由并不充分，但是如果波斯人把马装在船上是为了把马运到雅典，雅典将军米太亚德可能认为波斯已经丧失了战略先机。

图7.12的平面图中，雅典最初的位置由虚线表示，雅典人越过平原的开阔地带，形成了一条防御线。相距200米时，敌军的箭像雨一样射过来，但雅典人并没有停止或撤退，而是混入波斯军队中。看上去雅典的防御线有所让步。波斯人可以前进，但是波斯人万万没有想到雅典军队两侧的势力包围了波斯前线的中心。当希腊中心重新集结，恢复了战斗模式后（图中蓝色实线），波斯人发现自己前面是铜墙铁壁，两侧还受到雅典的攻击。雅典的策略最终使波斯军队动摇、失败。据

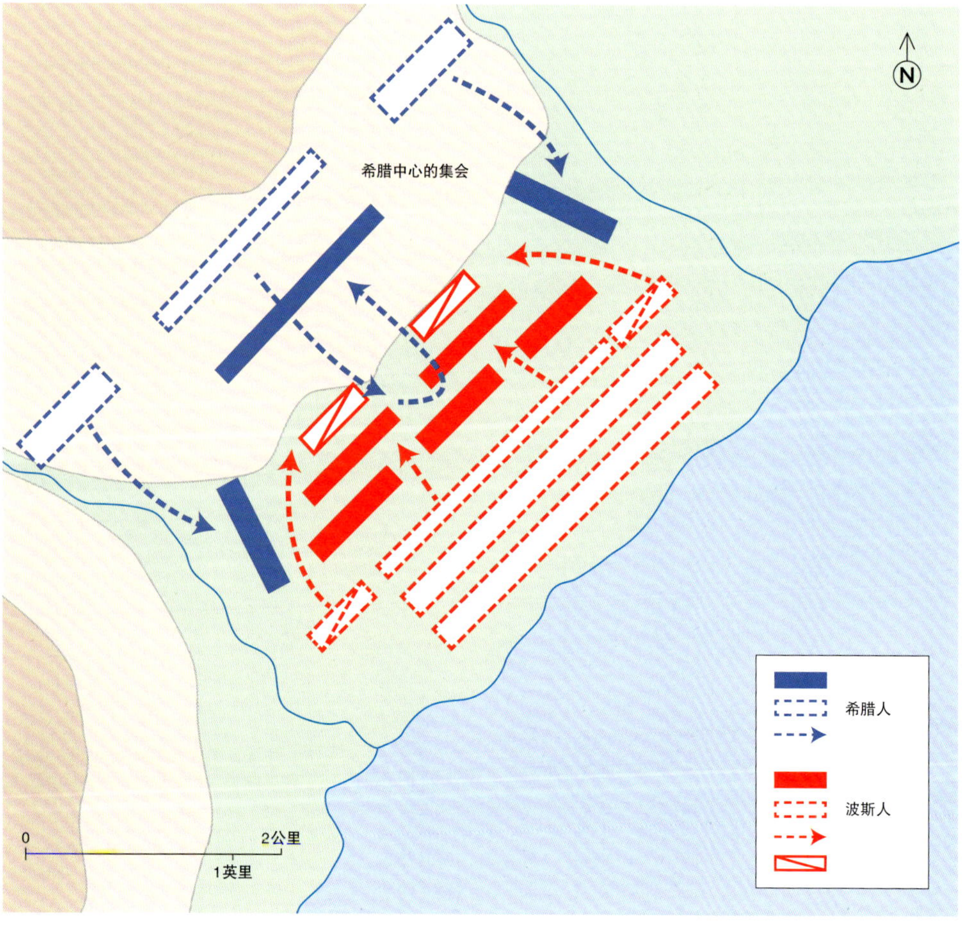

图7.12 马拉松战役，公元前490年

希罗多德记载，将近6500名波斯士兵在逃跑过程中被杀，幸存者都逃到船上回去了。

战争中共有192名雅典人牺牲，像荷马英雄一样被埋在索罗斯坟墓中（**图7.13**）。后来的雅典人认为这些参与马拉松战役的士兵（Marathonomachoi）是真正的英雄，他们的事迹为自己赢得了荣誉与杰出的贡献，也得到了人们送来的祭品，例如埃斯库罗斯的兄弟凯内格雷奥斯（Kynegiros）在袭击波斯船只占领船头被人铭记。根据一些史料记载，他的手被斧头砍下，但是他依然“像野兽一样”靠自己的牙齿战斗到死。

图7.13 马拉松战役中牺牲的雅典士兵之墓

几乎是战争刚刚结束的时候，纪念活动也就开始了。后来的史料记载，费迪皮迪兹从马拉松到雅典跑了44公里，带来了胜利的消息，刚喊出“喜讯！我们胜利了”，就倒下累死了（这个故事很可能与另一个故事有关，战争之前曾有雅典人跑了两天到斯巴达寻求帮助）。战争结束不久后，雅典人在德尔斐阿波罗神庙正下方的石碑下刻上了一行大字：“雅典人把马拉松战役中从波斯人那里夺来的战利品献给阿波罗”。这种庆祝场景持续了几个世纪。公元2世纪，拉科尼亚希罗德·阿提库斯（Herodes Atticus）的别墅中发现了铭文，上面的内容说明600年后人们还在纪念马拉松战役中去世的士兵，上面写着：

这真是好消息
消息传到远方的大地时
人们会学习他们
在战斗中牺牲的事迹
获得雅典人的尊敬
少数人等待着大批人的进攻

[马拉松铭文（*SEG* LVI, 430），哈特尼特2010译]

这份铭文及其他纪念性铭文表现出之前荷马及贵族习惯的庆祝方式。如果公元前6世纪的政治发展使雅典变成完全民主的城邦，那么马拉松战役的胜利促进了雅典单一、聚合群体的形成。后来希腊再次对抗波斯时又体现出了这种团结。

薛西斯与入侵希腊

马拉松战役后并没有很长时间可以庆祝。大流士一直忙于镇压埃及的起义，后来还没来得及对雅典进行报复就在公元前486年去世，但是他的儿子薛西斯开始策划大规模的入侵，规模远大于大流士派去马拉松的军队。公元前483年，薛西斯在全国聚集了一批军队，派往安纳托利亚西部，现在的土耳其。公元前480年左右，关于军队集结的消息传到小亚细亚西部的总督辖区。因为军队规模太大，向西北行军时还需要腓尼基舰队的帮助，这次大规模的入侵足以让希腊人害怕。公元前480年时，军队借助几百条船连成的舟桥跨过博斯普鲁斯海峡，从亚洲进入欧洲。波斯人走到希腊北部时，几乎把河里的水都喝光了。在到达查尔克迪克（爱琴海北部的三角形半岛）之前，薛西斯让他的手下在阿托斯岛挖了一条隧道，而不是冒着风暴的危险从水面上乘船前往。每种行为都显示了国王半神圣的力量。希罗多德说整个军队共有5 283 220人。

图7.14 色萨利与马其顿中间的坦佩谷

我们通过希罗多德的描述了解了马拉松战役的一些细节，但是需要注意的是，他的叙述是在很多年后所做，当时已经知道了波斯战败的结果。薛西斯的很多故事都源于希腊人对波斯的敬畏之心，但是事后看来这些故事也说明了一个教训：波斯人灭亡的原因是自己的傲慢。权力带来了过度自信，在理解希腊人如何打败波斯人时，很多希腊人都对他们奇迹般的胜利表示怀疑，认为这是上天的旨意。在这种情况下，被谦虚和虔诚限制后，权力真的不值一提。希罗多德将希腊的胜利归功于神明，而且他解释得很明确：波斯的舰队在离开埃维亚时，受到了强烈的风暴袭击，这就是神明在均衡双方的人数。希罗多德对波斯战争的解释说明神明更偏袒雅典人，同时波斯人也应该为自己的毁灭负责。例如，在波斯进攻前，希罗多德曾在《历史》卷7中写过一篇关于薛西斯决定进攻的长文：薛西斯被叔叔阿尔卡巴诺斯（Artabanos）说服，认为入侵他国是劳民伤财、充满危险的任务，所以决定停止进攻。然后，薛西斯梦到了幽灵，告诉他去进攻雅典，他认为这是上天的旨意。现代历史学家在解释历史现象时几乎不会使用梦作为史料，但是希罗多德反映出的正是当时的思想。当时的读者会立刻明白梦的含义，会心一笑：波斯人目标远大，想要攫取很多土地，而且逐渐变得过于骄傲，因此神明决定惩罚他们。即使统治者有充足的理由不发动战争，想要避免惩罚，神明还是让他回到命运设定的轨道：一定要让波斯人战败，所以他们必须进攻。

做出进攻的决定后，波斯国王暴君的角色在希罗多德的叙述中也有详细体现。达达尼尔海峡的舟桥第一次被风暴摧毁后，薛西斯又修建了一座，而且因为水没有听从他的指令，让人用三百根鞭子鞭打海面。希腊人读到这里一定会明白，这种狂妄自大比波斯人的力量还可怕。惩罚一定很快降临。这个故事后，三百名斯巴达人在塞莫皮莱公然反抗薛西斯，他们的英勇与牺牲和薛西斯的狂妄自大形成了鲜明的对比。

雅典人对于即将到来的战争准备懈怠，既不及时应对也没有协调好。希腊城邦的议会决定向北部的坦佩谷派遣一支军队应战波斯人，该地位于马其顿南部通往色萨利与希腊中部的高山大海之间（图7.14），但是军队还没有到达，就先调查了波斯领队的背景，然后撤退了。马其顿的亚历山大（亚历山大大帝的祖先）曾经警告他们西边有一条路可以从马其顿到色萨利，他们可能会在那里被围剿，但是希罗多德的观点似乎更可信，他们离开是因为恐惧。希腊备战的一个亮点是雅典人几年前做出的决策，阿缇卡南部的拉乌里翁发现了丰富的银矿，雅典人开始讨论如何使用这些银。大多数人希望把钱均分到大家头上，每人分得10德拉克马，但是新兴的政治家高拉迪斯（Themistokles）认为这些钱可以建起一支战船舰队，既能用船帆也能用桨提供动力。当时的雅典与附近的埃伊娜处于对立状态，高拉迪斯本打算把这些船用于那次战争，但是他很可能感受到了波斯的威胁。无论是何种原因，面对波斯入侵时雅典人处于优势地位，而且还有两百多艘战船刚组成的舰队。

塞莫皮莱战役

希腊军队从坦佩撤到了科林斯地峡，希腊城邦的领导在那里集合，决定在塞莫皮莱的温泉关聚集武装力量。该地位于希腊中部，山脉高度在马里斯湾处迅速下降，最窄的地方仅容一辆马车通过，南面是陡峭的山脉，北面是浅滩。现在，由于冲击作用，马里斯湾的海岸线有了很大改变，但是爱德华·李尔（Edward Lear）1848年创作的水彩画还是能看出当时的环境（图7.15）。然而当时人们在塞莫皮莱的意见并不统一，依然几乎不可能进行防御。马其顿、色萨利、爱奥尼亚等地区的希腊人已经转而支持波斯人，还有一些人想从科林斯地峡南部撤出来，转移到伯罗奔尼撒与希腊

图7.15 爱德华·李尔，《塞莫皮莱》，1848年6月30日，水彩，17.5厘米 × 28厘米

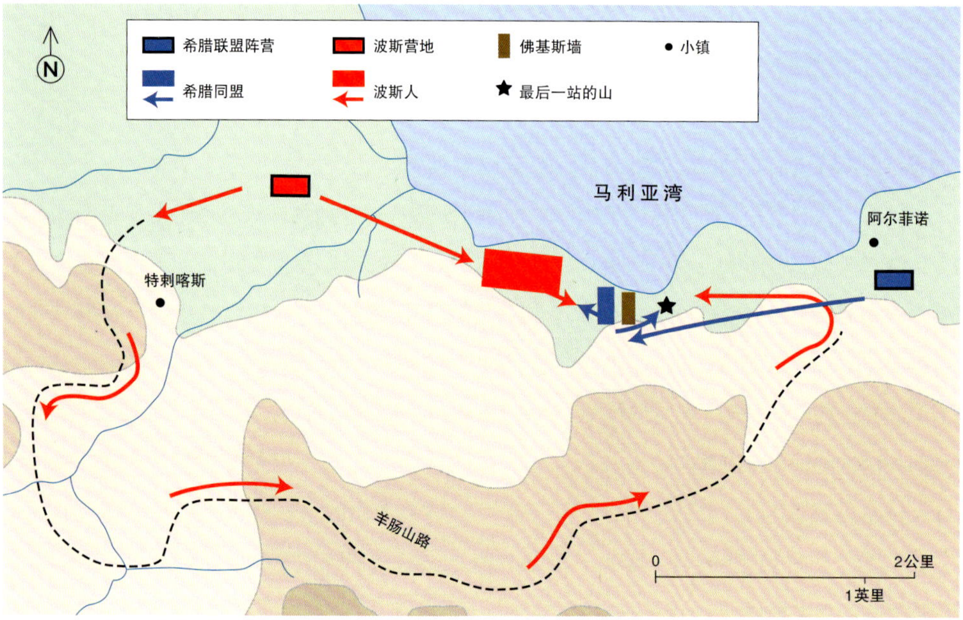

图7.16 塞莫皮莱战役，公元前480年

大陆中间的咽喉要道上。斯巴达国王列奥尼达预料到希腊的抵抗力量可能崩溃，所以决定留在塞莫皮莱，带领三百多名斯巴达人和希腊其他城邦的七千多人组成的小分队，准备利用狭窄的地形与佛基斯人修建的城墙削弱波斯人在人数上的优势，阻挡他们的进攻。

他们在三天时间内取得了胜利，甚至还战胜了波斯军队中的精英——薛西斯的长生军（据希罗多德记载，是由一万名勇猛果敢、装备精良的波斯人组成的军队）。希腊人一直在山口中间的防御工事后战斗，但是后来名叫厄菲阿尔特（Ephialtes）的牧羊人成了叛徒，他告诉波斯人山上有一条蜿蜒的小路，可以绕到希腊人驻扎平原的东部（**图7.16**）。列奥尼达意识到他们的处境发生了改变，遣走了其他雅典人，准备带领自愿留下的300名斯巴达战士与700名塞斯比亚士兵决一死战。斯巴达与塞斯比亚的士兵们寡不敌众、四面受敌，抱着必死的决心战斗到弹尽粮绝。他们转移到关口中间，就像《荷马史诗》中的英雄一样，把荣誉看得比生命更重要。列奥尼达会倒下，人们会踩着他的身体继续作战（正如希罗多德的叙述，对列奥尼达身体的亵渎让雅典读者更加确信，薛西斯的不虔诚会引发对波斯人的惩罚）。因为他们无上的价值，希罗多德努力记下在塞莫皮莱牺牲的300名斯巴达人的姓名，他们与赫克托、阿喀琉斯一起赢得了不朽的荣耀。战争中最英勇的战士是耶捏科斯（Dienekes），他还曾在战争中嘲笑对手，听说波斯人的箭可以挡住太阳，他说："那更好，这下我们就可以在阴凉处打仗了。"

如果想把战争中的策略和技巧与发展出的英雄主义故事和神话区分开来，那么这些故事可能很难解释。一些学者认为整个战争都几乎不可能发生，公元前480年的塞莫皮莱关口可能还没有打开。他们还争论通往希腊中部的新军事道路是在内陆地区，所以加固塞莫皮莱关口并没有什么战略意义，但是在该地区新采集的岩石显示，现在的平原地区在公元前500年时还在水下，因此希罗多德是对的：那里就是一个瓶颈地带。波斯人在这次胜利后并没有进入内地，但是希罗多德解释到，这是因为色萨利人带他们走这条路，这样可以在路上毁掉祖辈敌人佛基斯的村庄。更难回答的一个问题是：列奥尼达在堵上关口的时候想干什么？难道不是为了全面抗击波斯人吗？希罗多德认为，因为当时正好是当地的卡尼亚宗教节，所以斯巴达人不想让他们的整个军队都参战，但是希望通过这种方式展现斯巴达力量，激起雅典人的战斗情绪。战略性的考虑同样需要注意，整个塞莫皮莱可能都想延迟行动，为希腊人在南方做好战略准备争取充足的时间，这样也符合他们步兵作战的习惯，比如喀罗尼亚战役与普拉提亚战役。第二种可能性是列奥尼达认真考虑了希罗多德记载下的预言：只有一位国王死后斯巴达才能免于毁灭。斯巴达国王或许认为自己的生命可以保持斯巴达长远平安，不过这也几乎不可能吧？

萨拉米斯战役

现在，战争的威胁从陆地转向了海面，就在波斯人终于占领塞莫皮莱的那天，他们的海军与雅典人在阿提密西安交战。这场战斗争迅速结束，希腊人撤到雅典附近的萨尔尼克湾。很多希腊士兵希望直接撤到科林斯地峡，放弃科林斯北部的领土。雅典人知道波斯军队直插阿缇卡势不可挡，也打算投票决定是否放弃他们的城市。女人、老人、孩子先被送到特洛真，男性都守在船里。德尔斐神谕曾为雅典人提供了避免灾难的方法，说是需要保持木墙完好无损，高拉迪斯告诉希腊人神谕中提到的木墙其实就是雅典海军，于是雅典人又一次遵循了高拉迪斯的旨意。这份神谕也曾提到“神圣的萨拉米斯”，高拉迪斯解释道，如果神谕是

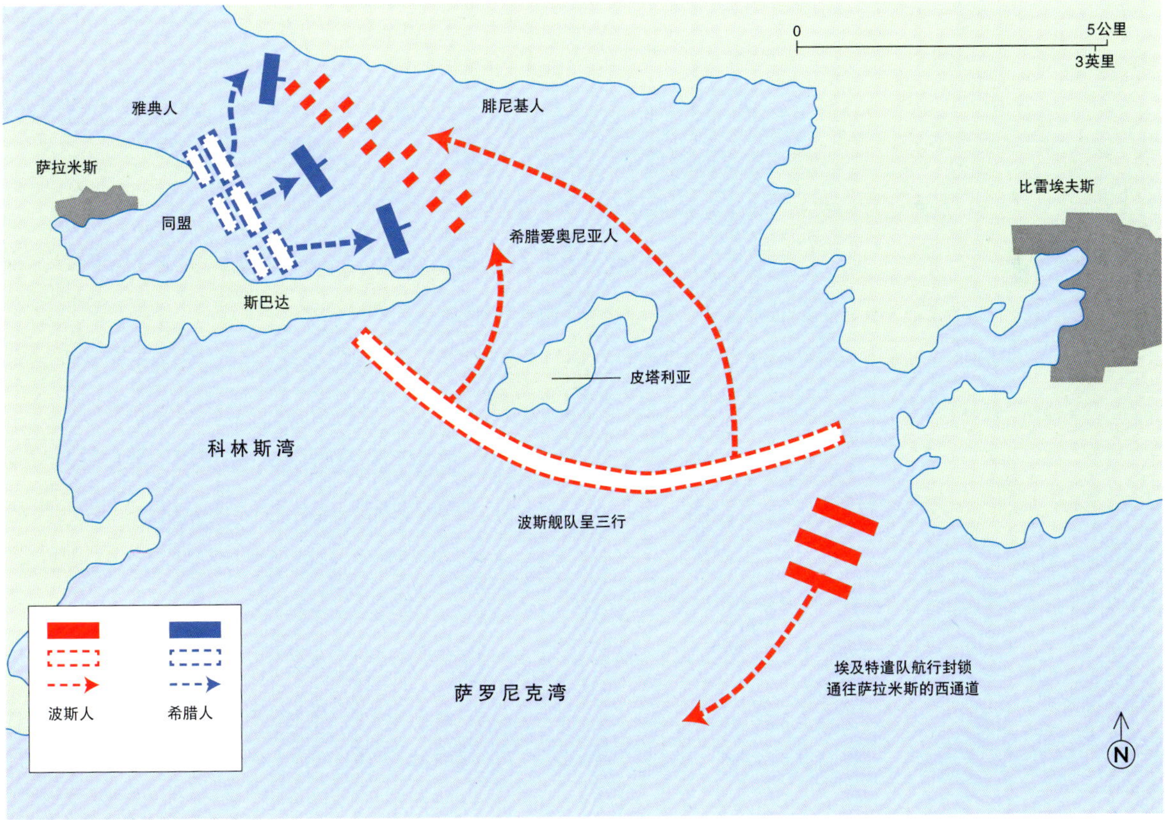

图7.17 萨拉米斯战役，公园前480年

关于灾难的预言，那么应该说“残酷的萨拉米斯”。然而，还有一些人认为神谕中的木墙是卫城周围的栅栏，所以他们决定留在这里，结果最后被波斯人杀害。

因此雅典人在雅典对面的萨拉岛上，把船都聚集到吉瑙索拉（意思是狗尾巴）岛上，与其他希腊军队汇合（图7.17）。希罗多德的记录中也保留下了当时混乱的场景：一些人非常恐慌，一些人劝说想要放弃的人留下来。高拉迪斯是雅典人的英雄，正如那些表现列奥尼达英雄主义的故事一样，也有很多故事记录高拉迪斯的狡猾。其中一个故事写到高迪拉斯在战争前夜给波斯国王写信，警告他雅典人打算晚上逃跑，因此波斯人整晚都划着船来来回回，想要把雅典人都困在萨拉米斯海峡，结果第二天波斯人已经筋疲力尽了。我们并不知道这些故事究竟是真是假，但是需要注意的是，如果说列奥尼达起到了赫克托、阿喀琉斯一样英雄的作用，那么高拉迪斯就像奥德修斯一样，利用自己的聪明才智逃过一劫。

第二天，薛西斯坐在雅典城外山上的王座中，看黎明时两军相对，他后面的雅典已经变成了一片废墟。雅典人在卫城南面（后来修建帕特农神庙的地方）修建了一座大型雅典娜神庙，其中一部分石柱和建筑装饰后来放在卫城的城墙上，提醒波斯人不忠诚的行为。无论波斯人对他们的臣民多么宽容，他们绝不容忍任何反抗君王的行为，因此萨拉米斯战役前夜的雅典变成了一片废墟，女神庙与上百座小神龛、雕像、供品被毁。雅典人划船前往波斯的时候都可以看到城市上空升起的黑烟，时刻提醒他们如果不打败波斯人他们就无家可回。

雅典海军的船更大，约有300艘，但是和波斯舰队的600艘腓尼基船相比还差很远。高斯迪斯认为狭窄空间比开阔水面更适合希腊人作战，后来也的确证明他的观点是正确的。希腊人在水面上稍微后退一些，然后当一支船与波斯船交战时，开始了攻击。雅典和厄基那分队越来越多的船加入了队伍，势力超过了腓尼基舰队。据希罗多德记载，波斯舰队船的数量太多反而阻碍了他们的操作，所以波斯人放弃了原来的作战计划。希罗多德认为波斯船队有决心与勇气，但是雅典人的技巧与经验更胜一筹。希罗多德提到希腊战舰的重量，可能是想表示他们更加坚固，能够禁受住撞击。也有可能更大的希腊船只更适合海上航行。波斯的很多船只都被希腊俘获，也许反映出两船相撞时希腊的海军力量有效的海战转为陆战。细节仍需确认，但是结果已经很明确了：波斯人一败涂地。薛西斯及其陆上军队迅速撤到阿缇卡地区，波斯人在希腊中部建起了过冬的营地，但是国王回到了苏萨，留下马尔多尼阿斯（Mardonios）将军来年夏天重组军队。

普拉提亚战役

波斯人在公元前479年离开了色萨利的冬季营地后，继续南下对抗希腊。这一次我们还是需要依靠希罗多德对历史事件的叙述，他的描述说明这时的希腊人依然不团结。底比斯等一些城邦已经被波斯控制，为波斯军队输送希腊重装步兵，而且面对波斯新一轮的进攻，人们对于采用什么方法应对依然持有不同看法。很多人还想继续躲在科林斯地峡的墙后，但是同意舍弃阿缇卡的提议，而雅典的武装力量（包括一万士兵的军队与希腊最大的海军舰队）可以确保雅典的利益不受侵犯，这些人不希望希腊同盟从伯罗奔尼撒撤退。马尔多尼阿斯将军派马其顿的亚历山大去和雅典人谈判时，雅典人故意拖慢进程，这样斯巴达大使也可以参加。他们提出的条件包括；赦免对国王的伤害，恢复自治权。此外，薛西斯还允许雅典人自己选择吞并希腊的某块领土。雅典人拒绝了波斯人的提议，向斯巴达人解释。他们做决定时所说的话也透露出波斯战争对希腊人产生的影响。雅典人表示：首先波斯人毁了他们的神庙，因此他们一定不会和波斯结盟，而是要寻求机会复仇，此外，他们还说：

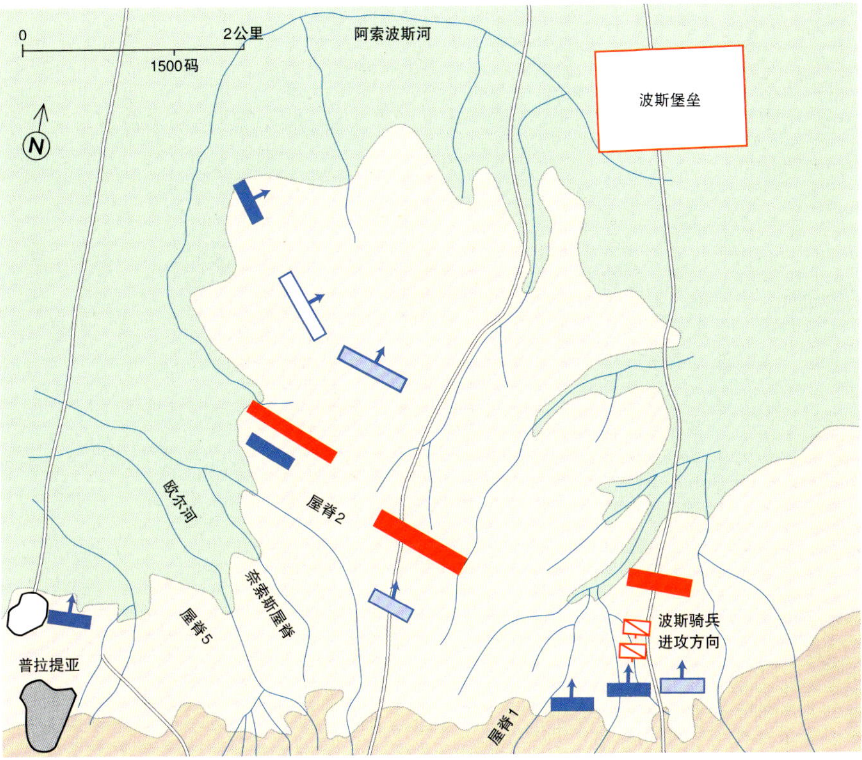

图7.18 普拉提亚战役，公元前479年

> 作为希腊人，我们有共同的血脉，共同的语言，我们有同样尊敬的神明，同样的宗教仪式，以及相同的生活方式。
>
> （希罗多德，《历史》8.144，沃特菲尔德译）

尽管希腊人还在努力形成统一战线，他们面临的危险却促进了希腊统一的身份认同的形成。在后来几年，雅典人被称为米底人，好像波斯帝国的所有人都是他们的敌人，但是波斯战争的确促进了希腊身份认同的形成。波斯的威胁使希腊人意识到，团结在一起比各自分裂更加强大。

公元前479年的战争中，波斯人继续南下从色萨利到达波伊奥提亚。那里曾经受底比斯统治，但是现在被波斯控制。雅典的军队转移到科林斯地峡北部，在基塞龙山山坡附近的普拉提亚集结，这一举动很有意义。希腊人并不指望能从波伊奥提亚富饶的田野里获得丰富的补给，所以依靠更南边的补给。因此，波斯人在普拉提亚处于优势地位。马尔多尼阿斯很理解希腊人的困境，因为10天前即使两军正在对峙，他依然拒绝出兵。而这一次，波斯军队约有10万人，与雅典4万左右的重装步兵相比，波斯军队在数量上处于优势地位。

当波斯长矛兵的亚麻盔甲、藤条盾牌与希腊重装步兵的青铜盾牌、铁剑相遇时，马尔多尼阿斯也见证了一切。他巧妙地利用骑兵骚扰希腊人，威胁他们的补给供应，还夺去了希腊人的水源伽尔伽披亚泉。希腊内部的犹豫不决也为波斯人创造了条件，斯巴达将军保萨尼阿斯不断收到不祥的预兆，拒绝带兵前进。雅典人与特吉亚人之间关于谁将领导军队左翼也有分歧。因此，在战争几乎还没有开始的时候，雅典人就决定撤退了。看到雅典人撤退，马尔多尼阿斯让他的军队横跨阿索波斯河。实际上，当保萨尼阿斯注意到波斯军队进攻，带兵加入战斗的时候，希腊同盟的很多部队已经开始撤退了。后面的交战以马尔多尼阿斯被杀、波斯军崩溃（**图7.18**）告终。马尔多尼阿斯去世以后，波斯幸存者撤到他们的大本营，后来雅典人和特吉亚人翻过高墙，杀死了大部分没来得及逃跑的人。只有阿塔巴扎斯（Artabazos）带领的几千波斯人逃脱了。

图7.19 蛇柱与金顶复原图，德尔斐，金锅后来被熔化，但是青铜柱被送到君士坦丁堡，赛马场中还能看到遗留下来的很大一块，高约9米

波斯战争余波

在对波斯战争的不同叙述中，我们很难把事实与杜撰区分来开。希罗多德记载的数字夸大了两方的实力，历史学家有理由怀疑他叙述中的巧合：阿提密西安海战正好就在塞莫皮莱战役结束的那天进行，普拉提亚战役与萨摩斯岛附近的密克勒海战同一天进行，那场海战中希腊舰队击败了波斯海军。希罗多德的叙述并不是对这些战争时间的记录，而是反映出波斯战争后的传统与故事，当时很多城邦都在争功，这种现象在文学和艺术中都有体现。例如，战争中胜利的城邦在德尔斐竖起一座纪念碑，反映出分享胜利喜悦的欲望。斯巴达国王保萨尼阿斯在阿波罗神庙入口附近奉上大青铜柱，上面架着金制三脚架，周围有三条蛇缠绕，他还在上面刻着两行诗，表达自己在击败波斯人中的功劳（**图7.19**）。然而，其余希腊人对他的功劳予以否认，纪念保萨尼阿斯的雕刻被其他参战城邦名单所取代。蛇柱在德尔斐阿波罗神庙外伫立了八百多年，直到后来被罗马皇帝君士坦丁挪到新都城，现在伊斯坦布尔还有部分铜柱。

埃斯库罗斯的《波斯人》创作于公元前472年，距离萨拉米斯战役只有8年，但是里面已经能看出战争胜利的影响。剧中薛西斯的母亲阿托莎做了一个梦，梦到儿子的战车前有两名漂亮的女士：

> 我梦到了两名漂亮的女士，一个穿着波斯服装，另一个穿着多立安服装……薛西斯把她们套在车上，脖子上系着领条。其中一人对这种行为感到高兴自豪，嘴紧紧地咬着缰绳，而另一个则不断挣扎，用手拉扯缰绳，后来挣脱出来，拉断了轭绳。

［埃斯库罗斯，《波斯人》（*Persians*）180—95，史密斯译］

阿托莎的梦代表着希腊思想的重大改变。波斯战争之前，希腊人惧怕波斯强大的力量，但是战争之后，希腊人（尤其是雅典人）发现自己可以与波斯匹敌。剧中另一处提到雅典人的地方表现出雅典人是击退波斯国王的功臣。波斯太后阿托莎问：“他们（雅典人）是怎样称呼主人的？”她得到的答案是：“他们不是任何人的奴隶。”雅典人在观众面前表演这出剧是为了庆祝自由，观众中的很多人都是曾经参加过萨拉米斯战役的士兵。事实上，自那时起“自由”开始成为希腊人交流中经常提到的词汇。波斯战争之前，除奴隶外所有人都是自由的，但是波斯战争之后，希腊人开始意识到自己是独立自由的政体，不受外界干预。

波斯战争期间希腊人的胜利也促进了很多变化产生。曾经“野蛮人”只是用来称呼那些语言奇怪或者口音很重的人，但是现在还加上了下等人的意味。希波克拉底（约公元前460—前377年）在《论风、水和地方》（*Airs, Waters, and Places*）一文中提到环境对于塑造文化的作用，表示出希腊人对于波斯人的种族优越：

图7.20 红绘风格的酒壶，图案是希腊人与波斯人的斗争，约公元前450年，陶制，高24厘米

> 亚洲人与欧洲人相比更懦弱、不好战、性情温和，主要原因是他们那里气候温和，没有大幅度变化，不会太冷也不会太热。那里与往常的生活状态不同，既不会有信任理解带来的兴奋，身体也不会有很明显的变化，因此很容易被激怒，产生不顾别人的情绪。各种各样的变化会促进人与人之间的相互理解，他们也不容易进入无精打采的状态。所以基于这些原因，我认为亚洲人更软弱，而且与他们的法律有关。亚洲大部分地区实行君主制，人不是独立的个体，也不是自己的主人，而是他人的奴隶，如何履行军事纪律并不是他们能考虑的。
>
> （希波克拉底，《论风、水和地方》16，亚当斯译修正版）

艺术方面也显现出对东方日益增长的仇视。我们曾经在引言部分提到攸里梅敦花瓶，上面图案是希腊人准备奸杀波斯人，波斯人害怕地举起双手。这种软弱的东方人形象在其他希腊瓶画上也有所体现，比如图7.20中的酒壶上是英勇地赤裸身体的希腊人准备刺向波斯人，说明希腊人打败了东方的敌人。

这一时代以希腊对波斯的胜利结束，与希腊人取得的一系列文化成就有关。建筑与文学方面，无论是帕特农神庙还是索福克勒斯与欧里庇得斯的剧作，无论是柏拉图哲学还是修昔底德的历史，古典时期都是一个文化丰富的时代。但是需要注意的是，当我们在回顾这些成就时需要记得波斯战争的代价。

图7.21 雅克-路易·大卫，《列奥尼达在温泉关》，1814年，帆布油画，3.95米×5.31米

焦点：

大卫作品《列奥尼达在温泉关》

雅克-路易·大卫（Jacques-Louis David，1748—1825年），18世纪晚期到19世纪早期伟大的画家之一。他的事业经历了贵族政治体制、法国大革命以及拿破仑帝国的兴起与衰亡（1769—1821年）。动荡的年代中，大卫大部分时间在罗马。古典文化的熏陶对他的作品产生了深刻的影响，其中影响最大的是德国艺术史学家与考古学家约翰·约阿希姆·温克里曼（Johann Joachim Winkelmann），温克里曼认为艺术应该努力达到古典艺术中“高贵的单纯和静穆的伟大”。早些时候，艺术家总会在他们的风景画中加上一些古代遗迹，希望增加绘画作品的氛围，但是大卫更倾向于古代的故事，尤其是自我牺牲的故事，这在《荷拉斯兄弟之誓》（*The Oath of Horatii*，1784年，参见**图7.22**）与《苏格拉底之死》（*The Death of Socrates*，1787年，参见第302页**图12.3**）等作品中均有体现。他对古代艺术的看法影响深远，使古典时期的希腊与罗马共和国成为法国大革命中新政权

的标准。大卫与其他艺术家的新古典主义将希腊与罗马艺术提到了更高地位。

之前的手稿显示大卫的作品《列奥尼达在温泉关》创作了15年，1814年完成，尽管作品中重塑了列奥尼达早期英雄主义象征的地位，但它并不是对希罗多德故事的阐释。列奥尼达位于图画中心，穿着红色的波斯战袍，沉稳却坚定地看向对面的人，仿佛刚刚做出留下的决定。与其他战士相比，他的裸体增加了几分英雄意味，剑和弯刀巧妙地被设计，表现出男性的阳刚之气。与其他跳起、挥舞花圈、吹起号角的人相比，他决绝又安静，仿佛已经看到自己的命运，却平静地接受了它。他后面载着行李的马车已经出发，旁边有一个人趴在上面，似乎想在石头上刻下斯巴达人最后英勇的文字，表现斯巴达的英雄主义与牺牲，上面刻着的内容在本书引言中也曾写道：

> 告诉所有斯巴达人，告诉所有陌生人，葬身于此的我们永远听从命令。

1814年10月，这幅画并没有在知名艺术家们陈列新作品的沙龙展出，而是放在了大卫自己的工作室里，他补充的注释可能更能帮助我们理解这幅画表达的意思：

列奥尼达与战友们的坚持比任何胜利都有效，向希腊人展示出他们的力量以及面对波斯人时的弱小。同年3月，巴黎落入盟军之手，4月拿破仑退位。因此这幅画就是在拿破仑被流放到厄尔巴岛后回来的时候创作并展出的，但是从列奥尼达的角度，他从来没有失败过。我们需要了解这幅画创作展出时的背景，因为这可以告诉我们过去与现在的联系。过去是现在的一部分，我们可以重新塑造、重新发现、重新利用过去。

图7.22 雅克-路易·大卫，《荷拉斯兄弟之誓》，1784年，帆布油画，3.30米×4.25米

公元前478/477年 提洛同盟形成

公元前476年 围剿爱昂与占领斯基罗斯

公元前470/469年 镇压纳西索斯起义

公元前467/465年 攸里梅敦之战

公元前464年 麦西尼亚希洛人起义

公元前461年	公元前460—前445年	公元前451年	公元前449年	公元前437年
厄菲阿尔特改革	第一次伯罗奔尼撒战争	伯里克利《公民法》	《卡里阿斯和约》?	安菲波利斯据点

第八章

民主与帝国

上一章中，我们讲到了公元前490—前479年希腊与波斯的冲突。波斯帝国规模庞大、实力雄厚，我们都没想到弱小分散的希腊能够在这一系列战役中取得胜利，在陆战和海战中打败波斯。这一章中，我们主要研究战争胜利对雅典这一古典时期（公元前480—前338年）希腊最强大城邦产生的影响。下面的叙述覆盖了波斯战争结束到伯罗奔尼撒战争（公元前431—前404年）爆发之间的"五十年时期"（Pentekontaetia），包括波斯战争后的雅典恢复期到公元前5世纪末雅典权力顶峰的一系列内容。我们会发现，古典时期雅典的发展与客蒙、伯里克利等杰出的政治家相关，由于当时雅典的敌人已经由波斯变成斯巴达，所以政治家之间的竞争对雅典制度产生了很大影响。

然而，除了个人竞争，公元前5世纪还发生了很多重大改变。为了理解波斯战争对雅典产生了什么影响，我们先来看一下古典时期雅典生活的两个特征。一方面，由于一系列改革，公民得以参与到民主中，因此民主得到发展，我们还会在后面研究大会、议会、地方执政官、法庭等主要机构。研究雅典制度的特点时，我们需要注意，为了确保权力均匀地分布在社会各个部分，雅典人做出了很多努力，随机选举、轮番执政、任期年限等措施使平等主义精神广为流传。

另一方面，雅典迅速成为希腊联盟的霸主，希望继续与波斯开战，从而变成强大的帝国。雅典人对内提倡民主，对外却发展出日益强大的帝国霸权制度，依赖驻军与军事长官，征收贡品，排除异己，镇压叛乱。民主与帝国之间的模糊界限与紧张关系将是本章的主要内容。

引言：从毁灭到恢复

据希罗多德记载，雅典人在普拉提亚打败波斯人后（公元前479年），立刻进行了一场反国王运动，弥补波斯战争中的损失。薛西斯被打败了，但是他统治的帝国并不像雅典人所说的那样彻底崩溃，而是持续到了公元前465年（一个世纪后被亚历山大大帝推翻）。希腊人同意掠夺薛西斯的领土，解放东爱琴海地区那些被波斯控制了20年的岛屿与沿海城市。雅典人最先在达达尼尔地区开始军事活动，经过漫长的冬季围攻后，于公元前477年占领了塞斯托斯。斯巴达国王保萨尼阿斯到达后，希腊的联合势力继续发起攻击，向北远至黑海附近的拜占庭，向东远至塞浦路斯的波斯阵地。

希腊人决定对波斯国王发起战争也是完全可以理解的，毕竟波斯人曾经洗劫寺庙、焚烧城市，在希腊发动了残忍的战争，但是这个决定的结果并不明确，例如，没有人预测到普拉提亚战争中获胜的斯巴达人保萨尼阿斯很快名誉扫地。有传言说，保萨尼阿斯掌握了希腊的力量后，像暴君一样使用强制的手段，打扮得像波斯人一样，身边有埃及和波斯保镖随行。简而言之，他刚刚打败了波斯军队，就把自己变得像波斯皇帝一样。

因为这种发展趋势，爱奥尼亚的一些城市开始恳求雅典人指挥联军。因为爱奥尼亚与雅典有着相同的语言和祖先，他们会觉得雅典人比斯巴达人更亲近，因此人们认为雅典将军掌权自然比那些暴政倾向的斯巴达人更好。

我们并不知道有关保萨尼阿斯的这个故事是否真实准确。保萨尼阿斯被召回斯巴达，尽管在第一次指控中被判无罪，却在第二次指控中被发现与波斯人串通。因此作为惩罚，将他关在庙里活活饿死。斯巴达人本来就很少进行长时间海外战争，这次对保萨尼阿斯的惩罚更让人们厌烦海外战争。所以当爱奥尼亚人拒绝承认保萨尼阿斯的继承者多里斯（Dorkis）时，斯巴达人选择停止争论，默认允许雅典人掌握指挥权。于是雅典变成了新联盟的霸主，因为该联盟曾经在提洛岛建立了金库，所以又常被称为提洛同盟。雅典人还选举了一名财政大臣（Hellenotamiai），负责评估联盟内的贡品。据修昔底德记载，这些贡品表面上是为了掠夺波斯国王的土地，报复波斯人曾经带给雅典的伤害，但实际上，雅典人通过这种方式一下子就获得了臣民、轮船、税收，可以继续军事行动。

雅典人很快就抓住了这个机会并付诸实践。夺得指挥权后，他们进行了一场战争，清除了爱琴海地区的波斯人。但是很快人们发现，雅典对于同盟的领导在米太亚德之子客蒙的塑造下，更倾向于维护雅典的利益。公元前476年，提洛同盟的首个目标是希腊北部斯特里蒙河爱昂的波斯驻军。驱逐波斯驻军非常必要，但是要把当地的所有人都变成奴隶就没那么必要了。围剿爱昂的行动使雅典得到了潘盖翁山的金银矿与马其顿群山中适合建造轮船的木材。围剿爱昂10年后，雅典人开始尝试在该地殖民，公元前465年左右派出一万名殖民者前往九条道（Ennea Hodoi），但是这些殖民者很快被当地的伊顿部落杀害。对此，修昔底德写道："对于他们来说，雅典人占领这一区域是充满敌意的行为。"

希腊岛屿、提洛同盟成员之一的萨索斯也将雅典人在斯特里蒙河出现视作威胁，因为该地控制着对面的色雷斯大陆。据希罗多德的记载，雅典人与萨索斯人在该地区对于市场和矿物资源产生了争议，后来雅典人在一场海战中打败了萨索斯人。萨索斯人投降后，被迫拆除城墙，交出船只，放弃大陆上的财产。后来雅典人又一次尝试将这里变成殖民地，公元前437年左右建立了安菲波利斯小镇，也是伯罗奔尼撒战争的主要战场。提洛同盟开始表现出内部分裂的倾向。

雅典人在公元前476年的爱昂战役中攻占了斯基罗斯岛，将那里的多罗皮亚人收为奴隶。该岛屿在波斯战争中并没有什么战略性意义，但是在地理位置上正处于雅典、利姆诺斯岛、黑海达达尼尔海峡之间的连线上（图8.1），也是雅典粮食运输线路的必经之路，很显然雅典占领斯基罗斯是为了巩固海军实力。同时外来影响也很重要，忒修斯在这座岛上的牺牲为这场战争提供了宗教背景。客蒙最终将忒修斯的遗骸带回雅典，举行了妥善的葬礼，所以在外界看来攻占斯基罗斯岛是一种虔诚的行为。希腊城邦经常把诅咒与赎罪等宗教原因作为进行战争的理由，这次的原因更简单：雅典制度将自己的利益置于一切之上。

后面的行为更加体现了这一点。公元前473年，雅典人征服了卡里斯托斯（埃维亚南部的一座城市，也位于黑海到雅典的粮食运输航线上），并将这座城市加入提洛同盟中。公元前5世纪晚期，雅典人将该地作为自己的属地（雅典人的殖民地，同时保留雅典公民身份）。后来公元前470—前469年时，纳克索斯岛想要退出提洛同盟，发起叛乱，最终被雅典人制服。

关于雅典人在公元前5世纪时对待同盟城邦是否越来越严苛，历史学家们在这个问题上并没有达成共识，但是雅典的统治模式从一开始就很明确。攻占与屠杀是帝国常常采用的方式，雅典人从一开始就采取了这种方法，提洛同盟最早的时候也只是雅典政策的工具。公元前467—前465年的波利米登战役中，客蒙打败了波斯由200艘船组成的舰队，从此提洛同盟正式变成雅典的帝国海军部队（图8.2）。

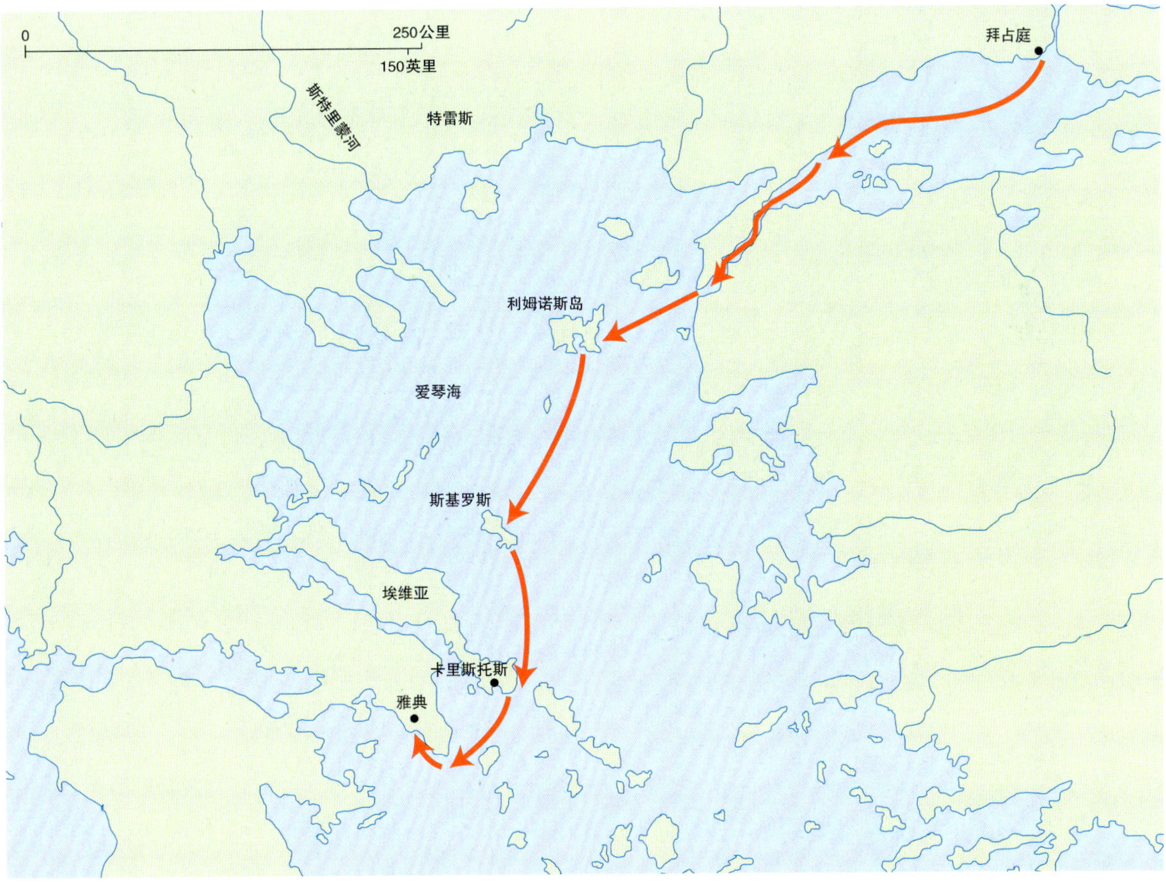

图8.1 爱琴海北部地图，标出了黑海到雅典粮食运输线路，以及雅典人的主要活动区域，公元前479—前465年。注意保护粮食沿线各站的重要性，以及控制斯特里蒙河矿产资源与河口资源丰富的色雷斯地区的重要性

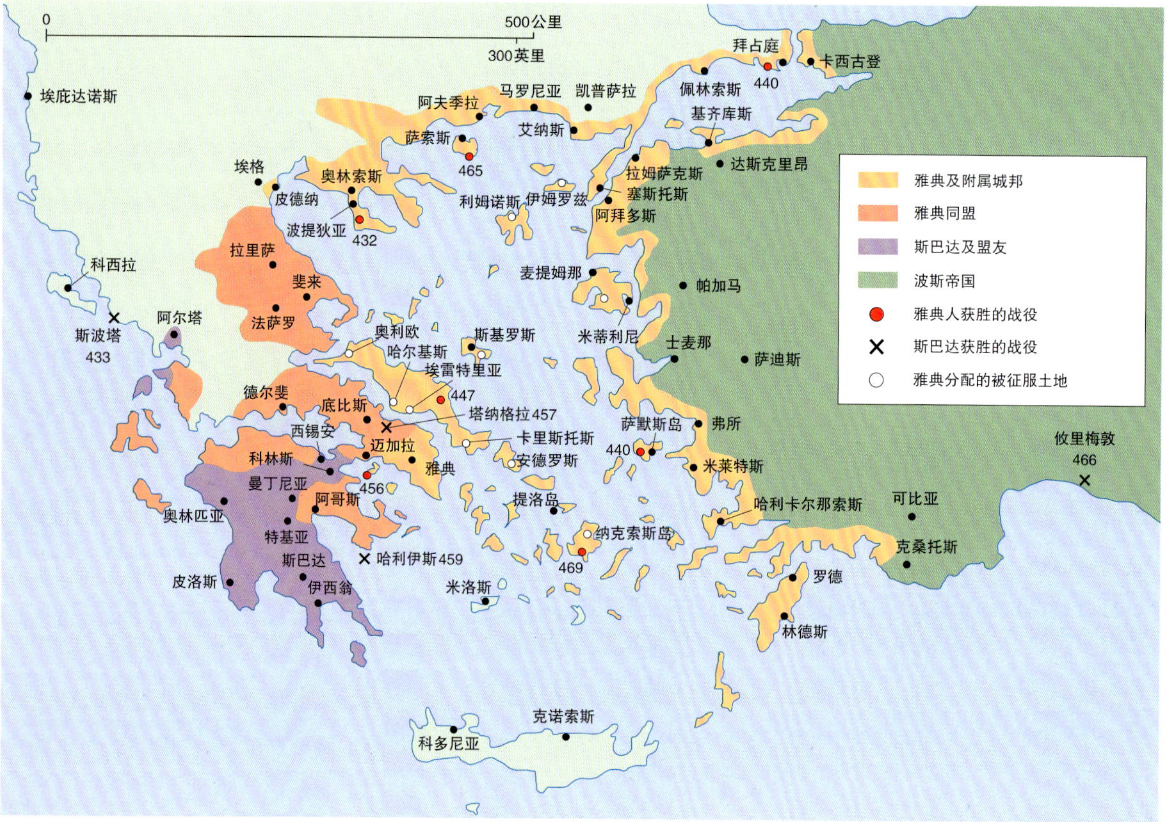

图8.2 爱琴海地图，图中显示的是提洛同盟及战争与叛乱。攸里梅敦位于地图东部边缘

民主机构

如果雅典变成帝国是为了继续与波斯开战，他们在一系列波斯战争中内部的民主制度并没有受到影响。对外帝国主义、对内民主是古典时期雅典的特征之一，我们将通过研究雅典的民主制度内部怎样运行、怎样与帝国主义联结起来，理解雅典如何调和这种看似矛盾的问题。

公民大会与执政官

执政权属于所有民众。我们在第六章中就曾提到过，公元前508年波斯战争刚刚结束，克里斯提尼就设计出了一套复杂的体系，包括定居点、三分区和部落，这一体系的目的是将公民群体组织起来，权力下放到民众，减少党派之争对雅典的影响。公元前5世纪时，很多城邦即将进入无政府状态，这时支撑雅典民主的主要是公民大会。公民大会每年举办40次，公民历的10个月中，每个月举行4次。每个月都有一次会议被定为最高会议（Kyria Ekklesia），讨论有关战争、外国使臣提议等有关问题（例如，同盟的贡品在最高会议上正式呈送给雅典人，反映出民主受益于雅典帝国权力）。

由于这是直接参与型民主，普通公民也可以在会议中听地方执政官和城市领导讨论修建庙宇的提议或市场里的粮食价格等各种各样的公民问题。五百人议事会负责准备简单的议程。主席团（proedroi）由9人组成，每次会议中轮换任职，他们负责监督会议进程，在场的每个人都可以发言。会议一般在城市广场西南的露天会场（Pnyx）举行，所有接受过军事训练的雅典人都可以参加。

这一制度在整个古典时期都持续发挥作用，但是并不是一成不变的。公元前5世纪，民主有了进一步发展。克里斯提尼后的第一代，雅典公民可以娶非雅典籍的妻子，他的儿子依然可以继承公民权。波斯战争后的第一代杰出领导人客蒙就是这种婚姻下的后代：他的父亲米太亚德是菲莱代贵族后裔，母亲是色雷斯国王欧若鲁斯（Oloros）的女儿艾格西比。然而公元前451年，雅典人改变了获得公民权的条件，只有公民身份的父亲和雅典人母亲生出的孩子才能获得公民权。这一改变是为了确保雅典公民的排他性，还是伯里克利（提出新法律的人）针对政治对手客蒙及其他娶了非雅典人的贵族所采取的措施？答案是二者皆有。

除公民大会，民主体制还依赖于地方执政官监督城市事务，其中最重要的三位执政官，也就是雅典的“统治者”，分别为负责掌管军队的军事执政官；雅典的主要神父，负责代表全民奉上供品的司祭官；还有最重要的正职执政官，在位一年的时间中是城邦元首，因为当时的雅典纪年以正职执政官命名，所以也被称为名年执政官。雅典的官方记录一般都有规定的格式，例如“在哈格农当执政官的时候”。尽管这样的安排持续了几百年，直到600年后的罗马时代还会选举名年执政官，但是执政官也不是一成不变的。

早在公元前487年，雅典人就改变了选择执政官的方法。之前，梭伦人口普查中人数最多的两个阶级中的男性才有可能当选，但是公元前487年之后，不再举行普选，而是在上交的合格候选人名单中随机选择。公元前458/457年时，梭伦定下的四个等级中的第三级人口也可以参加执政官候选，因此执政官制度也更加民主与平等，执政官不再是贵族的“专利”，普通人也可以参加。

公元前454—前451年，执政官选拔刚刚开放后，雅典人引入了酬劳制度（misthos），即为陪审团的服务支付费用，而这只是当时付费的一系列服务之一。这种服务付费的形式与公民法一样，不仅反映出公元前5世纪中叶民主的广泛实施，还反映出客蒙与伯里克利之间的竞争。5个世纪后，普鲁塔克这样解释酬劳制度：

> 刚开始，他（伯里克利）反对客蒙，希望自己能讨好群众。客蒙会为需要的人提供晚餐，为老人提供衣服，拆除庄园里的篱笆让摘果子的人进来，而伯里克利在财富中处于劣势，于是他选择利用人们自己的资源。很快，节日奖金、陪审员的工资和其他收入彻底收买了大众。
>
> [普鲁塔克,《伯里克利传》（*Life of Perikles*）9.2，佩林译，修订版]

普鲁塔克写到的“节日奖金”就是当时专用金库（theorikon）里的钱，贫穷的公民们无法支付剧场门票或者主要宗教节日的花销，都会得到城邦的资助。普鲁塔克认为这是一种贿赂。但是我们应该记得很多历史学家和哲学家都认为古典时期的雅典民主是拒绝贿赂的，所以普鲁塔克认为这种专用金库与补偿只是为了迎合大众。另一种看待国家基金的角度认为民主机构的演变是为了给更多的人提供雅典公民生活中的投资，其他精英机构也会逐渐开放。

五百人议事会与最高法院（Areopagus）

城邦每日运行的雅典民主中，最重要机构是克里斯提尼设立的五百人议事会。五百人议事会与公民权和执政官一样，在过去的历史中也发生过变化。曾经的五百人议事会在10个部落中各选出50人。希腊化时期与罗马时代，随着部落数量增加、减少，议事会规模也有所改变。然而，从最初公元前508年设立后，五百人议事会保持了200年，说明那时雅典人的行政管理非常稳定。

公元前5世纪早期，公民大会在城市广场西侧的旧议事会厅（**图8.3**）举行，后来改到后面新修建的新议事会厅。五百人议事会的组成反映了克里斯提尼改革的原则，参会成员并不是通过选举，而是通过抽签任命。三分区和部落内的每个定居点每年都需要选出固定数量的代表。来自同一部落的50人组成一个主席团（prytaneis），10个部落在一年中轮流执政一个月（公民纪年中一年有10个月）。被选入代表的公民10年之内不会再次参与选举，所以大部分雅典人在一生中都有至少一次当选议员的机会。

议会在雅典民主中心的地位又一次说明大体环境与特定政治事件之间的结合有时候是无法预测的。公元前464年，希腊南部发生了一次地震，很快斯巴达的奴隶群体开始起义，撤到了伊索姆山，斯巴达的奴隶主准备在那里围攻他们。长久以来客蒙的贵族家庭都认为斯巴达人是他们天然的盟友，所以在客蒙的命令下，（围攻经验丰富的）雅典人为斯巴达人提供了帮助。无论斯巴达与雅典人在波斯战争前有什么冲突，都因为奴隶起义团结在了一起，但是斯巴达人很快开始害怕这些傲慢的雅典人，害怕他们会在斯巴达传播民主思想造成起义，所以解散了雅典军队。

面对斯巴达的侮辱，雅典人放逐了客蒙，他的任期也因此结束，却正好为对手伯里克利的胜利提供了条件，除此之外还有很多更彻底的改变。对客蒙的放逐、对放逐伯罗奔尼撒人的反应，恰好与雅典日益增长的民主力量相吻合。客蒙不在的日子，更激进、更民主的新政治家很快在雅典崭露头角。其中一位是厄菲阿尔特，他的名字与一系列改革有关，但是在其他方面却很少见到这个人。他关注的重点在雅典最高法院，与克里斯提尼的五百人议事会不同，里面的成员都是长期任职的。该机构由前执政官任职，既有咨询的功能，又能充当谋杀法庭。亚里士多德的记载中还提到该机构在维护宪法外的其他功能，这些额外功能剥夺了厄菲阿尔特的权力。人们一直以来对于这些权力的性质（以及厄菲阿尔特改革带来的问题）争论不休，其中一个观点认为他攻击的重点是最高法庭对于检验候选人条件与地方执政官表现的权威，现在权力都转移到了五百人议事会。我们应该记得，最高法庭由前执政官组成，成员都是城市中的精英，而且不对公民大会或其他民主体系负责。这种观点认为最高法庭的存在证明了“寡头铁律”，即所有民主机构都有发展成寡头政治的倾向。但是对于最高法庭，随着民主信心加强，寡头政治发展下的遗留机构也需要适

图8.3 旧议事会厅模型，约公元前500年

应，否则就会被淘汰。

公元前461年，厄菲阿尔特的改革标志克里斯提尼的五百人议事会成为雅典城邦的权力中心，负责规划大会议程、审查候选官员条件、检查即将离职的地方行政官账目（euthyna）。此外，五百人议事会还负责所有公共建筑的修建与维护，器具、木材、航行等舰队准备的方方面面，以及战船维护、新船试运行等工作。进入国库的所有租赁、税收、收入都由专人管理，但是需要符合五百人议事会的规则。五百人议事会甚至还会检查雅典城邦拥有的马匹。议会监督覆盖了公民生活的方方面面，每天24小时、一周7天，无时无刻不在进行监督。每一天中都有50名议员任职，每个月的那一整天都是他们的工作时间。他们会在城市广场西面的圆顶建筑里生活、睡觉、吃饭，时刻准备应对各种各样的危机（图8.4）。

图8.4 圆顶建筑模型，当值人员休息吃饭的地方

这种制度的成功与弹性表现在公元前4世纪30年代狄摩西尼（Demosthenes）的民主中。这种民主非常接近在此200年前克里斯提尼的最初设想，平衡公民大会的群体与议会行政专家之间的权力（图8.5），同时还依赖于少数官员的存在。我们之前看到军事执政官、司祭官、正职执政官分别是雅典的总司令、最高祭司、雅典城邦的主要运行官，除此之外，还有六位重要的“执法官”（Thesmothetai）监督法庭运行，但是他们的主要任务是监督法律是否真正实施，并不负责起草法律。其他各级官员负责一系列公共事务，如公共拍卖没收的东西（Poletai）、市场中使用法定度量单位（Agoranomoi）、监督粮食供应、防止价格变动（Sitophylakes）。每年，负责公共事务的地方执政官都会对支出进行明确的汇报，然后由城邦内的会计（Logistai）进行审核，公布结果。下面是公元前434年左右的一份文件，表现出雅典人严格地核对各项收入、支出，对于宗教祭祀有关的支出尤其注意：

> 以后，财政主管需要把一年中的收入支出刻在钢板上，供会计审核。他们也需要每年泛雅典娜节的时候，像负责雅典娜财产的官员那样公布账目。
>
> （IG 13 52，兰伯特、罗兹译）

理论与实践中的民主

公民大会、五百人议事会与地方行政官使雅典成为庞大而组织有序的城邦，有序的公民生活中最基本的责任制、监督制原则运行了起来。如果没有这些机构，雅典仍然还是那些小而分散的农场、村庄，并没

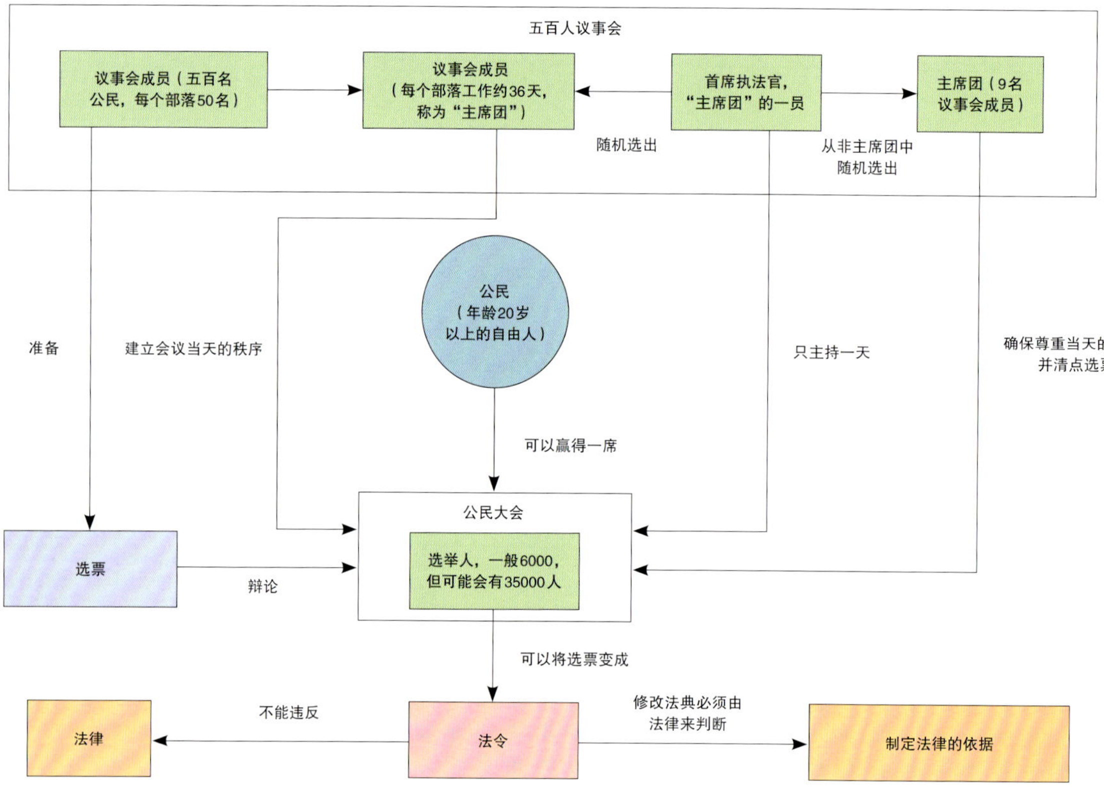

图8.5 雅典民主中五百人议事会与公民大会的角色

有什么重要意义。同时，在体验过庇西特拉图家族的僭主统治和后来的波斯威胁后，雅典人意识到权力不能集中于一人手中。因此，无论是地方行政官还是议会成员，任期都仅有一年，长期任职的官员权力也都被分散开来。共同掌权、任期一年与陶片放逐法都是雅典任职的基本原则，反映出雅典人害怕权力集中于某一人。下面的流程图中复杂的体系就是雅典民主的制度（**图8.6**）。

雅典民主的其他领域也可圈可点，大会商议并不局限于公民大会，10个部落也会分别召开自己会议，选举当地的行政官（Phylarch）与雅典军队的10个将军。雅典的每个定居点也会经常集会，按照定居点的日程进行供奉，选举自己的官员（Demarch）。这些机构的存在以及民主制度自下而上的复制对雅典民主长期存在起到了关键作用，雅典人的公民身份就像俄罗斯套娃一样，从小的定居点到中间的部落，再到大的城邦，整个体系基于相同的形式、方法、习惯而存在。

法庭与讲演术

雅典体系中对民主运行起到关键作用的是法庭，因此雅典人认为他们的民主拥有至高无上的荣耀。雅典法庭与现代的法庭并不完全一样，由500、1000或1500人组成陪审团。审判过程中，并不关注证据或程序，现存的法庭演讲证明其中一些案件非常残酷。例如狄摩西尼（公元前384—前322年）毫不犹豫地杀死了对手埃斯基涅斯的父母，只是为了毁掉对手的名誉。他直接质问对手：

先从你的父亲托姆斯（Tromes）说起吧，他是艾尔皮亚斯家的奴隶……后来他为什么被戴上枷锁和木轭？你的母亲呢，她是怎么在英雄卡莱米提神龛附近的小棚子里进行礼拜，凑够钱抚养你长大的？她好看的洋娃娃，是最好的演员吗？

[狄摩西尼,《论王冠》

（*On the Crown*）18.133，麦金纳尼译]

需要注意的是，埃斯基涅斯经常讽刺狄摩西尼与好看的年轻男性之间的关系。至少在法庭上看着他们两个都是一件让人愉快的事。公元前5世纪时，阿里斯托芬认为法庭既是民主制度的基础，也是娱乐来源。他的话剧《黄蜂》（*Wasps*），得名于雅典陪审员喜欢“叮”他们的受害者，其中菲洛克里昂（Philokleon）提到原告怎么对待这些陪审员：

哦，你们用了什么方法保证无罪释放！啊，所有的奉承都是对陪审团说的！一些人抱怨自己贫穷而且还夸大程度，一些人给我们讲些逸闻趣事或伊索寓言，还有一些人开始讲笑话，他们认为我会被收买的。但是如

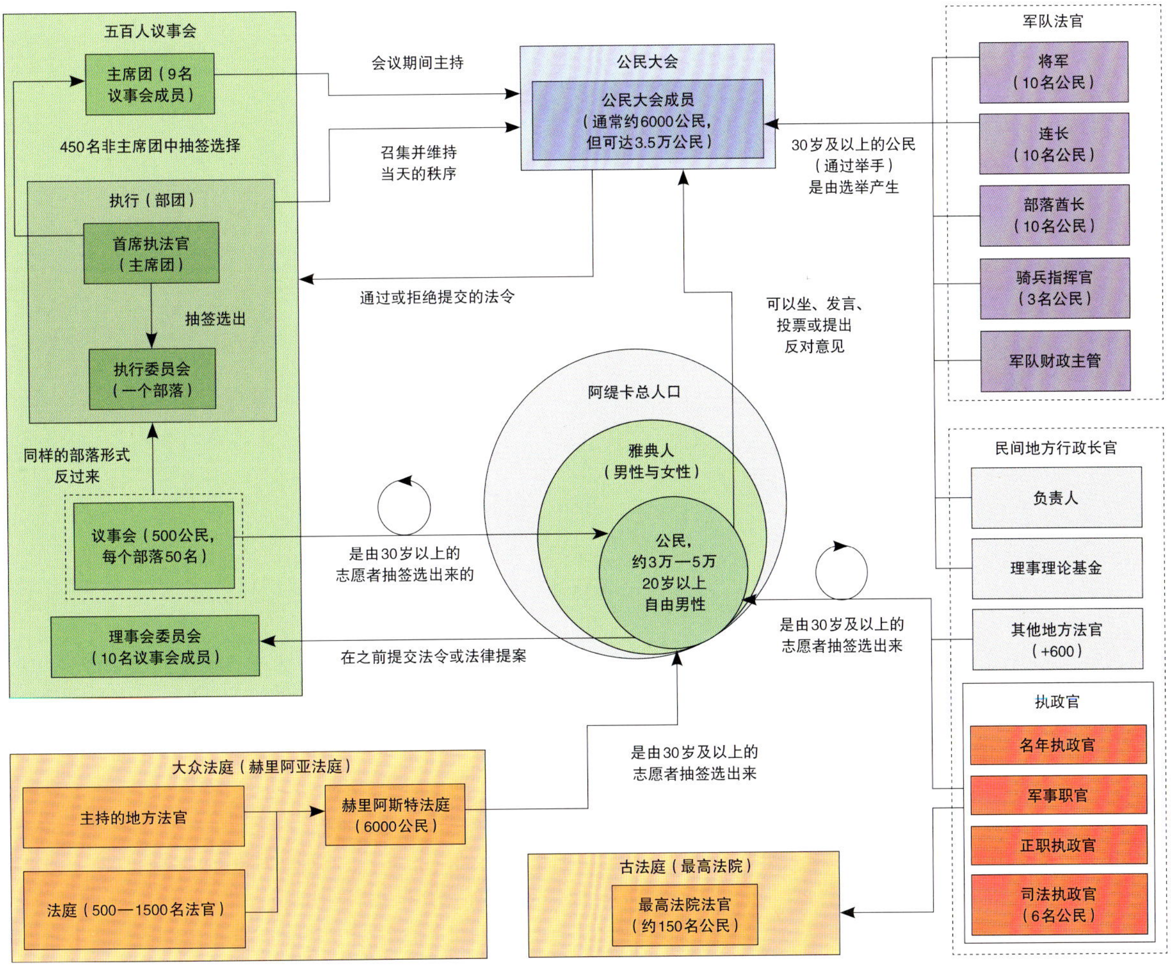

图8.6 雅典民主体系

图8.7 城市官员公墓发掘，雅典

果我们都没有赢得胜利，他们为什么还要拉着男孩女孩的手，俯首跪拜，孩子的父亲就像看见了神那样颤抖，恳求我看在孩子的面上不要惩罚他，“如果你喜欢绵羊的声音，就可怜可怜我的孩子吧”。因为我喜欢小猪，就要屈服于他女儿的祈祷，然后我们对他的怒火稍稍平息。这是多么强大的力量，在这种力量面前，财富都会相形见绌？

（阿里斯托芬，《黄蜂》563—75，奥尼尔译）

图8.8 投票机，公元前3世纪，石制，高59厘米

当然，阿里斯托芬的剧本中有很多搞笑的夸张，但是我们依然需要注意菲洛克里昂演讲的一个特点：饰演菲洛克里昂的演员在剧场面对观众的表演，与现实生活中发言者在大会上面对陪审团或政客时发言方式一致。所以当菲洛克里昂说到雅典人是一个非常强大的整体时，他又一次肯定了民主的实践，他面向每一个观众，说道：

> 谈到权力，我难道不是万神之王吗？如果我们的大会内部嘈杂，人们路过的时候都在说："天呐！陪审团内部还吵个不停！"如果我放出闪电，连最富有、最高贵的人们会被吓个半死。你也会害怕我，是的，你害怕了。但是你吓我的话，我会被你吓死。
>
> （《黄蜂》629—30，奥尼尔译）

雅典民主不是一种意识形态，也不是思想的集合，更像是一套习惯，在法庭、剧院、大会、祭祀宴会等雅典人作为整体出现的不同场景下强调民主的行为。这些民主行为中最显著的一个例子是葬礼祭文，每次竞选季结束时，雅典人聚在一起聆听演说家对死者的悼词。公元前431年，伯里克利纪念那些伯罗奔尼撒战争中去世士兵的演讲是最有名的例子。我们在第一章中看到，伯里克利的演讲意义非凡，他向活着的人发出挑战，认为雅典现在的辉煌是死人牺牲的勋章。如果把伯里克利对死者集体的称赞与《荷马史诗》中强调的个人荣誉进行对比，我们会发现公元前5世纪非常强调群体精神。伯里克利在演讲中没有提到任何一个人的名字，而是把台下的观众看作一个整体。他想要表达的意思是所有活着的雅典人都应该用荣誉约束自己，像死者那样奋力战斗、牺牲自己。雅典这座城市就像是美丽的女子，激发出男人们的英雄主义。这种拟人似乎有些色情含义，但其后的隐含意义更加明显：《荷马史诗》中的英雄为个人荣誉而战，雅典人为雅典而战。提尔泰奥斯曾经也对斯巴达人表达出相似的观点，但是雅典的群体精神多了几分民主的意味，每个人都是这个城市组织的一部分。近期的考古挖掘发现迪普利翁门外的城市官员公墓都是雅典人的尸体（图8.7），雅典人这种平等主义的精神在死后依然存在。

粗俗又高贵的言辞是古代民主的特征，但是也会让人联想到强大的、有说服力的人怀着成为僭主的野心。令人害怕恐惧也解释了雅典民主法院与陪审团的特征。首先，陪审团规模庞大，因此在陪审团上做手脚、操纵审判几乎不可能。而且，陪审团成员是以抽签形式选出来的，他们把自己的签放在投票机中（图8.8），然后彩色记号笔会掉进旁边的管子里，不同的颜色代表中选或落选。这个过程都是随机的，被选中的人凭签获得薪酬。

这个体系的目的是让更多人参与投票，但是现代的作家开始把民主浪漫化，其中最明显的一点是参选的人不包括妇女、奴隶，特殊情况下还不包括雅典的外国人。4万生来自由的雅典公民中（总人口可能有30万），也有一些人参与政治生活比别人都积极。那些演讲时令人信服、声音洪亮、内容丰富的人促进大会成功开展，而那些结巴、胆小的演讲者只会被人嘲笑。雅典人喜欢刺激的演讲，修辞手法的使用被视为受过教育的标志。狄摩西尼讲述的马其顿腓力大使到达雅典后的一个笑话表现了雅典当时的骚乱。这个故事大概发生在公元前4世纪，真实记录了公民大会辩论时的喧闹混乱：

> 那天一些色萨利人和来自菲利普的信使前来要求投票支持腓力大使进入议会。大会提出抗议，拒绝听他们的陈述，埃斯基涅斯从讲台上下来，在腓力大使面前喊道："现在这么多抗议的人，但是关键时刻怎么就没有这么多士兵。"
>
> （狄摩西尼，19.111—13，文斯译，修订版）

埃斯基涅斯像演员一样接受训练，有能力、有信心压倒那些听演讲时发牢骚的观众，但是尽管大会上充满了辱骂、奚落与诽谤，询问"谁想要发言"时并不会有人回应。

除了讲演术，第二个特征是军事部门与民主的平等主义相悖。将军们每年都可以任职，这是雅典民主体制中唯一不实行轮值的部门。因此，一位强大的演讲者所说的话值得人们倾听，可以吸引观众的注意，也能成为成功的将军，并以此作为长期的职业。这样的人家庭一般比较富有、地位较高，他们自称为"出身良好的人"。伯里克利的经历说明了良好的出身背景、演说家的杰出才能、一系列的军事运动，结合起来变成了他的政治权利，因此他能够统治雅典二十多年并非巧合。财富与贵族出身看上去与民主价值不同，但是雅典人并不是最后一个把民主与王朝政治结合起来的国家。世界上最大的民主国家印度在最后60年中有40年都是由甘地-尼赫鲁家族领导。美国的亚当、罗斯福、肯尼迪、布什、克林顿等家族也都在民主体制中地位突出。

帝国民主

客蒙的事业与政策失败，使其他更受欢迎的民主领导人出现（如厄菲阿尔特、伯里克利）。与资格、薪酬有关的各项改革，克里斯提尼的权力加强，这些都表现出公元前5世纪中叶雅典的体制变得越来越平等。一方面，这是可以预料到的，因为以自身民主制度为傲的城邦一定会鼓励越来越多的人参与其中。同时，越来越多的人参与到雅典帝国的管理中，也促进了大家积极参与民主。在亚里士多德的记载中，雅典帝国的顶峰时刻，每年需要派出700位行政官监督同盟城邦的事务，尤其是收缴贡品。这些行政官由雅典城邦选出，对雅典而非同盟负责。每年，九十多艘战舰组成的舰队会在爱琴海地区巡逻，把雅典军队与守卫将领送到不同地方，

图8.9 记录伤亡者名单的雅典浮雕，公元前394—前393年，大理石，宽1.03米

收缴贡品，向同盟和非希腊人展现雅典的能力能够覆盖整个爱琴海地区。每艘战船上需要至少150人，整个舰队在航行期至少需要召集1.35万名桨手。很多人都来自最低等级，其中也包括奴隶（对于一些奴隶主来说，在建筑和其他需要体力劳动的领域，也经常可以看到低等的自由人与奴隶一同工作）。水手长、士官、造船工、木匠、修帆工、比雷埃夫斯港（雅典港口）的供应商，加上地方行政官、验船师、官员、驻军，在雅典与爱琴海的各个角落之间不断航行，雅典因此出现一幅复杂的画面——官僚主义、舰队、军队、税收涉及雅典社会生活的方方面面。因此雅典人在内部发展出一种完全民主的制度，同时还确保帝国最大程度控制外面的希腊人，雅典的民主与雅典的帝国互相依靠。

雅典的势力范围主要是爱琴海地区，但是随着伯里克利崛起，客蒙后一代领导人对不同地区的其他城邦采取了新的侵略政策。第一项就是希腊中部。客蒙的耻辱使希腊舆论反对斯巴达，雅典人希望把势力渗透到希腊中部，因此与底比斯产生了冲突，结果造成了雅典人与斯巴达人和底比斯人长期的战争冲突。这些战争尽管战场主要在波奥提亚，但是一般合称为第一次伯罗奔尼撒战争（公元前460—前445年）。然而，战争并没有结束（后来公元前431—前404年的战争一般被历史学家称为伯罗奔尼撒战争），公元前457年，斯巴达在塔纳格拉取得胜利，两个月后雅典人又在奥伊诺斐塔取得了胜利。

雅典人继续在各个战线上远征，雅典一块刻着阵亡将士名字的石碑就能说明这一点。艾瑞克瑟斯为公元前460—前459年阵亡的180位将士立了一块石碑，上面提到了这些战场：

> 艾瑞克瑟斯的这些人
> 在同一年
> 在塞浦路斯、埃及、
> 腓尼基、哈利伊斯、艾伊娜、迈加拉牺牲
>
> （IG I³ 1147，兰伯特、奥斯本译）

这些伤亡名单写在雅典墓地等公共场所，上面的浮雕把这些人称作英雄（**图8.9**）。

其中很多战争并没有在文学作品中提到，说明我们对雅典战争的了解并不全面。但是我们知道，公元前460年，雅典人向塞浦路斯派出一支海军舰队，随后奉命前往埃及，支持当地领袖伊纳罗斯（Inaros）领导的反波斯运动。刚开始还很顺利，但是后来雅典人被波斯将军麦加巴佐斯（Megabazos）围攻，200艘船的全部力量被毁。而且公元前454年，再次派出的50艘船的舰队并不知道前面的情况，因此也全部被毁。

危机中的提洛同盟

雅典很快从权力巅峰跌落下来。波斯战争后的20年，雅典势力渗透到爱琴海地区，继续与波斯的战争。因为强大的海军力量与同盟的贡献，雅典成功清除了波斯在爱琴海地区的全部实力，并且建立起帝国统治。但是公元前5世纪50年代中叶时，雅典内外面临着完全不同的政治局面。波斯不再是威胁，斯巴达也不再是可靠的盟友，底比斯与迈加拉也不再友好相待。更重要的是，平静的表面下暗藏盟友对雅典的不满、反抗。在埃及的那场灾难使雅典的船力、人力遭受了重大损失，所以雅典人意识到现实的残酷，进行了一段时间的调整。波斯战争失败后，提洛同盟的金库从提洛转移到雅典，这一举措非常重要，因为埃及的灾难使米莱特斯、埃里斯莱等盟国开始反抗。雅典卫城的一块铭文（现已丢失）上面记录了雅典人当时镇压埃里斯莱的过程，他们干涉城邦内部法律秩序，和解协定的条款如下：

> 大会应由120人组成，（选入大会的成员应该接受审查）……30岁以下的公民才可成为议员；（拒绝接受审查的人）会被起诉。成为议员的人4年内不能再次任职。如果监督员和将军被分入议会，任期结束30天后才可以再次入选。
>
> （IG I³，兰伯特、罗兹译）

这些内容表现出雅典人在法律与经济上的明显干涉。埃里斯莱议会仿照克里斯提尼的会议而设，依照同样的规则实行，审查、固定任期、轮流执政等概念都源自雅典，但是很明显雅典的监督员和将军才是真正负责的人，这个机构看上去是民主的，但实际上与雅典的帝国主义权力有所联系。

公元前451年，客蒙结束了10年的流放期，回来后与斯巴达达成了5年的和平条约。他的归来意味着雅典与波斯恢复了敌对关系，与斯巴达的和平条约签署后，客蒙带着一支200艘船的精干部队前往塞浦路斯。这次战役的细节我们并不是很清楚，但很可能是利用了波斯帝国西部叙利亚到埃及之间区域的一些叛乱与

不满。塞浦路斯位于希腊世界与地中海东部地区的交叉口，那里住着下海的腓尼基人。客蒙抓住这次机会，利用波斯人与腓尼基人的弱点，进一步将雅典的势力渗透到远方。然而，在塞浦路斯包围克提昂的过程中，客蒙牺牲，因此盟军放弃了进一步解放塞浦路斯的目标，返回雅典。

《卡里阿斯和约》？

公元前5世纪中叶，雅典面临着选择，内部的民主还比较稳定，但是客蒙死后，伯里克利享有的至高无上地位并不民主（古代的资料显示，厄菲阿尔特公元前461年改革完成后很快被刺杀）。伯里克利并不是没有受到过挑战，但是此后20年内的很多决策都是他做出的，因此历史学家将公元前5世纪的50至75年称作伯里克利时代（下一章中我们还会讲到公元前5世纪的文化生活）。

伯里克利时代的雅典，客蒙的那些亲斯巴达、反波斯的政策开始变得过时。斯巴达从波斯战争开始就一直是雅典的盟友吗？现代历史认为斯巴达人与雅典人一直在希腊中部进行斗争。波斯依然是雅典人共有的敌人吗？很可能，但是如果雅典人不干涉波斯人的内政，波斯人也很可能不干涉他们的生活。因此现在正好是雅典与波斯和好的机会。然而，能否通过谈判实现和平是公元前5世纪中的主要问题。

证实和平关系的一个有力证据就是被复原的提洛同盟贡品清单中，有一块巨大的石碑，名为“第一石”（the Lapis Primus），上面记载了公元前454—前440年这些同盟国向雅典娜献上的贡品，通过这些记录我们可以计算出他们每年为雅典缴纳多少贡品（雅典娜得到的贡品占雅典总数的六分之一）。20世纪30年代时，人们尝试从这些碎片中恢复出当时的记录，15年的时间里只有14年的记录，也就是说有一年没有记录，人们认为没有记录的那一年是公元前449年，重塑的一系列事件正好可以解释这一空缺。公元前450年，客蒙死后，他们开始争论，准备再次与波斯进行协商，公元前450—前449年进行协商后达成了协议。后来的资料将参与谈判的大使称作卡里阿斯，所以这个协议一般叫作“卡里阿斯和约”。雅典人刚刚和共同的敌人签订和平条约，所以在那一年中他们很少收到贡品作为战争基金。然而由于雅典人不愿放弃他们建立帝国的想法，所以第二年又恢复了征收贡品，但是从贡品清单上可以看出同盟城邦开始对雅典的帝国野心逐渐表现出不满。

尽管复原的清单很有吸引力，但是却没有说服所有人。也许最大的障碍是公元前5世纪重要的历史学家修昔底德并没有提到《卡里阿斯和约》。修昔底德曾经记录下公元前479年波斯战争结束时期到公元前431年伯罗奔尼撒战争爆发之间雅典力量的增长变化，但是很难理解他为什么漏掉了公元前449年标志冲突结束的和平协定。而且，有人怀疑，卡里阿斯和平协定在我们的资料中出现，是因为公元前4世纪的演说家伊萨格拉斯和吕枯尔法斯经常在演说中使用，他们经常将卡里阿斯和平协定与自己这个年代屈辱的和平条约进行对比。换句话说，我们拥有的资料往往带有一些倾向性，而且其中对协定中规定的地理限制信息（例如：波斯军队和舰队最远可以到达希腊的哪个位置）也不统一，因此并不可信。伊索克拉底在公元前4世纪80年代的著作中提到，这位伟大的国王受到条约限制，不能在哈吕斯河西部活动，如果这一细节是真实的，就意味着他需要割让小亚细亚西部一半多土地。这简直不可思议，而且与我们现在所知的波斯在公元前4—前5世纪对土地的控制相悖。因为没有相关考古发现，我们并不能证明雅典人与波斯大帝是否签署过和平协定。公元前4世纪的历史学家瑟俄彭珀斯（Theopompos）认为这是伪造的，历史上并没有过官方的条约。然而，还有一种可能值得我们考虑，希罗多德告诉我们一位叫卡里阿斯的雅典人去苏萨办事，当时阿哥斯的代表团前来询问阿尔塔薛西斯一世，之前父辈签署的条约是否还有效。公元前465—前424年阿尔塔薛西斯在位，所以阿哥斯来访的时候大概在公元前449年。因为波斯与雅典之间的和平条约，所以阿哥斯派使者来到苏萨，证明雅典之前与波斯达成的协议。如果希罗多德的叙述能够证明当时卡里阿斯在苏萨，一些人会想到，如果卡里阿斯不是来讨论雅典与波斯之间的问题，他还会去干什么呢？此外，洛伦·萨蒙（Loren Samons）近期又提出了一个新观点，当时的讨论并没有达成正式的条约，只是双方有所和解。这一点的确在任何资料中都没有涉及，但是如果并没有达成正式的协议，卡里阿斯与伯里克利也一定不会吹嘘这个协定。这个解释正好可以对应没有贡品的那一年，人们已经协商好停战了，为什么还要为打仗做准备呢？后来这种非正式的协定逐渐变成正式的和平状态。

殖民地与属地

很多学者认为，公元前5世纪40年代开始，由于要对同盟重新进行严格控制，雅典开始以强硬的态度对待他们的盟友，准确来说是臣服于他们的从属。也许我们认为雅典帝国因为受到保守的影响，也就是我们发现雅典在公元前4世纪后半叶有更多的铭文，但是我们知道雅典已经发展出一系列方法，加强对于爱琴海地区的控制。这些内容包括：干预高级军事力量、海军力量，建立殖民地，在同盟领土内建立属地（下文会讲到），强制使用雅典的重量单位，测量单位、在法律纠纷中要求同盟必须遵循雅典法律。铭文记录以及修昔底德的50年记（波斯战争到伯罗奔尼撒战争之间的历史时期）都能体现出当时雅典帝国性的这些特征。

殖民地

殖民地成为雅典控制同盟成员的一种方式。然而不同的历史资料对于雅典态度的记载也有所不同。例如，我们会在修昔底德的《伯罗奔尼撒战争史》中看到，公元前446年，雅典在波伊奥提亚战争中占领了喀罗尼亚，当地的人都被归为奴隶（1.113—15）。柯洪内亚之战不久后，雅典被波伊奥提亚军队打败，公元前5世纪50年代的这次逆转使提洛同盟的关系开始动荡。埃维亚的几个城市开始叛乱，伯里克利带领着雅典军队远征，镇压起义。西斯底亚城被吞并，当地居民变成奴隶，土地归于希腊殖民者。另一座城市祈求和平，有一篇冗长的铭文说明了雅典人怎样使用法律加强统治。镇压了埃维亚起义后，雅典人决定与埃维亚最大城市哈尔基斯建立关系，他们在一块石头上刻下了誓言：

> 我发誓不会把哈尔基斯人驱逐出去，不会摧毁这座城市，不会剥夺任何人的人权，也不会惩罚、流放囚犯，未经雅典人民允许不在法庭上处死还未定罪的犯人，或没收他们的财产。作为团体（prytany）成员，我不会在没有通知的情况下，出于个人或群体利益做出危害社会的投票。只要我能做到，我会在10天之内将来访的使者带到五百人会议与群众面前。只要哈尔基斯人听命于雅典人，我保证做到以上几点。
>
> （*IG* I^3，404—10兰伯特、奥斯本译）

这是一条重要的证据，反映出雅典对于提洛同盟成员复杂的态度。首先，誓言表现出该地对雅典人的重要性，至少在面对臣民国家时保持了合法性。此外，这些誓言是雅典人制定的一系列保证公平的行为（我们怀疑会强制雅典人真实的行为）。然而，这份誓言可以说明雅典人与哈尔基斯人之间的权力所属。雅典人是最后的决定者，这份协议说明哈尔基斯人的从属关系，双方在协议中并不是平等的，这些条例清楚显示出哈尔基斯人在雅典的庇佑下可以得到什么。

雅典人宣誓以后，所有适龄当兵的哈尔基斯人也都需要宣誓，具体内容是由雅典人制定的：

> 我永远不会以任何手段在言语或行动上反对雅典人民，也不会听从任何企图叛乱的人；如果发现有人造反，会向雅典人举报；经雅典人同意后，我会缴纳贡品；我会努力成为最好的盟友，帮助雅典人民，保卫雅典人民，听从雅典人民指挥。
>
> （*IG* I^3 40 22—31，兰伯特、奥斯本译，修正版）

这明显表现出哈尔基斯人的从属地位，他们发誓不会反抗，还要举报任何企图反抗的行为。他们同意继续缴纳贡品，希望得到公平的对待。原版法令的附录中还有一些细节，强调哈尔基斯人的从属地位。一种隐晦的说法认为雅典人在镇压埃维亚起义时绑架了人质，所以哈尔基斯人恳求放了他们的时候，雅典人礼貌、慎重地拒绝了：

> 关于人质问题，（雅典大使）应该这样回答，雅典人打算投票决定此事，但是他们在做出决定的同时，会经过深思熟虑后在条件方面进行调整，更加适合双方。
>
> （*IG* I^3 40 47—52，兰伯特、奥斯本译）

这种外交语言背后，是根本性的权利不平等：雅典人会驳回或推迟那些关乎原告生死的请求。其他权利不平衡并没有明显表示出来，但是也需要考虑。雅典人在另一处条款中规定：

> 在哈尔基斯的外国人，除了那些不需要向雅典人交税的，还有那些减免税费的，其他人都要像当地人一样缴纳税款。
>
> （*IG* I^3 40 52—57，兰伯特、奥斯本译）

哈尔基斯的个人和群体有不同的税务情况，雅典人决定哈尔基斯的税收制度，很可能有雅典人在哈尔基斯拥有土地、住在那里，还不需要交税。而从属城邦不能享受殖民地与属地享有的特权。

我们可以通过布雷亚殖民地建立的条款看到殖民地作为雅典政治工具的作用。这块殖民地位于爱琴海北部（很可能是在哈尔基斯半岛上），镇压埃维亚起义不久后建成。我们会发现北方一直是雅典人的战略中心，因为那里有丰富的矿物资源与木材。那里和安菲波利斯殖民地的建立目的都是稳定雅典在该地区的统治。这些殖民地也并不只是自谋生路，殖民者会尽到相应的责任，每4年会在泛雅典娜节时送来一头牛（一般是公牛犊或者阉割过的牛）和一套武器，雅典人已经准备好提供帮助：

> 如果有人袭击殖民地，这些城市会按照之前定好的方式，尽快提供帮助。
>
> （*IG* I^3 46 17—19，兰伯特、罗兹译）

殖民地成为雅典的滩头阵地，其实是一个两全的安排。如果科林斯的殖民地波提狄亚等非希腊部落或该地区的其他城市产生冲突，殖民地宪章的相关规定需要雅典代表殖民地进行干预。

布雷亚法规的其他特征也需要我们注意，第一点是，离开雅典的动机很明显是为了土地。殖民地建立的同时雅典派去10名土地调查员，将殖民地划分成不同小块。联想到条例中的最后一句：殖民者是梭伦社会阶级中最下层的双牛级和日佣级。这些人连最小、最边缘的土地也没有。对于他们来说，2英亩的好地远比10英亩难以耕种的土地好。铭文上的内容说明，雅典军队里的士兵都有机会参加殖民远征，（从现在的战争中）回到雅典后，他们有30天时间可以作为额外的殖民者前往布雷亚。简而言之，对于很多人来说殖民地是他们重新开始的机会，但是他们需要与雅典保持紧密的关系。

属地

与雅典持续的关系还和雅典帝国性的另一人口机构——属地有关。属地与殖民地相似，将同盟国或外国的领土分给雅典人，但是保留雅典公民身份与服兵役的义务，所以有人认为属地是位于殖民地与卫戍区之间的组成，使雅典人进入非雅典的领土，对于在爱琴海地区实行帝国统治很有帮助。公元前5世纪50年代晚期到40年代，属地非常盛行，埃维亚、切索尼斯、安德罗斯、纳克索斯都曾经实行过属地政策。当时的雅典面临着失去对提洛同盟控制的问题。波斯战争过后，雅典人为帝国辩护的理由变得越来越空洞。波斯的威胁消失，雅典霸权对于同盟来说越来越繁重，因此更加容易遭到反抗。雅典通过掠夺土地的方式，既安抚了那些动荡的城邦，同时又将其作为一种惩罚措施。我们会发现城邦收到的属地贡品逐年下降，也许是因为雅典属地建立，原来的群体不能支付比之前更高的税率。这些城邦最好的土地现在都在雅典人手中，试图叛乱的城邦也付出了相应的代价。安德罗斯就是个很好的例子：公元前450年，需要缴纳12塔兰特的贡品，但是在公元前449年变为6塔兰特，以后一直以6为标准。公元前453年，埃维亚的卡利斯托斯缴纳12塔兰特，但是4年之内减为5塔兰特。

除了这些分散的碑文证据，修昔底德的记录（3.50）也说明公元前427年镇压莱斯博斯岛的米蒂利尼的叛乱后，属地作为帝国控制的一种机构。雅典人包围了城市后，将1000万名带头叛乱的领导者处死，拆毁城墙，攻占当地的船只。然后他们把莱斯博斯的土地分成3000份，最上等的300份土地送给众神，剩下的分给雅典人。莱斯博斯人以租借的形式为他们耕种土地，每年每份地需要付2米纳银子。因此雅典人每年从这座岛上就能获得100塔兰特，比同盟城邦纳贡多得多。一些学者认为，雅典人在这其中属于外居地主的角色，因此不会扰乱属地的正常生活，但是毫无疑问，属地让雅典富人从中获利，他们在海外获得了肥沃的土地，种植粮食以后再卖回雅典。公元前4世纪末，利姆诺斯岛大部分土地都变成雅典属地，岛上生产的小麦是阿缇卡的四倍，面包小麦尤其突出，这并不是巧合。总之，属地是雅典人控制爱琴海主要经济资源之一。

强制

尽管雅典帝国统治的很多方面引起从属城邦的愤怒，但是修昔底德坚持认为，纳贡是最令人厌烦的方式，他写道：

> 所有反叛的原因中，最主要的是纳贡、船舶、服务不当。雅典人非常严厉，压迫那些不习惯也不愿意长时间工作的人，因此遭到反抗。在其他方面，雅典人并不像之前那些受欢迎的统治者。如果他们得到更好的服务，想要离开同盟的人相应也会减少一些。同盟本身就存在着问题，因为不想付出劳动，大家都交出相应的钱，而不是帮忙造船，这样就可以避免离开家园。因此，雅典人本希望用税收充实海军，但是却因为没有资源或战争经验引起叛乱。
>
> （修昔底德，《伯罗奔尼撒战争史》1.99，克劳利译）

修昔底德在思考权利现实时，总会被不平等群体的表现所吸引，它对于同盟反对纳贡行为的描述符合一种模式，他认为弱势一方被奴役应该负有责任。尽管这样，我们很难拒绝他的这种分析。纳贡在实际上与象征意义中都是同盟城邦臣服的一个明显标志。有人会好奇，同盟城邦的这些人看到“第一石”的时候会有什么感受呢？这个石碑上面记录着同盟国向雅典娜缴纳的贡品，上面还写着一个个城邦的名字。他们因为这是虔诚的行为而感到骄傲？还是因为雅典不断征服其他希腊城邦而感到懊恼？

不是只有这些同盟城邦对雅典的民主、帝国不满，仇视民主的雅典人也意识到民主与帝国同步发展。连接民主与帝国的纽带是海军，既是实行帝国统治的工具，也表现出雅典平等主义精神。还有一些人本身反对帝国的概念，他们认为雅典实行帝国统治相当于道德沦丧。柏拉图在《高尔吉亚篇》(*Gorgias*)一书中，提到苏格拉底感慨帝国崛起及海军力量强大使雅典道德沦丧：

> 卡里克利斯(Kallikles)，你赞扬那些人，他们满足民众对一切需求。他们认为自己将城市变得更好，但是他们却不知道因为这些人，城市长了一颗毒瘤。由于不顾节制与正义，他们将城市各处都建起港湾、码头、围墙，还有贡品与垃圾。因此，当这座城市的发展出现坎坷时，人们会责怪现在的领导人，相反会称赞高拉迪斯、客蒙与伯里克利，然而实际上他们才是罪魁祸首。
>
> (柏拉图《高尔吉亚篇》519a，麦金纳尼译)

这并不是保守派思想家最后一次将权力与繁荣视作道德沦丧的标志。现在美国、英国或者整个西方的道德沦丧，都是保守主义的说辞。因此在雅典，伯罗奔尼撒战争的失败也会影响后面的思想家，让他们怀念之前那个贫穷、谦逊却正直的雅典。这种怀旧之情在所有不平等的时代都会出现，毕竟每个时期都有属于自己的“唐顿庄园”。

公元前431年，伯罗奔尼撒战争爆发时，雅典人依靠帝国提供粮食和收入。他们通过增加爱琴海地区的贸易完成了这一目标。例如，公元前5世纪中，提洛同盟中使用自己货币的城邦由公元前478年的79个下降到公元前420年的34个。铸造自己的货币是一个群体自治权的标志，本地货币不断减少说明雅典经济实力增长。然而公元前431年，战争爆发后，收入和粮食都受到了威胁，很多人担心没有缴纳的贡品，实际上贡品数量越来越不足。毫无疑问，雅典采取了措施加强对同盟城邦的控制，克勒俄倪摩斯(Kleonymos)、索蒂珀斯(Thoudippos)、克莱尼亚斯(Kleinias)等政治家提出了一些促进税收的方法。公元前414年左右，雅典人做出了两大重要决策：第一是取消纳贡，改为5%的进出口税；第二是要求提洛同盟内的所有城邦使用雅典的重量、计量单位。第二点措施还包括熔掉其他本地货币，重新按照雅典标准铸造钱币。也许雅典历史上最具讽刺意义的一件事就是促进爱琴海地区自由贸易的政治、经济措施与打破雅典帝国对该地区统治的战争几乎同时发生。我们将在第十一章中再次提到这场战争，古典时期的雅典文化更值得我们注意。

焦点：

“第一石”与雅典帝国恢复

雅典海军在远征埃及时被摧毁，接着出现了暴乱。公元前454年，雅典人将提洛同盟的金库从提洛岛转移到雅典。后来的40年中，雅典人拿出同盟城邦缴纳贡品的六分之一，作为礼物送给雅典娜。雅典人将这些贡品叫作“第一果实”（aparchai）。一些学者后来将这些贡品记录下来列成清单。因为雅典人习惯记录与计算，他们把“第一果实”刻在一块大理石上面，第一块也是最重要的石头被称为“第一石”，上面记录着从公元前454—前453年到公元前440—前439年的贡品。第一石中的细节说明了雅典人统治帝国的方法。

20世纪初，在19世纪和卫城的180块大理石碎片重塑出“第一石”，韦德-格雷（H.T. Wade-Grey）、本杰明·梅里特、马尔科姆·麦格雷戈（Malcolm McGregor）三位学者在1927年重新组装了这些碎片，拿石膏固定好，里面还加入铁条加固（**图8.10**）。他们的工作非常困难，通过他们对碎片的整理，我们可以看到雅典人怎样按照区域收缴贡品。但是重塑“第一石”依然存在一些问题，比如：不断有新的碎片被发现，把它们放入已经整理好的碎片中并不容易；如果把碎片放到石膏

图8.10 第一石，左面，上面是十五份献给雅典娜的第一果实清单，取自雅典收到的贡品，公元前440—前439年，大理石，高3.5米

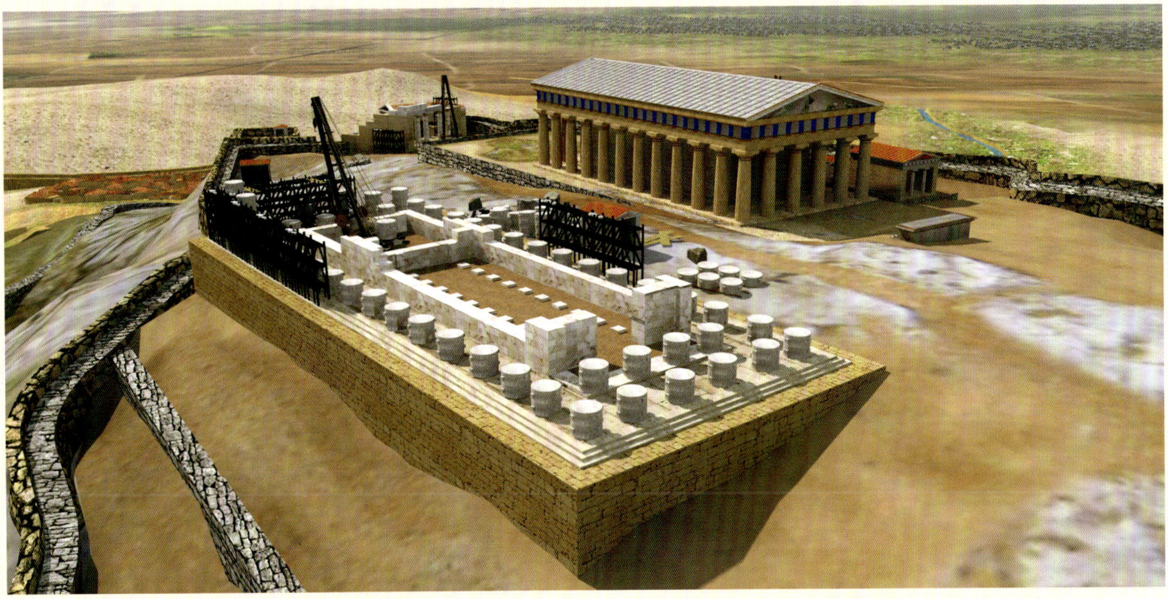

图8.11 公元前480年，波斯入侵前的卫城复原图，中间偏右的雅典娜波利亚斯神庙约公元前510时在新雅典民主下建立。马拉松战役后，旧帕特农神庙开始建造。卫城南部的位置就是后来新帕特农神庙的位置，由伯里克利修建。注意，当时被毁的时候，周围都是木制脚手架，因此受火灾影响严重

里，背面的内容也就不能用来研究了；重塑石头的厚度测量出来也只是约值，一些碎片的关联在表面也看不出来了；支撑着石头的铁片现在也受到腐蚀。碑铭博物馆的总监宣布将要拆解这个重新拼起来的“第一石”，很快我们就能再次研究这些铭文，而且使用一些20世纪20年代还没有的方法测量石头，翻译清单上的内容。

“第一石”的规模即使在现在也会令人惊讶，整块石头高3.5米，是人们在卫城看到的其他石碑的两倍。每一块大概宽1.14米、厚约0.4米（第二石也在卫城，上面记录着公元前439—前438到公元前432—前431年的内容，后来雅典人就开始在一些小石头上进行记录了）。

近期美国考古学家玛格丽特·迈尔斯（Margaret M. Miles）研究了这块刻着15年记录的“第一石”，她认为最早的铭文是要带到卫城建造旧帕特农神庙的。雅典人之前建立了一座帕特农神庙（马拉松战役胜利后为雅典娜新修建了一座），后来波斯人第二次入侵时，这座神庙与新雅典娜波利亚斯神庙都被烧毁了（**图8.11**）。这说明“第一石”很可能是重复使用的建筑材料，这与波斯战争后雅典的做法也相吻合。献给雅典娜女神的雕塑、建筑以及更小的物品都变成了她的财产。尽管被波斯人毁坏，依然留在卫城，这样雅典人就可以埋起来或者重新利用。如果迈尔斯的理论是正确的，那么公元前5世纪50年代，雅典人从被毁的雅典娜神庙中拿出一些作为建筑材料。我们该怎样使用这些碎片，而不仅仅强调雅典的恢复与虔诚？雅典人对其他帕特农碎片的做法验证了这一观点，现在去雅典的游客从城市广场往上看还会看到，卫城的北墙（**图8.12**）使用了旧帕特农神庙的石柱。这一面墙上的其他部分市来自雅典娜波利亚斯神庙的三槽板陶立克柱块与柱间

壁，因此卫城城墙可以让人们想起波斯进攻与雅典人的虔诚。

如果“第一石”不是建筑材料，而是一件雕塑作品，它的命运也许很不一样。19世纪60年代，法国人在卫城发现：有一批古代雕塑被波斯人推倒，后来被雅典人埋了起来。19世纪80年代的时候，希腊与德国的发掘者又找到很多烧毁、破碎的雕塑与陶器，这些东西被称为“波斯碎片”（Perserschutt，**图8.13**）。这里不是垃圾堆，相反可以看出雅典人将卫城视为女神在雅典的领地。这里的东西都是女神的财产，无论变成什么样子，都是神圣的。“波斯碎片”和“第一石”一样，讲述了很多方面的故事，将权力与虔诚结合在一起，表现出公元前5世纪雅典人的特点。

图8.12 卫城北墙上的旧帕特农神庙圆柱

图8.13“波斯碎片”里的雕塑，包括作品《古老的微笑》（*Moscophoros*，约公元前560年），此照片为1866年被发现时拍摄

第九章

包容与排外：伯里克利时期的雅典生活

伯里克利时期的雅典生活是什么样的？这一章中我们将会着重于公元前5世纪在雅典文化中发生重大变化的两个领域：戏剧发展与卫城改造。第一个是戏剧，希腊最重要的文化创新。悲剧与喜剧是重要的文学体裁，但是我们还需要强调戏剧的社会背景，将它作为一种"半民主化"习俗。这种社会塑造下形成的表演在形式与本质上加强了雅典民主的平等主义精神。第二个变化巨大的领域是伯里克利统治下开始的卫城改造。卫城最早位于雅典，被雅典人视作身份象征，含有对过去的记忆，雅典因此也认为自己是民主帝国。最后，为了全面地展示出鼎盛期的雅典，我们还要研究被排除民主参与的三类人：女性、奴隶与住在雅典的外邦人，他们使民主实施成为可能。

戏剧

雅典生活的一个关键场所是剧院，雅典人通过悲剧、喜剧、羊人剧，表现出复杂的世界观，时而悲伤，时而欢乐，但总是能直接表现出人的全部经历。现代剧作品可以让我们重新体会到悲剧残酷的真相与喜剧欢乐的喧闹，但是在社会功能上与古代戏剧有很大区别。雅典戏剧是纪念酒神狄俄尼索斯（Dionysos）节日活动的一部分，大部分市民都可以观看，是公民生活、宗教活动，也是公共活动。

戏剧起源

雅典戏剧的起源可追溯至公元前6世纪庆祝丰收的农业节日，几列年轻男女在圆形打谷场上，唱着赞美诗、跳着舞，纪念自然与美酒之神狄俄尼索斯。据说，伊卡利亚岛（阿缇卡北部的定居点）上的泰斯庇斯（Thespis）最先在赞美诗中加入一个说话的角色（后来被称为主角），第二个角色（对手）加入后，逐渐由单纯的歌唱表演变为戏剧。希腊戏剧之后发展为主要由合唱团演唱颂歌，中间是两个角色轮流对话的插曲。这种轮流对白（stichomythia）让人们明确地感受到不同观点的表达，所以希腊戏剧从形式上鼓励人们表达出不同观点，希望不同角色之间进行激烈的交流。希腊戏剧中很多角色搭配，都体现出戏剧性冲突的原则，如安

图9.1（左图）普罗纳莫斯陶瓶，红绘风格双耳杯细节，图为准备羊人剧演出的演员们，约公元前410年

提戈涅与克瑞翁（Kreon）、美狄亚与伊阿宋，海伦与赫库芭。

后来又加入了第三位演员，三位演员通过长裙、戏服与面具，可以演出不同的角色（**图9.1**），强大的统治者、信使、护士、女英雄等标准人物与角色出现。合唱团也是一类演员，一般代表城镇里的老人或者一些次要角色，如《美狄亚》里的科林斯女性。早期时候，合唱团似乎只是普通人，面对主要演员混乱、颠覆的行为，做出正常的反应。后来，合唱团逐渐变成评论性的，但是合唱中的歌曲、舞蹈依然保留了下来。

悲剧的大部分情节一般取自特洛伊战争（与灾害后果）或七将攻忒拜。这些传统的、熟悉的情节与简单的戏剧结构，并没有什么特别效果，所以是什么让戏剧变得如此强大？回答这一问题时需要考虑到悲剧的题

图9.2 1981年，合唱团在国家剧院表演托尼·哈里森（Tony Harrison）改编、彼得·哈勒（Peter Hall）导演的《奥瑞斯提亚》。厚重的长裙与面具的使用与现代戏剧不同，观众的注意力主要集中在诗歌与歌唱上。

材，谋杀、乱伦、弑父、处死等都是常见的话题，但是戏剧本身的一些特征也产生了影响。

戏剧首先是一种听觉体验。雅典人非常清楚如何将词语短语中的长短音节进行排列，创造出适合挽歌、进行曲、舞蹈、赞美诗的韵律。剧作家使用不同韵律，语言中的诗意会更加吸引观众。有时，韵律的节拍与词语的重音相同，有时会互相影响，与现代戏剧有很大不同。我们是观看戏剧，而希腊人是听着荷马的诗歌长大的（希腊戏剧跟现代的歌剧有些相似，是我们最容易感受到语言的诗意魅力的地方）。我们现在会通过姿势、表情、发音判断演员为角色注入情感的能力，但是这些元素在希腊悲剧里都是没有意义的。面具的使用体现出现代与当时的审美差异，因为看不到面部表情，观众们更容易沉浸在听觉体验中（**图9.2**）

精神宣泄

尽管没有我们现在所说的自然主义，但这些戏剧对观众的感情起到了很大作用。亚里士多德认为，有感染力的戏剧关键在于情绪宣泄（katharsis/catharsis）。观众们忍不住思考一些不可想象的事情，以此洗去内心的冲动与恐惧。我们在索福克勒斯的《俄狄浦斯王》中经常看到、听到俄狄浦斯意识到自己杀死父亲、与亲生母亲生下两个孩子的可怕行为。索福克勒斯让观众直面乱伦、弑父的问题，体会到精神宣泄，这种坦率使希腊戏剧更加引人注目。这些戏剧并不是说所有人都是杀手或乱伦，但是说明一些人会做出可怕的事情。我们体会到的精神宣泄是避免俄狄浦斯悲剧命运后感受到的安慰。

希腊戏剧不仅通过角色之间的冲突吸引观众，还会将价值体系中不可调和的冲突戏剧化。以索福克勒斯同名戏剧中安提戈涅的困境为例，安提戈涅的两个哥哥厄忒俄克勒斯（Eteokles）与波吕涅克斯（Polyneikes）互相争斗，死在底比斯城墙前。但是只有厄忒俄克勒斯被后来的继任者克瑞翁妥善安葬，反叛的波吕涅克斯曾经领导过对抗底比斯的七人联盟，但是现在只能羞耻地躺在城墙外，连葬礼都没有。

安提戈涅应该怎么做呢，遵循国王的旨意，违背安葬哥哥的自然法则，让哥哥的尸体被腐食动物一点点清理干净，还是遵循血缘与家庭义务安葬哥哥，但是违背国家法律？这中间没有妥协的可能性，因为她所处的位置无法同时满足自然法则与人类正义。她最后选择了安葬哥哥，自己也因此被活埋。但是，死亡并没有停止。克瑞翁的儿子海蒙（Haimon）想去救她，却发现安提戈涅已经上吊自杀，于是海蒙也刺伤了自己。我们会渴望结束、渴望和解，但是希腊人认为悲剧只是漫长泪水的一部分。

酒神节

希腊戏剧在其他方面与现代戏剧也有所不同。我们现在无论时间、地点，都可以在电脑、手机、大屏电视上面看电视或电影，但是雅典的悲剧只会在酒神节与勒纳节这两个节日上演。剧作家们会提前展示他们的作品等待选拔。每一个节日，地方行政官只会选出三位剧作家，每位剧作家创作三部曲在艺术节上表演，一部剧可能在一天内循环表演（除了悲剧三部曲，混合喜剧与滑稽风格的羊人剧会在最后表演，用来活跃气氛）。从这种角度来说，这些节日也是一种竞赛与宗教活动，三天活动结束后，作品最好的剧作家会获得王冠。埃斯库罗斯、索福克勒斯、欧里庇得斯都在不同时期获得过酒神节冠军。

我们需要注意，悲剧的节日背景主要有两个原因：第一，悲剧与崇拜狄俄尼索斯有关。狄俄尼索斯赠送美酒，保佑大家，但是对于希腊人来说，酒神常与罪恶联系在一起。酒神与崇拜者一般戴着奢华的头发，穿着女性的衣服，他们的异装癖与酗酒行为会威胁社会秩序。但是酒神节却是一个庆祝男性、女性常规角色的节日。酒神节的戏剧清除了我们内心最反社会、最危险的冲动，为观众提供了一种真实的社群体验。剧场是他的空间，既是我们作为群体相遇的地方，也是我们探寻违反社会行为的地方，热情产生出的行为会威胁社会秩序（**图9.3**）。剧院通过悲剧创造出一种环境，雅典人可以探索最恶劣、最反社会的精神疾病。戏剧将可能发生的人类罪行付诸实践，消除了这些行为发生的可能性，将民主社会团结在一起。

因此戏剧作为一种社会习俗，与酒神息息相关。正是这种原因，很多戏剧像安提戈涅一样，并不只在个人层面探讨虔诚与义务的困境。虔诚的传统概念与整个社会也息息相关。这是古典时期雅典剧院的核心功能。例如，埃斯库罗斯的《乞援人》（*Suppliants*）中阿哥斯国王派拉斯哥斯（Pelasgos）面临的困境。达那俄斯的女儿们嫁给埃及堂兄后，仿佛生活在监狱里，于是她们打算逃离这段婚姻，逃回阿哥斯。因为遭到所谓的丈夫的追赶，这些女孩想要寻求阿哥斯人的帮助：

> 一个人坐在她的同类面前
> 祈求上天的法律
> 然而却并没有在法律中得到解脱

宙斯乞援人的愤怒

无法平息

受害者一直叹息到最后

（埃斯库罗斯，《乞援人》476—82，伦布克译）

派拉斯哥斯需要权衡达那俄斯女儿们寻求庇护的需要，因为提供帮助很可能给他的人民带来战争。尽管阿哥斯的女性都斥责乞援人，认为她们的婚姻就是女性的命运，但是派拉斯哥斯还是决定帮助这些人。接纳难民是意义深远的义务，还可能会激怒埃及人。达那俄斯告诉他的女儿，他拯救了她们，但是这不仅是国王自己做出的决定，更是被国王说服后整个阿哥斯大会投票做出的决定。他的报告中首先提到“这是阿哥斯的决定”，就像雅典正式法令中写着“这是雅典人的决定”。因此拯救达那俄斯姐妹们主要有两个原因：乞援人受到宙斯旨意的保护，这个决定是由公民群体做出的民主投票。这出戏剧表现出雅典既是政治实体（民主国家），同时也受到宗教信仰与道德义务约束。

希腊戏剧的力量受到了大家赞扬，但是我们还需要知道这些戏剧是特定时间、特定地点的产物，即：公元前5世纪民主的雅典。因此这些戏剧反映出的都是当时的时代背景与问题。

又如欧里庇得斯的《美狄亚》，首演于公元前431年的雅典，主要讲述外国女性美狄亚被爱人伊阿宋带到雅典，后又因为伊阿宋想要与柯林斯国王的女儿结婚而被抛弃的故事。美狄亚非常生气却也无能为力，后来她杀死了仇人，又杀死了自己的孩子，最后消失在燃烧的战车中。在某种层面上，她谴责女性的无能为力，那些婚姻被人支配、社会中受到歧视的女性都能产生共鸣，除了这种普遍道理，这出戏剧还有一个特别的意义：20年前，（伯里克利统治下的）雅典人通过一项法律，只有雅典父母生下的孩子，才能成为合法雅典公

图9.3 卫城角度看到的雅典狄俄尼索斯剧场，最初的剧场可追溯至公元前6世纪，公元前4世纪及后来的罗马时代进行了重建。现在依然能看到合唱团表演的半圆形大理石乐池、神父与高官的王座、现场的部分建筑

民。我们在第八章中曾看到，法律可以用来保证雅典公民身份的排外性，或者主要针对伯里克利的对手客蒙这种娶了非雅典女性的贵族。无论公元前451年通过法律时是怎样的背景，公元前431年这项法律带来的结果变得非常明显。这出剧上演的时候，很多即将成年的男孩们发现，因为他们的母亲不是雅典人（比如美狄亚），所以他们不能获得公民身份。根据普鲁塔克的记载，大约5000人因为这项法律被剥夺了公民权。尽管这人数可能不会很多，也有可能不准确，欧里庇得斯的戏剧的确强调了当时很多人关心的问题，这些悲剧既是即时的，也是永恒的。

喜剧

喜剧与悲剧一样，也是在酒神节与勒纳节上通过比赛的形式进行表演。如果说悲剧可以探寻我们内心深处的情感，那么喜剧寻找的是盛行的习惯与态度、对愚蠢的讽刺、考验了容忍度。也许公元前5世纪的旧喜剧要比公元前4世纪的米南德（Menander）温和的喜剧更能体现这一特点。从诗人卡拉提诺斯（Kratinos）与欧波利斯（Eupolis）的作品和阿里斯托芬流传下来的11部剧作来看，旧喜剧更有活力。这些剧很好地说明了旧喜剧的关注点，表明喜剧是完全民主的类型。这些戏剧可以娱乐克里昂等政客，他们强大的自我与暴力语言可以让当代人欢乐、惊醒，他们使用伯罗奔尼撒战争等事件为疯狂的幻想提供灵感，例如在《利西翠妲》（*Lysistrata*）中，雅典女性采取性罢工的方式与男性讲和。最近的利西翠妲项目与斯派克·李（Spike Lee）的电影《芝拉克》（*Chi-Raq*）中也经常使用这种情节，说明阿里斯托芬的幽默（就像欧里庇得斯的悲剧一样），对于公元前5世纪的雅典人与现代观众有同样的效果（**图9.4**）。

图9.4 斯派克·李《芝拉克》的电影海报（2015）

旧喜剧最久远的形式也能吸引现代观众。例如阿里斯托芬的戏剧经常采用荒诞的情节，《鸟》（*Birds*）中，两个雅典人为了避免战争，飞去了脱离现实的梦幻之境。很多评论家注意到，20世纪的荒诞剧院与蒙蒂·派森（Monty Python）都展示了对愚蠢的吸引力。当这个世界没有意义的时候，似乎创造出来的幽默也没有意义。翻译幽默的语言对译者而言是一种挑战，幽默的语言也是疯狂的。阿里斯托芬采用了雅典人熟悉的语言，但是也创造出很多有趣的新词，最长的一个词有171个字母，是一盘肉和海鲜做的菜（相比之下平常使用的Surf'n'turf看上去就显得平淡无奇）。斯派克·李的电影《芝拉克》的广告中体现出翻译阿里斯托芬的戏剧时重点并不在于从英语中找到相似的希腊语表达，而是在于抓住喜剧的精髓：电影"非和平，不片段"的原则并不只是阿里斯托芬《动物屋》（*Animal House*）

中的一句台词，也是他的精神。除了疯狂的语言，阿里斯托芬的戏剧还经常使用一些有关放屁与自慰的笑点（图9.5）。

戏剧的民主

如果说旧喜剧的语言和主题都有明显的民主特征，讽刺政治家与雅典的战争政策，那么节日背景更加突出了戏剧的民主影响。酒神节中所有观众一起观看悲剧与喜剧，参加审判、公民大会、勒纳节也都是这样，群体内的所有人聚在一起看选出的少数人表演。这些表演都是专业的，或者说至少是受过训练的，但是他们的地位取决于这些匿名的观众，因此观众们就像法官一样，通过投票对这些表演行使控制权，结果剧院就像民主大会一样。此外，戏剧中被嘲笑的人一般也在观众中，克里昂起诉阿里斯托芬的故事就反映出喜剧讽刺是雅典政治生活的主要特征，就像司法与审议中的讲演术特点是诽谤一样。这些恶语主要来自使用侮辱性语言攻击对手的方法（iambographic）。这种传统可追溯至公元前6世纪，甚至更早一些，民主的雅典也有很多机会让人们侮辱自己的对手。

图9.5 红绘风格钟状双口杯细节，图为阿里斯托芬《鸟》的合唱场景，约公元前415—前400年，注意上面怪异的服装与假生殖器，陶制，高18.7厘米

悲剧与喜剧促进了雅典社会的包容性，对神的尊敬变成了雅典人的特征，又进一步融入公共关系中。雅典雄辩家经常使用这个观点抨击他们的仇人：如果有人连怎样面对神明都不知道，他对公民的行为可以被人信任吗？狄摩西尼在反对对手米迪亚斯（Meidias）的演讲中阐述了这一观点，他比较了侮辱狄摩西尼个人与侮辱狄摩西尼这个名人的区别，后者的一切行为都代表着城市对神明的态度，狄摩西尼这样解释这种区别：

> 如果我被米迪亚斯羞辱的时候，身份既不是合唱团领唱，也不是雅典人，那么这只是对个人的一种侮辱，我认为这种情况下人们也应该谴责这种不尊敬的行为。你一定也意识到，所有献给神的合唱与赞美诗都受到认可，这不仅是酒神节的规定，还是德尔斐与多多那的神谕限制，你会发现城邦有严格的禁令，不能在祖先的习俗后跳舞、在街上摆上贡品、戴上花环。
>
> ［狄摩西尼，《驳米迪亚斯》(*Against Meidias*) 51—54，默里译］

狄摩西尼所使用的语言是为了迎合雅典人看待自己的特点而设计出来的。他没有将酒神节单纯作为表演戏剧的场合，而是直接作为雅典人的特点：在神的指令下创造戏剧。因此在雅典人看来，作为雅典人，人们需要在生活中仪式、供奉、队伍等方方面面遵循雅典人的特点。

卫城

公元前5世纪的雅典，以制片人、演员、剧作家或观众的身份参与戏剧世界中，说明雅典社会的包容性。除剧院外，另一个表现雅典身份的场所就是卫城。伯里克利时期的雅典处在权力顶峰时，雅典卫城显示出权力与雅典人的共同身份。帕特农神庙、卫城山门、伊瑞克提翁神庙不仅是宏伟的建筑，也说明伯里克利时代的雅典民主、社会、王权通过宗教紧密地连接起来。

尽管雅典人与其他希腊人一样，发誓把那些被波斯人烧毁的庙宇留在那里，记录波斯人不虔诚的行为，但是在伯里克利统治下，雅典人开始对卫城进行改造，变成帝都的标志。这个项目的资金来源说明了宗教虔诚与帝国力量在支持神庙重建中起到的作用。公元前454年，提洛同盟的金库转移到雅典后，每年有大量白银运往雅典。在伯罗奔尼撒战争时，纳贡变为5%的贸易税之前，公元前478年时，460塔兰特的白银迅速变为1500塔兰特。我们在第八章中看到“第一石”记载了每年贡品中六分之一的“第一果实”献给雅典娜，并进入雅典娜的金库，与提洛同盟或雅典城邦的金钱分开。这些贡品中（除了“第一果实”），我们看到除了支付两百多艘船组成的舰队费用与献给雅典娜的贡品，后来的20年内，雅典人把多余的钱从财政大臣转移到雅典金库中，资助伯里克利的建造计划。换句话说，来自帝国的钱献给雅典娜以后，变为雅典人使用。

公元前454年左右，金库转移到雅典后，城市建造就开始了。那段时期，雅典人建造出了很多有名的建筑，如：帕特农神庙、卫城山门、伊瑞克提翁神庙、尼克（Nike）女神神庙、阿耳忒弥斯奥提亚圣域、青铜室（都是雅典卫城的组成部分，参见**图9.6**）、剧院、阿耳忒弥斯神庙（伊利索斯河上）、帕勒涅的雅典娜神庙、苏尼翁的波塞冬神庙、拉姆诺斯的涅墨西斯神庙、埃莱

图9.6 公元前5世纪末的卫城复原图，图上为伯里克利建筑项目中的主要建筑

图9.7 从卫城山门进入卫城后在西面看到的帕特农神庙，该建筑约建于公元前448年，公元前454年提洛同盟金库转移到雅典不久后

图9.8 雅典帕特农神庙，东面柱基的曲率与高度，约公元前447—前438年

夫西斯的泰勒斯台里昂神庙。建造这些建筑并不便宜，据说帕特农神庙花费了469塔兰特，比提洛同盟建立时雅典人每年纳贡的钱还多。普鲁塔克说，伯里克利的盟友对他的做法多有批判，认为这些钱本该用作防御，而不是建造好看的建筑，他这样描述大家的批判：

> 他们说："希腊人看到我们用金子装饰城市，用应对波斯战争时从他们那里抢来钱财美化城市的时候，一定会受到这种傲慢行为的羞辱，认为这是暴政的体现"。
>
> （普鲁塔克，《伯里克利传》12，巴克利译）

一些学者质疑普鲁塔克观点的真实性，认为没有明确的证据证明伯里克利修建建筑的资金是提洛同盟的财产，但是这种怀疑可能太过极端。负责雅典娜贡品

图9.9 尼克女神堡垒，朝南，可以看到迈锡尼时期的建筑

前的建筑有所联系，尽管一些部分被波斯人毁掉，但是还保留着特殊的意义。迈锡尼时代的卫城也保留下来，西面尽头处的一个堡垒，由卫城山门的建造师穆内西克莱斯（Mnesikles）融入自己的设计中。

现在，去卫城参观的游客还可以走在公元前5世纪的城墙下，下面是尼克女神堡垒，窗户的设计可以让游客们看到里面迈锡尼时代的建筑（**图9.9**）。雅典人认为自己是这里土生土长的（与后来的移民者相反），因此雅典卫城融入了最近的过去（波斯战争）与远久的过去（迈锡尼“独眼巨人”砖石建筑）。这一观点，意味着雅典人与过去和雅典卫城都有所关联。

的财政官也被列在帕特农神庙建造的财政官员中，他们负责管理献给雅典娜的钱与同盟的贡品。因此同盟也有理由抱怨这是帝国主义的建造项目。

帕特农神庙与卫城山门

最早开始修建的帕特农神庙是一座献给雅典娜的大型神庙，里面存放着菲迪亚斯（Pheidias）设计的金银雕像。公元前448年，神庙在伊克提诺斯（Iktinos）的监督下开工，10年内修建完毕（**图9.7**）。帕特农神庙一直是建筑师们的骄傲，还有很多内容描述该建筑的结构，一些小的修缮让帕特农神庙看起来更自然、更柔和，比如柱座（从中心升起来的放置石柱的平面，参见**图9.8**）的曲率，与石柱的微凸线（石柱中间略微凸出的部分）。

除了这些创新，帕特农神庙的建立还与卫城现有的地势有关。这是一块充满记忆的土地，新建筑与之

然而，有些矛盾的是，卫城与帕特农神庙对现在表现出一种特殊态度。普鲁塔克在对伯里克利建筑遗产评价时经常说道：

> 这些（建筑）在美观方面都是古老的，但是在表达新鲜活力方面，是最新的。因此可以说他的作品是永恒的生命之花。
>
> （《伯里克利传》13，佩林译）

虽然普鲁塔克的文字是浪漫化的，但是却能说明该建筑的一个重要特点：帕特农神庙既保留了传统，又有所创新，建筑的结果就很好地说明了这一点。神庙的雕塑题材一般都比较受限，通常是人与半人马、希腊人与亚马逊人、众神与巨人之间的争斗。说明秩序与杂乱之间的宇宙战争是颇受欢迎的题材，然而赫拉克勒斯与忒修斯等英雄故事也很受人欢迎。帕特农神庙在外

图9.10 帕特农神庙内部剖面图以及由菲迪亚斯建造的巨型金、象牙制雅典娜雕像。注意，内殿墙外侧的爱奥尼克柱间壁上画着泛雅典娜节的游行队伍的场景

面石柱上多立安雕带的柱间壁上使用了这些场景及特洛伊战争中的一些场景（多立克雕带上每一块柱间壁都由三竖线花纹装饰分割开来，每一块上面都有独特的场景）。帕特农神庙的大胆之处在于，雅典人选择了长170米的爱奥尼克雕带作为柱间壁外部装饰，长度覆盖了整个内壁的墙面。

帕特农神庙内殿墙顶上画着大泛雅典娜节的游行队伍的场面，该节日每4年一次，纪念雅典的女神雅典娜。游行队伍最后会向雅典娜献上一条新的长裙，神庙东面中间的柱间壁上就画着这个场景，中间是金色、象牙色的雅典娜雕像。**图9.10**展现的就是雅典娜雕像与爱奥尼克柱间壁的复原剖面图。

希腊神庙中装饰柱间壁的图案不是神明、巨人或英雄，而是参观神庙的搬水工、音乐家、赶着牛的牧民（**图9.11**）。这是第一次，也正是帕特农神庙的创新之处，说明当时正处在权力巅峰的雅典人非常自信。实际

图9.11 帕特农神庙内殿南墙的爱奥尼克柱间壁南边第XLIV块，公元前443—前438年建造。这是沿着帕特农神庙走向北侧大祭坛的游行队伍，与内殿墙壁上的图案一样。雅典人这次没有选择从神话中选取场景，而是选择了自己的日常生活。潘太列克大理石，高1.22米

的游行队伍与帕特农神庙上的图像表现出独特的雅典意识形态：帝国主义民主的群体也是虔诚的供奉群体。

雅典人的力量还表现在帕特农神庙中菲迪亚斯建造的大规模金、象牙制雕塑上。后来罗马人的仿制与硬币上的图案表明帕特农神庙中雅典娜的雕塑全副武装，表现出武士品格，泛雅典娜节也曾庆祝过这种品质。雅典娜女神作为雅典帝国的化身，威风凛凛，戴着头盔，身穿蛇形花边的保护衣，这是父亲宙斯送给她的礼物，她的左腿旁边还靠着一个盾牌，右手拿着的金色翅膀是胜利的象征。近期，卫城恢复项目的首席建造师马诺利斯·科雷斯（Manolis Korres）发现帕特农神庙内殿墙壁东边门的两侧有窗户，可以为雕塑提供很好的照明，殿内的走廊可以让游客从上面看到雅典娜女神的脸与上半身。彩绘表面与蜡烛灯光的使用使这个雕塑还有动感。柔和的灯光照在女神脸上闪光的象牙表面，火焰的跳跃使雕塑看起来更加栩栩如生。

除了帕特农神庙的投资与创新，同样伟大的是伯里克利的第二项建造计划——卫城山门。之前，卫城西面入口处有一个纪念性大门，但是大小与规模远不及后来穆内西克莱斯的设计。公元前437—前432年，帕特农神庙建成不久后，卫城山门开始修建（图9.12）。该建筑以萨拉米斯作为视觉参考点，以雅典海军战胜波斯的地方作为卫城朝圣游客的背景，时刻提醒着人们雅典的力量。

伊瑞克提翁神庙

卫城重建始终遵循着相似的建筑风格与顺序，因此整个卫城看上去非常连贯和谐。说明卫城设计连贯性最好的例子是伊瑞克提翁神庙，该建筑在雅典或希腊其他地方都很特别。伊瑞克提翁神庙始建于公元前421年伯罗奔尼撒战争间隙期，位于卫城北面，靠近旧雅典娜神庙（波斯战争中被烧毁，但是密室直到5世纪还作为财政室使用）。

图9.12 彼得·康奈利（Peter Connelly）绘制的卫城山门（中间）图，公元前5世纪晚期，泛雅典娜节上出现的样子。图中还能看到尼克女神堡垒（右下方）与帕特农神庙（右上方）。该图为从西面看到卫城的样子，图中离开的人还能看到远处的萨拉米斯

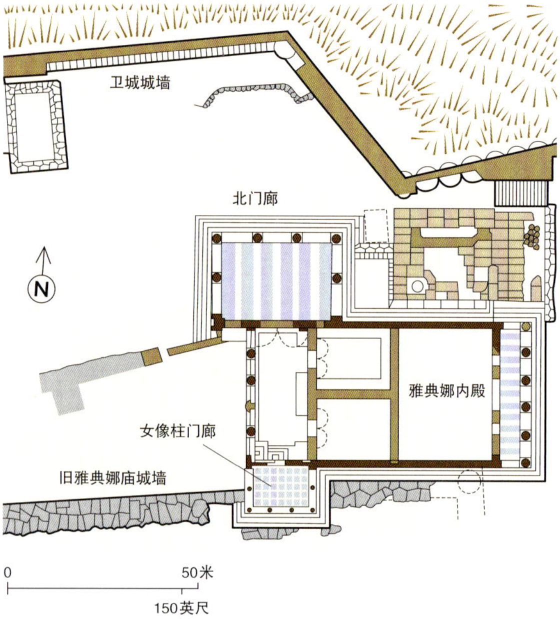

图9.13 伊瑞克提翁神庙平面图，公元前421—前406年

这里的一棵橄榄树与一眼咸水泉被视作雅典娜与波塞冬争夺雅典统治权的证据。双方都为雅典人献上礼物，但是雅典人选择了雅典娜的橄榄。雅典人还在这里指出宙斯雷电在卫城基岩上留下的裂缝。除了这些宗教神迹，雅典人还在这里崇拜他们早期的建立者，厄瑞克透斯（Erechtheus）、凯克洛普斯（Kekrops）和他的女儿赫尔塞（Herse）、潘德洛索斯（Pandrosos）与阿格劳罗斯（Aglauros）。此外，当雅典人寻求雅典娜帮助时，他们也会在祈祷时把橄榄木雕神像放在这里。

这是卫城内最神圣的地方，因此在这个充满崇拜与神圣的地方，设计建筑也是一种挑战。从伊瑞克提翁神庙的平面图中就能发现穆内西克莱斯的解决方案（图9.13）。寺庙东侧是供奉雅典娜的内殿，木雕神像也放在这里［人们相信每四年会有一座神像从天堂落

图9.14 从帕特农神庙顶上看到的旧雅典娜神庙地基，北面是伊瑞克提翁神庙

图9.15 西南视角看到的伊瑞克提翁神庙，树木为现在种植

下，穿着雅典娜侍女（Arrephoroi）织造的新裙子]。西面往下3米的两个房间，没有与东面的内殿相通，相反，人们可以通过一条与建筑同宽的走廊走进来。这一做法的目的并不确定，但是我们知道伊瑞克提翁神庙表现出对赫菲斯托斯及早期雅典英雄布特（Boutes）的崇拜，北面的走廊本来打算放置宙斯劈开的裂缝，因为雅典人对神的存在非常注意，所以门廊的天花板上专门挖了一个洞，显示出宙斯的雷电劈出的通往天庭的路。南面是另一个走廊，6根柱子支撑着房顶，后来被古代铭文中记载的女性雕像取代。他们很可能是凯克洛普斯墓中奠酒人的象征。这些雕塑让我们联想到波斯战争前期的古代雕像，用雅典民主中不知名的女性雕像代替贵族家庭女儿的雕像。旧雅典娜神庙的地基图片[**图9.14**，因为被德国考古学家德普费尔德（Dörpfeld）发现，因此又被称为德普费尔德地基]说明伊瑞克提翁神庙的走廊是为了连接旧建筑而修建的。伊瑞克提翁神庙在内部布局上完全按照旧神庙设计，所以看上去并不像是新建筑，而是旧建筑的翻新版。

然而平面图无法表现出来的是建筑层次的不规则性。建筑四个表面下隐藏着很多复杂性与不规则性，设计师成功地将许多不相关的元素组合成复杂的整体，因此形成一种排列有序的假象。参观者只有从西面看过去才会发现不同的层次，这里种着雅典娜赠予的神圣橄榄树，茂密的树叶与树枝遮盖了建筑的特别之处（**图9.15**）。

权力的象征

看到这些建筑很容易感受到其中传达的意识形态：雅典巨大的权力能够纪念众神，因此雅典的伟大得到认可。同时，帕特农神庙完工后就开始了卫城山门的修建，公元前421年，伯罗奔尼撒战争第一阶段结束后，伊瑞克提翁神庙就开始修建，我们需要考虑伯里克利的建筑项目对雅典经济产生的影响。公元前5世纪，雅典工人每天的工资是1德拉克马，帕特农神庙修建总共花费了469塔兰特，相当于281.4万名工人一天的工作量，修建总共花了10年时间，因此总共需要八百多位工人。考虑到这种资金流动对经济的影响（这些工人需要吃饭、穿衣、住房，还有施工用的工具），伯里克利的建造项目更像是社会工作项目。另一种看待的方式是对比献给雅典娜的贡品与金币流通的不同，献给女神的“第一果实”一般是硬币或金银的形式，因此并不能流通，但是雇佣一些手工匠人、劳工与奴隶建造寺庙，可以使金钱流通起来。尽管其中一部分钱用于购买潘太列克大理石等修建石柱、柱上楣勾的建筑材料，这些钱还是回到了提供建筑材料的人那里。普鲁塔克认为，这是伯里克利专门设计的计划。他说伯里克利面对批评者时这样说道：

> 这座城市已经有足够的财富备战，因此应该拿一些钱应用于建筑，当建筑完工后，会为城市带来无尽的荣耀，而且相关的各项服务也开始进行，这样整个城市的财富都流动起来，城市不仅得到美化，还能利用资源自给自足起来。
>
> （《伯里克利传》12，佩林译）

很多学者认为这是现代的思维，并在书中发现伯里克利对罗马帝国的叙述中，再次提到民主领导人将财富投入对城市与人民有利的建筑项目中，并没有什么问题。

当然，刺激经济并不是建造项目的主要目的。古代卫城中大大小小的庙宇、祭坛、崇拜场所与贡品被建造师变成新的神圣场所，重新修建后的卫城成为宗教、民主、皇权统一的象征。雅典人在波斯人毁掉的那些小寺庙下立起上百块石碑，上面写着有关民主决定、法律、条约、牺牲名单、荣誉法令等内容。

在伯里克利的统治下，民主变成表达雅典人权力、骄傲、共同身份的象征。泛雅典娜节中的游行队伍图像放入雅典宗教中心卫城后，雅典人采用了一种泛希腊化神殿的表演方式，德尔斐、奥林匹亚、尼米亚、伊斯米亚的观众、运动员与大使的参与构成了为雅典人的表现。卫城在雅典显示出的权力与虔诚是雅典人的骄傲来源，去卫城游行或游览这些神话般的景点，促进了雅典人的参与感。

权力与排外

因为公元前5世纪的雅典文化产物都与民主有关，所以我们现在对民主的理解会让我们认为所有居住在雅典的人都能享受到这种文化，但其实并非如此。我们在赞美雅典民主本质的同时，还需要注意到那些被民主排除在外或边缘化的群体。我们看到，伯里克利的雅典由4万名公民组成，只包括男性成人和生来自由的男孩。当时的总人口约30万，有很多人没有包括在内。即使不算儿童，我们也需要研究古典时期雅典的女性、奴隶与外来居民。

古典时期雅典的女性

想要研究古典时期雅典女性的地位，我们需要明白古代雅典对性别认同的建构。然而，我们在古代很少听到女性发声，因此一些关于女性地位的言论很可能是男性对女性的态度。例如，赫西奥德曾经解释道神灵是怎样创造女性的：

> “我要让男性因为他们的行为受到代价，他们会欣然地接受自己的毁灭”，男性之父与众神说到，他们笑得很开心。他请求著名的赫菲斯托斯快速将土地与水结合，融入人类的声音与力量，做成不朽女神那样甜美可爱

的少女模样。雅典娜教给她针线活儿与织网的技能……金色的阿佛洛狄忒（Aphrodite）将恩典撒在她的头上，残酷的欲望与焦虑使四肢疲惫。他命令杀死阿尔戈斯（Argos）的赫尔墨斯（Hermes）作为向导，为她加上无耻的头脑与虚伪的本性。

[赫西奥德,《工作与时日》(*Works and Days*) 58—68，伊夫林-怀特译]

宙斯命令创造女人来惩罚男人，因为普罗米修斯从天上偷起了火，很多人都认为女性会给男人带来折磨。

另一首古代流行的诗中也表现出男性对女性的厌恶。西蒙尼特斯（Semonides）抨击女性的《论女性》（*On Women*）中，有一系列对女性慵懒、厌恶的不同描述，她们是男性的烦恼之源。每个人都被比作一种动物：丑陋的女性是猿猴，自负的女性是野马，下面例子中提到的是泼妇：

其中一种是狗，一无是处的泼妇，完完全全的母亲。她想要听到、知道所有事情，去所有地方，每件事情她都要过问，无论有没有见到人她都会狂吠。男人不能阻止她狂吠，不能恐吓，不能（在受够了的时候）拿石头敲掉她的牙，也不能跟她说一些甜言蜜语。即使是面对客人时，她也会坐下来乱叫。她的声音永远没有停下过。

（西蒙尼斯特,《论女性》12—21，斯瓦里安）

诗中提到的暴力提醒我们希腊人的价值观并不总是开明的。狄摩西尼作品中一位发言人提到的观点或许会让其他时代的人侧目，但是很显然对于雅典陪审团的听众很有意义。根据女性与男性的关系，将他们分为三个等级："妓女用来寻求欢乐，情妇每日照顾我们的身体，妻子用来生出合法的后代……。"（狄摩西尼 59.122）

妻子来自公民家庭，他们生出的孩子可以继承家庭财产。希腊语中的"engyê"一词说明了这种婚姻的法律基础，意思是"婚约与协议"。色诺芬的《经济论》(*Economicus*) 开篇提到，这种协议并不是男人与女人之间签订的，而是由女人的父亲与她的丈夫签订。伊斯霍玛霍斯（Ischomachos）教给妻子家庭管理的艺术时，首先问道：

我的妻子，告诉我，你知道为什么你的父母把你交给我吗？因为我们相信，我们当中并不会有人找不到伴侣。但是就像你父母为你所做的那样，我也为自己思考了很多，究竟谁能称为我最好的家庭伴侣。后来我选择了你，你的父母也在其他人选中选择了我。

（色诺芬,《经济论》7.10—11，麦金纳尼译）

知道这位女性的名字固然很好，但是雅典人一般认为没有名字的女性才是好女性。伯里克利演讲中提到那些战争中牺牲士兵的母亲和妻子时，他提出了以下建议："你的伟大之处在于没有放弃天生的品格，那些男性最少谈到的女人，往往是最伟大的。"(《伯罗奔尼撒战争史》2.45.2)

无名、安静的妻子在家耐心地等待丈夫归来，这种画面或许是现实与想象中最美好的婚姻。例如，有证据显示女性可以参与家庭决策，尽管这种观点经常否认女性与外界的联系，我们并不能否认雅典女性的与世隔绝。一桩杀人案件的辩护演讲中，发言人悠菲拉帝斯（Euphiletos）需要向陪审员解释，为什么他睡在楼上，而他的妻子睡在楼下。但是陪审团认为，一般情况下女性都会尽量远离街道，所以在这种两层房屋中，一般会选择屋子后面楼上的房间，屋内的空间也会合理规划，使女性尽量远离外面（图9.16）。悠菲拉帝斯认为妻子睡在楼下，主要为了避免跑上跑下给孩子喂奶。我们需要考虑到悠菲拉帝斯家中的布局。事实上，考虑到所有细节，我们并不知道悠菲拉帝斯的阐述是否是事实。然而，他的描述是为了说服雅典男性公民组成的陪审团。即使不是真实的，他说的内容也需要令人信服。悠菲拉帝斯的语言很好地说明家庭动态，至少让我们知道雅典男性在向别人讲解时，会怎样描述他的家庭。

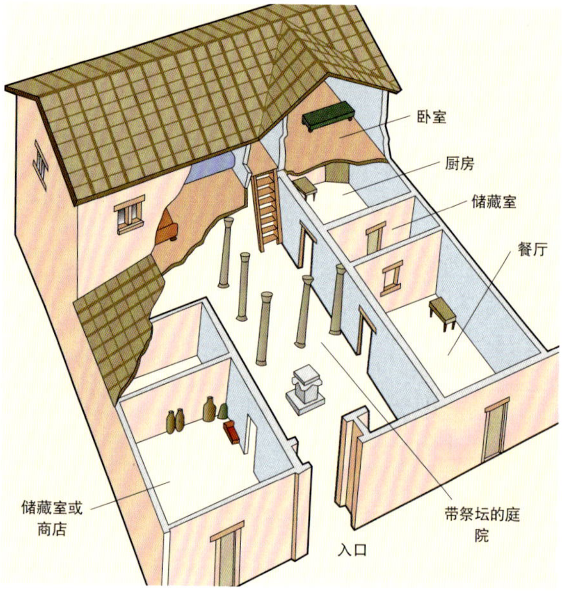

图9.16 雅典房屋布局

这桩案件的背景是，悠菲拉帝斯的妻子（在演讲中没有提到过姓名）被埃拉托斯特尼（Eratosthenes）诱惑，把他带到家里（因此房间陈设非常重要，悠菲拉帝斯需要解释他的妻子怎样在房间内招待情人）。一位老太太在市场找到了悠菲拉帝斯，告知他这件事。悠菲拉帝斯告诉陪审团，几个月之前他已经发现了妻子背叛的迹象。他的妻子第一次见到埃拉托斯特尼是在葬礼上，之后开始化妆，尽管她应该还在服丧。她还会把悠菲拉帝斯锁在屋里，假装阻止她晚上与侍女约会。后来他们两人换了房间，表面上看是为了方便喂孩子，实际上是为了方便情人进来。悠菲拉帝斯掌握了事情真相后，就可威胁家里的侍女跟自己联手告发妻子，否则就会被罚去工厂工作。后来悠菲拉帝斯这样描述这件事的高潮部分：

> 埃拉托斯特尼进来的时候，侍女立刻告诉我他进来了。我让她看好门，自己安静地走了出去，我还叫了两个朋友，还去一些人家里找人。我带上尽可能多的人过来，从最近的商店里买了火把。门已经开了，侍女也准备好了。我们打开了卧室的门，看到我的妻子和他躺在床上，跟着我的人也看到他赤裸着身体躺在床上。我把他打倒，然后把他的双手绑在后背，质问他为什么来我家里。他承认了自己的罪恶，然后请求我不要杀他，他可以给我一笔钱。我又重复道，“并不是我想杀你，而是你违背了城市法律，为了自己的快乐选择违法，宁可冒犯我的妻子与孩子，也不选择做一个守法的体面人。”
>
> ［吕西亚斯（Lysias），《埃拉托斯特尼谋杀案》（*On the Murder of Eratosthenes*）23—26，兰姆译］

于是，悠菲拉帝斯杀死了埃拉托斯特尼。他认为自己当场捉奸，所以有权力这样做。在我们看来，埃拉托斯特尼犯了通奸罪，但是对于悠菲拉帝斯、朋友与陪审团来说，埃拉托斯特尼勾引了他的妻子，是在侮辱他。在希罗多德对波斯人行为的叙述中，我们认为傲慢是一种错误，这一思想对雅典人产生了很大影响。无论是淫欲还是暴力，超过可接受范围都会招致神明的惩罚。在埃拉托斯特尼的这个案件里，是对受委屈的丈夫进行惩罚。如果另一位男子与他的妻子发生性关系，那么他的家庭凝聚力、孩子的合法性、家庭的荣誉，都会受到影响。这为我们深入了解雅典人对婚姻及家庭的理解提供了一种视角，但是在这桩案件的法律解释之外，还有很多别的模糊因素，比如：妻子的作用。她的感情、动机，甚至行为都与这起案件无关，但是很显然这些都是一出人类戏剧的一部分。随着埃拉托斯特尼的死亡，戏剧也落下了帷幕。当悠菲拉帝斯提出诱奸与强奸的法律区别时，我们只能间接地感受到妻子的存在：悠菲拉帝斯认为诱奸要比强奸情节更严重，因为女性的灵魂也被诱奸者毁坏。她是自愿找一个情人，而不是被强奸，因此埃拉托斯特尼的罪孽更深重，悠菲拉帝斯更有理由杀死他。

婚姻的年龄也体现出男性、女性间地位的不同：女性一般在青春期开始前就已经订婚，月经初潮后就可以结婚，但是男性一般在30岁左右才会结婚。这种婚姻建构产生的社会关系与现代婚姻截然不同。首先，男性并不在婚姻中寻找伴侣，他们很多人都会养情人或者去找妓女，这种安排往往是非正式的。例如，酒会并不是男性之间单纯的喝酒聚会，还有一些性工作者参与，其中有一些职业的高级妓女（*hetairai*）。阿里斯托芬在《黄蜂》中描述了这样的一次遭遇。书中的角色菲洛克里昂喝醉后引诱一名吹笛女，说道："听着，小猪，如果你一直很好，我的儿子死后，我就会放了你，让你做我的情人。"（II. 1,1351—53）"小猪"一词是雅典人对女性性器官的一种通俗说法。菲洛克里昂的这番话反映出他对待公民的态度。人们普遍认同妓女就是被利用的，当然如果足够幸运的话，还能一跃成为男人的情妇。雅典法律中认可纳妾。

在其他例子中，定期出版、引用的法律、法令为雅典民主蒙上法律主义的外衣，我们并不能看到那些被排除在外的非雅典公民遭受的不平等。我们在协约国的例子中看到贡品、记录、法律几乎掩盖了他们的臣服，因此会影响我们对于女性与奴隶地位的理解。这两类臣服的人在希腊男性面前无能为力，他们与雅典人的关系表现出雅典男性的权力。一位名叫奈阿依拉（Neaira）的女性小时候被卖为性奴，后来在名为奈阿依拉（Nikarete）的科林斯女性经营的妓院里开始了她的工作。两名科林斯男性非常喜欢她，阿珀洛德罗斯（Apollodoros）这样描述这件事：

> 提曼诺莱达斯（Timanoridas）与欧科莱特斯（Eukrates）认为奈阿依拉那里的花销太大，所以他们付了奈阿依拉30姆奈，让她做自己的奴隶，他们想留她多久就多久，随时利用她。当他们打算结婚的时候，他们告诉奈阿依拉不想再看到她在科林斯当妓女或者住在妓院里，但是他们给她10姆奈钱，并且希望在以后有能力的时候归还剩下的20姆奈。
>
> [阿珀洛德罗斯，《驳奈阿依拉》（*Against Neaira*）29，弗里曼译]

这起商业交易里的金钱数目引人注意，30姆奈在当时相当于一位熟练工10年的工资，而奈阿依拉自由的代价是这笔钱的三分之二。这篇演讲的观众是上百名雅典陪审员。就像悠菲拉帝斯的演讲一样，里面包含了很多淫乱或虚构的元素，但是最重要的是让雅典人信服。两个男人买个奴隶作为自己的私人性玩具，这种想法并不罕见，但是他们结婚的时候会因为她在身边而感到尴尬，这也是完全可以理解的。观众并不会同情这位妓女，相反会认为主人让她交一笔钱就能获得自由，且要离开科林斯，这种场景很正常。

在这种不平均的权力关系中，希腊瓶画上的很多性图像非常引人注目，这并不是因为这些图像表现出身体的柔韧性，而是因为这种异性性行为一般表现出身体优势（**图9.17**）。因此，古典时期的性研究一般称为"男性生殖器的统治"。

图9.17 红绘风格基里克斯陶杯细节图，图案为一对发生性行为的夫妻，约公元前460年

鸡奸

将性行为解读为另一种表达权力关系的形式对于理解古典时期雅典文化很有帮助，因为我们可以更好地理解伯里克利时期雅典的性行为——鸡奸。在我们的文化中，毫无疑问这是一种虐童行为，因此很难理解雅典生活的这一方面。我们该怎么做呢？希罗多德认为波斯人比别人更能接受外国习俗，“包括他们从希腊学来的男孩性行为。”（《历史》1.135）因此我们必须将希腊这种特别的行为视作常规做法。我们可以将新几内亚的仪式性同性恋作为例子进行对比。某个部落中，人们认为男子气概存在于男性的精液中，因此男孩变成男人之前都需要与年龄更大些的男人口交。吉尔伯特·赫特（Gilbert Herdt）写道：“所有男性都需要经过两个性阶段，先是为别人口交，后来是被口交，无人例外，因为所有男人从一开始都要经过这个过程。”

这提醒我们，社会价值观与信仰的双重考验下形成了性，那么我们现在需要理解雅典社会中的鸡奸有什么作用。首先，肖像学显示出明显的年龄差异，即使年轻男子已经显示出明显的肌肉组织，但是面部还没有胡子。有胡子的年长男子是爱者（erastes），年轻的没有胡子的孩子是被爱者（eromenos）（**图9.18**）。这些术语用来指同性性行为中的双方，爱者是主动的，被爱者是被动的。“同性”在希腊语中是“被爱”的意思。

人们尝试过各种方法解释这种性别角色建构。一些学者强调因为雅典女性往往不会抛头露面，因此认为同性关系可能是对缺少亲密异性关系的补偿。其他学者认为斯巴达等多立安社会的军事训练使人们在超男性环境中找到这种表达方式。然而，雅典不是多立安社会，体育场常常是鸡奸发生的场所（阿里斯托芬曾经讽刺过一位老人摔倒在地的时候，看着摔跤场沙地

图9.18 黑像式花瓶上正在鸡奸的一对，约公元前530—前520年

上男孩的臀部轮廓陷入沉思)。还有人认为鸡奸在贵族环境中似乎也有作用。阿里斯托芬的讽刺实际上针对的是雅典贵族，他们会给街上的行人一种可笑的感觉，也经常强调这种关系中辅导的重要性：年长的人会训练年轻的人，让他们准备好长大成人。几百年后，斯特拉波写到克里特的一种鸡奸可能包含以下元素：

> (克里特人)的爱情有一种特殊的习俗，他们不通过劝说，不通过拐骗，而是需要赢得自己的爱情，爱人提前三四天告诉小男孩的朋友们，他会被带走。但是对于朋友们来说，把这个孩子藏起来，或者不让他走上这条路是一件非常可耻的事，仿佛在说这个孩子不配得到情人。他们见面的时候，如果要带走孩子的人在其他方面与他们同级或级别更高，朋友们会追上他、抓住他，采取更温和的方式完成这个习俗。然后把这个孩子送给他。但是如果这个人很不可靠的话，朋友们就会直接把孩子带走。
>
> (斯特拉波，《地理学》10.4.21，琼斯译)

其他的群体或许没有这种仪式性的绑架，但是希腊世界中的各种鸡奸似乎有两个共性。第一点是，每个例子鸡奸关系中的男子气概都基于成年男性的主动行为，爱者是主动的一方，被爱者是被动的一方，因此从权力关系角度来看，被爱者与女性、奴隶(攸里梅敦瓶画上的)和波斯人(参见第26页)有同样的角色。第二点是，被爱者与女性、奴隶、波斯人有所不同，通过这件事他将褪去稚嫩，成为成年人、雅典人、男人与爱者。因此雅典的鸡奸似乎是一种性启蒙，在男孩变为男人之前发生。我们并不知道是否所有男孩，甚至是大部分男孩都将经历这一过程，但是从雅典人的角度来看，被年长的爱人称为“美丽”(kalos，见图9.19)的孩子并不能完全成长为男人，还需要再次作为被爱者(这种情况是非常可耻的)。

以我们对古代文化评价的角度，这是一种讽刺。对于雅典人来说，成年男性有一个小男孩作为性伴侣并不是什么可耻的事，但是两个成年男性住在一起保持着性关系就很令人恶心。这种情况下，被爱者变成了滥交者(kinaidos)，如果对手陷入了这种关系，无异于在攻击他的品格。提到狄摩西尼时埃斯基涅斯这样说道：

> 有位名叫普拉泰的贵族，年轻的时候相貌出众，在狄摩西尼家中住了很久。关于他在那里的角色，人们的说法不一，但是我认为我们不应该谈论这个问题。
>
> (埃斯基涅斯，《反克泰西丰》3.162，多弗译)

任何社会中的性别构建都是很复杂的现象，无法梳理清楚，但是雅典人的性别构建尤其复杂，对性别认

图9.19 红绘风格花瓶细节图，上面是美丽的男孩，约公元前510—前500年，陶制，高7.6厘米

识的态度会影响雅典人的理想构建：男人是家庭与财富的主人。男孩被培养成男人；女人就应该顺从，被人利用，低人一等；还有一些奴隶位于所有人的底层。

图9.20 花瓶上正在纺织的家仆，约公元前550—前530年，陶制，高17.1厘米

奴隶

古代雅典到处都有奴隶。农业奴隶在田里工作，矿工奴隶在地里挖银子。色诺芬曾在《财源论》(*Ways and Means*)中解释如何投资奴隶，产生有保障的收入来源：

> 我想对这件事有想法的人应该已经听说很久了，尼西阿斯的儿子尼克瑞托斯(Nikeratos)矿里有一千多人，他把他们从索斯亚斯(Sosias)派到色雷斯，因为索斯亚斯人付给他们每人每天1欧宝，而且填补了他们的空缺。这次希波尼科斯(Hipponikos)又送出600名奴隶，租金每天1姆奈，菲力莫尼迪斯(Philemonides)有300名奴隶，收到0.5姆奈。
>
> (色诺芬,《财源论》4.14，马钱特译)

阿缇卡及希腊其他地区，农业劳动力都由奴隶组成，这些工人在阿哥斯叫作“裸奴”(Gymnetes)，在埃皮道鲁斯叫作“尘脚”(Koniopodes)。我们知道，斯巴达奴隶被称为“希洛人”，色萨利奴隶被称为“佩涅斯特”(penestai)。在很多地方，奴隶都是该地区的原住民，奴隶主希望在种族上与他们区分开来。雅典的证据表明希腊人的国籍范围非常广，一些非希腊奴隶的盛行更让雅典人把他们视作赚钱的机器。记载奴隶价格的铭文上面记载奴隶来自卡帕多西亚、卡里亚、科尔基斯、吕底亚、伊利里亚、马其顿、塞西亚、色雷斯。因此，伯里克利时期的雅典对于奴隶与自由人的划分，很可能有强烈的覆盖性。肤色并不是所有奴隶人群的标志，雅典人还可能根据口音区分他们之间的非雅典人。

家仆(oiketai)负责制衣、做饭、等着在房屋内服侍主人(**图9.20**)。一般来说，家庭奴隶的生活条件要比农业奴隶更好，但是与美国南北战争前的南方相比，快乐的奴隶在古代雅典几乎不存在。

名为私有奴隶(choris oikountes)的另一奴隶阶层包含鞋匠等半自由的手艺人，他们的劳动力与生产出来的产品需要养活自己和主人。除了这些私人拥有的奴隶，还有一些公共奴隶(demosioi)，他们作为店员、秘书、清洁工，甚至基本警力，帮助处理雅典的日常事务。雅典生活中奴隶无处不在，甚至一些老人在申请养老金时会说自己太穷了，都买不起奴隶帮忙经营生意。

雅典和斯巴达一样，因为奴隶数量庞大，所以需要惩罚与强制保证奴隶们服从。色诺芬的著作《回忆苏格拉底》(*Memorabilia*)中，两位雅典绅士讨论应该如何对待奴隶，表现出大部分奴隶的生活环境：

> 但是现在让我们看看主人如何对待这些奴隶吧。他们有没有饿着奴隶，防止他们做出伤风败俗的事，有没有把财务全部锁起来防止他们偷走，有没有给他们戴上镣铐防止他们逃跑，有没有因为懒惰而鞭打他们？你是怎么对待奴隶，让他们改正错误的呢？
>
> [色诺芬,《回忆苏格拉底》2.1.16，马钱特译]

雅典人对待奴隶的态度是雅典社会中最清楚的权力关系表达。如果说女性的劣势地位体现在她们被用作生孩子或寻求欢乐的性工具，如果说同盟城邦被视作雅典的臣民，那么雅典人几乎不把奴隶当人看。我们可以通过一种阶级区分自由民到奴隶的不同地位。狄摩西尼对他的同伴说：

> 陪审团的绅士们，如果你们思考一下当奴隶与自由民的区别，你们会发现最大的区别在于奴隶的身体将为他所有错误行为买单，而自由民很少受到体罚。
>
> [狄摩西尼,《驳摩克拉提斯》(*Against Timokrates*)167，默里译]

奴隶的身体只是身体，所以会常常受到体罚。自由人能够受到审判，而奴隶只能被折磨，因为他们并不能使用自己的头脑，甚至也没有头脑，否则他们也不会成为奴隶了。任何社会中，自由的奴隶主对奴隶们的偏见并不能经受严密的理性判断，但是雅典人经历了重要的逻辑翻转，证明奴隶的合理性。亚里士多德认为，这件事的关键在于权力：各种关系中的控制是关系的主要功能。亚里士多德利用弓与马的故事说明控制就意味着有用。没有弯的弓只是一根棍子，而被弓箭手弯曲后就能作为武器使用。自由奔跑的马并没有什么作用，但是拴上缰绳的马可以当作骑兵的战马。因此，控制使各种关系更加明确，并且赋予他们性质：

> 主人只是奴隶的主人，奴隶不属于自己，而是完全属于主人。因此我们可以看到奴隶的本质与职责，他并不属于自己，而是属于另一个人，因此在本质上就是奴隶；他或许是一个人、一件物品。一件物品也是一种行动，与占有者分离。
>
> (亚里士多德,《政治学》1.4 1254a，乔伊特译)

对此，不同的人有不同的观点。公元前4世纪的修辞学家阿尔西达马斯(Alkidamas)认为："神让人人自由，自然不会让任何一人成为奴隶"(Schol. ad Aristot. *Rhet*.1373b)。但是我们仍然听不到否定奴隶的声音，这一制度在古代也没有受到挑战。

与奴隶制有关的另一发现是秩序。我们需要意识到，就像古典时期地中海的大部分社会一样，奴隶制是伯里克利时代的雅典的一个特点，但是需要进一步发展。从柏拉图的哲学到修昔底德的历史，只有那些有空闲时间追求哲学、诗歌与其他高雅文化的人才能享受古典时期的雅典文化。希腊语中这种消遣方式被称为"闲暇"(scholê)，也是英文"school"一词的来源。伟大的历史学家摩西·芬利(Moses Finley，1921—1986年)曾经认为闲暇不太可能出现，因为广大的非自由民所有时间都献给了奴隶主。但是对于“奴隶使希腊文化变得可能”这一问题，他绝对同意。毫无疑问，伯里克利时代的雅典社会丰富多彩，有很多文化成就，但是借用埃德加·爱伦·坡的话来说，我们需要意识到，希腊取得荣耀的代价是服务雅典人的奴隶的自由与尊严。

外邦人

我们对公元前5世纪雅典文化的评价中还需要包括最后一组被剥夺公民权的人。在著名的葬礼演讲中，伯里克利说道：“一切好东西都涌入城市。”伯里克利在这里想到的是雅典港口比雷埃夫斯，公元前5世纪时该地变为繁忙的商贸港湾。爱琴海及以外地区的很多商品都涌入雅典，包括来自黑海的粮食、皮革与奴隶，来自萨索斯岛的酒，来自萨尔尼克湾及以外地区的鱼，来自东地中海地区的象牙、香水与织物。还有一些奢侈品，例如来自埃及和非洲的圣甲虫与鸵鸟蛋、来自波罗的海的琥珀。伯里克利时期发展起来的贸易与制造业都由外邦人进行，他们住在雅典并且需要纳税，但是却不能成为雅典公民。梭伦与克里斯提尼在民主发展的关键时期都纳入了“新公民”，但是获得公民权却没有什么统一途径。男性外邦人每人每年需要纳12德拉克马的税（metoikion），相当于一位熟练工人两周的工资，女性外邦人需要6德拉克马。他们需要在雅典定居点登记，同时需要找到一位雅典人作为自己的出资人。公元前4世纪晚期，雅典约有1万名外邦人。

在某些方面，“外邦人”是一种广泛的称呼。一些自由人会为了追求经济发展带来的机会，专门搬到雅典来，其中一个例子就是雅典演说家吕西亚斯的父亲刻法罗斯（Kephalos），他到雅典开了一家工厂生产盾牌。还有一些人曾经是奴隶，因为被解放而重获自由，例如公元前4世纪的银行家帕西翁（Pasion），因为在银行业方面的成就重获自由，后来又因为对雅典城邦的慷慨资助而获得了公民权。帕西翁的慷慨与高调或许对他有利，但是他是个例外，并非普遍。吕西亚斯关于潘克里昂（Pankleon）的演讲中曾提到雅典人对外国人的态度。发言人向处理外国人事务的执政官对潘克里昂提出控告，因为他是外邦人。后来潘克里昂声称自己其实是公民，于是演讲者开始对他进行调查：

> 于是我去了德克里亚人居住的赫尔麦街上的一家理发店，这样我就能发现这些人是否知道德克里亚有一位潘克里昂。因为没有人曾经提到过他，但是我知道他还是其他一些案件的被告。所以我继续自己提起的诉讼，首先，我将会带来几位德克里亚人目击者，他们曾经在地方执政官面前提起诉讼，然后潘克里昂被定罪，只要有机会我会尽可能多地带人来。
>
> [吕西亚斯，《驳潘克里昂》（*Against Pankleon*）3，兰姆译]

这位演讲者的策略是认为他的对手不是雅典公民。很多其他演讲中也有过使用这种方法的。这在当时因为记录没有现代社会这么严格，所以并不是一件奇怪的事。但是这篇文章的确告诉我们当时的雅典是一个面对面的社会。正如演讲者所说，确定潘克里昂是不是公民的办法就是去当地人常去的理发店打听。一些评论家也意识到，决定潘克里昂的地位非常复杂，他曾是奴隶，又是外邦人，还是贫穷的自由人？我们很难讲出雅典社会底层的区别。但是有一件事是明确的，如果在雅典男性公民中赢得优势地位，生活一定会过得更好。

图9.21 来自普利亚的红绘风格的瓶画细节图，约公元前380年，上面拄着棍子的两个人是合唱团团长，图中场景来自滑稽剧目，两个人都是夸张的漫画形象

焦点：

公民义务与饮酒会

了解社会内部运行的重要途径之一是找到有特色的制度。公元前5世纪雅典有两种特殊制度。第一个就是公民义务，意思是“公共服务”。富有的公民每年需要承担一部分用于群体利益的开支。具体有三种类型：第一种用来维护雅典战争中的舰队，国家负责支付船员的工资，但是负责维修战船的公民需要支付船帆、木材、绳索等零件维护的费用。有些时候，这些人会作为舰队的船长，当然也有可能聘请了一些航海经

图9.22 红绘风格的皮莱克罐（pelike）上火炬接力赛的运动员，公元前5世纪

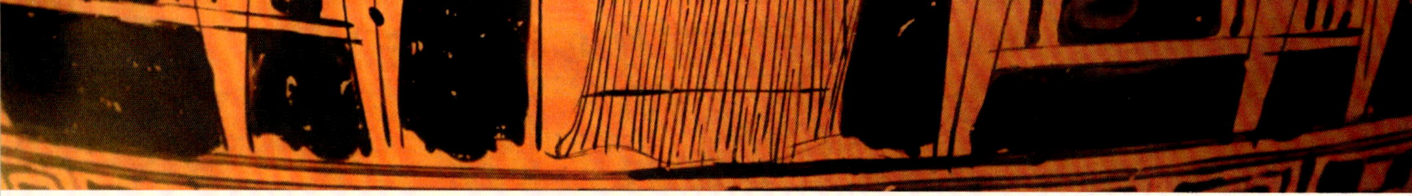

图9.23 画家尼西阿斯（Nikias），红绘风格的钟形喷口杯细节，图为饮酒会上的场景，约公元前420年，图中的人物正在玩一种喝酒游戏，一位吹笛女正在演奏音乐。陶制，高33厘米

验丰富的人来做船长。第二种是戏剧节中的合唱演出，这些人作为合唱团中的团长，需要支付演员雇佣、训练、服装及其他开销等全部内容（**图9.21**）。公元前472年，伯里克利负责埃斯库罗斯戏剧《波斯人》（*Persians*）的出品，该剧第一次将当时的事件搬到舞台上。伯里克利在担任该剧出品人的过程中，不断宣传自己在雅典社会、政治中的领先地位。

第三种是竞赛监督官。每年雅典都会从每个部落中选出一人负责与火炬接力有关的节日费用（**图9.22**），包括与训练和物资有关的全部费用。

这些公民义务需要每一类人都负起财政责任。这些付出也是值得的，因为可以为个人带来荣誉，但是也有迹象表明，最富裕的雅典公民并不希望参与，所以会在很长时间以后为这些费用买单。公元前4世纪时，个人舰长由一群人取代，分担账单。20个小组中每组选出60人，共1200人。

公民义务代表的雅典制度与现代慈善事业有所区别。私人领域中，饮酒会相当于现在的晚宴，但是又与晚宴的原则与目的有所不同。男性饮酒会中有很强的贵族联系，很有可能超过武士阶级的共同餐桌。饮酒会下的民主也有贵族与精英联系，清醒的场合中可以用来讨论哲学问题或诗歌（参见第四章，第121页）。爱的本质是什么？做一个好人与变成好人有什么区别吗？这些抽象的问题往往都是讨论的焦点。

但是大部分饮酒会（正如名字所示）都不会特别哲学化，主要是喝酒狂欢。受人尊敬的妇女一般不会出席，饮酒会中的女性一般都是吹笛女或妓女等表演艺人，她们往往通过音乐、舞蹈、对话取悦男性（**图9.23**）。公元前5世纪中的资料经常提到，雅典男性会在饮酒会上表现他们的男子气概，一般都是同性恋行为。此外，饮酒会在非雅典地区也很受欢迎，源自希腊文化的伊特鲁里亚文化也包括这种习俗，就像1968年在帕埃斯图姆发现的图法托尔公墓壁画中描绘的场景一样（**图9.24**）。

图9.24 伊特鲁里亚壁画中的饮酒会，图法托尔公墓，约公元前470年

第十章
宗教与哲学：古典时期的信仰与知识

伯里克利时代的雅典社会经历了很多变化。克里斯提尼民主实行后，雅典又被卷入波斯战争。后来雅典从冲突中取得胜利，内部的经济状况与外部的帝国力量都得到了很大的发展。因此，公元前5世纪的雅典创造出丰富多彩的文化，这一时期一般被称为雅典的古典时期。我们已经知道，当时的悲剧与喜剧会探讨热点问题与社会中普遍出现的问题，雅典人用卫城展示雅典的虔诚与自信。然而我们发现，民主发展促成的平等主义却将外国人、奴隶与女性排除在外。

在这一章，我们主要研究那些将雅典凝聚在一起的习俗，一般是一些城邦宗教的信仰与活动。宗教将整个城市紧密地连成一个整体，城邦促进了雅典宗教的形成。宗教仪式对雅典产生了规范影响，提供了一种证明自己虔诚、讨好神明的方式，同时宗教行动也加强了城邦内部的凝聚力。我们认为这形成了一种向心力，一起参加供奉活动与宗教节日，将人们聚在一起，形成紧密的友好关系。哲学为理解社会提供了另一种方式，往往会在抽象层面挑战传统思想，但是雅典社会中社会动荡的威胁非常真实，奴隶制的存在、女性被剥夺政治权利、贫富之间存在阶级冲突，再加上派系冲突，这些都会造成公民矛盾，甚至有可能导致社会崩溃。因此，侧重科学、历史、伦理的研究方式出现后，新的研究将会对曾经广泛接受的传统产生怀疑。

城邦宗教

宗教在塑造雅典人生活方面的作用从出生就开始了。男孩出生后的第一个阿帕托利亚节时，雅典父亲会把孩子介绍给宗教氏族中的其他人。大概在孩子18岁的时候，还会再次介绍给他们，说明孩子被氏族中的兄弟

图10.1 布劳隆的阿耳忒弥斯神殿，如图所示，神殿内有餐厅，屋内有一些座椅，因此来这里玩“扮熊”游戏（接受启蒙）的孩子们可以睡在这里

所接受。雅典男孩青年时代进入宗教氏族后，首先会作为重装步兵接受训练，然后在雅典边境值守两年时间。等他们回来的时候，就可以真正成为士兵与雅典公民。

因此，雅典男孩们真正进入公民行列，需要依靠父亲的宗教兄弟会，个人、家庭、群体的关系在这里非常重要。如果孩子的父亲去世，兄弟会中的朋友会证明孩子的公民身份。公元前396年伯罗奔尼撒战争后，德摩提昂族法令铭文强调了名单违规的问题。氏族成员们为防止欺骗行为，同意需要有一套完整的步骤证明公民身份，但是战争中很多人牺牲了，因此带来了很多问题。当时即使有父亲介绍，还需要目击者证明新加入的孩子是合法的。他们需要进行如下宣誓：

> 我证明他介绍来的孩子是与合法妻子所生的孩子，宙斯会证明我说的是真话。如果所言为实，我会因此获益；若所言为虚，我会遭到报应。

（*IG* II^2 1237，兰伯特与沙德布姆译）

从一些角度来看，宗教氏族仿佛是一个大家庭，雅典人的公民身份在出生时与成年时由氏族中的兄弟授予。

成年对于女性来说也是重要的转变。男性成年意味着开始作为公民与士兵进行训练，但是女性成年往往以月经初潮为标志，意味着她们已经拥有生育的能力，女性的角色也将会转变为妻子或母亲。然而，在女性的转变中，宗教仪式也提供了一种媒介，促使女性社会身份的形成。阿里斯托芬的《利西翠妲》曾提到年轻女孩们（至少是那些雅典顶层家庭的女孩们）在布劳隆神殿中参加纪念阿耳忒弥斯的节日（**图10.1**）。孩子们在这里一起奔跑、唱歌、吃饭，还在神圣的房间中睡觉。他们将这种行为称作“扮熊”，虽然我们并不太明白到底指什么，但是我们知道熊是阿耳忒弥斯的圣物。这些女孩们参与到某种宗教仪式中，扮作女神的圣物。对于这些女孩子们来说，举行阿耳特弥斯布劳罗尼亚崇拜，标志她们从童年进入青春期，可以结婚或订婚。

卫城中的阿耳忒弥斯神殿与在布劳隆的阿耳忒弥斯神殿结构一样，里面有一段铭文提到女性在以后的生活中也会来这里为女神献上贡品，如结婚、生子等重要事件发生时，包括留在女神那里的一些珍贵衣物。例如，卫城阿耳忒弥斯神殿的官员曾经记录过公元前347—前346年以来献给女神的贡品：

> 高拉迪斯作为执政官的那一年中，泰恩（Thyaine）与马太克（Malthake）献上架上的绣花紫色半长袍……菲力（Phile）献上腰带，斐迪拉（Pheidylla）献上架上的白色披风……克山提伯斯的妻子格莱卡拉（Glykera）献上镶边却有些褪色的紫色半长袍和两个小披肩。尼科立阿（Nikolea）献上长及脚踝的亚麻长袍。亚里斯托达米亚（Aristodamea）献上带把手的象牙镜子。
>
> （*IG* II^2 1514 12—24，麦金纳尼译）

这些都是昂贵的女性服饰，铭文中的细节可以让我们想象出人们进入寺庙，看到内部陈列的很多衣服供品。还有一些衣服是没有完成的（上面提到的“架上的”），织造衣服的女人去世时衣服还在织布机上，后来由女人的父亲或丈夫献给雅典娜。把衣服送给女神说明人们希望通过这种虔诚的方式得到女神的眷顾。这里和其他神殿还有一些仪式始终保密，所以重建的时候会加入一些猜测，但是雅典各处都存在的神殿说明这些宗教仪式已经融入了雅典人的生活。

净化与供奉

宗教仪式往往标志着出生、成年、结婚、死亡等重要转折，但是希腊人的日常生活中也有一些每天进行的宗教活动，因此我们可以看到正确对待神的行为将如何影响雅典人生活的方方面面。这些行为可以引导规范的行为，促进社会与个人的和谐发展。以闹鬼的问题为例，人们应该怎样防止幽灵在自己家里闲逛呢？公元前5世纪时，雅典施里诺斯的神圣法律（20世纪90年代中期首次发表）提到了一种方法，第一卷中讲到供奉伟大神灵时的一系列行为以及供奉的具体时间。供品需要献给宙斯·欧迈尼斯（Zeus Eumenes）、欧墨尼得斯（Eumenides）、宙斯·梅利基奥斯（Zeus Meilichios）与特里托帕托雷斯（Tritopatores，曾祖父）等负责家庭和谐、社会幸福、人类繁衍的神灵。欧墨尼得斯在英语中叫作复仇三女神。埃斯库罗斯的作品《奥瑞斯提亚》中，她们在奥瑞斯提亚杀死自己的母亲后，愤怒地去找他报仇。她们非常嗜血，但是奥瑞斯提亚却被雅典娜救下来了。施里诺斯的石版说明，复仇三女神不只是剧中的角色，她们还是保佑家庭、社会安定的精灵。

这种供奉仪式主要包括以下两类：往地下倒酒适合安抚那些已经逝去的神灵；焚烧肉类适合那些喜欢肉气味的神灵。神殿中一般都规定禁止将肉类带走，这些供品一般都会变成宴会，烤好的肉最终被参加供奉的人类吃掉。

铭文B栏中有关于净化仪式的具体内容：

无论是外来的或祖辈的幽灵，无论是否曾经听到过、看到过的，人们在净化自己摆脱幽灵时，步骤与杀人犯的净化仪式相同。首先在公共祭坛献上一头羊，用盐标示出界限，然后用金制容器洒水，让幽灵离开。当人们需要为幽灵供奉的时候，就像对待神明一样就可以了，但是屠杀供品的时候需要让血流在地上。

（*NGSL*[2] 27詹姆森、乔丹、科坦斯基译）

这一部分中，如果人们不想被幽灵侵扰，需要进行净化仪式。整个仪式过程就像是杀人犯净化自己一样，说明被幽灵缠身的人会陷入麻烦、被社会排斥。这些幽灵一般来自家庭或外部：家庭的可能是已经逝去的兄弟希望得到妥善安葬，也可能是还未成年就夭折的女儿；外界的幽灵可能是曾经有外面的人死在这里，渴望得到保护。无论是什么情况，被幽灵缠身的人需要知道，想要驱鬼，首先需要用盐勾画出一块净化之地，然后洒上一些水，表明这是一块圣地。供奉用的动物被杀死后，需要把血洒在地上，安慰地下的幽魂。这些都做完后，被幽灵缠身的人才可以回到家中。这些铭文中的内容说明宗教仪式可以净化个人，帮助他们重回群体。

施里诺斯神圣法律中出现鬼魂与报仇的幽灵，提醒我们宗教可以规范希腊人的行为，确保人类与神灵和谐共处。然而，这种和谐可能会受到杀戮或不虔诚的行为影响。雅典定居点欧皮里岱的铭文中说明本地崇拜对于城邦宗教的影响：

神啊，阿波罗的祭司代表自己及部落中的雅典人宣誓，不会在阿波罗神庙中砍下或拿走木头、带树叶的枝条、柴火或落叶。如果被人抓到，而且偷走东西的人是奴隶，则会被鞭打50下，然后根据雅典议会与人民的旨意，以主人的名义交给国王；如果是被抓的是自由人，那么祭司与市长会罚他50德拉克马，并根据雅典议会与人民的旨意把名字报给国王。

（*IG* II[2] 1362，兰伯特与沙德布姆译）

神殿里的祭司需要负责保管神的东西，那些最微不足道的小东西也包括在内。他的背后是当地定居点、所有雅典人民，以及公民大会的势力。另一种潜在的违法行为是违背誓言。雅典人经常发誓，如果他们违背誓言，会受到上天惩罚，妻子会生下怪物。

供奉

在这种宗教体系中，个人信仰毫无疑问是个人生活中的一部分，但是还包含了存在于仪式与重复中对信仰的理解：无论是对个人还是群体，雅典宗教始终是重要的组成部分。这也进一步解释了城邦宗教最重要的特点：供奉的独特性。雅典人认为虔诚是他们最重要的品质，但是需要靠行动证明。曾经有人估计，雅典公民每天晚上或者每9天就会进行一次群体供奉。

在阿缇卡与希腊，各地也会有自己的供奉活动（**图10.2**），以及家庭、氏族、部落与定居点的节日，说明希腊人的生活中一直有神灵祭祀的存在。例如，阿缇卡定居点托利克斯（Thorikos）、埃什亚（Erchia）与马拉松分别有自己的供奉日历。雅典城市广场的考古发掘也发现了新的供奉日历并于2007年首次发表。铭文A面提到的一系列供奉包括以下内容：

献给阿波罗·普斯塔特里奥斯（Apollo Prostaterios）完整祭品（很可能是一只羊）；献给长石下的阿波罗完整的牺牲品；（牧师的部分）献给城市里的得墨忒耳一只羊；献给珀里法特（Pherrephatte）一只公羊；献给德

尔斐的神完整祭品；（牧师的部分）献给爱奥尼亚的雅典娜一只羊；献给艾莱夫西斯的得墨忒耳一只羊；献给艾莱夫西斯的珀里法特一只公羊……

（*SEG* 52.48 A，兰伯特译，修订版）

我们都很熟悉城市的保护神阿波罗，“长石下”的阿波罗指的是卫城下某个洞穴中对阿波罗的崇拜。其他提到的神灵有雅典娜、得墨忒耳与珀里法特［一般被称为“珀耳塞福涅”（Persephone）］。另一份日历中提到的海卡斯迪斯（Hyakinthides）不是很出名，名为潘克（Pankoi-）的神灵我们也不太清楚。我们熟知的神与不了解的神一起出现很能说明问题。奥林匹亚诸神与一些当地的英雄、神灵同时出现在很长的名单上，说明希腊人所处的世界有很多神，并不只是我们熟悉的十二神。此外，这些宗教文本显示出雅典人每日生活中需要供奉大大小小的各种神灵，定期供奉这些神灵也是雅典人最基本的公民义务之一，供奉活动主导着他们的每日生活。很多希腊瓶画上都有这样的供奉图像：祭司主持祭祀时，随从把供奉用的肉放在火上烤（图10.3），雅典人都很熟悉这些场景。一个氏族内部或整个城邦进行的仪式，都是重复的且仪式性的。

宗教与商业

从整个城市的泛雅典娜节到定居点、氏族以及更小的供奉群体，供奉的规模也越来越小。艾格瑞特斯的宗教群体有一小块土地，每年都会租出去，与租金有关的内容不仅与牧业有关，而且还说明宗教与商业紧密的关系：

神啊！宗教团体将艾格瑞斯特的寺庙租给墨利忒阿尔赤希拉斯（Archesilas）的儿子迪奥格内托斯（Diognetos），租期10年，租金

图10.2 科林斯附近皮萨木头上描绘的动物供奉，约公元前540—前520年，木画，高15厘米

新将房子租给别人。如果需要征收一些其他的税，可以从房租中减去。迪奥格内托斯需要将租约刻在神殿中的石碑上。该合约从科洛波斯（Koroibos）执政开始生效。

（*IG* II^2 2499，克隆彭伯格译）

图10.3 帕索斯画家，红绘风格的双耳喷口杯，上面是动物供奉的图案，约公元前430—前420年，年轻的随从按照祭司所述把肉放在祭坛的火中烤，不久肉会在宴会上吃掉或者分给参加供奉的人们。这一场景经常可以在城市各处看到。陶制，高33.2厘米

200德拉克马。他可以使用建在那里的寺庙与用作神殿的房屋，迪奥格内托斯可以按照他们的需要粉刷墙壁，或者随时进行修建。10年租期到了以后，在不损坏其他东西的情况下，可以在离开时带走木料、门、瓷砖等。迪奥格内托斯需要照顾神殿内的树木，如果有树死亡的话，需要以相同的数目补上。迪奥格内托斯还需要在每年3月1日与9月1日向宗教团体的财政官分别缴纳100德拉克马租金。每年3月需要供奉的时候，迪奥格内托斯要把神殿所在的房屋、开放区域、小屋、厨房、座椅与双人桌子都空出来。如果不能按时缴纳租金，或者不能履行上述义务，租房合约则不再生效。屋内的木材、瓷砖与门被移走后，宗教团体将会重

这座神殿是什么样子是个有趣的问题。从租约来看，这座供奉英雄的神殿一年中大部分时间都似乎是一个农场，只有3月举行供奉仪式的时候才会恢复成供奉与宴会的场所。这是信徒们建起来纪念无名英雄的乡村小神殿，还是一些土地投资者收租的农场？答案是，二者皆有。这份租约与定居点、氏族、雅典城市等类似的租约无论大小都构成了雅典。从农场到艺术节，雅典生活的方方面面都与宗教活动有关。

传统信仰

希腊人对于众神的具体看法是什么样的？他们长什么样子、具体有什么行为？

对于希腊人来说，宇宙被最高天神宙斯与他的妻子赫拉共同统治（图10.4）。宙斯的兄弟波塞冬与哈迪斯等众神家族打败了最初的泰坦巨神与巨人。

后来他们把宇宙进行划分，每人负责自然世界与人类世界的某个部分：雅典娜源自宙斯的头颅，代表智慧与技巧，拥有编织等技能；阿佛洛狄忒代表性欲的力量，她走过的地方会长满花草，土地变得肥沃；阿瑞斯赐给人们神面，来面对血腥的杀戮；波塞冬带来地震；

图10.4 亚特米底庙青铜，国家考古博物馆，雅典，约公元前460—前450年。雕像为准备发射闪电的宙斯，天神宙斯的很多雕像都是这样的姿势。青铜，高2.1米

哈迪斯统治着地狱。这是宙斯创造出来的秩序，说明秩序最终战胜了混乱。如果说宇宙观可以反映出人们看待自身的方式，那么对于雅典人来说，宇宙的基本情况与我们赖以生存的社会秩序，就像是个有些失调的家庭，需要父亲角色的支撑。

我们认为雅典娜是智慧女神，阿波罗是音乐、语言、治愈之神，阿耳忒弥斯是狩猎之神，其实这是我们在接近这些神的一种方式，希罗多德认为这些神与我们有相似之处，他们拥有强大能力的领域也是我们生活的一部分。关于希腊神灵的知识有时通过诗人与祭司写出的各种故事进行传播，有时甚至是父母直接教给孩子们。这些故事都变成西方人的文化意识，表现出希腊人对于神与人的态度（以及二者如何相连）。

例如，阿卡塔昂（Aktaion）打猎的时候看到阿耳忒弥斯在野外洗澡，于是遭到神灵惩罚，被自己的猎狗撕咬成碎片。希腊人通过这个神话表达自己对自然与野外危险的深深恐惧（**图10.5**）。但是请注意，只有当观众们把阿耳忒弥斯想象成美丽的女子，她的谦逊与猎人的遇见形成鲜明的对比，这个故事才有意义。这个场景既是神圣的，也是世俗的，即使是神圣的表演也需要人类角色。

图10.5 红绘风格瓶画，图为阿耳忒弥斯与已死的阿卡塔昂，约公元前470年，陶制，高37厘米

这些神灵的故事往往也都是拟人的，他们的样貌与行为与我们很像。《奥德赛》著名的一章中，诗人唱到阿瑞斯与阿佛洛狄忒在床上缠绵的时候正好被阿佛洛狄忒的丈夫赫菲斯托斯抓到。因为对妻子的行为起了疑心，铸造之神赫菲斯托斯在床上垂了一张网，等待抓住他们。这个故事里，赫菲斯托斯向宙斯表现出自己对妻子通奸行为的愤怒：

> 伟大的宙斯，你们都是神圣的、永生的，
> 你们来到这里，
> 才能看到这些荒诞龌龊的事，
> 想到我是怎样痛苦地看着，
> 这两个人在床上缠绵。
>
> （荷马，《奥德赛》8.305—7，312—15，约翰斯顿译）

这个场景有些幽默，说明虔诚与不敬在雅典人的生活中也是密不可分的。神话之中，人与神并没有什么界线，男性神灵或女性神灵的爱人也可能是人类。对于宙斯来说也是这样，他因为追求年轻女性而激怒了自己的妻子。在这一层面，这些故事似乎也为人类的行为提供了正当的理由。如果神都可以有错误的行为，人当然也可以这样。但是如果神灵真的与我们相同，说明他们也是可接近的。我们可以在不确定的时候接近、请教这些拟人化的神，从而得到安抚。当瘟疫在城市内泛滥的时候，雅典人去寻求瘟疫与健康之神阿波罗的帮助。公元前5世纪晚期，治愈神殿的流行反映出同一种态度：如果神灵是强大且真实存在的，我们就可以采用正确的方式接近他们，祈求他们的保佑。

图10.6 红绘风格的瓶画，图案为彭透斯被酒神信徒撕成碎片，约公元前480年，陶制，高12.7厘米

与此相反的是对神灵力量的恐惧。例如，欧里庇得斯的《巴库斯》(*Bacchai*) 中讲到酒神狄俄尼索斯来到底比斯，但是城市的统治者彭透斯 (Pentheus) 并没有注意到他的神力，因此受到了惩罚，被母亲阿佳弗 (Agave) 及其他酒神信徒在神的力量影响下撕成碎片 (图10.6)。这个故事中并没有显示出救赎与原谅，仅仅体现出神力残忍的本质。神是令人敬畏的，这一出剧将彭透斯的个人怀疑与信徒对酒神的接受结合起来。反抗神灵是个人愚蠢的行为，当神想要杀人时，我们只能服从他的权威。

埃莱夫西斯

对于希腊人来说，神是真实存在的，神显灵等个人宗教活动也是城邦宗教的影子。埃莱夫西斯的神话就说明了这一点。埃莱夫西斯位于雅典西部20公里处，作为定居点并入阿缇卡内部。但是这个农业发源之地的得墨忒耳神殿依然受欧摩尔波斯 (Eumolpidai) 与克律克斯 (Kerykes) 两大家族控制。神殿定期扩大表现出宗教崇拜日益增长的重要性，特别是在泰勒斯台里昂神庙中，每年有上百人会加入一个神秘宗教团体。这个组织与四季变化和崇拜大地母亲有关。然而，加入的人越来越多并不只是因为人们参加入会仪式。泰勒斯台里昂神庙的每次扩大也说明个人与氏族团体逐渐转变为雅典人集体出资的国家团体。正如图10.7中的平面图所示，公元前6世纪的早期神殿（图中蓝色部分），在公元前5世纪时（图中红色部分）有所扩建，在罗马时代又一次进行扩建。

每一次有新人加入的时候，得墨忒耳都会在仪式结束的晚上显灵。通过斋戒净化，再加上温和的致幻药影响，人们会看到神灵真实存在。我们可以联想到现在

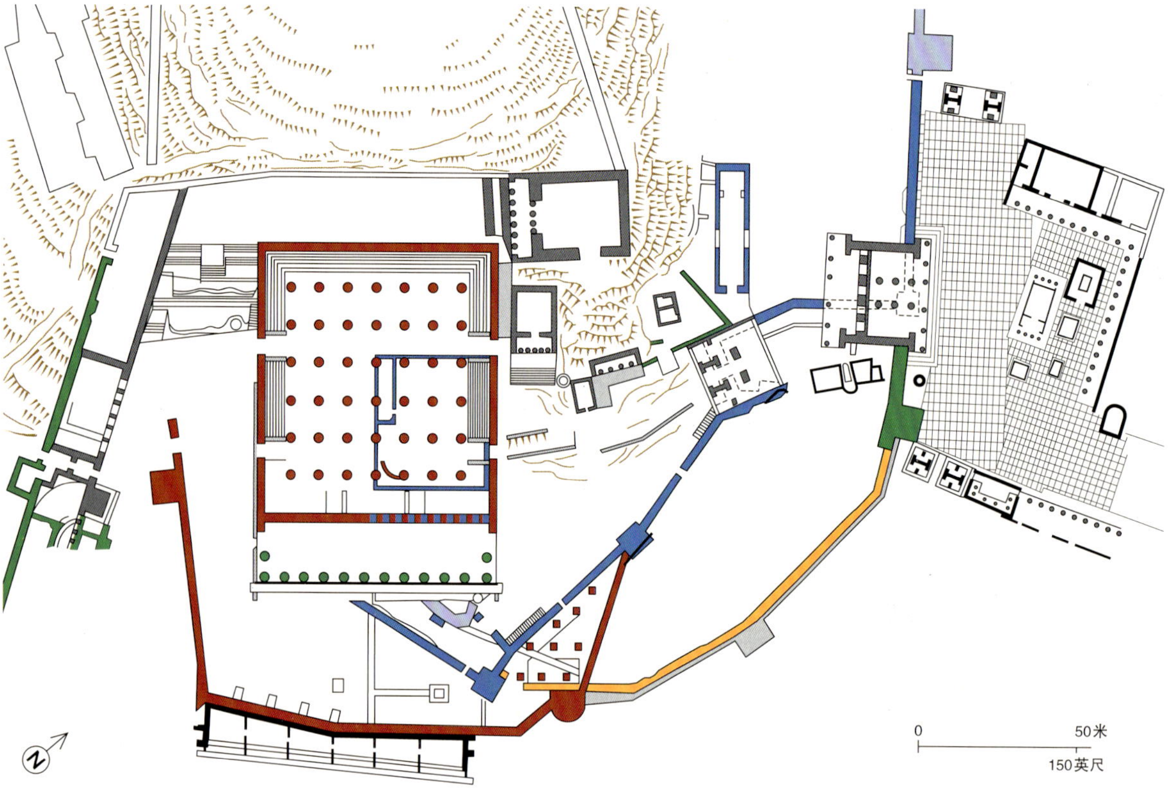

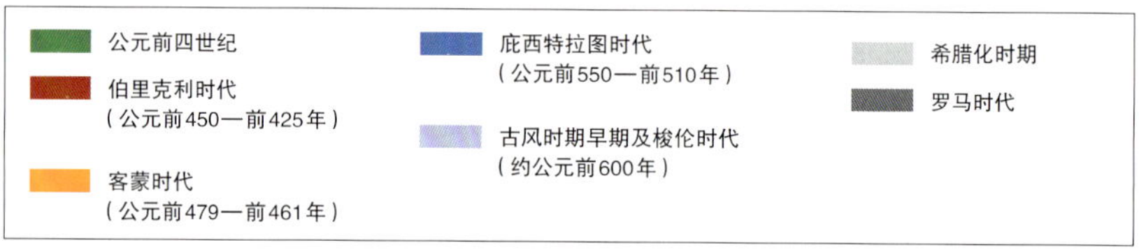

图10.7 埃莱夫西斯神殿平面图，包括不同时期发展情况

复活节东正教堂的午夜弥撒，当神父在黑暗中点起一支蜡烛，告诉人们耶稣已经复活的时候，这种仪式仿佛唤醒了古老的祖先。但是埃莱夫西斯仪式与基督教仪式不同，还与庆祝肥沃的土地和农业起源有关。这就提到了这个宗教团体最早的故事。据说得墨忒耳的女儿珀耳塞福涅被绑架后，她正心烦意乱地四处走着，然后得到了埃莱夫西斯国王妻子墨塔涅拉（Metaneira）与儿子特里普托勒摩斯（Triptolemos）的友好款待，后来为了报答他们，得墨忒耳告诉了他们农业的秘密（**图10.8**中的得墨忒耳坐在王座上，接受墨塔涅拉献上的一捆小麦，就像神殿一般会收到城邦或个人送上的第一果实）。

入会本来是比较私人的事情，但是雅典城邦对这个神秘的宗教团体很有兴趣。这一点或许有些奇怪。埃莱夫西斯在阿缇卡西部有很重要的战略意义，靠近雅典敌人迈加拉的边境。此外，据说埃莱夫西斯是农业之乡，那里的土地受众神青睐，因此雅典人会说他们领土上发生的这些事使公民生活成为可能。或许是觉得这样说还不够有力，这个团体还向人们展示了入会后的幸福生活，人们不需要再害怕死亡。这些内容在公元前6世纪《写给得墨忒耳的荷马赞美诗》（*Homeric Hymn to Demeter*）中有所体现：

世界上见过这些神秘之事的人都是幸福的，但是缺乏经验的人并不能融入他们，死后也并不会有这么多好事，只能在黑暗中沉沦。

(《写给得墨忒耳的荷马赞美诗》[2]. 480—83，伊夫林-怀特译）

作为神殿，仪式会涉及生、死与来世的问题，所以埃莱夫西斯的威望逐渐增强，因此我们不难理解雅典人想要尽快控制神殿的欲望。他们在雅典内部也建了一座相似的神殿，叫作埃莱夫西斯城，有时被认作是埃莱夫西斯神殿的分部。这种情况很常见：布劳隆的阿耳忒弥斯神殿在卫城也有一座相似的。城外与城市内的神殿将中心与周围连接起来，使整个地区变成宗教景观。每年，雅典都会派来一些第一次服役的男青年，把秘密与神圣的物品带回雅典。然后，这些人需要前往比雷埃夫斯，在海水里净化自己后再回到埃莱夫西斯。这些人在到达埃莱夫西斯之前会在河边经历言语上的辱骂，这种仪式被称为“过桥”，然后再经过上面提到的入会仪式。与现在卢尔德、麦加等朝圣活动相似，这些都是大规模的人口流动，需要城邦及宗教群体（在雅典一般是同一个组织）进行计划、准备与控制。

埃莱夫西斯并不是唯一提到未来幸福生活的宗教团体，希腊世界还有很多人会崇拜俄耳甫斯。俄耳甫斯是神话中的人物，可以用音乐迷住动物，差点就成功地把心爱的欧律狄克（Eurydike）从地狱救出来。这些人被称作俄耳甫斯的信徒，很多人被埋葬的时候都放着金色的小盘子，上面刻着神秘的内容：

图10.8 得墨忒耳与墨塔涅拉抓着麦子。红绘风格的阿普利亚提水罐瓶身细节图，约公元前340年，陶制，高68厘米

我来自纯净的世界，那里有纯净的女王、欧克勒斯（Eukles）、欧泊琉斯（Eubouleus），还有其他神明与恶魔。我承认，我受你们保佑。无论是命运将我打倒，还是不朽的神灵或雷电，我已经为自己做错的事情付出了代价。现在我已经飞出了伤心、劳累的循环，我要迈着轻快的步伐寻找渴望的王冠。我把自己投入哈迪斯的皇后的胸膛。现在，我祈求珀耳塞福涅的保佑，她会将人们都送到神圣的地方。你又幸福又被保佑，应该是神而非凡人。我像孩子一样跌入牛奶中。

［廷波内·皮科洛（Timpone Piccolo），图里（Thurii），拉梅拉（Lamella）A1，格里思译］

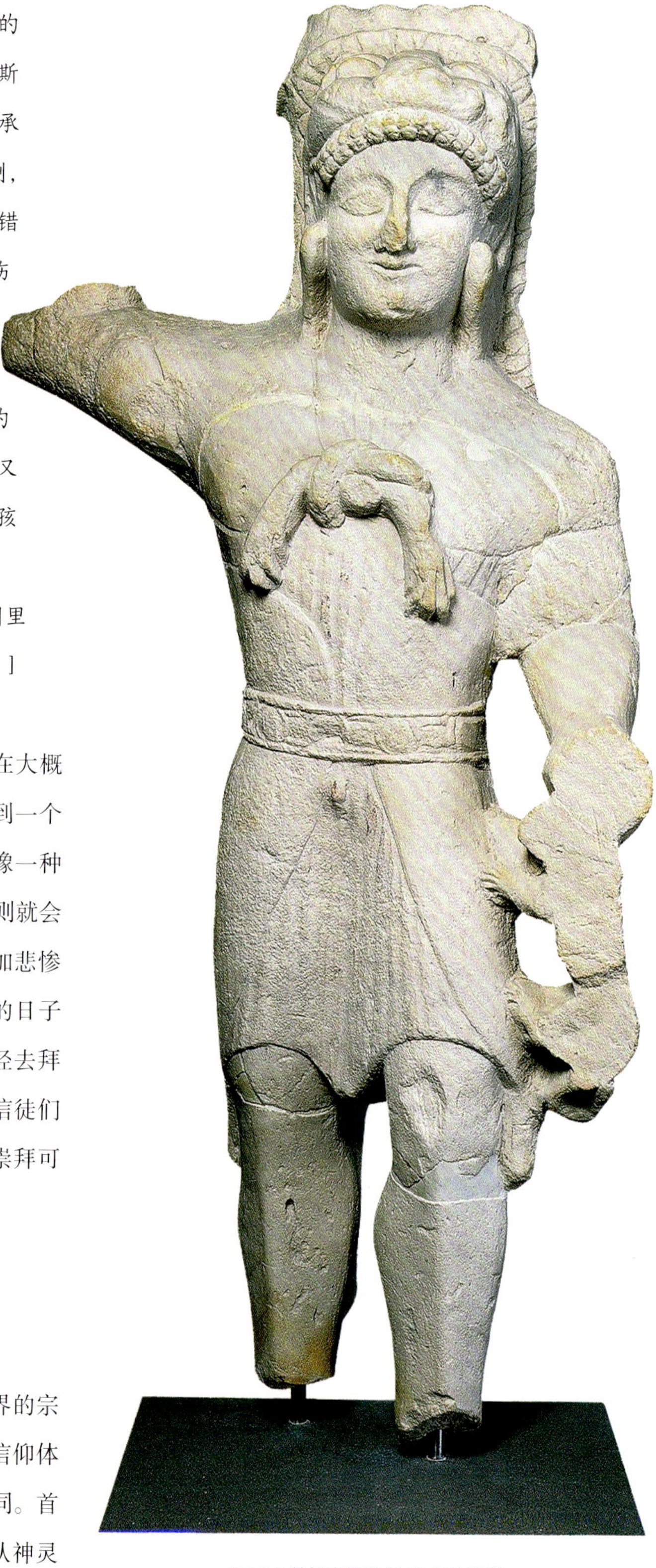

图10.9 赫拉克勒斯/麦勒卡特雕塑，公元前5世纪早期，石灰石

尽管还有一些信息不太清楚，但是我们现在大概可以知道这些金盘子的意思。这些信徒都会得到一个咒语，死后一醒来可以使用一次，这个盘子就像一种通行证，可以进入纯净的地方，被神明保佑，否则就会像没有加入的人那样在死后受到惩罚，过着更加悲惨的生活。人们死后都会在地狱受到审判，死后的日子或阴沉或可怕。荷马的《奥德赛》中奥德赛曾经去拜访哈迪斯，荷马提到的阴冷、贫瘠的地方都是信徒们希望避讳的。于是他们选择入会，祈祷现在的崇拜可以使死后的自己得到庇佑。

共同的信仰与诗篇

埃莱夫西斯与俄耳甫斯的崇拜说明希腊世界的宗教关注普通人最深层的精神需求。但是，作为信仰体系，雅典宗教与现代社会的大部分宗教有所不同。首先，尽管古典时期的希腊人都会相信诗人可以从神灵处获得灵感，但是他们并不认为所有诗篇都是神灵对于人们行为的直接指引。换句话说，他们并不认为诗就具有基督教《圣经》的同等作用。荷马与赫西奥德看上去具有权威性，但是从来没有雅典人因为否认诗人的文字而被烧死。也许是因为希腊宗教的发展并没有基督教的《圣经》基础，所以更倾向于寻找众神之间的相似性，而不是断定希腊神灵的优势。例如，很受地中海地区希腊人欢迎的赫拉克勒斯，与腓尼基神麦勒卡特（Melqart，**图10.9**）相似。在一些地方，这两位神有所重合。希罗多德曾经写过一篇长文讨论“提尔赫拉克勒斯”的来源（认为赫拉克勒斯来自腓尼基城市提尔），而现代摩纳哥公国的名字来自赫拉克勒斯-摩诺伊科（Herakles Monoikos），融合了赫拉克勒斯与麦勒卡特的昵称麦奴阿卡。

希腊宗教的第二个特点在于，尽管希腊世界有过宗教迫害的例子，通常以无宗教信仰或不虔诚的罪名，但是非常少，而且通常针对有争议性的公众人物。审判可能会受到宗教顾虑以及社会焦虑与政治动荡影响。最后，我们需要记住，色诺芬尼、普罗塔哥拉、柏拉图（下面还会详细讲到）作品中有关宇宙学的内容都是文学精英的作品，因此并不代表雅典平民的观点。狄奥弗拉斯图（Theophrastos）或许最接近古典时期雅典人的思想，他认为人们的迷信行为是：“人们做了梦以后就会寻找解梦人，那些解梦人能从鸟鸣中得知他应该去找哪位神。”[《论神》(*Characters*) 16.11]真正的代表并不是古代持怀疑态度的哲学家，而是对各地小神龛祭拜的男男女女、宗教团体中的成员、与朋友家人去布劳隆或埃莱夫西斯朝拜的人、与经常参加定居点或部落中供奉活动的人。供奉、节日、游行都是宗教的组成部分，一遍又一遍地重复，这些人在一起组成了群体。

图10.10 阿斯克勒庇俄斯的救济，希腊，约公元前350年，石灰石

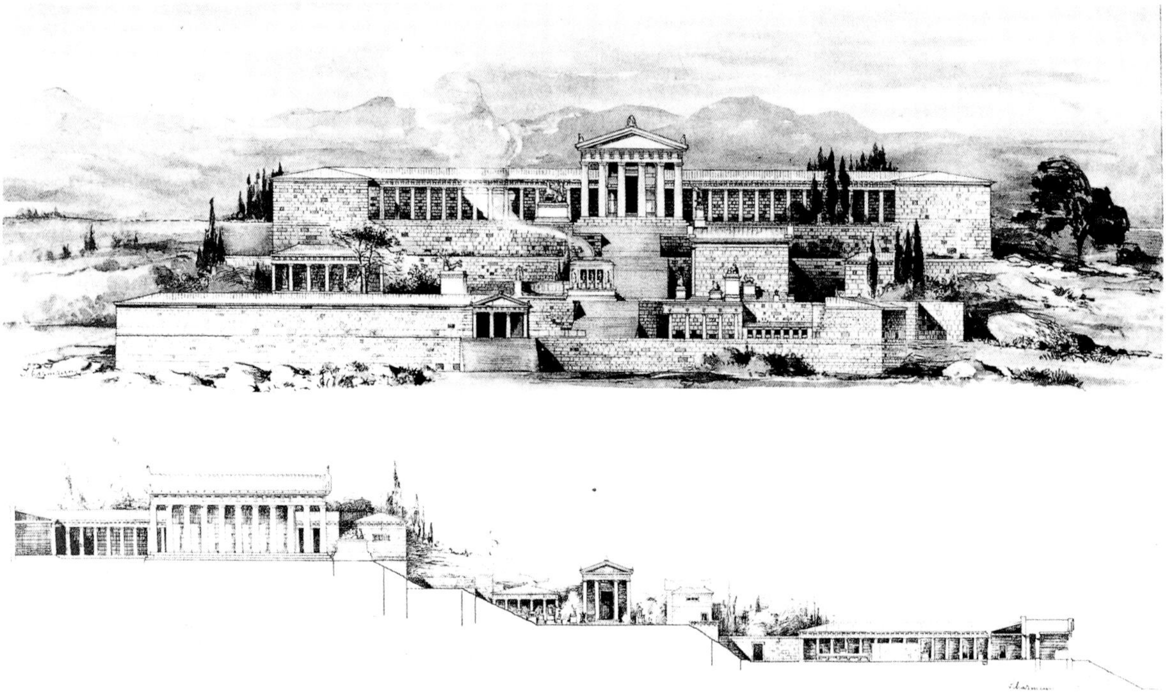

图10.11 科斯岛阿斯克勒庇俄斯神庙复原图，约公元前4世纪中叶，图为正视图与侧视图

阿斯克勒庇俄斯与希波克拉底：信仰分裂

众神作为希腊生活中真实存在的一部分，既让人害怕又受人尊敬。他们既能像酒神对彭透斯那样毁了我们，也能像治愈之神阿斯克勒庇俄斯一样帮助我们。公元前5世纪末期，人们对于阿斯克勒庇俄斯的崇拜日益增长。公元前5世纪20年代，对于阿斯克勒庇俄斯的崇拜最先被索福克勒斯带领的雅典代表团引入雅典，后来人们建起一座座神龛，公元前4世纪时，治愈神龛的数量不断增长。病人们来到治愈之神的神龛，然后疾病就能在睡梦中被诊断出来或者治好。对于神的显灵，似乎并没有什么隐含的说明，人们都相信神就在那里。最有名的埃皮道鲁斯神殿墙上的铭文告诉人们，神就在这里，可以治愈疾病，上面写着：

> 来自雅典的安姆布罗斯（Ambrosia）一只眼睛看不见了，她来到这里寻求神的帮助。她在神龛中走了一圈，发现一些治愈的故事简直让人难以相信，一些跛脚或眼盲的人做了一场梦以后就完全好了。她睡在神龛里面的时候，神就站在她旁边，看上去正在帮她治病，但实际上是在要求她为神庙送一头银猪。说完以后，神打开了她的病眼，倒了一种药，然后她就被治愈了。

（*IG* IV^2 1.121，汉密尔顿译，修订版）

其他铭文也讲述了相似的故事，证明了神的力量，让那些持怀疑态度的人们相信。病人们都睡在神庙附近的房子里，与安姆布罗斯的经历一样，神会在他们梦中出现。很多浮雕中也刻有阿斯克勒庇俄斯治病时的场景，如图10.10中比雷埃夫斯浮雕，站着的那个人就是阿斯克勒庇俄斯，正在为躺在床上的女性肩膀进行某种治疗（其他画面中阿斯克勒庇俄斯的蛇还在舔着病人）。阿斯克勒庇俄斯后面是他的女儿许革亚

（Hygieia，意思是“健康”），左边那些人是病人的家人，等待阿斯克勒庇俄斯治疗的结果。

雅典、科林斯、特里卡都有阿斯克勒庇俄斯神庙，但是都不能与科斯岛的阿斯克勒庇俄斯神庙相提并论（图10.11）。这座神殿的位置非常重要，科斯岛是希波克拉底与学生为现代医学打下基础的地方，与宗教联系较弱。希波克拉底学派发现了很多诊断、治疗痔疮与癫痫等疾病的方式，为疾病诊断的发展做出了很大的贡献，医生们都是通过这种诊断方式确定疾病后开始治疗。学者们有时会把现代医学与古希腊的宗教治愈之间划清界限，但是其实并不需要。医学、科学、宗教一般都会采用饮食、锻炼、洗漱和手术的方法治愈疾病。此外，希波克拉底训练的医生们还需要在正式实践之前宣誓（现代医生们也会这样），表示对阿斯克勒庇俄斯及其他治愈之神的敬仰。希波克拉底誓言开始时说道：“治愈者阿波罗、阿斯克勒庇俄斯、许革亚、潘纳西亚（Panacia）及众神为证，我宣誓如下……”

即使希波克拉底希望他的学生尊重阿斯克勒庇俄斯，但是基于症状与病例发展出来的新医学有时依然会与传统观念和依靠神的治疗方法相悖。希波克拉底对于年轻女性癔症的文章就能说明这一点。他认为某位女性的问题在于子宫、心脏与肺的血液积累，他建议女孩们尽快结婚然后尽快怀孕，这样可以释放出积累的血液。谈到这种治疗方法时他说道：

> 当人们回归正常状态后，会根据神谕的指引，向阿耳忒弥斯献上很多贡品，包括女性衣裙，但是她们被骗了。只要没有东西阻挡血液流动，病就可以治愈了。
>
> ［希波克拉底，《论处女》（*On Virgins*）8.466，莱夫科维茨与范特译］

联想一下我们之前提到的布劳隆供品，很显然希波克拉底把这种虔诚的行为理解为一种误导。在他看来，即使神谕承认治好疾病是阿耳忒弥斯的功劳，这也是对疾病真实原因的误解。希波克拉底轻蔑的言论说明公元前5世纪时传统宗教受到了挑战。而当时的宗教正是雅典生活的中心，所以这些言论非常具有颠覆性，哲学开始挑战传统。

前苏格拉底哲学的挑战

希波克拉底并不是第一个挑战传统的思想家。公元前6—前4世纪，一些哲学家与哲学流派开始出现，在希腊东部的爱奥尼亚尤其多。这些人一般被称作前苏格拉底派，因为他们出现在苏格拉底之前。他们对于宇宙学的研究都是推测性的、抽象的，研究的其他领域（自然科学与伦理）并没有明确的政治性，但是向众神传统思想的理性神学和雅典社会与希腊文化发起了挑战。例如，希罗多德之前认为荷马与赫西奥德为希腊人提供了神的族谱，公元前6世纪的哲学家色诺芬尼却认为荷马与赫西奥德讲述的这些故事中，神都是骗子与贼，行为都不道德。对于色诺芬尼来说，神出现时都是通奸的人类形象，做着“令人厌恶又荒诞”的事情，用赫菲斯托斯在《奥德赛》中的话来说，就是通过加入人类的欲望，更加容易理解神的世界。色诺芬尼说，如果牛与马会画画，它们心中的神看起来应该像马或牛一样。

色诺芬尼是传统的爱奥尼亚哲学家。他的宇宙研究有很多重要结果。一系列思想家的研究都是从宇宙组成这一基本问题开始。公元前6世纪上半叶时，泰利斯（约公元前624—前546年）认为宇宙的基本组成是水，30年后赫拉克利特（约公元前535—前475年）认为是火，阿那克西曼德（约公元前610—前546年）认为宇宙由气、水、土、火四种物质组成。后来，爱奥尼亚的哲学家开始思考是什么东西决定了宇宙的形状。

阿那克西米尼（约公元前585—前525年）认为空气的稀有程度与密度造成了本质上的不同。空气稀薄的时候变成了火，被压缩后会变成风和云，再次压缩就会变成水，然后变成土和石头，最后世间万物都出现了。然而对于阿那克西曼德来说四种组成物质并非来自同一元素，而是经过不停地相互作用，这些物质下面是最初的混沌。这些元素以漩涡形式移动，分解成冷-热、干-湿等对立的几组，这种方式创造出的宇宙是无限的（apeiron）。狄奥弗拉斯图曾提道：

> 阿那克西曼德认为已有物质的首要原则与元素是无限的，他最初引入了第一原则的概念，他认为第一原则并不是水或其他物质，而是与之不同的东西，是没有边界的，这也是天堂与世界的物质来源。
>
> [阿那克西曼德，T15（=DK12 A9），沃特菲尔德译]

这些基于观察与冥想得出的猜测，并没有科学仪器的帮助，但是产生的结果却非常现代化。很显然，这种无边界的世界就是无限的宇宙。

泰利斯的思想也是新奇的推测与现代思想的结合，他认为整个地球都是浮在水面上的。传统雅典的观点曾经认为地球被大洋环绕，而不是在水上面。泰利斯可能受到近东影响，他的想法在希腊文化的背景中很不同寻常，但是在美索不达米亚背景下却很常见。然而，泰利斯认为生物是太阳蒸发水分后的产物，所以人类可能和鱼类等其他生物有一些关系。尽管这一观点与现代进化理论相似，但是在当时很少有人能够接受。因此，我们的大脑与爬虫类动物相似可能也不会使泰利斯感到惊讶。同样使人印象深刻的是前苏格拉底哲学家德谟克利特与留基伯，他们认为宇宙是由肉眼看不到的自由移动小分子组成的。这些小分子被称为“原子”，小到不能再被分割。在显微镜发明出来之前2000年，希腊人就已经假定原子存在。这些前苏格拉底哲学显示出希腊早期哲学家在探寻宇宙方面具有创造力，好奇又勇敢无畏。

基于对物质的观察与推测，前苏格拉底派哲学家开始研究第一原则的问题。混乱、骚动与持续变化是支撑这一理论的主要概念。例如，赫拉克利特发现“万物都处于变化中”，因此提出人不能两次踏进同一条河流。当然，我们可以踏入一条河流无数次，只是河流一直在变化。这样的悖论一直是哲学思考中的有力工具。

然而，一系列前苏格拉底派学者认为秩序支撑着宇宙。泰利斯认为这种秩序是“逻各斯”（logos），意思包含了“词语”“秩序”与“意义”。他一直认为宇宙是有意义的，直接促进了单一智力的工作。来自西西里岛阿克拉家斯的前苏格拉底哲学家恩培多克勒（Empedokles）提供了更详细的理论，他假设有一个极乐的球体存在，宇宙因为爱与冲突的力量而从这个球体中产生。他认为爱是阿佛洛狄忒，但是当他谈到神灵的时候，他讲的是超能力原则，而不是希腊人熟悉的拟人化的神。这种对于神灵的解释将神当作寓言，对于传统主义者并没有什么安慰。例如，巴门尼德（Parmenides）在公元前5世纪早期做了一首长篇诗，讨论真相与观点之间的区别，用游记性的语言讲述灵魂启蒙之旅。他讲到一位旅者在女神指引下的旅行，但是这里的女神并不是万神殿中的女神。她告诉女性不要相信大多数人的错误观念与启蒙的绝对真理。她提出的建议也很高深莫测：

> ……你需要学习所有的东西，
> 包括有说服力的现实，
> 与人类的思想，
> 世界上的劝说都不可信。
>
> [巴门尼德，《论自然》（*On Nature*）C 1 28—30，考克森译]

从雅典娜在宙斯的头颅中出生，到赫拉打败宙斯，中间经过了很长时间。难怪柏拉图在理解巴门尼德的意思时也有所怀疑。

由于意识到传统宗教与哲学推论有很大不同，很多哲学家在回答这一问题的时候都会很小心。例如，赫拉克利特认为这些哲学研究带来神秘的知识，只有少数被选中的人才能理解宇宙中的逻各斯：

> 尽管逻各斯总是存在，但是无论是听说之前还是之后，人们都难以理解。尽管事情按照逻各斯发生，当人们最早开始经历的时候总是没有经验，需要按照本质与别人的说法区分每一件东西。但是一些人在醒着的时候也不知道他们在干什么，就像睡觉的时候总会忘记。
>
> （赫拉克利特，DK 22 B1，柯德与麦基拉汉译）

这篇文章非常有启迪性，赫拉克利特除了提到只有少数人能够理解逻各斯，还假设一种单一的哲学概念可以取代众神。前苏格拉底派的科学观察并没有伤害任何人，后面跟随的宇宙推测也不是明显激进的，但是前苏格拉底派思想往一元论发展，相信万物为一时，建立在多神系统上的传统信仰体系将会受到挑战。公元前5世纪早期时，这一点就已经很明确了，色诺芬尼对一神论进行解释，挑战传统宗教，认为只有单一的神位于至高无上的地位。因为神产生的传统信仰与宗教将各城邦联合在一起，哲学会对现状构成挑战。公元前5世纪末期，欧里庇得斯或克里底亚（Kritias，柏拉图的叔叔）的戏剧《西西弗斯》（*Sisyphos*）再次提出传统宗教是为了改正人们的行为而虚构出来的：

> 当法律禁止人们进行暴力行为的时候，人们却依然秘密地做着，我相信人类聪明敏锐的头脑会让他们产生对神灵的敬畏，所以一定有什么东西能让人们默默干邪恶的事时也会被吓到……所以我认为，首先要让人们相信神的存在。
>
> （DK 88 B25，格思里译）

普罗塔哥拉与智者学派

公元前5世纪晚期，另一位哲学家普罗塔哥拉（约公元前490—前420年）提出不可知论，他认为“我们并不知道神是否真实存在”，人才是测量万物的尺度，因此他将人类视为宇宙中心。当然，关于人的观点我们可以理解，但是有关神的内容我们却无法理解。

这些观点对于现代读者来说只是轻微的不可知论观点，但是现代的多元社会本就可以包容各种观点。如果想要理解当时普罗塔哥拉及其他哲学家认为神不重要的观点受到了怎样的反对与怀疑，我们需要知道古典社会对神的虔诚是成为群体的重要元素。如果神并不存在，雅典该怎样维持一个整体？

因此，普罗塔哥拉代表对宗教传统确定性的挑战。如果他是对的，那么传统习俗（例如各种团体的入会仪式）并不能保证人们受到神的青睐，也不能保证死后一定获得幸福生活。事实上，哲学家及其他知识分子一般都是将有关神与地狱的故事当作比喻。2006年，在马其顿发现的德尔维尼纸莎草就说明了这一点。纸莎草的作者对俄耳甫斯的诗进行评论，他尝试解释那些从字面上理解的故事怎样变成关于存在的寓言。例如，作者曾经说道：“当俄耳甫斯提到夜间护理的时候，他想说夜间可以使那些被太阳温暖、溶解的东西再次冷静、凝固起来。”与之相似的是现代对汉塞尔（Hansel）与格蕾特尔（Gretel）故事的解读，人们试着讨论这是两个孩子被遗弃在森林的真实故事，还是对人类孤独存在的比喻。

图10.12 1897年，庞贝城附近发现的哲学家马赛克，图中可能有柏拉图（左边第三）和亚里士多德（最右边），马赛克，高86厘米

普罗塔哥拉是新一代哲学家，与厄利斯的希庇斯和凯奥斯的普罗狄科（Prodikos）都被称为诡辩家。与前苏格拉底派不同，这些人教授的科目更广，包括语言、语言学、语法、修辞、几何、音乐理论和诡辩。最后一门诡辩与现代辩论相似，这些学者因此受到质疑。他们学习如何将黑的说成白的，或是用雅典人所谓的将站不住脚的观点变得成立，而且因为他们教课时会收钱，所以一直不受人欢迎。诡辩教学可以帮助雅典人看清对哲学的误解，以及哲学对传统造成的威胁。到现在为止，教育都是家庭问题，包括基础的读写、算术与关于荷马的知识。那时的雅典年轻人会赶去听智者关于天文学和伦理学的最新演讲（图10.12）。阿里斯多芬新作品中的曲折表现出思想与新教学带来的焦虑，老斯瑞希阿德（Strepisiades）在苏格拉底任教的地方上了一节科学课与宗教课。讨论到云的时候，两人进行了如下对话：

> 苏格拉底：你看这些才是真正的神，其他的什么都不是。
>
> 斯瑞希阿德：宙斯呢？奥林匹亚的宙斯不是神吗？
>
> 苏格拉底：宙斯？别闹了，宙斯根本不存在。
>
> 斯瑞希阿德：你什么意思？如果宙斯不存在，那谁负责降雨呢？
>
> 苏格拉底：当然是云了！我来证明给你看。没有云的时候从来不会下雨，所以没有云的帮助，宙斯并不能按照自己的意愿在想降雨的时候降雨。
>
> 斯瑞希阿德：我一直以为下雨是宙斯在小便！
>
> [阿里斯托芬，《云》(*Clouds*) 364—73，迈内克译]

难怪普罗塔哥拉后来被驱逐出雅典。一些学者对他不敬传统的行为表示质疑，作为具体的法律问题，这个问题会一直存在，但是公元前5世纪晚期雅典人的态度非常强硬。考虑到传统信徒一直秉持的信仰受到攻击，他们的行为也情有可原。

希罗多德与修昔底德

历史学家希罗多德与修昔底德作品的不同表现出传统信仰的转变。第七章中，我们通过希罗多德的描述了解波斯战争的故事，第十一章中，修昔底德完整讲述了伯罗奔尼撒战争，但是我们需要把他们的作品与公元前5世纪的文学作品进行比较，这种变化变现出当时雅典文化的巨大改变的浪潮之中。

希罗多德的作品写于公元前5世纪中叶，是第一位对重大战争进行详细调查的历史学家（“历史”一词就来自他描述自己项目时使用的“调查”一词）。他的作品非常详细全面，但是里面很多东西在今天并不会归为历史学。例如，他的作品中经常提到神的作用，薛西斯舰队在埃维亚海湾受到风浪袭击时，上百艘船都沉没了，希罗多德认为这场风暴是神的举动，想要让希腊人与波斯人在人数上相等。希罗多德认为整个波斯战争都是傲慢的行为，使一个人（一群人）做出愚蠢的行为，同时引起上天的惩罚。他会专门使用一些文学方法，为作品增添一些合适的对称感。我们在他书中的第一章中看到，薛西斯的船被毁后，他在达达尼尔海峡打了水面300鞭，表现出自己的狂妄自大，后来300名斯巴达人在塞莫皮莱反攻，波斯人开始处于劣势，希罗多德的读者看到这种转变的时候并不会感到意外。而且，因为希罗多德的作品有很多宗教与道德元素，他也相应地选择了适合的文学手法，比如通过梦和预言，预示将要发生的事情，因为神会提前规划好人与国家的命运。米底王国的国王埃斯特亚格曾经梦到女儿的肚子里长出一条葡萄

图10.13 埃斯特亚格的梦，手稿插图，约1475年，羊皮纸上的蛋彩画，金色颜料与金色树叶

藤，代表整个亚洲（**图10.13**）。最终她生出的居鲁士的确统治了整个欧洲，建立阿契美尼德家族统治，所以这个梦其实预示着波斯的统治。与之类似的是公元前490年被放逐的雅典僭主希庇亚斯，他与波斯人到达马拉松时，打了个喷嚏掉了一颗牙。希庇亚斯认为这意味着他只能拿回牙齿那么大的土地，也就是自己注定要失败了。希罗多德通过第七卷中的一系列梦表现出薛西斯内心的转变。他曾有一段时间决定不进攻雅典，但是后来梦中出现幽灵，威胁他不能改变原来的计划。听了军师阿塔巴诺斯（Artabanos）的建议后，他躺在王座上再次测试幽灵，当然这个办法并没有骗过幽灵，也就说明他必须要入侵斯巴达。按照希罗多德看待历史的观点，因为入侵雅典是上天的旨意，所以波斯人一定会被打败。

梦、神谕、幽灵等元素与狂妄、愚蠢、报应组成了历史的潜在机制，公元前5世纪中叶，在《荷马史诗》与悲剧影响下成长起来的雅典人能够理解。如果列奥尼达是战争中牺牲的英雄，高拉迪斯是狡猾的幸存者，读者们会把他们当作真实版的阿喀琉斯与奥德赛。从这种角度来说，希罗多德是传统思想家。他的民族志兴趣广泛，好奇心无穷无尽，观察能力也是令人敬畏，但是他用来解释重大历史事件的工具依然是公元前5世纪中叶的传统方法。

后一代的修昔底德就是另一种历史学家。修昔底德因为对伯罗奔尼撒战争的记录出名，他将战争描写成希腊及其他地方出现过的最大的骚乱（kinesis）。"骚乱"一词似乎更像是前苏格拉底派宇宙学的语言，而不是历史学。修昔底德反对希罗多德的讲述方法，认为他的作品缺少一些传奇与神话，所以听上去没有什么意思，但是对于那些希望知道历史怎样展开的人来说，这样的讲述方法非常有用。这种可预测的特点是因为历史是由人创造的，人的本质就是这样，现在的历史事件与未来一样。修昔底德将这种人类因素称为"人性"（to anthropinon），不仅反对希罗多德的夸张，还反对希罗多德认为历史事件依照神的计划展开的观点。也就是说，修昔底德在研究历史时将神排除在外，只研究有缺陷的、易愤怒的、有野心的、会算计的人类。这两位历史学家的不同，反映出传统学习与新式学习最本质的区别。

下一章中我们将看到修昔底德的叙述怎样完全改变了我们对伯罗奔尼撒战争（公元前431—前404年）的理解，但是这场战争本身的一个阶段，以及修昔底德对它的描述，会反映出公元前5世纪末期，雅典传统宗教习俗的改变。伯罗奔尼撒战争使城市面临着很大压力，雅典人面临的威胁比战争第二年爆发的瘟疫还要可怕。城市面临着疾病时，人们会从传统宗教中寻求安慰，但是修昔底德明确表示，这样做是没用的。

人类的任何技艺都无济于事，去庙里请求援助、寻求神谕也都毫无用处，人们最终会被灾难压倒，放弃一切。

（修昔底德，《伯罗奔尼撒战争史》2.47，乔伊特译）

修昔底德后来又对瘟疫的具体症状进行描述，使用的语言就像希波克拉底一样专业，想要让读者在疾病再次出现的时候可以尽快认出来。这种疾病是这样发展的：

当疾病转向胃部的时候，人们会吐出各种各样的胆汁，这个过程非常痛苦。很多人吐不出东西以后还会因为干呕而抽搐……病人的身体不会很烫，也不会脸色苍白，只是肤色偏红一些，还带着脓包和创口。但是身体内部却在灼烧，病人穿着最薄的亚麻衣服也会觉得燥热难忍，所以一般都光着身子，或者想要跳进冷水中。还有一些人会在无人注意的时候跳到井里，但是因为他们口渴难忍，喝多少水都没有用。他们常常难受得无法睡觉。但是疾病发展最厉害的时候，人们的身体并不会马上衰弱，而是慢慢消瘦下来，发病第七天或第九天时因为内热而死，而并非身体真正衰竭。如果他们有幸在这一过程中活下来，病毒会转移到肠子然后形成溃疡，同时伴有腹泻，因此导致虚弱，很少再有人活下来。

（《伯罗奔尼撒战争史》2.49，乔伊特译）

但是对于修昔底德来说，这场瘟疫并不只是让他展示自己能够像希波克拉底训练的医生一样描述出疾病症状。在他的分析中，这场瘟疫还代表着人们在反对人与神法则时，瘟疫加速政体崩溃。

不再惧怕神与人的法律并不能阻止罪犯，因为发现所有人都会死亡，所以相信或忽视神灵并不会有什么区别。对于违反人类法律的行为，也不需要害怕惩罚，因为没有人的生命可以长到承担各种罪责。

（《伯罗奔尼撒战争史》2.53，乔伊特译）

从哲学家与诡辩家之间单纯的不可知论，现在变成了病态社会绝望的内心症状。修昔底德将同样的分析方法用在公民战争造成的社会秩序崩溃上，并且得出结论：这些灾难源于人类在战争与强权政治中暴露出来的弱点。无论是公元前6世纪还是公元前5世纪上半叶，雅典都是开放、容易复原的地方，但是在下一章中我们会看到，伯罗奔尼撒战争这个强硬的主人，使雅典人的脾气与他们面临的挑战相匹配。后来的战争中有很多受害者，尤其是伟大社会中特有的自由开放与思想交流。

图10.14 阿尔贝·图内尔（Albert Tournaire），德尔斐神殿重建图，1894，水彩

焦点：

德尔斐神谕

现在的游客只能看到德尔斐神庙的遗址，但是这幅19世纪复原图中（**图10.14**），从帕尔索斯山向北看，就是朝圣者来请神谕的路上所看到的美丽景色。圣地（temenos）的入口在东南角（图中右下角），圣路从那里向西，然后拐到雅典金库附近，最后再向东到达神庙露台。走过大祭坛后，参观者就站在神庙露台大东侧，能清楚地看到阿波罗神庙东面（**图10.15**）。

靠近神庙的位置是一块神石（omphalos），代表地球的中点。德尔斐被认为是世界中心，我们从神殿的名字就能看出这一点。尽管人们一般认为德尔斐一词来自阿波罗的海豚（Apollo Delphinios），实际上德尔斐的名字来自希腊词汇“delphus”，意思是“子宫”。

神谕的具体操作是希腊宗教的重要谜题之一。很多历史资料认为那里有一个裂口，熔岩从里面流出来，使阿波罗的女祭司皮提亚（Pythia）被神的精神

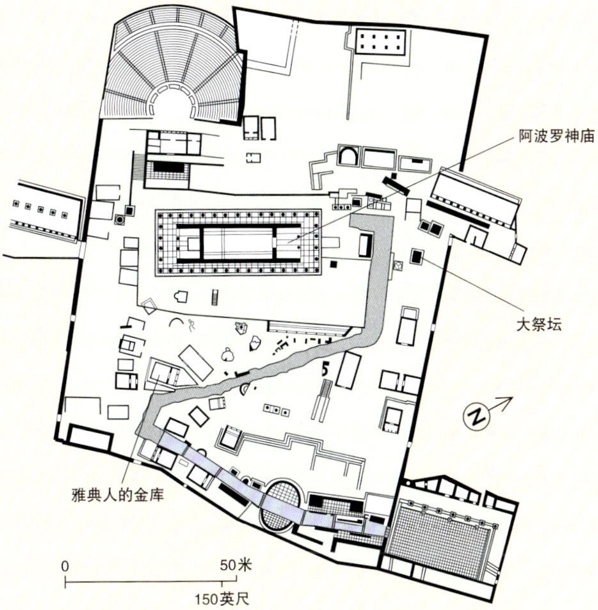

图10.15 德尔斐阿波罗神庙平面图。游客从右下角进入，沿着圣路走到神庙露台。图中大部分小建筑为国王、统治者、城邦的财物与供品。这些都不是政府建筑，所以也没有市政功能

图10.16 红绘风格的基里克斯陶杯。皮提亚坐在一个三脚架上，公元前5世纪，她右手拿着月桂树的树枝，这种树是阿波罗的圣物。右手边站着一个男祭司，等着听皮提亚的宣告，陶制，深32厘米

迷惑，说出他的旨意，但是直到现在也没有相关的地质学证据。20年前，美国的一队地理学家、化学家与古历史学家提出，德尔斐正好在两条断层线的相交处，一条南北走向，一条东西走向。这些断层线会释放出乙烯、乙烷、甲烷等物质，对皮提亚产生麻醉效果（图

10.16)。其他科学家对断层的存在提出质疑，认为致幻气体的浓度不足以使神的发言人产生幻觉。调查还在继续，药物作用下含糊不清的胡言乱语为什么被当作是完整的六步格诗，又进一步被当成神谕。似乎阿波罗的女祭司在塑造神的对话中起到了很大作用。

德尔斐的重要性体现在金库、雕塑、三脚架与其他贡品上，因而成为雅典最富有、最负盛名的地方。当然，过去几个世纪中，很多文物都被洗劫一空，只有少数留下来了，比如公元前478年，西西里僭主波莱扎洛斯（Polyzalos）献上的驾车人雕塑（**图10.17**）。该雕塑真人大小，高1.8米，最早放在马牵引的战车中。战车雕塑于1896年在阿波罗神庙的发掘中由法国学者发现。这座驾车人雕塑和车队在公元前373年的地震中被毁，碎片和其他被毁的物品都被埋在了神殿里面。古典时期的德尔斐正位于权力巅峰，有各种各样的珍宝。

除了公元前373年的地震，这座寺庙还经受过其他很多自然灾害，但是每一次提洛同盟（控制德尔斐的雅典组织）都会花钱重建。然而，即使在这里，政治影响与宗教虔诚也是相互交织的。据说雅典氏族阿尔卡麦奥尼岱（Alkmaionidai）曾经签下协议用石灰石重塑神庙正面，但是最后为了讨好众神，希望自己可以尽快结束流放，所以采用了大理石修建。

与奥林匹亚、尼米亚、伊斯米亚的泛希腊化神殿相似，德尔斐并没有自己的政治权力，但却是希腊城邦网络中象

图10.17 波莱扎洛斯献上的驾车人雕塑，约公元前470年，青铜，高1.8米

征性的中心。我们在第四章中看到，人们派遣殖民者去寻求阿波罗同意，阿波罗的指示通过神谕的形式传达。古风时期与古典时期中，来自希腊世界及以外的很多使者都会来到德尔斐，因此神谕对城邦与个人生活都会产生深远影响。例如，希罗多德曾写道，当克罗伊斯（Kroisos）打算攻击日益强大的波斯时，虽然他在距离德尔斐上百英里的吕底亚，还是前往德尔斐寻求神的指引，问那里的神他在某一天应该做什么。阿波罗通过皮提亚传递旨意的时候，克罗伊斯闻到了铜锅里煮羊肉和乌龟肉的味道，因此印象非常深刻。神谕显示，如果克罗伊斯去攻打波斯，他会毁了一个伟大的帝国，也就是说他会胜利。所以他去攻打了，但是被毁掉的伟大帝国却是自己的国家。

图10.18 柴堆上的克罗伊斯，红绘风格的双耳瓶，约公元前500—前490年，陶制，高59.9厘米

克罗伊斯的故事在很多资料中都有出现。在一些版本中，克罗伊斯被打败后被居鲁士活活烧死，但是被阿波罗救下，表现出克罗伊斯的错误与神的宽宥（**图10.18**）。整个情节显示出德尔斐神谕在雅典信仰体系中的运作方式：众神倾听，然后给出暗示。他们并不会说谎，但是由于神谕不会明说，人们还要去理解众神的旨意。现代评论家或许会觉得这很搞笑，就像神谕在两面下注。但是在雅典文化背景下，如果我们因为自己的贪心或愚蠢而曲解了神谕，我们并不能责怪神。

除了回答具体的问题，神谕还用简单的话提出广泛的道德指引。“了解自己”“不要过问其他的”是两条最简单的指令，总结出德尔斐在形成雅典人道德标准方面的作用。正如雅典人认为虔诚是他们最重要的性格品质，希腊人将对神的敬畏与共同的语言、血缘组成他们的特点。定义雅典人的是宗教信仰与习俗，而不是政治团结，换句话说，雅典人就是一个民族。然而，伯罗奔尼撒战争反映出，即使有共同的宗教信仰也无法将雅典人从灾难般的冲突中解救出来。

公元前435—前433年	公元前433/432—前430年	公元前431年	公元前430年	公元前425年
埃庇达诺斯事件	包围波提狄亚	伯罗奔尼撒战争爆发	雅典瘟疫爆发	斯巴达勇士在斯法克特里亚被抓

公元前421年 《尼西阿斯和约》
公元前415—前413年 西西里远征
公元前411年 雅典寡头革命
公元前406年 阿吉纽西战役
公元前404年 雅典投降

第十一章

伯罗奔尼撒战争

伯罗奔尼撒战争是古典时期希腊历史上创伤性的阶段之一，也是修昔底德作品中对希腊复杂历史事件最细致的分析。这一章中我们将主要研究这一冲突，科林斯应该承担希腊人走上战争之路的主要责任。我们还会研究修昔底德在塑造民族与领导人之间动态关系的兴趣，他细致地描写了勇敢的指挥官激励保守的跟随者，与拘谨的领导人抑制冲动的跟随者时细微的心理变化。西西里远征不仅是军事上的失败，而且还因为理解问题与错误估算变成一场灾难。修昔底德的作品是散文式的悲剧，雅典人应该为自己的弱点负责。

战争与希腊

雅典力量增强使希腊在波斯战争中获得了意想不到的胜利。公元前5世纪末期，雅典人、斯巴达人及各自的盟友进行了一系列战争，结束了政治上的优势地位。伯罗奔尼撒战争的冲突（公元前431—前404年）重新塑造了雅典与希腊的未来走向。

引发伯罗奔尼撒战争的其中一个原因在于战争本质的变化。毫无疑问，雅典生活中反复出现、无处不在的一大特征就是战争。公元前5世纪晚期之前，战争一般是在一系列交战规则下进行的。我们在第五章中看到，古代的战争都是季节性的，一般4月开始9月结束，大部分战争都是小的冲突，常见的是抢夺别人土地与突袭，而大规模战争很少出现。大规模战争真正发生的时候，两方会持续战斗直至一方最终崩溃。逃跑的人会丢掉盾牌，而追赶他们的人一般会停下来脱下死者的衣服。因此很少有战争会造成大规模屠杀，也不会有很多人员伤亡。

古代的战争一般由城邦里的贵族领导者发起，他们承诺把掠夺来的土地作为奖励送给支持自己的人，所以这些军队并不能算是城邦军队。例如，公元前546

年，庇西特拉图在帕勒涅之战中打败敌人时领导的并不是雅典军队，而是由朋友、联盟、支持者组成的私人军队。土地也是发起战争的另一大原因。波斯战争之前，大部分战争都是边境纠纷升级，一些国际战争也都起源于领土冲突问题。例如埃维亚的哈尔基斯与埃雷特里亚的冲突（因为位于两座城市之间肥沃的沿海平原，所以一般又被称为利兰丁平原战役）中最早出现了同盟网络。同样，古代斯巴达人参加的战争一般都是与西面邻居麦西尼亚或北面阿哥斯人的边境冲突。古典时期的雅典也经历过相似的现象，例如阿缇卡与波伊奥提亚之间的边境，在公元前3世纪经历过很多次变化，因此当地居民自称为“波伊奥提亚的雅典人”。

重装步兵革命

然而，公元前6世纪时，战争的局面有所改变。《荷马史诗》中一对一的战争场景逐渐变为重装步兵的加入。这些重装步兵从头到脚都用青铜和铁全副武装，带着盾牌（**图11.1**），能够以密集的方阵前进。行进过程中，这些士兵把长矛推到前面的时候，右侧就暴露出来了，所以队伍需要紧紧地集合在一起，让左边战友的盾为自己提供保护。这些步兵的装备也有利于形成方阵。对于队伍的指挥官来说，最重要的战略问题就是如何最大限度地击败敌军以及如何增长前线包抄敌人，让一小队从侧面突击敌人。方阵的改变逐渐变成步兵团喜欢的作战方式。重装步兵的战争促进了平等主义民族精神的形成，兵团主要由社会上同等地位的阶级构成，最低等人之上，骑士阶层之下的中等人。

图11.1 红绘风格的基里克斯陶杯，图为手持武器的重装步兵，约公元前500—前475年

然而，我们很容易夸大重装步兵战斗的战略性创新。一方面，这些战略性创新是对于已经存在战略的一种变革。早在公元前8世纪晚期，《荷马史诗》中就曾提到士兵们在青铜时代的战争中采取紧凑密集的队形进行战斗的方式。另一方面，曾经的冲突形式又持续到了古典时期。即使在后来希罗多德的《历史》中我们还会看到人们奖励在战争中表现突出的士兵，与《荷马史诗》中的英雄有所区别。

也许最令人惊讶的是重装步兵战争对于民主产生的重大影响。公元前800年与公元前500年，雅典的最大区别是早期贵族统治的分散群体，变成了超越家庭与氏族联系的城邦群体。组成新型军队的上百名士兵一般可以拥有武器，而且没有血缘关系，他们在一起战斗能够促进群体身份的形成。需要注意的是，尽管每个希腊城邦都有重装步兵军队，但是并不是所有城邦都变成民主政体，我们还需要注意一些重装步兵的革命。人们开始为自己的城邦投资，有序参与决策的权利也变成了他们服役的条件，这些重装步兵组成了公民（**图11.2**）。

公元前5世纪，战争又朝着新的方向发展。雅典民主将战争作为政策的延伸，同时也是一种促进雅典霸权主义形成的方式。维克多·戴维斯·汉森认为公元前5世纪的雅典“拓宽、扩大、加强”战争的规模，经常攻

图11.2 戚吉陶瓶上的早期方阵，约公元前650年，陶制，装饰画高5厘米

击其他民主，成为希腊人“死亡与毁灭”的根源。雅典民众平均每2—3年就会投票发起新的战争，每一个战争决定都是经过公民大会讨论后认可的。雅典位于权力巅峰时经常一整年都围攻一个国家，有时时间会更长。与其他活动相比，军事活动的投资更多。在伯罗奔尼撒战争期间，雅典人每年战争支出需要500—2000塔兰特。

雅典人的好战性

这些细节都带来了一个重要的问题：雅典民主本来就是好战的吗？修昔底德对于伯罗奔尼撒战争的分析为我们提供了对雅典战争政策的基本理解，他将自己的同胞描述为精力充沛、胆大妄为的样子。科林斯大使向斯巴达人介绍雅典人时说他们生来就没有安静的时候，而且从不向他人妥协（《伯罗奔尼撒战争史》1.70）。

我们可以通过战争与民主的关系理解雅典社会日益增长的军国主义倾向。近期的社会学研究比较了战争中的不同政治管理方式，结果非常有帮助。爱德华·曼斯菲尔德（Edward Mansfield）与杰克·斯奈德（Jack Snyder）发现，民主转型期的城邦会比已经建立的民主政体与政府更容易发起战争。丹·赖特（Dan Reiter）与艾伦·斯塔姆（Allan Stam）发现，民主政体一般会在战争中获胜，他们在自己发起的战争中有九成取得胜利，而在所有战争中是八成。第三点发现比较中肯：民主政体很少互相开战。这些发现并不能解释雅典民主的好战性，但是从更广的角度来看，这些发现表现出雅典民主的自信是促进他们发起战争的原因。从军事角度来看，克里斯提尼改革使雅典随时准备好召集大量人员，但是这种转变发生的速度非常快。庇西特拉图在公元前546年控制雅典时，私人军队中的人数一般只有几百人。雅典人在公元前506年打败了哈尔基斯与波伊奥提亚。公元前499年派出20艘船（大约有4000人）帮助镇压爱奥尼亚起义。公元前490年派出9000人去马拉松。那时他们的军队主要由标准武装的士兵组成，他们接受过训练，能够在领导下协同作战。

雅典战争的另一大要素也需要我们考虑：雅典人在战争中的死亡率高得惊人。例如，第八章中提到艾瑞

图11.3 勒诺尔芒（Lenormant）战船浮雕，约公元前410—前400年。这是为数不多的对战船上桨手的描绘。注意，船里顶层有桨手，下面还坐着两名桨手，大部分船员在划船的时候看不见前面，因此需要专门训练。大理石，长54厘米

克瑟斯部落的死亡率。公元前459年，艾瑞克瑟斯部落在埃及、塞浦路斯、迈加拉战争中牺牲了177人，相当于10个部落总共牺牲了1770人（虽然我们不能完全确定每个部落是否牺牲的人数相等，但是大概可以知道每个部落的情况应该是一样的，因为不会有一些地区派遣的士兵人数更多，或者被派往给危险的地区）。当时雅典总人口数约为40000，一年中丧生的人数约为可以打仗的成年男子人数的4%—5%。以1968年的越南战争为例，越南战争中美国人的死亡人数为16899，当时美国成年总人口为1540万，死亡人数占成年总人口的0.11%，由此可见雅典战争的死亡率之高。

备战伯罗奔尼撒战争时，雅典军事结构中的另一个特点变得突出。波斯战争之前，海军一般不会成为希腊城邦中的主要军事力量。艾伊娜与雅典争夺萨尔尼克湾

地区的统治地位时，埃维亚的哈尔基斯与西西里岛的希腊城市的确有海军舰队，但是在薛西斯入侵之前，大部分希腊人一般都采用陆战的方式。入侵的波斯人有大规模舰队，因此造成军事战略上的再定位，爱琴海地区的海军对希腊胜利起到了关键性作用（**图11.3**）。

这一转变非常适合雅典人，因为海军力量基于民主发展了起来，同时又促进了更广泛的民主。骑士需要马，重装步兵需要武装，而桨手只需要手上的老茧与城邦提供的桨。雅典的军事重心由重装步兵组成的陆战军队转移到海军这种更适合民主形式的战争，准确来说就是将军事力量的阶级基础由平等主义的中等阶级转变为低等的桨手。然而，随着重装步兵的改革，《荷马史诗》般的陆战受到了一些人的反对。公元前5世纪的传记作家斯特辛布罗图斯（Stesimbrotos）简单概括为："高拉迪斯抢走了雅典人的矛与盾，给了他们桨和坐垫"［普鲁塔克，《高迪拉斯传》（*Themistokles*）4］。

大多数政治思想家与斯特辛布罗图斯一样，对民主怀有敌意，然而在战船里划桨与作为公民服务成了矛盾的两面。色诺芬作品中的一个伪色诺芬小册子直接点明了这个问题：

> 首先，我认为穷人和普通人会比血统高贵的人与富人更有能力，因为操控舰船为城市带来力量的都是普通人，这个阶层中的人们可以当舵手、水手、初级官员、瞭望员与造船工，他们对于城市的贡献要比重装步兵和高贵的公民更大。既然如此，人们或许应该通过抽签与选举承担公共服务，所有人都应该在大会中享有发言权。
>
> （伪色诺芬，《雅典政制》1.1—2，穆尔译）

伪色诺芬正确指出，海军力量、广泛民主与帝国力量应该共同作用。

雅典扩张与斯巴达反抗

公元前5世纪30年代末期，雅典日益强大的海军力量渗透到爱琴海地区。这种快速增长加上强制征收贡品、残忍镇压反抗，使爱琴海地区的岛上城邦感到恐惧与疏远，因此伯罗奔尼撒城邦出现了基于陆地的联盟，抗衡雅典的力量。面对波斯的威胁、共同协作的日子已经过去了，马拉松战役时三十多岁的老兵在公元前431年伯罗奔尼撒战争爆发时已经快90岁了。

交战双方完全相反：斯巴达人属于多立安人，他们的语言与爱奥尼亚雅典人说的希腊语不同；斯巴达的霸权主义通过陆战实现，依赖于斯巴达武士组成的专业军队，而雅典人通过海战扩张力量，依靠社会地位最低的桨手；斯巴达内部公民权只有精英才能享有，而公元前5世纪的雅典成年男性都可以通过公民大会参与民主；斯巴达在外对于拉科尼亚与美赛尼亚以外的领土并不感兴趣，而雅典人会掠夺土地、建立殖民地、派出神职人员；斯巴达人不使用硬币，而雅典人把“猫头鹰”银币作为爱琴海地区的货币（图11.4）。

战争起源

雅典将军修昔底德已经详细地为我们介绍了这场冲突的根本原因。他真正经历、参与了这场战争，最后因为没能确保希腊北部的雅典前哨安菲波利斯不受斯巴达将军伯拉西达攻击，被迫流亡。修昔底德是一名现实主义者，很少像希罗多德描述波斯战争时那样采用华丽的辞藻或加入神的作用。相反，他对这场战争进行深入的分析是对人类本质与政治权利进行消极的评判。尽管爱奥尼亚人与多立安人之间的区别对这场战争有所影响，修昔底德依然明确指出了造成这场战争的真正原因：“在我看来，从来没有人明确说过真正的原因其实是雅典人日益强大，斯巴达人因此感到害怕，所以将他们卷入战争。”（《伯罗奔尼撒战争史》1.23）

图11.4 雅典银币，又被称为“猫头鹰”，约公元前450—前406年，银制，17.05克

修昔底德的分析带有亲身经验，所以我们可以认真对待他的分析。尽管，希罗多德是第一位研究波斯战争这一重大历史事件的希腊历史学家，修昔底德作为第一位研究当时历史事件的历史学家也需要我们重视。他认为雅典人的力量使斯巴达感到恐惧，这是完全正确的。修昔底德在描述战争爆发的时候，提到了一系列加剧紧张的事件，仔细研究战争时间表会对战争有更详细的解读，说明我们应该在某种程度上完善修昔底德的判断。

埃庇达诺斯事件

修昔底德认为，这场冲突的开始是公元前435年埃庇达诺斯（现在阿尔巴尼亚的都拉斯）寡头政治派与民主派之间爆发的内战。该城市位于亚得里亚海口处，是科西拉（现在的克基拉岛）的殖民地，地理位置优越，可以促进亚得里亚海来往的贸易。由于埃庇达诺斯的内乱，双方都寻求外部帮助：民主派向科林斯求助，寡头政治派受科西拉支持（而科西拉本身就是科林斯的殖民地）。

由于矛盾升级，冲突中心由埃庇达诺斯转移到科西拉。科西拉80艘船组成的舰队打败了科林斯舰队，几乎同时，他们剩下的40艘战船迫使埃庇达诺斯屈服。科西拉对待俘虏的方法非常残忍。最终不出所料，除了科林斯人以外的所有俘虏都被杀死了。

科林斯人被耻辱激怒了，开始组建大规模舰队，在伯罗奔尼撒召集桨手，科西拉人也开始与雅典人结盟。公元前433年的塞波塔之战中，雅典人协助科西拉人与科林斯人进行了一场规模庞大却不分胜负的战争，科林斯派出了150艘战船，科西拉派出了110艘。雅典人最早参战的时候只有10艘船，但是当科林斯人准备登陆的时候，雅典又增加了20艘战船，因此科林斯人被迫撤退。

埃庇达诺斯事件的重要性主要体现在以下两点：一，最初寡头政治与民主之间的冲突与雅典决定参与战争没有关系，雅典人并不是受利他主义驱使，吸引他们的是可以与希腊最强大的海军之一结盟；二，从科林斯人的角度来看，雅典人的加入是不祥的预兆，爱奥尼亚海的作战区域就在科林斯湾入口处，对于科林斯人来说非常重要。

雅典人的出现是对科林斯势力范围的入侵。此外，科林斯还是科西拉的母城，也是埃庇达诺斯母城的母城。对于科林斯人来说，雅典人参与的事情本来应该跟他们没有关系。除了雅典人在地中海西部地区（因为意大利、西西里与科林斯在大希腊的殖民地跨过了科西拉）重大问题上的参与，科林斯人认为埃庇达诺斯事件是一种挑衅，雅典的战略计划直接影响到了科林斯的区域利益。

包围波提狄亚与迈加拉法令

雅典与科林斯的关系迅速恶化，雅典人想要尽快控制整个爱琴海地区，怀疑科林斯人对他们图谋不轨，于是挑出爱琴海西北部哈尔基斯地区的波提狄亚。这座城市的位置很不好，既是雅典同盟，又是科林斯的殖民地，与母城联系紧密（例如，每年科林斯会派去一位执政官管理波提狄亚）。公元前433/432年，也就是埃庇达诺斯事件后两年，雅典下令让波提狄亚人推倒城墙，并且送一些人质到雅典，由雅典舰队与1000名重装步兵护送。波提狄亚人进行上诉，并且受到斯巴达执政官入侵雅典的承诺，进行反抗，雅典人开始包围这座城市。

后来的三年里，敌对行动逐渐升级，科林斯人派出1600名重装步兵保护城市。来自伯罗奔尼撒半岛的雇佣兵也加入其中，但是斯巴达曾经要入侵阿缇卡的承诺从来没有实现。雅典人不断寻找增援：卡里阿斯领导2000名重装步兵，弗尔米奥（Phormio）领导1600名重装步兵。公元前430年，哈格农（Hagnon）与克里彭珀斯（Kleopompos）领导4000名重装步兵。公元前430年，包围结束，面临饥荒的波提狄亚人被迫投降，雅典与斯巴达正式宣战。

埃庇达诺斯与波提狄亚事件表明，雅典与斯巴达身后的两个城邦集团开始公开对峙。造成雅典与斯巴达正式宣战的最终事件还是曾经的边界争端问题。公元前5世纪30年代末期的某个时间，伯里克利让迈加拉人在迈加拉与埃莱夫西斯之间阿缇卡西部边境的神圣之地耕种。雅典人在没有形成任何决议之前就对迈加拉提出贸易禁令，也就是我们所说的迈加拉法令。公元前432年，科林斯人说服斯巴达人召开会议，让伯罗奔尼撒同盟表达他们的不满情绪。迈加拉人抱怨自己不能在雅典帝国的港口与市场进行贸易。在有关雅典的众多抱怨中，这一条似乎有着特别的意义。此次会议之后，斯巴达向雅典派去至少两名使者，尽量避免战争。修昔底德提到第二次派遣使者时，使者已经明确表示如果雅典人放弃迈加拉法令就可以避免战争。伯里克利认为这种要求是斯巴达人的强烈抱怨，告诫雅典人不要轻易让步。他说，不撤销这道法令就会面临最终通牒。雅典人并没有放弃，战争很快开始。

迈加拉法令有什么利害关系呢？人们认为伯里克利低估了斯巴达人的能力或者对禁令重要性的理解，但是这两种说法都没能准确解释问题的核心。为什么对阿缇卡边缘神圣耕地几平方英里的侵犯就会造成经济战争？很显然真实的冲突还要更多。

如果我们继续从影响范围的角度看待这些历史事件，或许会觉得迈加拉法令的重要性在于该地所处的位置。迈加拉夹在雅典与科林斯之间，属于多立安人，经常受到旁边科林斯的影响。据修昔底德记载，公元前457年，第一次伯罗奔尼撒战争时，因为受到科林斯边境的骚扰，迈加拉进入雅典同盟。雅典人予以热情回应，在迈加拉到萨尔尼克湾的尼赛亚港口修建围墙，并且派兵保护。

然而，公元前435年的埃庇达诺斯事件中，迈加拉派出8艘船帮助科林斯，这次背叛无疑促成了迈加拉法令。迈加拉被驱逐出雅典的港口与港湾后，他们的同盟带来一条消息：雅典人曾经因为迈加拉的忠诚为他们修建了一些设施，现在很快就会夺走。雅典人取消了迈加拉人在萨尔尼克湾与爱琴海地区进行贸易的机会，再一次说明雅典人的影响范围之大。由于爱奥尼亚海的同一地区都建立起势力范围，雅典势力的增长很快使科林斯警觉。

修昔底德提出的一系列原因表现出该区域的冲突迅速吞噬爱琴海地区，两大主要势力进入对抗状态。修昔底德将这种情况简单地归结为雅典势力的增长激起了斯巴达的恐惧，但是他自己的描述却对这一观点有所修改：战争的真实原因是雅典势力增长使科林斯感到害怕。科林斯面对西面与北面的威胁，因为雅典禁令，边境上的迈加拉势力也被削减，于是刺激斯巴达人采取行动。科林斯在战争前夜的会议中对斯巴达说："只要你采取行动，我们一定会支持你。"（《伯罗奔尼撒战争史》1.71.6）

阿希达穆斯战争

由于谈判失败，战争迅速开始。公元前431—前421年，战争第一阶段一般以斯巴达国王阿希达穆斯的名字命名（**图11.5**）。他行事谨慎，领导方式与雅典人的鲁莽形成了鲜明对比。例如，在建议斯巴达人避免决裂的时候，他警告他们：

> 但是不要拿起武器，我们要先规劝他们：我们不需要让他们知道我们是否准备发动战争，同时我们自己也要准备，我们需要向同盟寻求帮助，那些希腊人或野蛮人可以为我们提供船与资金……如果（雅典人）听从我们使者的建议，那是最好，但是如果不听，我们在两三年时间内要迅速发展起来，然后再决定是否去攻击他们。也许当他们看到我

们准备好了，可以通过我们的行动理解我们的意思，很可能屈服，那时他们的土地还没有被侵犯，商品也还没有被掠夺。

（修昔底德，《伯罗奔尼撒战争史》1.82，乔伊特译）

尽管他已经发出警告，斯巴达人还是选择开战。如果希腊世界的大部分人都在期待大清算或者快速的结果，他们一定会失望的。伯里克利虽然劝说雅典人参与战争，但还是采取了防御措施，希望用城墙保证城市安全。这与雅典人侵略的本质相悖。伯里克利依靠城墙保证城市安全，采用舰队供给城市所需，最重要的是他并没有发动任何战争。伯里克利的策略意味着雅典人被迫从外部撤回到自己的城墙之内，等待变成自己城市里的难民。这种防御战略除了会因为拒绝开战拖垮斯巴达人，并不知道是否能赢得胜利。然而在雅典人放弃防御战争不久后，公元前430年，伯里克利死于瘟疫，因此雅典改变了战争的格局。

危机中的雅典

伯里克利控制雅典的全部事务至少15年的时间。修昔底德认为伯里克利的事业就是把民主权利都掌握在一个人手中，但是他也有天赋，可以控制瘟疫之前雅典人的情绪。我们在前几章中曾经提到，伯里克利在战争第一年后发表了著名的葬礼演讲，他的演讲清楚地表明作为雅典民主下公民的意义，发表演讲时雅典还处于权力的顶峰：

图11.5 伯罗奔尼撒战争作战范围图，截止到公元前421年

在审判过程中，当时的雅典要比人们评价得更好。前来攻击雅典的敌人都不会对他在这个城市中维持的转变愤愤不平；没有随从会抱怨说主人不值得拥有他。我们一定会有证人，我们的力量会有很多强大的纪念，让我们变成这个阶段的奇迹……我们希望每块土地、每片海域都为我们的英勇开放，各处都有我们友谊与敌意的永恒纪念。

（《伯罗奔尼撒战争史》2.41，乔伊特译）

同样值得注意的是，葬礼演讲中雄辩的说辞证明了雅典的荣耀。然而在公元前430年战争的第二年，雅典紧接着爆发了瘟疫。如果说伯里克利的葬礼演讲为我们描绘了山坡上一座善良的城市，那么这场瘟疫迅速让我们跌到低谷。修昔底德描述瘟疫的方式就像受过希波克拉底专业训练的医生。他提到，这些病人的症状包括：发烧、眼睛发炎、喉咙肿胀、口臭、声音嘶哑、胸部疼痛、咳嗽剧烈，然后会吐出胆汁、干呕、痉挛与溃疡，伴有严重的口渴和腹泻症状，大部分人因病去世。对于1994—1995年发掘出的雅典公墓的尸骨研究发现，当时席卷雅典的瘟疫是一种伤寒。人们还原了雅典附近凯拉米克斯的一具尸骨，让我们重新看到了死于这种疾病的雅典小女孩儿的脸（**图11.6**）。

然而对于修昔底德来说，这场疾病对身体的影响远没有其造成的社会崩溃严重。由于伯里克利的防御政策，人们都躲在围墙之后，整个城市变得混乱，这时的雅典与伯里克利葬礼演讲中的美好蓝图形成了鲜明对比：

死者的尸体一个叠在一个上面，垂死的人们在街上游逛，聚在喷泉附近喝水……之前的埋葬仪式全部取消，人们尽自己可能妥善地安葬尸体，很多人因为没有合适的材料，又因为很多朋友已经死了，只能采用最潦草的埋葬方式：一些人抢了那些刚刚建起柴堆的人，有时，他们会抢先一步，把尸体扔在其他正在燃烧的尸体上。

（《伯罗奔尼撒战争史》2.52.1，克劳利译）

葬礼演讲上的悼词是为与伯里克利同时死去的雅典而做：黄金时代的雅典因为伟大领导人的逝去也一去不复返了。相反，修昔底德认为一个更强大的雅典从瘟疫中恢复起来，不再受伯里克利防守型心态的限制，现在的领导人克里昂采取的战略更具攻击性，与雅典民主的发展方向同步。修昔底德将克里昂称为那个时代最有说服力的演讲者，他的出现使雅典的好战性有了新发展，事后看来修昔底德或许更为明显地看到这种转变。当时的雅典人主要关注自己该如何在斯巴达人每年入侵中存活下来。他们还镇压提洛同盟的叛乱（主要在莱斯博斯岛上）；突袭波伊奥提亚的部分地区；参与马其顿与色雷斯的冲突；在科西拉帮助他们的盟友，往西西里派遣舰队，抓住各种机会在战略优势中夺取领土。雅典人的主要关注点是希腊西北地区。公元前428—前426年，雅典军队想要削弱科林斯在该地区的影响。雅典将军狄摩西尼也开始威胁科林斯湾入口处，在莱卡斯与瑙帕克托斯发动战争，给科林斯人依赖的贸易道路施加压力。雅典人还在公元前424年包围了拉科尼亚南部的基西拉岛，同年他们成功占领迈加拉，在科林斯边境建立雅典军队。

这些战争过程中，希腊指挥官行动极为谨慎。科林斯湾的弗尔米奥、西西里岛的拉克斯、爱琴海的尼西阿斯与雅典西部的狄摩西尼都有能力在雅典监督极少的情况下组织联盟，选择何时何地开战，结果就是雅典人发现自己同时在不同战线里开战，这些战争过后指挥官的策略受到了国内的审查。例如，西西里岛的雅典将军回到雅典时，带来消息说西西里岛内部达成和平

图11.6 米蒂斯复原品，死于瘟疫的11岁雅典女孩

协议，毕达哥拉斯（Pythodoros）与索福克勒斯被放逐，攸里梅敦因为被怀疑收受贿赂而遭到罚款。

克里昂与斯法克特里亚之战

这种独立指挥与公开审查的结合造成的影响是一场意外开始的战争。公元前425年，雅典将军狄摩西尼率领着舰队在伯罗奔尼撒西海岸航行，由于天气恶劣被迫寻求庇护。他停在皮洛斯的纳瓦里诺湾，把他的船只和手下都带上岸。他的手下因为无聊开始修建防御营地，狄摩西尼意识到他可以抓住这个机会建立一个基地，使雅典力量渗透到伯罗奔尼撒西部。斯巴达人作为回应，派军驱逐雅典人。随后发生了小规模战斗，作为战略部署的一部分，斯巴达人在斯法克特里亚岛上派出武装士兵，面向海湾，只允许人们从岛上的北面和南面进出。进攻雅典人的过程中斯巴达人丢失了他们的船，人也都被困在岛上。

斯巴达人对即将面临的失败感到担忧，于是派遣使者与雅典求和，但是在谈判过程中，雅典政治家克里昂强烈反对停战协议，谈判被迫终止。后面几个星期内，雅典人对斯法克特里亚进行封锁，斯巴达人想尽一切办法向岛上运送补给，鼓励奴隶们从海边过来，承诺给他们自由。封锁持续进行，雅典人开始变得焦虑不安，克里昂因为终止和平谈判而受到越来越多的指责，因此打算把舆论引向他的政治敌人卡里阿斯，声称他这样的将军应该很快完成围攻。卡里阿斯宣布辞职，支持克里昂，一场边缘化游戏因此开始。克里昂不同意，但是他越这样做越需要信守诺言。他最终指挥了这次行动，又一次大放异彩。他承诺在20天内抓捕斯巴达人，或者当场杀死他们。结果他成功了。斯巴达力量中420名重装步兵被送往斯法克特里亚，292名投降的人被送往雅典，其中120名是斯巴达公民。斯巴达的失败带来绝望，还有失去120名斯巴达公民的重大损失。雅典的胜利表明他们的海上力量已经渗透到伯罗奔尼撒地区。

尽管斯巴达在斯法克特里亚战败，但是斯巴达在后来四年中依然积极作战。也许是意识到不取得重大胜利就无法谋求和平，他们将主要精力交给名为伯拉西达的指挥官。他聪明睿智且充满活力，向北对雅典在色雷斯的领地进行系统性攻击。伯拉西达采用外交手段与快速部署相结合的方式，成功占领托罗涅与安菲波利斯及其他小城镇。因为这些成功，斯巴达人协商在公元前423年休战一年。雅典人希望这次休战可以阻止背叛的联盟城邦投奔伯拉西达，斯巴达人希望这次暂停可以使雅典人考虑签署更长时间的和平协议。

然而，双方都错了。北部的战争于公元前422年再次开始，克里昂带领着1200名重装步兵与30艘船，目标是重新攻占安菲波利斯，该地对于雅典控制北方起到了至关重要的作用。但是在这场战争中克里昂与伯拉西达都阵亡了。伯拉西达后来得到英雄级别的安葬，被认为是城市的创建者。希腊历史学家柴多·可可里-克里山泰克（Chaido Koukouli-Chrysanthaki）认为近期出土的一个古墓就属于这位斯巴达指挥官（**图11.7**）。这场战争的最终结果是斯巴达取得胜利，但是修昔底德认为更重要的是两位最反对和平的人的死亡。公元前421年春季，战争十年后又经历了一个冬天的谈判，双方签署了50年的和约，以伯里克利死后另一位希望和平的保守派贵族将领的名字命名为《尼西阿斯和约》。

图11.7 伯拉西达墓中的银质藏骨罐（存放尸骨的箱子）与金色花环，安菲波利斯，公元前5世纪晚期

然而，双方都不想保持长久的和平。和约中的条款中包括归还有争议的土地，但是斯巴达人拒绝归还安菲波利斯，雅典人拒绝归还皮洛斯。此外，雅典人还与敌视斯巴达的三个伯罗奔尼撒城邦阿哥斯、曼丁尼亚、伊利斯结盟。然而，在国王亚基斯（Agis）二世的领导下，斯巴达人在公元前418年的曼丁尼亚战争中打败了反斯巴达联盟。后来的两年，斯巴达在伯罗奔尼撒的曼丁尼亚、阿哥斯、西锡安建立了亲斯巴达寡头政治。这一时期内雅典人很少参与伯罗奔尼撒的这些战争，但是在公元前416年，攻击米洛斯的海战中，修昔底德使用的叙述方式可以很好地表现出引发伯罗奔尼撒战争与其他战争的现实情况。

米洛斯

米洛斯是基克拉迪群岛西南部并不重要的一个小岛屿。岛上的人口主要是公元前5世纪的斯巴达殖民者，他们拒绝并入雅典帝国，直到公元前416年一直保持着中立。当时38艘雅典舰船带着1600名重装步兵入侵米洛斯，但是雅典人在围攻这座城市之前，先被邀请到这里讲述他们的目的。修昔底德在下面这段对话中表现出雅典人并没有对他们的存在提供道德伦理上的理由。实际上，他们毫不含糊地阐述了事情的核心：

> 对于我们自己来说，无论我们攻击波斯人后是否有权力建立帝国，无论现在攻击你们的时候你们是否有错，我们都不会用牵强的借口来麻烦你们，也不会做一些根本没人相信的演讲。因此我们希望你不要解释自己并没有加入斯巴达殖民者，也不要说自己什

> 么也没做错，只是专注于可行的部分，考虑我们双方的真实情况，因为你知道我们做的是正确的。随着世界发展，这只是权力平衡的问题。强壮的可以为所欲为，弱小的只能忍受。
>
> （《伯罗奔尼撒战争史》5.89，克劳利译）

在修昔底德的世界观中，平等并不是一种自然的权力，实力决定了城邦之间相处的模式。在其他交换中，雅典人认为荣誉、正义、忠诚与鲜血都是空洞的，并对米洛斯岛居民的观点逐条做出回应。雅典人说："服从吧，这样可以避免更大的痛苦。"米洛斯岛居民问道："我们不能保持中立吗？"雅典人说："不，如果你不屈服，我们在臣民眼里就会显得非常软弱。"米洛斯岛居民反驳道："但是在我们中立的时候攻击我们，会被其他中立城邦的疏远。"雅典人回答道："大陆上的人与我们无关，我们就是要统治你们这样的岛上城邦。"剩下的对话也没有继续展开。为了防止读者认为这只是一篇关于权力本质的文章，修昔底德希望我们理解米洛斯岛居民的反抗。米诺斯于公元前416/前415年投降，男人被处决，女人和孩子作为奴隶被贱卖。对话中冷静的讨论与最终血腥的结果形成对比是典型的修昔底德风格，读者们应该会受到作者保留态度的影响。

这种把国际关系理解为纯粹运用权力的行为被称为现实政治（Realpolitik）的概念正是修昔底德的特点，但是也代表很多雅典人的态度。对于那些反对强制手段的人，伯里克利提出了既谨慎又实用的见解。他说："你看，你的整个帝国都像是僭主统治，尽管会被认为是不公正的，但是现在投降并不安全。"（《伯罗奔尼撒战争史》2.63）值得注意的是，修昔底德借克里昂之口也表达了同样的情感，因为米蒂利尼曾经参与过暴动，所以他建议雅典人将那里的成年男性全部处死："你的软弱会让你面临危险，而且并不会使你受到同盟的青睐，你没有发现整个王国都是僭主统治吗？"（3.37）一些学者认为，两个不同的政治家都把雅典比作僭主统治，因此完全有可能是修昔底德自己的观点，但是也有可能是读者对这种情绪比较熟悉。任何一位雅典政治家都可以提醒雅典人，在雅典统治这些岛屿的过程中，没有什么在根本上是公平公正的。无论亚马逊战败或抵抗波斯人后传统的葬礼演讲多么虔诚，每位雅典人都完全理解修昔底德的意思：权力就是自己的正当理由。

米洛斯对话并不是修昔底德唯一一次使用自己的语言解释战争背后的真相。经历了包括内战在内的无数战争后，修昔底德认为战争本身就是严厉的教师。他相信战争揭示了文明外表下的残暴，例如他在卷三关于科西拉内战的描述中对失调的政体进行诊断：

> 痛苦很多、很严重，但是只要人类本性保持不变，这类痛苦还会出现。根据不同问题，痛苦的形式或许更严重也或许更轻微，根据不同症状而有所不同。在和平与繁荣的城邦里，人们的情绪会更好，因为他们往往不会突然面临迫切的需要，但是战争会很快消耗人们日常生活中的必需品，因此说明粗野的主人会把人们的性格变得与财富相同。
>
> （《伯罗奔尼撒战争史》3.82.2，克劳利译）

修昔底德活着看到了战争结束和雅典的失败，但是他的作品在此之前几年已经中断了。因此他的记录要么是对雅典失败的期待，要么是对失败的困扰。标志着雅典命运转折的事件发生在公元前416—前415年，雅典决定再次进攻西西里。

西西里远征

西西里岛自古以来都被视作一座富裕的岛屿，岛上的希腊城市有巨大又辉煌的庙宇，又盛产谷物。西西里在古风时期和古典时期的统治者都慷慨资助艺术发展。例如，埃斯库罗斯曾在西罗一世（Hiero I）统治期间在叙拉古生活过一段时间，一个世纪后，柏拉图在僭主狄奥尼西奥斯一世（Dionysios I）统治期间生活在这里。这里的大部分城市都是科林斯的殖民地，科林斯风格硬币的流通说明这座城市与母城依然保持着紧密联系。

当来自塞节斯塔的使节带着60塔兰特银条来到雅典时，他希望雅典人可以帮他们抵御旁边的施里诺斯。雅典人很清楚该地的财富，因此很快就同意了。事实上，在修昔底德的分析中，雅典人仔细考虑后进行的西西里远征是唯利是图、欺骗、野心与误判的结合。他们相信这座岛上有很多钱，于是想要进行远征。

图11.8 古代赫尔墨斯雕像，锡弗诺斯，约公元前520年，大理石，高66厘米

雅典将军与政治家尼西阿斯认为战争应该是谨慎的、正直的、不依赖于想象的。他继承了伯里克利的防御观，但是又没有伯里克利劝说雅典人抑制自己的能力。相反，年轻、杰出、善变的将军亚西比德（Alkibiades，公元前450—前404年）主张进行干预。双方对雅典的最大利益提出了不同的看法，很显然公民大会中大部分人支持进行战争。尼西阿斯希望夸大征服西西里所需的金钱与武力规模，劝说人们不要发动战争，但是这却成了一个致命的错误。雅典人接受了他夸大后的数据，投票决定扩大入侵的武装力量，有100艘舰船加上5000名重装步兵以及相应的弓箭手与投石器。

甚至在人们离开雅典之前，入侵就开始了。舰队在准备的时候，城内发生了一件事情，一天晚上，一群喝醉的年轻人把赫尔墨斯的雕像弄得残缺不全（雕像是石柱上有赫尔墨斯的头，还有直立的生殖器用以辟邪，标志城市广场的商业地区，说明受到神的保护，**图11.8**中是锡弗诺斯岛上的一座雕像）。在后来的调查中，人们发现，这些人还模仿了一种神秘的仪式。这是不虔诚的行为，很快谣言四起，传说民主制度将被推翻。亚西比德受到牵连，他呼吁立即审理这件事情，但是这一决定推迟到满载他支持者的舰队起航后。亚西比德与舰队一同前往西西里，刚到不久就收到返回雅典的传唤。他在逃跑之前航行到意大利的图里，最终叛变去了斯巴达，雅典人因而认为他失踪了。因此，我们可能永远也不知道事情的真相，但能够确定的是，他野蛮的行为有时让雅典人震惊，因此人们更容易相信他的不虔诚。

很多西西里城市都没能修建港口，塞节斯塔根本没有吸引他们来到西西里岛的财富，因此一开始就反对打仗、犹豫不决的将军领导雅典人进行了一次目标不明确、远离家乡且补给都不能确定的战争。相反，他们的对手叙拉古供给充足、对当地了如指掌、充满自信，他们的骑兵尤其出名，因此在每个方面都有可能战胜雅典。战争从公元前415年一直持续到年底的冬天，雅典人开始紧急寻求金钱支持与军队援助。

同时，整个冬季到公元前414年的春天和夏天，雅典人与叙拉古人开始进行建筑比赛，从叙拉古西面开始修建围墙，直到城市后面的高原。雅典人想要围住整个城市，而叙拉古围墙垂直穿过雅典的围墙，让他们的计划无法实施（图11.9）。这个时候，叙拉古还得到了斯巴达同盟的帮助。斯巴达人听取了在那里寻求庇护的阿西比德的建议，派出能干的斯巴达指挥官吉利普斯（Gylippos），协助镇压西西里人的反抗，为叙拉古提供帮助。面对斯巴达与叙拉古的联和力量，尼西阿斯变得很失望，他害怕斯巴达的存在会使西西里岛活跃起来，于是给雅典写信，警告他们西西里岛人将要联合起来对付他们。他着重强调了自己的处境艰难，希望他们允许自己辞职。结果雅典拒绝了，并在第二年春天再次派遣部队。

公元前413年是一个转折点，斯巴达人听从了阿西比德的建议，开始进攻阿缇卡，并且在德克里亚建设堡垒。最终这将是一个决定性的举措，扰乱了从阿缇卡东北到雅典的粮食运输，雅典人被迫放弃一些领土（在雅典北部塔多伊的前皇家土地还可以看到斯巴达的防御墙）。然而，雅典人后来很快受到了西西里岛的影响。运送补给的舰队在前往西西里岛的路上被抓，叙拉古的雅典人都变得非常绝望，但他们并非处于绝

图11.9 包围塞节塔斯，公元前415—前413年

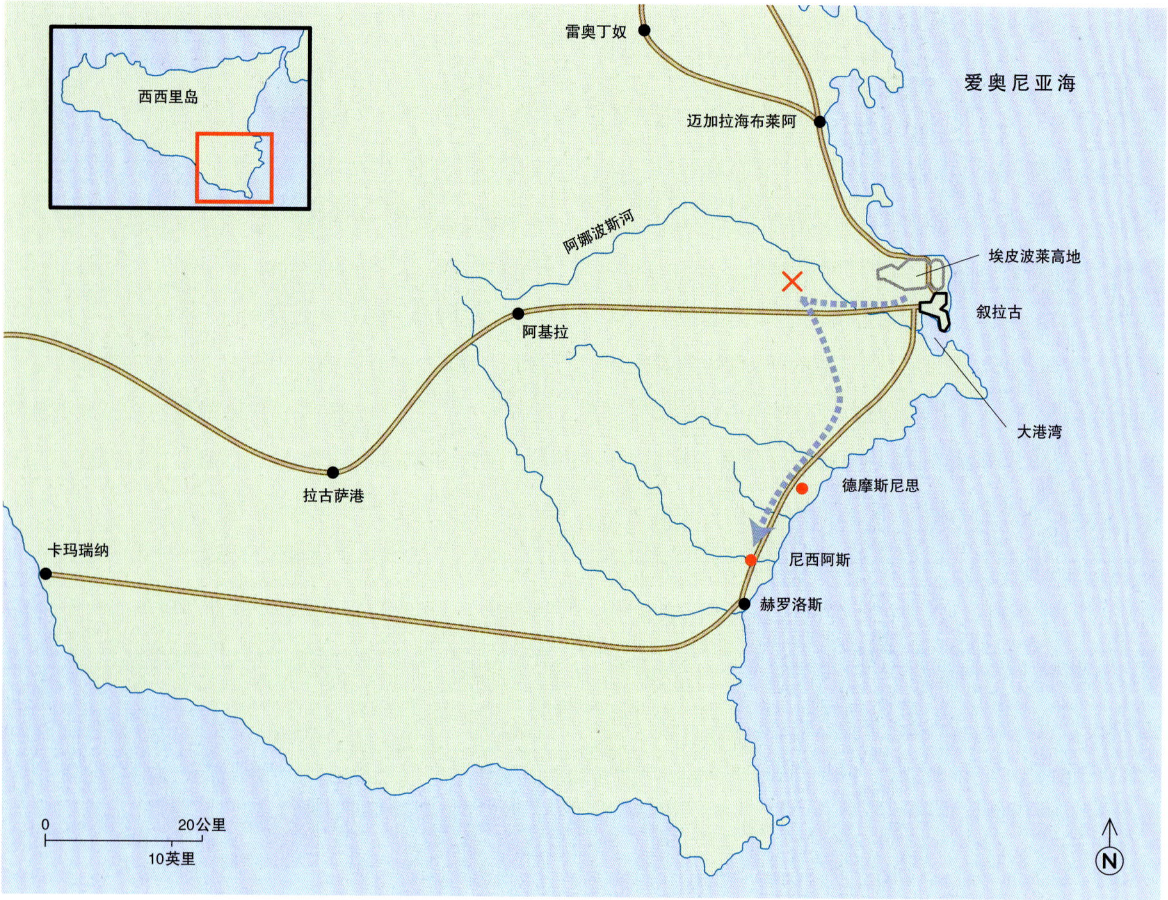

图11.10 狄摩西尼与尼西阿斯从叙拉古撤退的最终路线（蓝色点线）

境。同年夏天，狄摩西尼带领下的雅典支援队到达，由73艘船与近5000名重装步兵组成。狄摩西尼以全新的力量引导雅典进攻埃皮波莱，在一个晚上袭击了埃皮波莱高地。

修昔底德的记叙表现出那一晚的混乱：

> 由于前面的溃败，现在现场一片混乱，吵闹声四起。胜利的叙拉古与同盟正在大声庆祝，而雅典人在寻找自己的伙伴，他们把面前的所有人都当作是敌人，不断询问口令，这是他们互相识别的唯一方法。然而这不仅造成了内部混乱，还让敌人知道了口令。但是最让他们伤心的还是赞美歌的声音，双方会受到相似的影响，每当唱起赞美歌的时候，军队中的阿哥斯、科西拉与其他多立安人都会像敌人一样恐慌，因此陷入混乱。朋友之间、公民之间会互相恐吓，甚至还会打得难解难分。
>
> （《伯罗奔尼撒战争史》7.44.3—7，克劳利译）

修昔底德描绘出的画面不仅仅是对战争混乱的回忆。雅典人听到多立安人的赞美歌时感到困惑，这应该是他们的敌人唱的歌，而实际上是自己的多立安同盟在战争中的呐喊。

修昔底德在这里有一个重要的观点。雅典人的行为表现出多立安人与爱奥尼亚的区别，仿佛所有爱奥尼亚人生来就与多立安人不和，但是真相更加复杂、令人困惑。双方联盟都有来自不同民族的人，因此他们在种族上的区分并没有很明显。在修昔底德看来，参战双方都是希腊人，这是希腊人的自相残杀。

夜战以崩溃告终，但是雅典人的灾难还没有结束。两位指挥官狄摩西尼与尼西阿斯没能达成一致的计划，尼西阿斯拒绝立刻撤退，因为他看到月食，认为这意味着现在离开会有危险。雅典人推迟了关键的27天，这段时间给了叙拉古人勇气，也给了他们同盟足够的时间进行援助。他们在叙拉古的大港口与雅典船只交锋，破坏了雅典防线的中心，还杀死了右翼的雅典指挥官攸里梅敦。叙拉古在第二次和最后一次海战中再次取得了成功，雅典人的士气受到影响，水手拒绝操控轮船，想要通过陆路撤退。因为没有明确的撤退计划，40000雅典人开始在叙拉古绝望地撤退（**图11.10**）。后来的6天内他们不断受到叙拉古军队的骚扰，崩溃、饥饿又没有希望，最终投降。狄摩西尼与尼西阿斯被处死，不到7000名幸存者被囚禁在叙拉古的露天采石厂。死者与将死之人的尸体被留在那里，幸存者在两个半月中每天每人只有550毫升谷物与275毫升的水。最后，大部分非雅典俘虏被卖为奴隶，少数雅典人因为能背诵欧里庇得斯的全部台词得以幸免，这些剧目在西西里岛特别受欢迎。这个故事或许是杜撰的，但是其中的意义很有趣：雅典权力达到低谷时，一些公民因为剧作家的作品而获救。

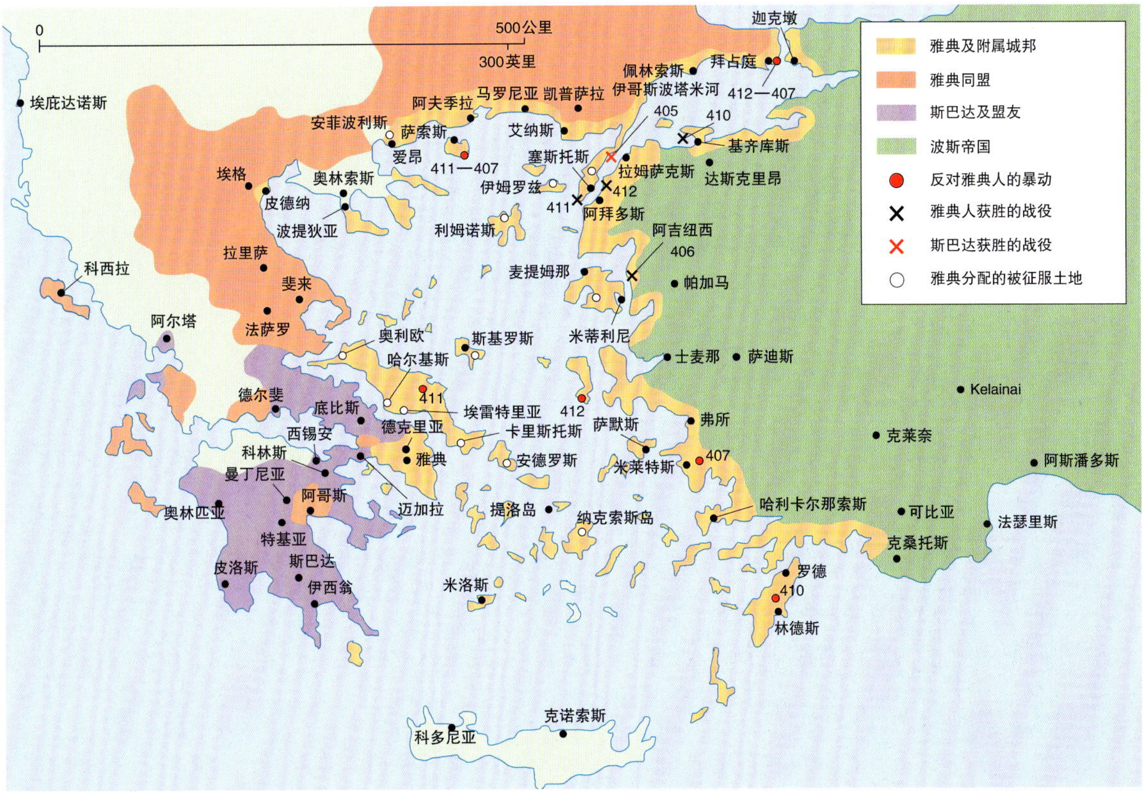

图11.11 德克里亚战争期间的雅典（公元前413—前406年）

德克里亚战争

由于公元前413年西西里远征失败，雅典似乎即将面临灾难性的失败，但是实际情况并非如此。后来7年中，雅典再次经历挫折（**图11.11**），但是城市依然在努力抗争。斯巴达人遵循阿西比德的建议，继续利用德克里亚的堡垒扰乱雅典人的生活。这个堡垒的位置是精挑细选的，因为这样一来雅典人无法通过奥罗波斯运输粮食供给，只能通过海上的比雷埃夫斯运送补给。而且，斯巴达人开始关注爱琴海地区的海军行动。公元前413年，雅典人在西西里岛被打败后不久，斯巴达人开始建立舰队。舰船修建持续到公元前409—前408年，依靠希俄斯岛等心怀不满且拥有自己舰队的雅典盟友的帮助，他们开始频繁地派遣舰队去达达尼尔海峡，想要截断雅典人来自黑海的粮食供应。

另一件事情也引人注目，大流士二世奥科斯于公元前424年继承波斯王位。他在之前的政治暴乱中目睹自己两位哥哥的死去。大流士二世统治初期没有参与爱琴海事务，但是公元前413年，雅典人帮助名为阿摩基斯（Amorges）的叛徒引起波斯的震怒。雅典人灾难般的西西里远征过后，波斯国王与总督开始与斯巴达人协商，最终波斯总督替萨斐尼（Tissaphernes）与斯巴达签署协议，斯巴达人会把任何反抗波斯大帝的敌人都视作自己的敌人。斯巴达因此变成波斯在西亚的战略工具，作为回报，波斯人支付斯巴达海军费用。

威胁下的民主

雅典自身也经历了很多变化。公元前411年，佩森德（Peisander）发动寡头政治，他与支持者建立起名为四百人议事会的寡头政府，唤起克里斯提尼一百年前民主改革时人们对这个机构与四个部落的记忆。因为环境的不确定性，四百人会议获得了权力。人们认为这个寡头政权可以获得波斯人的帮助，赢得与斯巴达之间的战争。为了安抚中立派与那些认为民主制度是雅典悲惨遭遇主要原因的人，四百人议事会提议将国家交给5000人组成的寡头政府。但是，几个月后这依然只是一句空口承诺。暗杀与刺杀成为四百人议事会对付异己的主要方式。

然而，因为雅典城外一件出人意料的事，四百人议事会的僭主统治结束了。为了镇压希俄斯与米莱特斯的反抗而驻扎在萨默斯岛上的雅典舰队，雅典又卷入了岛上民主派与寡头政治的内战中，最终选择了民主派一方。当雅典战败的消息传到他们这里时，萨默斯岛上的雅典人宣布他们会坚决守护雅典与萨默斯岛的民主。为了与萨默斯岛上的民主派达成共识，支持萨默斯岛的民主，继续与斯巴达的战争，他们发誓不再与四百人议事会联系。在色雷西布拉斯与特拉斯洛斯（Thrasyllos）的带领下，他们在萨默斯岛建立了民主大会。事实上，在外的雅典人变得非常民主，而那时雅典城内的民主却停滞了。他们甚至再次提到亚西比德，尽管他曾被认为亵渎神明，又向斯巴达人提供了有用的建议，但是他的声望与才能依然保证他在某些领域很受欢迎，特别是舰队中带有寡头政治倾向的桨手们中。亚西比德也没有忽视民主派的希望，他曾暗示自己会将波斯争取到雅典一方。波斯可以轻而易举地支付舰队的花销。如果服役的人们都要求支付自己的口粮，这可不是一笔小数目。

同时，斯巴达人抓住雅典内部混乱的机会，航行到埃维亚，与无战斗经验的雅典舰队交战。斯巴达人缴获了22艘船，将船员俘虏或杀死。很多雅典幸存者游到埃雷特里亚附近的港湾，但是也被当地人杀死。灾难的消息传到雅典，四百人议事会被免职，人们起草出一部5000人宪法，只限于能为自己提供一套盔甲的重装步兵阶层。对于修昔底德这类保守主义者，这看上去似乎是理想中的宪法，他评论说在他的一生中，这5000人对雅典的统治是最好的。然而，亚里士多德认为这种情况并不会长时间存在，民主很快就恢复了。促进民主恢复的是公元前410年，雅典舰队在对抗斯巴达的基齐库斯海战（Battle of kyzikos）中胜利。在修昔底德的记录中断的地方，色诺芬写道，失败的斯巴达人写信回去寻求指示，他们写到："船没了，敏达罗斯（Mindaros，斯巴达指挥官）死了，我们都饿着肚子，不知道怎么办才好。"尽管拜占庭、卡尔西登等关键城市还没有回归雅典帝国统治，雅典人已经在达达尼尔海峡占了上风，绝望的斯巴达人渴望和平。

如果双方在公元前410年签署和平协定，历史学家会认为伯罗奔尼撒战争结束了，因为拟定的条款都是对现有情况的肯定。但是雅典人已经失去了埃维亚，达达尼尔海峡的城市还在摇摆不定，雅典人认为这份协议表现出他们的软弱，所以他们拒绝了斯巴达人的提议，就像是在接下来的三个赛季都精疲力竭的拳击手。决策需要一定时间，雅典人已经进行了二十多年战争，在外经历了灾难性的失败，在内也经历了很多痛苦，但是却不愿意接受保持他们现有影响力的和平协议，我们该怎么解释这种现象？这种原因有很多可能，但是有两点值得特别注意。第一点是波斯战争的胜利使他们获得了希腊世界中至高无上的地位，这一观点已经被雅典人内化，但是这份胜利是由祖先获得的，之后的人不仅继承了雅典帝国还继承了帝国中理应属于他们的信念。第二个可能性是，经历了两代权力与强制，雅典人害怕做出选择，作为老大绝不能示弱。但是我们也不确定答案。

无论我们通过什么方式解释雅典人继续战斗的决定，我们都不得不再次称赞他们的坚韧。雅典人逐渐恢复了他们对达达尼尔海峡的控制。但是，在公元前406年，亚西比德（这次又属于雅典阵营）没有任主帅，他的中尉安泰奥卡斯（Antiochos）被迫与斯巴达开战，造成22艘船的损失。亚西比德受到批评被流放，战争进入最后阶段。

斯巴达与雅典舰队在公元前406年又进行了两次战争。第一次克农（Konon）领导战争，最终雅典人失败，幸存者撤退到米蒂利尼，后来又被斯巴达人包围。面对这次挫折，雅典人组建了155艘战船的舰队，成员中包括奴隶与外邦人。雅典人在莱斯博斯岛与小亚细亚之间海峡的阿吉纽西战役（Arginusai）中获胜，并且杀死了斯巴达海军上将卡利克拉提达（Kallikratidas），但是战后的一场风浪使雅典人没能救出破损船只中的船员。在雅典，胜利的消息让人欢欣鼓舞，但是很快船员溺亡的消息传来，使喜悦变为绝望。船员们打了胜仗，但是只能等死，甚至还不如失败，8名指挥官中有6名回到了雅典，他们集体受到判决。雅典的结果是灾难性的，但斯巴达的情况也没有好到哪儿去。一位重要的指挥官牺牲，舰队也溃不成军，国内士气消耗殆尽，斯巴达人基于现状再次求和，但是雅典人又拒绝了。

爱琴海地区的新斯巴达指挥官是吕山德（Lysander），他于公元前407—前406年在那里服役，对整个战区都很熟悉。吕山德与波斯人建立了友好的关系，可以从波斯人那里获得资金修建斯巴达舰队。他开始在斯巴达地区的领地，甚至在阿缇卡附近发动战争，供给萨拉米斯与艾伊娜。吕山德知道打败雅典的关键是毁掉雅典人在达达尼尔海峡的据点，让整座城市因此投降，于是他在达达尼尔海峡的阿拜多斯建立基地。

面对这些威胁，雅典人被迫派遣舰队并且在塞斯托斯建立基地。然而他们并没有成功地把船守在塞斯托斯港口内，他们每天会排成队形走过斯巴达的基地，邀请吕山德加入战争，每天晚上又把船停在伊哥斯波塔米河河口附近的海滩上。关于最后一场战争是怎样展开的，有一些互相矛盾的说法：一些人说雅典人派出30艘船想要诱引出斯巴达军队，但是反而全被毁了，剩下的雅典舰船也在海滩上不知不觉地被包围；还有人说雅典人在寻找食物和补给时完全措手不及，还没有开战就被斯巴达人悉数抓获。无论具体情况是什么样，结果都是相同的：150艘雅典舰船全部被毁或被抓，3000名船员失踪。这次失败的程度比他们之前经历的要更严重。消息传到雅典时，人们都知道没有办法再发动新的战争了。色诺芬对消息到来的描述表现出一座伟大的城市对失败的思考：

> 那天晚上，舰船带来了失败的消息，比雷埃夫斯长桥的悲痛之声传回城市里，人们一个个把消息传给其他人，那天晚上大家都没有睡觉，全部都在哀悼。不仅为了那些失去的亲人，也是为了自己，害怕自己会遭到这样的待遇，因为他们也曾围困斯巴达殖民者米利安人，以及希斯蒂亚人、斯基奥那人、托罗那人、艾吉内特人和许多其他希腊民族。
>
> （色诺芬，《希腊史》2.2.3，布朗森译）

雅典人战败后的解决方法（也就是色诺芬暗指的）非常有意思，我们将在后面讲到，伯罗奔尼撒战争终于以伊哥斯波塔米河战争结束（**图11.12**）。不久之后，吕山德的船开进比雷埃夫斯，雅典人推倒了他们的城墙，这代表着城市的失败与耻辱。正如修昔底德所说，希腊世界最大的动荡造成最大的城市雅典的完全失败。雅典人面临的问题很简单：他们的命运将会如何？

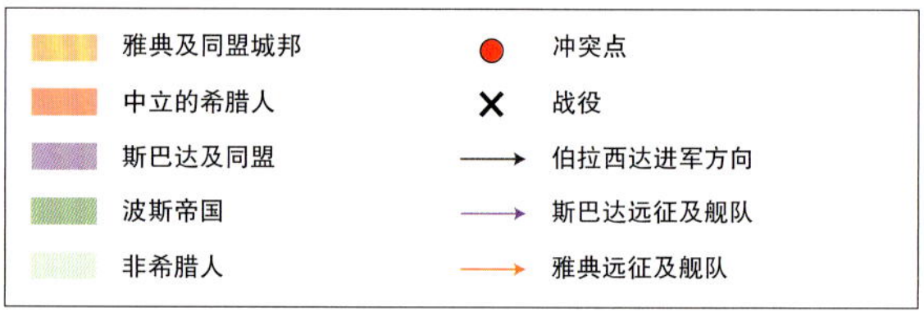

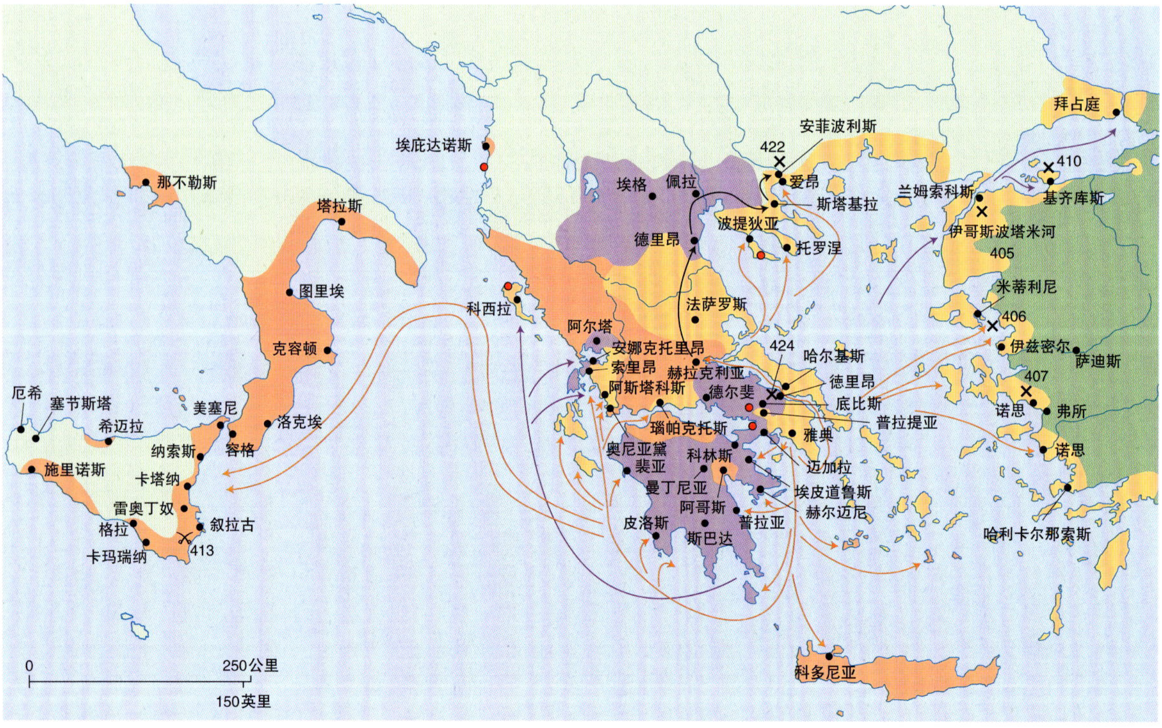

图11.12 伯罗奔尼撒战争期间的冲突，包括西西里远征

图11.13 艺术家描绘的公元前5世纪全副武装的重装步兵。盾牌为颈部与膝盖之间提供保护，小腿由护腿套保护。科林斯风格的头盔可以为头部与面部提供全部保护。重装步兵还带着只能近距离使用的短剑与长矛

焦点：

古希腊重装步兵与桨手

我们在第七章与第十一章中讲到，哲学家与政治思想家对于海军力量、民主、帝国之间的关系怀有敌意。保守的思想家更喜欢自给自足的公民士兵的清醒的生活，所以他们更倾向重装步兵（图11.13）。这些人一般把土地视作真正财富的基础，对于奢侈品几乎没有兴趣。他们来自雅典社会的中等阶级，并没有像骑兵那么富有，但是可以负担得起自己的一套武装盔甲（阿里斯托芬曾经在作品《阿卡奈人》中取笑公民士兵，该剧以内陆的某个定居点命名，那里的人们像橡树一样坚韧）。

尽管人们既喜欢重装步兵阶层，又会取笑他们，我们还是会在雅典战船中找到雅典帝国民主的真实表达。划桨的纪律、进行专业演习所需要的训练，再加上170名桨手，这些都使海军舰队成为小型方阵。早在公元前5世纪，海上交战与陆战相似，战船就是交战的平

台，但是随着时间推移，船逐渐成为致命武器。

与陆地上的方针相似，舰队想要取得成功也需要纪律、训练与良好的秩序。例如，演习中战船改变了攻击角度，想要避开敌人的船桨需要几周的强度训练。与之相似的另一个战略需要战船包围敌人的船，然后在后面攻击，这不仅需要技巧，还有力量、速度与纪律。这些战略的目的都是为了发挥船的毁灭性力量。

需要记住的是，所有这些演习都是在战船极其狭窄的范围内进行，人们需要脸贴着前一个人的后背划桨（图11.14），由此可见桨手之间的团结。古代历史学家、冠军桨手、奥林匹亚战船主席鲍里斯·兰克夫（Boris Rankov）在下面的描述中表现出战船内的工作环境：

> 170名桨手挤在长37米、宽5米的船舱中，居住空间狭窄，让人出汗，桨叶在水中相隔仅有30厘米。顶层的桨手可以看到外面的船和桨，下两层的桨手只能通过小舷窗看到外面，实际上，三分之二的船员在划桨时什么也看不见，因此船员每次划桨的时候都需要依靠声音信号，尤其是在划桨频率较低的时候。但是在船舱中部负责协调划桨的人并不能同时看到桨叶与船员，所以他的声音很可能无法在满是人与木质工具的船舱里传播。
>
> （兰克夫，《良好的船上民主》）

公元前5世纪的雅典人建造、保养了上百艘船，将比雷埃夫斯变成强大的海军基地，也是爱琴海与雅典地区货物的集散地。泽亚港是希腊与丹麦联合考

图11.14 战船内部（现代复原品）

图11.15 希腊战船奥林匹亚号复原品，正在准备远航接受考验。船首的青铜角重200千克。单靠船桨推动，速度可达到9节

察的项目，2002年以来一直调查比雷埃夫斯的民主军火库。他们的调查结果说明比雷埃夫斯由三个港口组成，并为我们展现出权力巅峰期的雅典。在某一天，雅典人走过上百个雅典战船的造船厂（**图11.16**），看到他们的名字——霸权、权利、言论自由、胜利、正义、海战胜利、民主——骄傲地被展示出来。舰队中的每艘船都表现出雅典民主公民的希望。

图11.16 泽亚港造船厂复原

公元前404—前403年
雅典三十僭主统治

公元前399年
苏格拉底被处死

公元前395—前387年
科林斯战争

公元前387/前386年
《大王和约》

公元前379/前378年
雅典第二同盟成立

公元前362年 曼丁尼亚战争
公元前359年 腓力二世成为马其顿国王
公元前356—前346年 第三次宗教战争
公元前338年 喀罗尼亚战役
公元前336年 腓力二世被杀

第十二章

泛希腊主义与腓力的崛起

公元前4世纪一般被认为是希腊历史上的“灰姑娘时期”，与辉煌的公元前5世纪相比显得逊色。实际上，公元前4世纪发生了很多变化与发展。这不仅是亚里士多德、普拉克西特列斯（Praxiteles）等哲学家、艺术家的时代，而且还有一系列法律：共同的和平公约打破了城市战争之间的循环，与波斯的和平、封建主义的倾向、雅典权力在外复兴变得更加人道主义。然而这些趋势受到希腊中心区域以外的地区权力增长影响，比如在马其顿，腓力把军事力量、新获得的财富、精明的外交手段与充沛的精力结合在一起，于公元前338年控制了整个希腊。

失败的雅典

公元前406年，伊哥斯波塔米战役战败后，雅典人清楚地意识到曾经他们对待其他希腊城邦的恶劣行为，如今会使自己受到奴役。公民大会认为自己即将受到包围，于是他们派塞拉门尼斯及其他使者前往斯巴达，为投降谈判寻求最宽松的条件。尽管斯巴达盟友想要他们毁掉雅典，但是斯巴达人拒绝了，他们并不会奴役雅典这个在波斯战争中做出巨大贡献的城邦。相反，色诺芬写到斯巴达人在以下方面求和：

> 雅典人会推倒当地与比雷埃夫斯的城墙，除了12艘船以外其他的全部上交，让流放的人回到家园，斯巴达的朋友与敌人就是雅典人的朋友与敌人，无论陆上还是海上都听从斯巴达人的领导。
>
> （色诺芬，《希腊史》2.2，布朗森译）

斯巴达海军上将吕山德去往比雷埃夫斯，开始负责拆除雅典与港口之间的围墙。雅典人因此失去海军力量，无法抵抗。这种惩罚还是比较轻的，但是吕山德强加了一种新的政治体制，从根本上改变了雅典。这种政治干预是斯巴达最新对外政策的一部分。吕山德计划在受到反斯巴达民主的爱琴海地区建立十人寡头统治（decarchies），他还使用了一种军事要塞与总督结合的方法，确保雅典这个斯巴达新盟友的服从。他在雅典对这种模式进行了轻微的调整，认为城市规模使其与众不同，于是安排了30个人守卫这座城邦。公元前404年4月，民主制度正式废除。雅典的未来道路并不明朗，但是对于雅典来说最迫切解决的问题很明确：民主是一次失败的实验吗？雅典将会被与斯巴达结盟的贵族统治吗？斯巴达的胜利使雅典人得到了什么样的主人？

很快，被称为“三十僭主”的新政权出现，相当于武装政府。这些人与追随者开始掠夺财产、囚禁对手，在8个月的时间里对整个城市实施恐怖统治。成文法律被彻底废除；一系列判决中，人们要求陪审员公开投票，并威胁他们投降。这种情况下，三十僭主互相怀疑。三十僭主中的硬派领袖、苏格拉底的学生克里底亚（Kritias，约公元前460—前403年）谴责另一位领导人塞拉门尼斯，并处死了他。据估计，一个城市的35000名公民中大约有1500名被三十僭主处死。安德鲁·沃尔珀特（Andrew Wolpert）认为“大多数雅典人都会有家人、朋友、邻居丧生”。三十僭主尤其针对富裕的外邦人，知道他们非常脆弱：外邦人并不是真正的公民，因此他们没有赞助人的帮助，更不可能得到家庭与社会关系的帮助。演讲作家吕西亚斯就是这样的人，他后来被授予了公民权，用他的新身份告发了那些杀死他兄弟的人。他的目击证词包括对三十僭主行为的描述：

> 他们发现我在招待客人，我把他们赶出去。之后他们把我交给佩森（Peison），我问他能不能给点钱然后就饶了我，他同意了。我说，我准备付给他1塔兰特银子，他也同意了。他发誓说如果收了钱但是没有救我，他和他的孩子会遭到报应。我回到卧室，打开了钱箱，佩森看到后走了进来，又吩咐两个手下拿走钱箱里的东西。现在他拿走的可不是约定好的价格，而是3塔兰特银子、400塞森、100达里克与4个银杯，我请求他给我留点钱，但是他说我应该庆幸他留了我一命。
>
> （吕西亚斯，《驳埃拉托斯特尼》11，兰姆译）

三十僭主的统治受到了雅典人的回应，民主派色雷西布洛斯（约公元前440—前388年）于公元前403年发动了一场运动，民主党人在雅典北部的耶拿山建立了堡垒，成功摧毁了三十僭主想要驱赶他们的企图（**图12.1**）。公元前403年春天，色拉西布洛斯继续吸引人们加入民主事业。最终，在一千多人的支持下，他前往比雷埃夫斯。这些民主派打败了三十僭主，杀死了克里底亚。

三十僭主感受到局势的变化，于公元前403年5月撤到埃莱夫西斯。消息传到城市，说三十僭主中其他人都是雇佣兵，于是剩下的雅典人也开始反抗他们。保萨尼阿斯领导下的斯巴达军队的到来避免了血腥的正面冲突，保萨尼阿斯还与双方签订协议。雅典的民主得到恢复，剩下的那些三十僭主支持者在埃莱夫西斯定居下来。公元前403年进行大赦，雅典人经历了简短却血腥的公民战争，雅典民主证明了自身的恢复力。

决定实施大赦是雅典民主派的宽容与理智。雅典在历史中经历的动荡、创伤的时期与南非的种族隔离一样，正如南非的真理与调解委员会避免了内战出现，雅典的大赦促进了创伤的修复。大赦（Amnesty）一词在希腊语中的意思是“不记”，这也正是雅典人的所作所为：在三十僭主仍然掌权的时候忘记他们的罪行。尽管这种做法是有远见的，但是这并不能完全消除雅典人看到自己民主被推翻时的愤怒与沮丧。也许从伯罗奔尼撒战争结束到三十僭主失败雅典民主恢复，最沮丧的结果是西方历史中最有名的哲学家苏格拉底被处死。

图12.1 耶拿堡垒剩余部分，是民主派对抗三十僭主的强大基地

苏格拉底

从苏格拉底的学生柏拉图对话记录中高智商的牛虻，到我们在第十章中看到的，阿里斯托芬作品《云》中对雅典知识分子狂妄的讽刺，我们对苏格拉底有很多不同的印象。对于那些看过这出戏的人或是看到苏格拉底把自己吊在篮子里将自己的智力（nous）与空气（aither）混合的人来说，有人认为这个愚蠢的、无聊的长篇大论与伯罗奔尼撒战争政治的动荡之间有一定关系（**图12.2**）。

想想剧中这段对话，问问这里的哲学家是否代表着对雅典产生威胁：

斯瑞希阿德：看，挂在那里的人是谁？

学生：他自己。

斯瑞希阿德：他是谁？

学生：苏格拉底！

斯瑞希阿德：苏格拉底！帮我叫他一下！

学生：你自己叫。

斯瑞希阿德：苏格拉底！屎格拉底！

苏格拉底：为什么要这么叫我！把我说成一个只有一天生命的东西！

斯瑞希阿德：先说你在这儿干嘛呢？

苏格拉底：我需要置身于空气中，在阳光下思考。

图12.2 苏格拉底挂在篮子里的插图，约16世纪

斯瑞希阿德：如果你想要表现出对众神的蔑视，为什么要在篮子上，在地上不行吗？

苏格拉底：如果我不延展我的思想，也不将我的想法与空气结合，我永远都不会发现占星学现象。

（阿里斯托芬，《云》218—248，麦金纳尼译）

这种心不在焉的教授为什么会被处死？我们在第十章中看到雅典见证了公元前5世纪城市哲学的发展，很多人开始对传统的世界观表示怀疑。色诺芬尼、普罗塔哥拉等哲学家挑战传统宗教，其他思想家开始在公元前6—前5世纪爱奥尼亚哲学家的自然科学与伦理研究之上进行发展。例如，阿那克萨哥拉（Anaxagoras）认为思想促进一切元素运动，太阳是一块滚烫的石头，散发出来的光又被月亮反射。然而，这些挑战传统的思想具有一定的威胁。公元前430年，阿那克萨哥拉因为不虔诚而遭到指控，后来还有很多相似的指控：厄尔尼在没有得到城邦认可的情况下将入会仪式发展为崇拜，还有一些雅典人砍下神圣的橄榄树，因此受到制裁。公元前411年，普罗塔哥拉以人为中心的宇宙观被禁止，然而这些指控并没有影响新一代哲学家的出现，人们依然来到雅典付费听课。普罗狄科、高尔吉亚（Gorgias）、希庇亚斯，开设了语言学、伦理学、诡辩学的课程，最后一门是最重要的，主要内容是学习如何做出强有力的辩点。他们这些人被称为诡辩家，受到某些人的质疑（民主与反智主义互相并不陌生）。

想要厘清雅典丰富的文化历史中的每一条线并不容易，但是看上去却很明确：和平时代的雅典比伯罗奔尼撒战争期间与之后动荡中的雅典更加宽容且有活力。公元前5世纪的最后30年，雅典从失败中幸存下来。雅典社会开始松动，雅典人曾经的宽容（指对内的宽容）被严厉的脾气和日益增长的不宽容所取代。

苏格拉底哲学

在当时动荡的学界与社会背景下，苏格拉底的事业与当时很多重大事件相关联，将他从希腊历史的边缘推至中心。他的哲学并不是单纯地提倡改革，他教授的勇敢、忠诚、节制、公正等美德在本质上都是一样的，归根结底就是做个好人（这一信条被称为所有美德的结合体）。他还认为没有人会故意做错事，因此哲学的目的是教育人们什么是好的。如果真正的知识取代了无知或那些没有受到挑战的观点，人们就会好好表现。这些道理并不是充满煽动性的，但是比较麻烦的是苏格拉底教育人们的方式，他采取了一种交叉验证的形式，简单来说就是："你能同时感觉到快乐与痛苦吗？当然不行，因为它们是相对的。饥饿与口渴是痛苦的吗？当然。吃饭与喝水是快乐的吗？当然。我们会在感到饥饿与口渴的时候吃饭喝水吗？当然。但是这样，我们就在感受欢乐的同时也感受痛苦了（与开头的结论相悖）。"最后一个问题往往会使说话人忘记自己在说什么。这种方法表现出苏格拉底的智慧，但是这种暴露他人智力不足的行为很少能赢得朋友，尤其是那些传统固执的家庭，认为孩子回家来就是炫耀自己的智商。一个孩子与家人聊过天后，比他年长的谈话者沮丧地说："孩子，我们在你这个年纪的时候也对这类事情很清楚……"［色诺芬，《回忆苏格拉底》（*Memorabilia*）1.46］

公元前399年，两位公民米利托斯（Meletos）与安尼托斯（Anytos）对苏格拉底的指控中就表现出这种沮丧感。他们的起诉书中提出一系列指控，拥护传统宗教，讽刺苏格拉底的教学方法："苏格拉底的罪恶在于不承认城邦中的神，而是引入其他神，他会教坏年轻人的。"（《回忆苏格拉底》1.1.1）

人们害怕的就是年轻人被教坏，因为当时整个城市都受到哲学与诡辩的影响。至于苏格拉底对待神灵不虔诚的指控，似乎就是对苏格拉底经常提到的"内心神灵"的过度反应，"内心神灵"是意识内部的声音，可以不断与内心进行对话。然而之前对不虔诚的审判中，这些关于苏格拉底的抱怨都累积起来，他的哲学被视作一种威胁。

我们或许会好奇公元前399年雅典环境是什么样的，这种相对无害但是有些烦人的小人物能对雅典产生威胁。五十多年后，埃斯基涅斯的演讲中有一段精彩的内容，可以让我们看到苏格拉底事件后的背景。埃斯基涅斯说："苏格拉底是克里底亚的老师，克里底亚作为三十僭主中的一名，推翻了民主，所以你谴责苏格拉底诡辩派的风格，那么狄摩西尼可以从你手中救出他的朋友吗？"（1.173）

半个世纪后，埃斯基涅斯再次提到苏格拉底，主要是为了针对他的政治对手狄摩西尼。后者与苏格拉底并没有什么关系，但是拿苏格拉底作为对比也就是默认大部分观众会对他比较熟悉：是的，我们必须让狄摩西尼负责，就像我们对苏格拉底的所作所为一样。这到底是为了什么？为了克里底亚与三十僭主。苏格拉底与三十僭主之间的关系很脆弱，但是雅典人记得之前三十僭主带给雅典的创伤。克里底亚师从苏格拉底的时候还是年轻人，早在公元前5世纪30年代，那时候他还不是战后统治雅典的反民主领导人之一，但是这种联系下的罪恶使苏格拉底从无害的公众人物变成雅典人推翻三十僭主后抑制了很久的沮丧情绪焦点。民主恢复后的大赦使公开审判变得不再可能，但是促成三十僭主寡头政治革命的智力因素会受到攻击。因此苏格拉底变成三十僭主的公众形象，尤其是在克里底亚死后与三十僭主解散后。这是准确或合理的吗？

当然不是，但是镇压民主与后来民主重生的狂热后果中苏格拉底一直在那里，在他们中间坚定地继续质问普通雅典人，提醒他们注意道德与伦理规范。

从柏拉图对苏格拉底面对死亡的描述来看，他继续教授不妥协的哲学观，为灵魂做好死亡的准备。那天他喝了毒芹汁，还在与学生们讨论灵魂的本质，他这样说道：

> 只要我们保护好肉体，灵魂也不受不完美的影响，我们就永远不会认为我们达到了我们视作真理的目标……如果我们对任何事情没有纯粹的知识，我们必须要放弃肉体，让灵魂单独沉思……真正的哲学家会以死亡作为最终的职业。

[柏拉图,《斐多篇》(*Phaedo*) 67e，特里德尼克译]

如果这就是整个故事的全部内容，苏格拉底作为知识分子宁愿死也不愿动摇对真理的坚持，他一定能称得上这样的荣誉。然而他在审判期间还在激怒雅典

图12.3 雅克-路易·大卫，《苏格拉底之死》，1787年，帆布油画，1.29米×1.96米

人，也会让人有些不愉快。苏格拉底让德尔斐的阿波罗作为自己的见证人，因为阿波罗说他是现在在世的人中最聪明的，是谁在挑战神祇？这巧妙地回应了人们关于不虔诚的指控，但是又进一步激怒了雅典人。在描述自己的交叉验证方法及作用时，苏格拉底带着一种虚伪的天真说：“那时我连着采访了两个人，突然意识到原来自己不受欢迎，但是我还是决定先完成神的任务。”［柏拉图，《申辩篇》（*Apology*）21e］

最后苏格拉底将整座城市比作一匹又肥又懒的马，需要刺激它才能行动起来。这些观点并没有说服陪审团，尽管他们肯定向那些还不知道他恼人的人证明这一点。在雅典案件习俗中，在被判有罪之后，苏格拉底还可以再做一次演讲，为自己争取合适的审判：

> 我决定以个人名义私下提供我能做到的服务，我尝试劝说每一个人多思考一下他更实际的好处，而不仅仅在头脑与道德方面……我该受到什么惩罚？……我希望能被城邦准许自由。
>
> （柏拉图，《申辩篇》36b，特里德尼克译）

苏格拉底的提议遭到了拒绝，而且还被判了死刑。直到最后，即使有机会苏格拉底也拒绝逃跑，一直待在那里等待执行审判。他喝下了毒芹汁，弥留之际让学生克里托（Krito）送给阿斯克勒庇俄斯一只公鸡。这对于这位亵渎神明的人来说是巧妙的做法，在自己将死之时，把礼物送给治愈之神。

由于柏拉图在塑造西方哲学中的重要性，我们一般会通过柏拉图的描述看待苏格拉底，像柏拉图一样认为他是为哲学而死。画家大卫经常描绘古代英雄的壮举（参见第七章第192页），他刻画的苏格拉底在即将饮下毒芹汁之前还在进行演讲。与古代将苏格拉底刻画成浮夸、搞笑的样子不同，大卫的作品是具有英雄主义色彩的：这位为了真理不肯妥协的人让自己成为了很多人心中英雄的样子（图12.3）。

这很公平，但是还有另一种理解苏格拉底的方式。在伯罗奔尼撒战争后一系列事件的背景下，苏格拉底的牺牲有特别重要的意义。苏格拉底的审判发生在公元前399年，距离三十僭主被推翻仅有4年时间，雅典仍然处于创伤之中。我们知道由于安多基德斯（Andokides）在同一年发表演讲，提到了雅典人决定留用哪些法律的细节，当时整座城市还没有安定下来。苏格拉底成了那些急切想要回归民主与法制之人的替罪羊，也算是救了雅典人。他的死象征性地结束了与三十僭主的联系，也结束了公民战争，这种方式又进一步促进了法治。从这种层面来说，他不仅为哲学而死，还为雅典而死，这两样都是他深切爱着的。

斯巴达霸权主义

雅典人挣扎于公民战争与三十僭主统治的时候，斯巴达人本可以自由夺取他们在伯罗奔尼撒战争中的胜利果实，但是他们却浪费了这个机会。吕山德战争后期在萨默斯岛建立的寡头政治并没有受到欢迎，然而他本人却得到了无上荣誉。理论上，希腊文化中因为自己的成就受到尊重的人会打破人与神的限制，比如赫拉克利特，但是吕山德获得的荣誉成为人们崇拜统治者的先例。后来的腓力与亚历山大延续了这个传统，最终在公元前3世纪变得广为流传。

斯巴达人没能充分利用他们在爱琴海地区的优势位置，其中一部分原因是外交政策的需要。吕山德主要关注小亚细亚地区的情况，新波斯国王阿尔塔薛西斯二世（Artaxerxes II，约公元前440—前358年）于公元前404年继位，紧接着他的兄弟小居鲁士（Cyrus the Younger，约公元前424—前401年）引发叛乱。吕山德与斯巴达人支持小居鲁士，这些王位的觊觎者建立起希腊雇佣兵军队，由克雷阿尔克斯（Klearchos）与色诺芬领导。他们在公元前401年的库纳卡斯之战中战败，但是这一事件标志着斯巴达开始侵略西边的小亚细亚。新斯巴达国王阿格西劳斯二世（Agesilaus II）与吕山德实行了相似的政策。公元前396年，斯巴达军队进入波斯领域。阿尔塔薛西斯二世派出罗兹岛的使者蒂姆克利特斯（Timokrates），激起希腊对斯巴达的不满情绪，开始与底比斯、雅典、阿哥斯、科林斯结盟，对抗斯巴达。这种策略非常清晰：如果斯巴达在伯罗奔尼撒地区受到威胁，那么他们一定会撤到西边的管辖区。未来十年中，反斯巴达同盟进行了一系列冲突与战争，被称为科林斯战争（公元前395—前387年）。这场战争中最著名的两个事件是公元前395年吕山德在哈利托斯之战中牺牲，与公元前394年斯巴达舰队在克尼多斯战争中战败。

科林斯战争一般被视作伯罗奔尼撒战争的尾声，这场战争的重要性体现在以下几个方面。首先，攸里梅敦战争后，几十年的和平共存状态结束，波斯再次卷入雅典有关的事件中。波斯人再次加入是完全可以理解的，希腊人支持觊觎王位的人，提供雇佣兵，城邦准许进行远征，刺激了波斯人。我们很难为波斯人的行为找到法律、道德、战略上的理由。斯巴达并没有采取新的行动入侵或占领希腊领土，斯巴达人也并不想吞并海外帝国。战利品在斯巴达总是很受欢迎，但同时也是内部冲突的导火索（例如吕山德在爱琴海战争中积累了大量财富，并委托给吉利普斯，但是其中一部分很快被吉利普斯偷走，吕山德因此受到谴责而被流放）。

不幸的是，国王与总督们很快意识到希腊人可能会被收买。在后面几代人中，波斯的黄金与战略利益是希腊国际关系中的主导因素。事实上，斯巴达人意识到和平比战争更能有效达到他的目标，于是科林斯战争结束了。公元前386年，斯巴达使者安塔西达（Antalkdias）签订的和平协议表现出波斯在希腊城邦中平衡权力的新角色，因此这份协议一般称为《大王和约》：

> 阿尔塔薛西斯国王认为亚洲的城市与岛上的克拉兹莫奈、塞浦路斯，还有那些不知名的希腊城市都应该属于自己。无论哪一方没有接受和平协议，我都会和支持协议的人一起在陆上或海上通过船只与金钱发动战争。
>
> （色诺芬，《希腊史》5.1.31，布朗森译）

科林斯战争与《大王和约》（又被称为《安塔西达和约》）有力强调了城邦的局限性。希腊城邦中巩固国际关系的同盟存在时间一般很短，而且效果并不明显，但是联盟在成立的时候往往很有仪式感，例如在雅典没落的10年中，底比斯、科林斯和雅典人结盟，对抗斯巴达人。对于大部分人来说，结盟意味着消除敌对关系。希腊城邦一定会陷入战争循环中吗？之前与现在的一些观察者好奇，这个城邦只有死路一条吗？

《大王和约》达成后，这个问题因为斯巴达人的高压行为变得更加明显。公元前385年，斯巴达人强迫曼丁尼亚人拆掉他们的城墙，第二年他们直接解散了整个城邦，把当地人都分散在小村庄里。这种行为加强了斯巴达人在拉科尼亚分散的居住方式，而且由于曼丁尼亚在拉科尼亚北部，斯巴达的这种行为可以削减北面邻居的实力。公元前383年，夫利阿斯（Phlius）被迫接受被流放的人，这是霸权主义城邦经常采用的方法，可以改变从属城邦内部力量，从而平衡实力。

斯巴达的侵略在公元前4世纪80年代再次升级，很显然因为《大王和约》，他们开始关注波斯国王的利益。在波斯看来，现在顺从且不具有威胁性的斯巴达人可以为自己曾经的罪行开脱，只要波斯的利益不受侵犯，斯巴达人就可以控制希腊。斯巴达冒险主义最离谱的例子就是公元前382年，当时斐比达斯（Phoibidas）带领斯巴达军队向北，发现了底比斯的要塞卡德米亚无人守卫。斯巴达人毫无预兆地占领了卡德米亚。斯巴达的霸权主义不比公元前5世纪时的雅典轻。

雅典民主

雅典人对于斯巴达入侵政策的回应令人印象深刻。公元前384—前379年，雅典人与提洛同盟中的关键盟友希俄斯岛，拜占庭等城邦、城市、岛屿进行了一系列的双边联盟。与希俄斯岛的联盟表现出雅典希望重建同盟的欲望。在一段残缺的序言之后，正文这样写着：

> 希腊人（之间的交流）需要注意保护和平、友谊、誓言与现存的协约，就像雅典国王宣誓，雅典人、斯巴达人及其他希腊人（宣布）雅典人民的好处，整个希腊、国王和人民应该下定决心：称赞希俄斯岛的人民以及那些到来的使者；我们应该保证和平，遵守那些誓言与协议；希俄斯同盟是自由与自治的基础，不能否认石碑中关于和平的铭文，如果其他人不承认也不能被他们说服。雅典卫城前面的雕像山会放一块石碑，上面会写着，如果有人反对雅典人，希俄斯岛人会全力支持雅典，反之亦然。
>
> （*IG* II² 34，罗兹译）

这个联盟的条款很让人惊讶，雅典人谨慎地保持这份协议与《大王和约》一致，并清楚意识到希俄斯岛可以确保同盟城邦的自由与自治。雅典人会同时注意斯巴达人与波斯人，但是也会关注提洛同盟组成的城邦，他们会因为霸权主义介入而产生暴动。

与公元前5世纪的情况截然不同，现在的斯巴达鲁莽侵略，而雅典人采取谨慎的外交政策，他们之间一定会产生冲突。公元前378年春天，年轻的斯巴达将军索福德里亚斯（Sphodrias）让军队夜跨基塞龙山，进入阿缇卡地区，想要在黎明时攻击比雷埃夫斯。然而这次袭击彻底失败了。黎明破晓，斯巴达人出现在特里亚斯平原，距离目标还有好几英里。他们只能撤退，雅典人谴责他们，想要挑起战争。索福德里亚斯的进攻是蓄意挑衅还是效仿卡德米亚的投机行为，我们并不清楚。索福德里亚斯在斯巴达被审判无罪，但是雅典人现在可以自由地将联盟开放给所有人。雅典人在公元前377年邀请希腊所有城邦加入复兴联盟，现在雅典石碑上还可以看到亚里士多德法令：

> 亚里士多德提出：为了雅典人及雅典同盟的未来，斯巴达人允许希腊人保持自由、自治、和平，安全地拥有自己的领土，这样可以维持希腊人之间的和平与友谊，国王发誓依照协定行使权利，人们决定：如果住在欧洲或岛上的希腊人与野蛮人不从属于国王，但是希望成为雅典同盟，应该自由自主地生活在法律之下，不需要戍边或成为行政官，也不需要纳税，与希俄斯岛人、底比斯人及其他同盟一样。
>
> （*IG* II²，罗兹译）

关于第二个雅典同盟的讨论还在继续，这是更温和的提洛同盟吗，还是公元前5世纪的海军帝国经过包装变得更加容易被同盟接受？毫无疑问，对于自由与自治的强调反映出公元前4世纪政治词语的变化，但是除此以外，确保不需要戍边、不纳税、没有政治干预等内容写在基本宪章中，表现出雅典人意识到这次的雅典同盟与公元前5世纪的有很大区别。例如，同盟城邦有自己的大会，因此在平衡雅典决策权力中享有话语权。不同战场中作战的雅典指挥官能够减轻在同盟城邦的赋税，但是这次的赋税远没有公元前5世纪的多，新的联盟在经济方面的掠夺性远没有提洛同盟强。

斯巴达霸权主义的结束

新雅典海军联盟反映出公元前4世纪的现实：任何一个霸权主义城邦出现后很快就有制衡权力的联盟出现。公元前4世纪80年代，斯巴达享受着至高无上的霸权，但是70年代时雅典再次与之制衡。在卡布里阿斯（Chabrias）的领导下，雅典海军在公元前376年的纳克索斯之战中击败斯巴达人，公元前375年雅典海军在提谟修斯（Timotheus）的领导下可以随意在雅典西部水域随意航行，为雅典同盟加入很多新成员。马赛克般的希腊城邦似乎进入无尽的战争循环中，希腊人不断通过制定共同和平协定确保和平。这些协定对所有独立的城邦开放，希望确保所有签署的城邦和平共存，例如公元前387/386的条约（《大王和约》），以及后来公元前375、371、365、362/361、338/337的协定，这一系列协定说明，所谓的“永久和平”（希腊语中的协定“koine eirene”）从来没有确保永久和平，但是这些寻找解决冲突方法的努力说明希腊人想要为他们的困境找到政治方面的解决方法。

公元前371年，希腊主要城邦进行协商，想要再次签署共同协定，但是谈判出现了奇怪的转折。签署协定的前一天晚上，底比斯人坚持认为他们将代表波伊奥提亚而非底比斯进行签署，原因是波伊奥提亚是联盟城邦，有代议制政府、联邦神殿、联邦货币制度等联邦协定，因此底比斯人在谈判中代表整个波伊奥提亚。然而对于一些人（尤其是斯巴达）来说，一个城邦代表其他城邦签署违反了这些城邦的自制权。斯巴达人坚持底比斯只能代表自己签名，相当于拒绝他们对波伊奥提亚联邦的领导。谈判因此失败。为了加强他们在底比斯的统治，斯巴达人进攻波伊奥提亚。在7月的留克特拉战役中，他们的军队被伊巴密浓达（Epaminondas）领导下的底比斯人打败，斯巴达霸权主义从此结束。

地方主义与泛希腊主义

斯巴达战败，国王克里翁布罗特（Kleombrotos）去世，底比斯成为最适合在希腊范围能实行霸权主义的城邦。虽然并不是底比斯的统治者缺少野心，底比斯的统治地位比斯巴达称霸的时间还要短。公元前371—前362年，底比斯的权力范围扩展到希腊中部以外。在

图12.4 麦西尼亚城墙，公元前369年建造，周长超过9公里，塔上还有射箭的缝，能够配备强弩等武器

伊巴密浓达与佩洛皮达斯两位优秀将军的领导下，底比斯人准备打破斯巴达的地区权力。公元前370—前367年，波伊奥提亚三次进攻伯罗奔尼撒地区，还在公元前370年入侵拉科尼亚的大部分地区。他们控制了斯巴达在伊西翁的港口，解放了斯巴达附近的群体，由此限制了斯巴达的人口数量。这些做法在物质与象征意义上削弱了斯巴达的力量，然而这些与伊巴密浓达的主要成就相比只是偶然。他解放了美塞尼亚地区的奴隶，见证伊索姆山下伟大的城市美塞尼亚的建立。斯巴达对伯罗奔尼撒南部长时间的控制一下被切断，强大的底比斯新兴联盟在斯巴达西部建立起来。美塞尼亚的围墙超过9公里长，在战争时期保护这里的几千居住者与牲畜免受侵略者袭击（图12.4）。提尔泰奥斯说这里"适合耕种"，斯巴达几个世纪以来一直依赖这里的

图12.5 梅格洛波利斯的剧院，图中的方框是长方形集合区域，52.5米×66.5米，上万阿卡迪亚人曾在这里会面、商讨

农产品生产。现在受到了很大影响。

伊巴密浓达对伯罗奔尼撒中部斯巴达背面的边境线也采取了相同的策略。底比斯将军想在阿卡迪亚把该地区最强大的特基亚与曼丁尼亚合并为梅格洛波利斯，成为新阿卡迪亚同盟的中心。特基亚与曼丁尼亚经常遭到斯巴达入侵，想要与伊巴密浓达合作。与波伊奥提亚联邦相同，阿卡迪亚同盟并不会取代阿卡迪亚本来的城市，但是代表着另一层次的政治归属关系，加强该地区实力。梅格洛波利斯的政治组织为万人大会（**图12.5**），向所有阿卡迪亚人开放，组成上与阿卡迪亚军队相同。该地与美塞尼亚相似，伊巴密浓达在这里实行遏制战略，在斯巴达边境又建立起强大的城市。

我们应该在更大的背景下理解梅格洛波利斯的建立，这不只是伊巴密浓达建立的城市，还是联邦城邦。这种联邦并不是希腊世界的新发展，早在古风时期就有类似的政治、宗教联邦，但是公元前4世纪希腊的联邦主义再次出现，伊巴密浓达喜欢波伊奥提亚联盟的方式，一个城市领导一个区域，每个小城在参加联邦组织的同时还能享有自制权。底比斯在希腊事务上的霸权主义时间非常短，但是称霸的这十年中，联邦主义成为希腊政治生活中可行的模式。希腊西北部的城邦、部落等小群体非常喜欢这种方式，既可以保留自己的身份认同，还能增强实力。例如，埃佩洛斯联邦由莫罗西安、铁斯普洛托伊、查奥组成，而这些又是由其他小部落组成。阿卡纳尼亚位于希腊西部，也是联邦形式，但是组成的每个小群体又彼此分开，各有不同。

研究这些城邦的局限性时，我们需要始终记得联邦主义的坚韧性。如果说每个城市都在保护自己的领土、身份与历史，因此城邦代表分裂主义，也就是说希腊事务中都有一种离心倾向，形成共同区域机构联系的过程中造成种族身份与城市之间的依附性一样强大。

公元前4世纪以后，卡吕冬、普勒容、奥尼黛等城市组成安纳托利亚同盟。此外，尽管后来几个世纪中希腊人面临政治困境，这种泛区域联合一直保持着很好的发展。即使在公元前2世纪，希腊被罗马的阴影笼罩，波利比奥斯（Polybios）依然称赞这种“联合与友好的共同性”有效地将伯罗奔尼撒人统治在亚该亚同盟之下。同时，整个伯罗奔尼撒地区采用相同的重量与计量单位，有共同的行政官、议员与陪审团。亚该亚同盟最后成为罗马的亚该亚省。

安纳托利亚同盟与亚该亚同盟证明了希腊政治生活中的地方主义与联邦主义，但是人们并没有想到他们在公元前4世纪60年代的崛起。当时底比斯称霸，斯巴达、雅典、科林斯再次形成同盟，与底比斯抗衡。雅典历史学家色诺芬见证了这些事件。公元前362年，双方在曼丁尼亚外的阿卡迪亚集结军队时，整个雅典仿佛都屏住呼吸等待结果，色诺芬这样描述这场战争的不确定性：

> 这些事情发生的时候，事实与人们的期望相反。所有希腊人走在一起，在不同阵营组成了队伍，大家都知道一旦战争开始就是成王败寇，但是……双方都认为是自己取得了胜利，但是双方的领土、城市、统治都没有明显改善。战后的希腊变得更加混乱。
>
> （色诺芬,《希腊史》7.1.26—27，布朗森译）

伯罗奔尼撒战争40年后，希腊人的战争暂停。雅典、斯巴达、底比斯等强大的城邦都没能再次获得霸权证明自己。事实上，这一系列事件反而削弱了雅典的实力。公元前357年，雅典联盟中最大的城邦起义，导致雅典经历了一系列灾难。公元前357年，卡布里阿斯舰队战败。提谟修斯因为没有支持雅典将军卡雷斯（Chares）受到惩罚，卡雷斯也没有得到雅典的经济支持。公元前355年，雅典失去了大部分重要的盟友，权力与经济状况大幅下降。在这场领土政治的大博弈中，区域联盟与城邦占了一席之地，但是更大规模的联盟并不可能。奥林匹克运动会可能是希腊最具有泛希腊化主义的组织，但是它强调的仍然是区域与城市间的竞争。很显然，希腊人理解的国际政治系统并不起作用。色诺芬在对曼丁尼亚战争的总结中提出这样的观点：城邦与区域联盟之间的关系是希腊政治困境的根源。公元前4世纪，修辞学教师、公共知识分子伊索克拉底意识到这个系统已经崩溃，但是他给出的方法反映出希腊人受到自身历史的囚禁：

> 我不断探寻这些问题（雅典人应该如何避免战争），发现除非整个希腊放弃他们之间的争吵，把战争带到边界以外的亚洲，否则雅典无法保证和平。
>
> （伊索克拉底,《给腓力的信》9，诺林译）

这样我们就有了解决希腊内部长期战争的方法：向波斯宣战。也许伊索克拉底的解决方案最巧妙的部分在于，这个方法并不是让希腊人结束自己的冲突，而是将他们团结起来，以此维持雅典和平。很显然，这里的和平只是避免内战，与波斯人交战则是另一回事。

马其顿的腓力

伊索克拉底在公元前346年寄给马其顿腓力二世（公元前382—前336年）的信中提出解决了希腊内部战争的问题。公元前4世纪60年代的事件表明现有城邦、联邦与同盟的系统是无效的，还有一些人考虑是否会有战争领袖为希腊的问题提出解决方案。

然而腓力并没有在考虑范围之内。腓力出生于公元前382年，是阿明塔斯三世（Amyntas III）最小的儿子。公元前370年，父亲去世时，腓力只有12岁，因此哥哥亚历山大三世继位。腓力在青少年时期曾经先后在伊利里亚与底比斯做人质，说明公元前4世纪60年代的时候马其顿在政治上处于劣势。腓力在底比斯期间学到了底比斯将军们最新的战略思想。后来亚历山大三世被杀，腓力的另一位哥哥佩尔狄卡斯（Perdikkas）继位，直到公元前360年在战争中牺牲，腓力因此继承王位。22岁的腓力缺乏经验，却还要统治这个政治弱国，人们自然都不会相信他最终改变了马其顿与整个希腊。

公元前359年早期，腓力即位的时候，因为马其顿地处南边，并没有完全被视为希腊的一部分。修昔底德说，希腊北部的人采用古老的方法，甚至带着武器，常常住在村庄里。维尔吉纳大古墓中的葬礼标记证明了马其顿人说希腊语。尽管如此，雅典、科林斯等其他位于希腊中南部的城邦并不认同。我们在第四章中曾经讲到，公元前5世纪早期，马其顿国王亚历山大一世申请参加奥运会的时候遭到拒绝，因为只有希腊人才可以参加，后来他提供的族谱证明自己的祖先来自阿哥斯才被允许参赛。这个故事包含了很多信息：马其顿人认为自己是希腊人，但是遭到很多人拒绝，所以最简单的方法就是只承认皇室家族是希腊人，国王的希腊身份得到认可，但是农民、牧民等其他人的身份被搁置，但是我们并不清楚他们是否在意不同的身份认同。2世纪，希腊历史学家阿里安（Arrian）发表了一篇关于亚历山大大帝（公元前356—前323年）的演讲，即使是虚构的也能反映出腓力在马其顿实行的各种改革：

> 腓力认为你们都是贫穷的流浪汉，大部分人穿着兽皮在山坡上喂羊。为了得到保护，你们需要与伊利里亚人、特巴利人、色雷斯人抗争。他给你们斗篷穿，让你们从山上下到平原，可以与附近的野蛮人抗衡，因此有强大的堡垒保护你们，不再仅仅依靠自己的勇气。他通过法律与习俗让你们成为城市中的殖民者，不再是奴隶或从属者，成为那些掠夺你们财产的野蛮人的统治者。
>
> ［阿里安，《亚历山大的战争》（*Campaigns of Alexander*）7.9，博恩译］

在公元前4世纪腓力与亚历山大的世界中，希腊代表着高地位的文化，受到马其顿和其他希腊北部城邦的仰慕。公元前5世纪马其顿资助品达、巴克奇里德斯（Bacchylides）等诗人；公元前4世纪，他们把欧里庇得斯等剧作家带到马其顿，作为艺术资助。他们还让亚里士多德等希腊哲学家教授皇家的孩子，还用希腊艺术家创造的马赛克作品装饰宫殿与房屋。

然而，与此同时，如果认为马其顿人只是公元前4世纪从南方引入艺术，那就错了，希腊该地区早期历史发展越来越引人注目。例如，近期希腊考古机构在马其顿西部埃利米俄提斯的艾阿尼进行的考古发掘发现公元前4世纪前希腊北部的纪念性建筑、造型艺术（比如绘画、雕塑，参见**图12.6**）、城市规划就已经显示出希腊的特色。考古学发现这个曾经被独立的“封建贵族”统治的山区，在古风时期与古典时期是繁荣的希腊城市。然而，在与希腊南部、中部、北部的接触中，南部的希腊人始终认为北部是荷马世界的遗迹，马其顿的首领们还会通过联姻的方式巩固自己的王朝。在宫殿里，马其顿国王的饮酒、宴会文化与《荷马史诗》中的英雄相同，但是南方来的客人会被吓坏，认为这里的主人比较野蛮。公元前4世纪的历史学家瑟俄彭珀斯对马其顿宴会的描述中反映了雅典人对腓力的厌恶：

> 但是当雅典使者离开的时候，腓力叫来他的随从，吩咐他们叫来吹笛女、齐特尔演奏

图12.6 马其顿艾阿尼的古代科莱雕塑，公元前6世纪末期，陶制

家阿里斯托尼哥（Aristonikos）、笛子演奏家多里翁等经常跟自己一起喝酒的人，腓力带着这些人四处转的时候，又准备了很多喝酒聚会的东西。作为一名酒鬼，腓力性格放纵，喜欢身边有一些乐手和搞笑演员。他喝了一夜酒，自己酩酊大醉，把其他人都赶走了，然后继续喝到天亮，就去见雅典的使者了。

［阿特那乌斯，《餐桌上的健谈者》（*Deipnosophists*）10.435B-C，莫里森译］

近期学者们研究了这一事件与腓力（还有后来的亚历山大）其他酗酒的报告后发现，尽管这些记录都是对马其顿人有敌意的，但是喝酒的确是马其顿宫廷生活中重要的特征。一些人因此认为，马其顿人拒绝柏拉图式安静、半哲学的研讨会，希望马其顿与荷马笔下的英雄世界有所联系。总而言之，腓力统治期间带来了很多转变，马其顿成为当时希腊最强大的城邦，但是这并不会改变雅典绅士心中马其顿人粗鄙的印象。

婚姻与战争

腓力成功的关键在于精明的外交手段、大胆的战术及利用对手的弱点。例如，在他统治早期，有两个最主要的问题，一个是雅典人支持下的阿加罗斯（Argaios）对王位的觊觎，一个是确保王国边界免受西部与北部的侵袭。阿加罗斯在战争中被杀，但是腓力处理边界问题的方法的确充满创新。公元前359—前357年，腓力娶了埃皮罗特公主，莫罗西安国王尼奥普托列墨斯（Neoptolemos）之女奥林匹娅丝（Olympias），确保西面的莫罗西安成为自己的同盟。腓力又娶了附近的埃利米俄提斯（曾经属于马其顿）的公主菲拉（Phila）。西北边的伊利里亚也与马其顿有矛盾，于是腓力娶了伊利里亚国王巴黛里斯（Bardyllis）的女儿奥达塔（Audata），结束了双方的战争。然而，这些婚姻并不是连续的。作为王朝真正的统治者，腓力同时有很多位妻子，将她们作为外交筹码。这个策略效果明显，三年的时间内，他成功修复了马其顿西边边境，确保王国稳定。

为了获得马其顿统一的控制权，腓力将目光转向东边，直接与雅典人接触，雅典人对色雷斯地区的关注主要集中于雅典殖民地安菲波利斯。我们在第八章中曾经讲到，雅典在色雷斯的立足之地来之不易。公元前5世纪，斯特里蒙河河口处九条道殖民地被毁。腓力在公元前357年巧妙地占领了安菲波利斯，并且凭此向雅典人交换马其顿核心区域附近的沿海城市皮德纳。我们并不知道双方的谈判情况，后来狄摩西尼提到他们

之间有秘密协定，但是并不可能签署了正式协议。然而结果是肯定的，雅典背叛了同盟皮德纳，让给了腓力，但腓力依然控制着安菲波利斯。腓力发现了雅典的弱点。与公元前5世纪的前辈相比，公元前4世纪中期的雅典没有方法，也不愿在战场投入大量人力。但是，如果雅典现在不再愿意冒险，对于腓力来说，第一步就是进行领土扩张。皮德纳使马其顿人在沾米湾拥有港口，掌握安菲波利斯使腓力在公元前356年移动到潘盖翁山时有了根据地。腓力被叫去处理当地的纠纷，控制了潘盖翁山的金银矿，重新命名为腓立比。据说马其顿的财产收入每年可达1000塔兰特。

尽管腓力的外交与联姻技巧很重要，但是战争是由士兵赢得的，腓力训练军队的方式也很有特色。腓力小时候在底比斯当俘虏的时候就曾观察过底比斯将

图12.7 马其顿方阵中矛的不同高度

军伊巴密浓达、佩洛皮达斯、潘梅涅斯（Pammenes），想到了过去300年中重装步兵战争最大的变化。腓力废除了重装步兵沉重的盾牌与1.8米长的长矛，为方阵中的马其顿士兵配备更轻的盾牌与身体武装，但是训练他们用总长约6米的矛（sarissas）作战。前三排士兵矛的位置大概在左右手，后面依次在不同高度，形成了敌人难以攻克的方阵（**图**12.7）。在散兵与骑兵保护下，训练有素的马其顿步兵可以摧毁大部分轻装方阵，直到公元前2世纪中叶，罗马军队的灵活性才可以与之匹敌。士兵需要不断训练才能学会这些技巧，腓立比获得的新财富使这些训练成为可能。拿破仑时代之前，腓力与亚历山大带领下的马其顿军队是世界上最厉害的国家军队。

从公元前359年与11年后的马其顿领土对比图中

图12.8 公元前359年的马其顿及周边地图

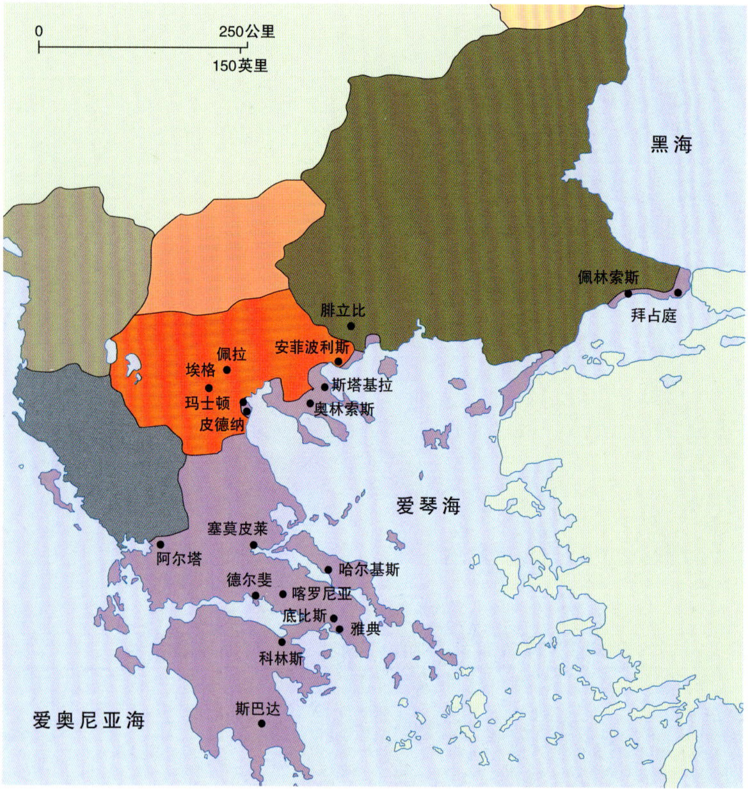

图12.9 公元前348年的马其顿

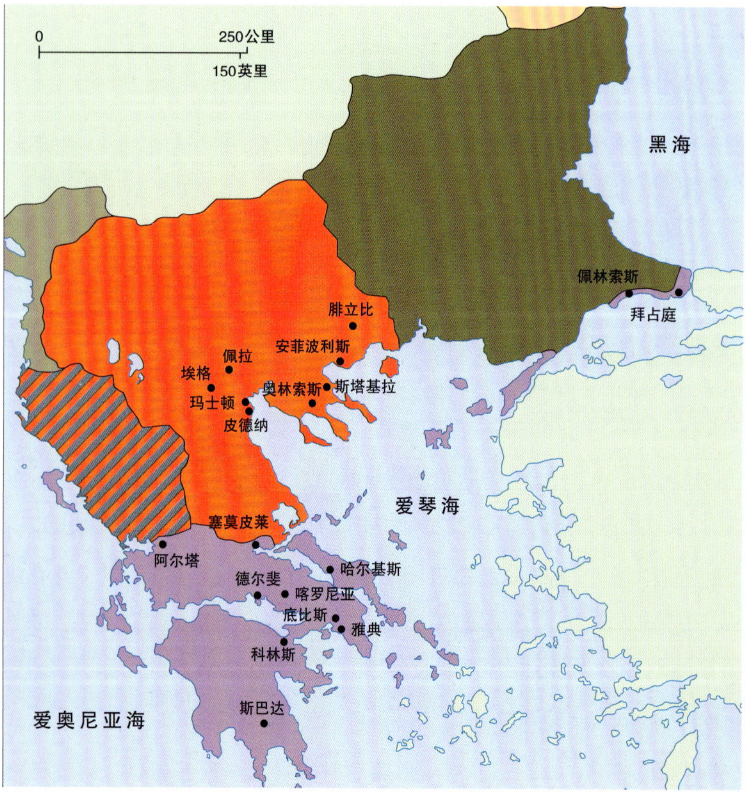

可以明显看出腓力的成功（参见图12.8、12.9）。两幅地图对比显示出腓力最先将领土扩展到北部色雷斯、伊斯里亚等地的部落，包括特里巴利、阿格里安、派奥尼亚及现在塞尔维亚与保加利亚的所有部落。每个部落都对腓力非常忠诚，尤其是阿格里安，为腓力与亚历山大的军队贡献了很多步兵。伊利里亚因为战争与婚姻被征服，伊庇鲁斯通过联姻成为同盟。

腓力还想统治的地方是马其顿南面的色萨利，那里有丰富的农田与牧场。腓力即位时色萨利被贵族大家庭分为四个区域，其中拉里萨的阿里亚岱（Aleuadai）向腓力寻求帮助。具体的时间我们不确定，但是似乎与腓力统治的早期时间相同，大概在公元前358年。后来的军事行动细节已经丢失，但是腓力离开时娶了两位新妻子，冲突对立面的腓力娜（Philinna）和尼可西波利斯（Nikesipolis），再次证明了自己作为谈判者的能力。

第三次神圣战争

公元前354年，色萨利被吞并，腓力的南部战争（因此控制整个希腊）开始。同年腓力再次回到色萨利帮助阿里亚岱。由于统治家族拉里萨与斐来之间的矛盾，色萨利依然处于动荡之中。拉里萨寻求腓力帮助时，斐来正在与南面福基斯的将军结盟。

然而，腓力加入色萨利战争时也被卷入第三次神圣战争（公元前356—前346年），该战争为了争夺公元前356年福基斯对德尔斐的控制。福基斯将军掠夺德尔斐，毁掉上百份贡品后，组建了一支雇佣军队对抗东部的波伊奥提亚与西北的色萨利。公元前354年，腓力在激烈的战争中被福基斯将军奥诺马尔库斯（Onomarchos）打败，但是他撤退了。正如他之前常说的，打仗就像攻城木一样，撤退只是为了更有力的回击。腓力还在这一年包围马其顿南边的麦瑟恩战争中失去了一只眼睛。他并没有因此退缩，在公元前353年再次南下，在后来的克罗库斯平原战役中打败了福基斯军队的奥诺马尔库斯与6000名士兵。腓力被选为色萨利的统治者，意味着他控制的不仅是马其顿南边及塞莫皮莱的土地，还能在近邻同盟中投票，因此在南下的时候能够得到帮助，但是他并没有利用这种优势。腓力把奥诺马尔库斯及手下当作寺庙的强盗来惩罚，淹死了抓到的人，宣传自己的胜利，说自己是阿波罗复仇的工具。

腓力没有继续南下，而是巩固爱琴海北部的地位。后来几年，他将自己的势力范围从马其顿向东扩展到达达尼尔海峡。雅典人对此越来越警觉，公元前4世纪的演讲家狄摩西尼抓住每次机会抨击腓力与他的野心。毫无疑问，腓力的最终目标是征服整个雅典，似乎持续的扩张势不可挡。公元前348年，腓力洗劫奥林索斯。这座城市因为害怕腓力的扩张而与雅典结盟。腓力彻底破坏了这座城市，将当地居民变成奴隶之后的城市废墟现在还清晰可见。一些人估计雅典人派60艘船前往奥林索斯，但是到达的时候已经来不及避免奥林索斯岛灾难，现在腓力明白，最简单的和平提议也能把雅典人带回谈判桌前。

这次腓力又将目光投向雅典中部。第三次神圣战争还在断断续续地开展，不过现在只是福基斯与底比斯之间的小摩擦。腓力于公元前347年晚期派遣部队南下，雅典人开始和他进行协商，确保和平，防止腓力再度南下。这些谈判的记录非常令人沮丧：几个月以来使者往返佩拉与雅典，最后雅典人达成菲洛克拉特斯协定，但是这份协定并不值得刻在石头上。腓力还与驻扎在塞莫皮莱的雇佣军单独进行谈判，他们为了能平安到达克里特而放弃了自己的位置，把希腊最具象征意义的堡垒交给腓力，最后一幕即将开始。

通往喀罗尼亚之路

第三次神圣战争结束，福基斯人战败，腓力对希腊中部的统治得以巩固，再次证明自己在与希腊人进行一场持久战。雅典人开始指责谁应该承担把希腊中部拱手给腓力的责任。那个时候雅典人都情绪高涨，其他人只希望和平可以维持下去。

然而在雅典人怒气平息之时，腓力并没有立刻进攻，而是向西部与北部转移。他在北至多瑙河的范围内进行战争，并在该地区建立城市，推行城市化政策，10年后，他的儿子亚历山大在欧洲中部也采取了相同的政策。腓力在西面攻击卡索普等少数坚决抵抗的城市，巩固自身实力，在东面包围佩林索斯、拜占庭等城市，切断雅典人的粮食供给。雅典人派出卡雷斯领导下的舰队解除包围，又派出福基翁领导下的第二支舰队增援。

现在腓力决定放下一切伪装，向雅典宣战，截住了准备从博斯布鲁斯海峡运往雅典的舰队。公元前339年，腓力在多瑙河区域作战的时候腿受伤，但又在公元前338年继续南下。第四次神圣战争因为洛克里斯人在德尔斐神圣平原上非法种植引起，这给了腓力再次南下的理由。他被选为近邻同盟的领导，需要带领军队对抗洛克里斯人，但这只是个托词。他南下到塞莫皮莱，又经过凯菲索斯山谷，最后到了伊拉提亚。该城市位于福基斯东部，塞莫皮莱以外，腓力到达这里的消息意味着两件事：一，他已经经过了德尔斐，很显然并不打算去那里；二，他的军队与底比斯和雅典军队之间并没有

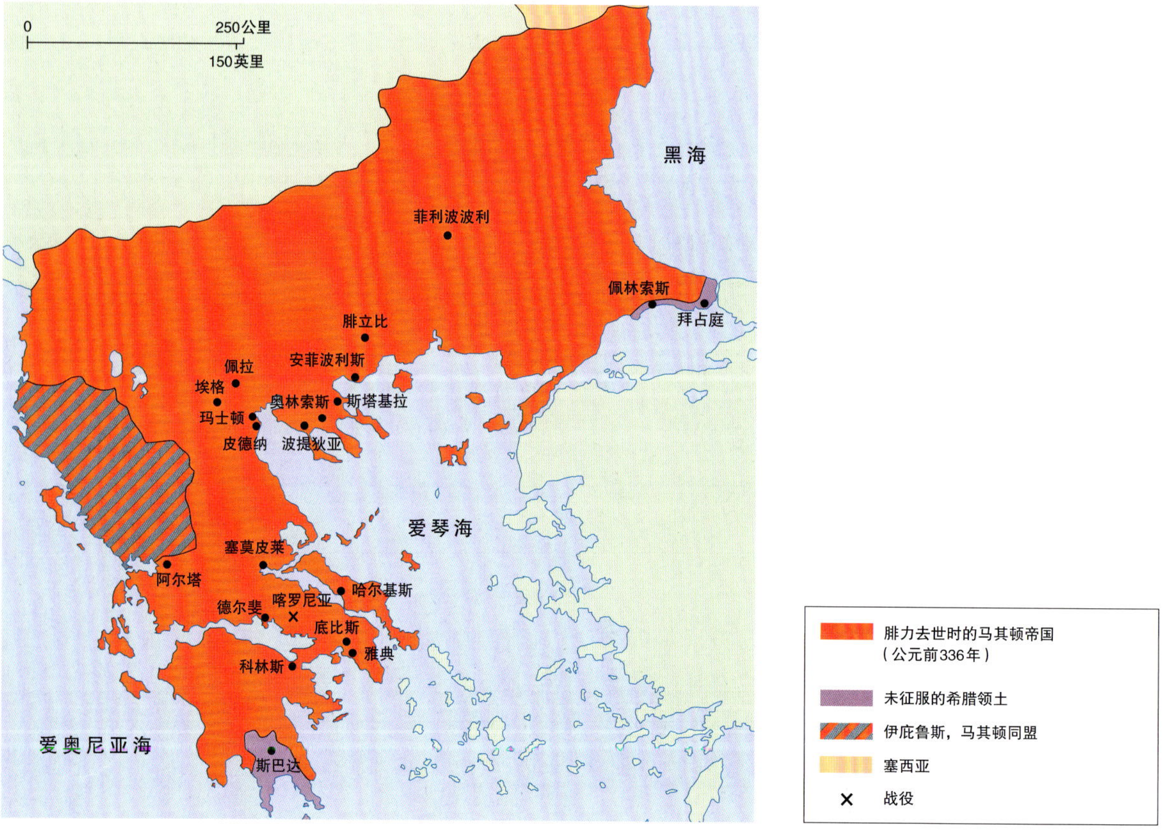

图12.10 马其顿领土地图，公元前336年

天然的遏制点，想要拦截腓力只能在开阔的战场正面交锋。

狄摩西尼一生中大部分时间都在抨击腓力，后来他发表演讲《论王冠》，描写了腓力到达伊拉提亚的消息传来后雅典人的反应：

> 夜幕降临，信使带来了伊拉提亚被攻占的消息。当时人们正在吃晚饭，但是都立刻站起来，清理了市场上的摊位，打开围栏（柳条栅栏），其他人召集指挥官、命令号手前来。骚乱在整座城市蔓延。第二天破晓，主席在议会厅召集议会，公民们都来参加。议会开始介绍情况、准备议程之前，人们已经在国会山上坐好。
>
> （狄摩西尼,《论王冠》169，文斯译，修正版）

伯罗奔尼撒战争结束后，雅典人面对灾难反应冷静，而面对这次腓力在战场上传来的消息，雅典人立刻召开民主会议。狄摩西尼挺身而出，提议雅典应该与曾经的敌人底比斯一起对抗共同的威胁——腓力。公元前338年8月，双方在喀罗尼亚附近的波伊奥提亚平原西侧交战（图12.10）。当天因为受到腓力带领下马其顿方阵右翼的袭击，1000名雅典人牺牲，另一侧的底比斯人也受到腓力18岁的儿子亚历山大带领的马其顿方针左翼攻击。底比斯神圣军团中是300名精锐士兵最后全部牺牲，他们的尸骨被埋在喀罗尼亚的狮子下面（图12.11）。

图12.11 喀罗尼亚的狮子，最早由五块大理石建造而成，狮子纪念这里埋葬的底比斯神圣军团，这里埋着254名士兵及武器。高3.8米，基座高3米

我们在最后一章中将会看到，腓力胜利后希腊历史的范围更广，亚历山大将希腊文化带到亚洲中部。然而，这只是马其顿人眼中的希腊文化，现在我们需要评价一下从萨拉米斯到喀罗尼亚这一百五十多年中希腊与雅典的成就。两场战争的故事并不足以概括历史，但是的确为我们定义这个时代提供了印记。以当时公元前5—前4世纪社会的评价标准来看，这个时代意义非凡：尽管受到保守派思想家与贵族的敌视，所有男性公民参与的政治文化概念扎下根来；这种文化下产生了精彩的戏剧，悲剧在现代观众中还能产生共鸣，喜剧表现出当时开放的社会与言论自由，甚至还能嘲笑权力与掌权者；一个在公共建筑比私人住宅花费更多的社会一定有吸引人的地方；通过观察推动科学发展，强调美学对社会的益处，相信没有审视的生命不值得生活。我们应该铭记这个自由、独立、雄辩、狭隘、霸道、强制、城市、光荣，最后输给了腓力的社会。这是人类历史中的黄金时刻。

图12.12 二号墓入口，维尔吉纳（埃格），公元前4世纪晚期马其顿国王坟墓

焦点：

维尔吉纳：有关腓力之墓的争论

20世纪70年代，希腊考古学家马诺利斯·安得罗尼克斯（Manolis Andronikos）在现在马其顿的维尔吉纳、古代马其顿首都埃格发现了大规模墓葬。安得罗尼克斯在这座墓葬里发现了一系列墓室（图12.12），其中没有遭到抢劫的两座里面有很多贵重容器、武器、盔甲以及用金箔与象牙装饰的家具。二号墓中也有很多金盒（larnakes），主要放置地位最高的男性女性火化后的骨头（图12.13）。这些骨头从火葬柴堆里拣出来，经过清洗，包在紫色的布里，再放进金制花环下的金盒中，两个盒子分别盛放男女性尸骨（图12.14）。

墓中陪葬品的质量令人惊叹。安得罗尼克斯通过里面陪葬的陶器判断出二号墓的男性主人是马其顿国王、亚历山大大帝的父亲腓力二世。腓力于公元前336年被杀，随后举行了皇家葬礼。墓室前厅还有保护小腿的护具，护具长度不同，与腓力去世前三年腿受过伤的信息刚好吻合。

法医的病理学鉴定也确认墓中的男性为腓力。这名男子的面部重塑显示右上眼眶处有缺口，与公元前348年包围安菲波利斯时，腓力失去一只眼睛的信息刚好吻合。当时对腓力面部重塑的象牙制作品也让我们了解到这位古希腊名人的样貌（图12.15）。

尽管有这些信息，还是有人对维尔吉纳坟墓中的马其顿精英身份表示怀疑。坟墓中的桶形拱顶一般更符合亚历山大征服东方后的风格，这种桶形拱顶就是从那时候传到希腊的。这样的话二号墓的时间要比腓力去世时晚了至少10年。我们还可以看出这间墓室在完工时也很匆忙，整个墓室被埋进大墓葬中的时候，入口处的石膏雕带还是湿的。

因此很多学者认为埋在这里的更像是亚历山大大帝同父异母的兄弟、傀儡国王腓力三世阿西戴奥（Arrhidaios，约公元前356—前317年）和他的妻子马其顿贵族欧律狄科（Eurydike，古代作家认为她被训练成战士）。前厅中的小腿护具很可能属于这位不幸的年轻女人。公元前317年末，腓力·阿西戴奥与欧律狄科被亚历山大大帝的母亲奥林匹娅丝处死，奥林匹娅丝在亚历山大去世后仍在马其顿政治中享有重要地位。尽管亚历山大四世在争夺亚历山大大帝的继承者之位时被杀，奥林匹娅丝依然支持孙子亚历山大四世的主张。公元前309年，亚历山大四世14岁的时候被马其顿统治者卡桑德处死，与腓力·阿西戴奥、欧律狄科一起安葬，享受着生前未曾享受过的荣耀。维尔吉纳的三号墓是

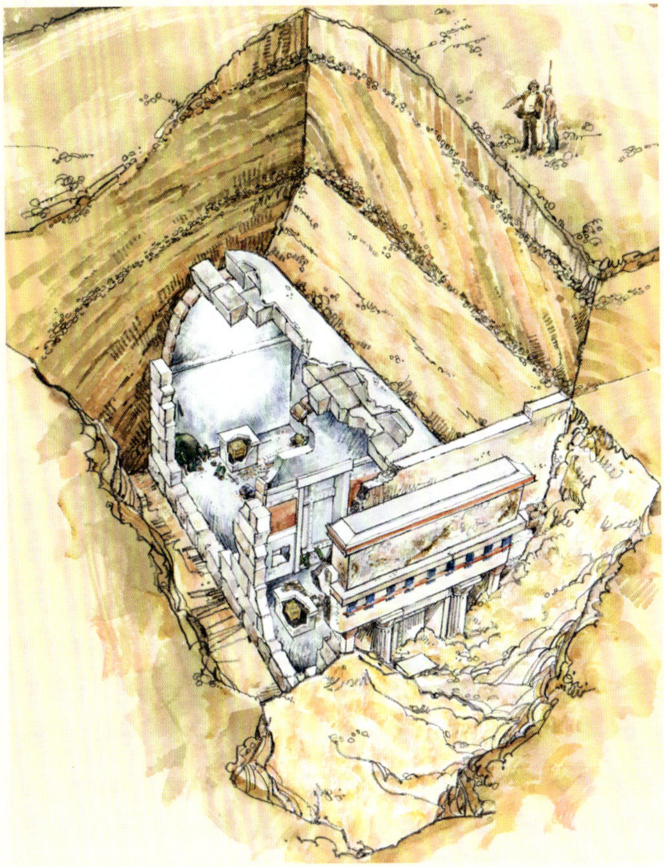

图12.13 二号墓复原剖面图，维尔吉纳，墓室前后都有金盒

图12.14 二号墓赤陶棺，一般被认为是马其顿的腓力二世，在希腊的维尔吉纳被发现

王子墓，存放的应该是他的遗体。

2015年又有了新的进展，当时西班牙与希腊联合调查队对一号墓进行研究，法医研究了那些未被火化的尸骨，认为一号墓中埋葬的男性高1.8米，年龄约45岁，左腿膝盖在死前三年受过严重伤害，因此有些跛脚（**图12.16**）。这座坟墓中的年轻女性尸骨约18岁，还有一具新生儿的尸骨。研究组长安东尼奥斯·巴特斯奥卡斯（Antonios Bartsiokas）认为这里的尸骨为腓力二世及去世前不久娶的新娘克莱奥帕特拉（Cleopatra），刚出生的孩子则会成为亚历山大继承王位的威胁。

最后一个谜团与亚历山大有关。如果他的父亲、兄弟和儿子都被埋在埃格，那亚历山大自己的尸体在哪里呢？这个问题在古代资料中有明确的答案。公元前323年，亚历山大在巴比伦去世

图12.15 马其顿的腓力二世头部雕塑，希腊维尔吉纳墓中的雕刻，公元前4世纪，象牙制，高3.2厘米

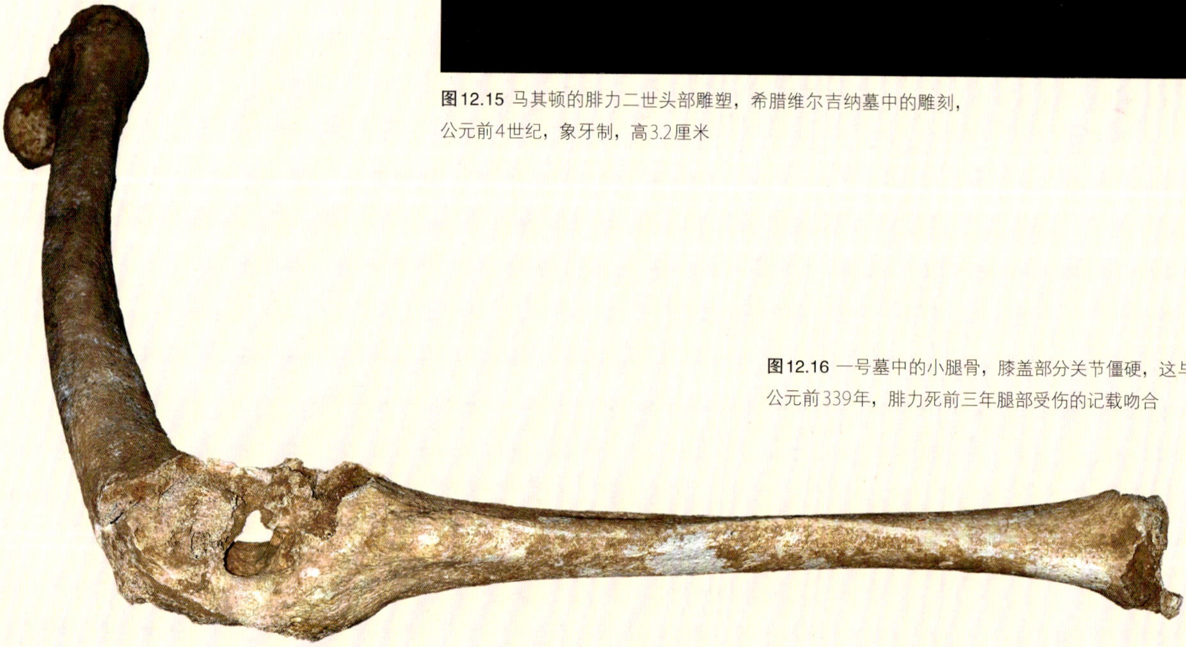

图12.16 一号墓中的小腿骨，膝盖部分关节僵硬，这与公元前339年，腓力死前三年腿部受伤的记载吻合

后，他的尸体被放在精心制作的棺材中并运回马其顿，但是在路过叙利亚的时候托勒密一世派人截住尸体，送到埃及，放在埃及新都城亚历山大港中心一座特别建造的墓葬群中，在后来的文学作品中被称作“soma”，意思是“身体”。亚历山大的尸体采用了法老的防腐方法，成为存放一系列神圣著作与其他文本的中心。埃及法老拉美西斯三世的死后修建的建筑复合体后来被称为拉美西斯神庙，亚历山大的建筑复合体变成亚历山大港图书馆。亚历山大并没有安息在家族发源地古希腊，而是被放在了他创造的新希腊化世界的都城。然而，如果二号墓的确是他同父异母的兄弟腓力·阿西戴奥，那么墓中的铁甲很可能属于阿西戴奥更出名的兄弟亚历山大大帝（**图12.17**）。

图12.17 二号墓的盔甲，维尔吉纳。一般认为这座墓的主人是腓力二世，如果坟墓属于腓力三世阿西戴奥的话，那这套盔甲应该属于亚历山大大帝

公元前356年 亚历山大大帝出生

公元前336年 亚历山大大帝成为马其顿国王

公元前334年 格拉尼西阿斯河之战

公元前333年 伊苏城之战

公元前331年 高加米拉战役

公元前323年 亚历山大于巴比伦去世 | 公元前323—前281年 继业者之争 | 公元前168年 皮德纳之战 | 公元前146年 罗马洗劫科林斯 | 公元前31年 亚克兴角之战

第十三章

亚历山大大帝与希腊化的世界

腓力在喀罗尼亚打败希腊人，一般被认为是希腊自由结束的标志，但是这是对希腊历史的曲解。腓力去世后两年，儿子亚历山大掌权，希腊世界发生了翻天覆地的变化。结果非常令人惊讶，十年之内，希腊的马其顿军队征服了整个阿契美尼德王国。尽管亚历山大还没有机会统治稳定的王国就去世了，但是后来的托勒密王朝与塞琉古王朝开拓整个中亚地区，见证了希腊与非希腊的融合。尽管在今天很少有人记得，但是这个希腊化世界的确代表着希腊文化的另一阶段，其繁荣程度与重要性可以与古典时期相媲美。

亚历山大的崛起

公元前338年，腓力在喀罗尼亚打败希腊人后听从了伊索克拉底的建议，提议联合希腊人东征对抗波斯人。他前往科林斯，并没有以征服者的身份发布命令，而是召集希腊各城邦代表开会，制订入侵计划。对于腓力来说，无论是波斯进攻发生在他出生前一世纪，还是波斯大帝打破了与希腊城邦之间的和平，这些都不重要。这个共同的敌人可以将希腊人联合起来，将自己的霸权主义重新包装成伟大的希腊化联盟——科林斯同盟。

公元前337年年初，科林斯同盟与波斯战争再次开始之前，腓力返回马其顿首都佩拉，举办自己与马其顿贵族阿塔罗斯（Attalos）的女儿克莱奥帕特拉的婚礼。婚宴中，阿塔罗斯为这次婚姻举杯，并为马其顿合法继承人祈祷。这对埃皮罗特公主奥林匹娅丝和她的儿子亚历山大而言无异于直接羞辱，因为亚历山大并不完全是马其顿人。这件事表明宫廷内的紧张局面，在王室背景下这种情况也是可以预料到的，王室女性与孩子会为了权力进行派系斗争。很显然，亚历山大是腓力最喜欢的儿子。他在还只有18岁的时候就在喀罗尼亚战役中领导马其顿左翼。但是面对这种侮辱，他的母亲奥林匹娅丝离开马其顿宫廷，去找她的哥哥亚历山大·伊庇鲁斯。如果阿塔罗斯就是想要惹怒王后，他肯定成功了。一段时间内腓力与亚历山大也有些疏远，但是公元前336年，亚历山大回到佩拉，腓力开始制订入侵波斯的计划。

腓力的意图在公元前336年初得到了实现，他派手下帕曼纽（Parmenion）在达达尼尔海峡先争取一个桥头堡，为自己带领去亚洲的希腊-马其顿部队提供帮助。也是在这一年，腓力把女儿克莱奥帕特拉（同名）嫁给亚历山大·伊庇鲁斯，但是这个故事并没有好的结局。婚礼前的宗教节日上，当一座雕像被抬进十二座奥林匹亚雕像后面的剧院时，腓力被暗杀。奥林匹娅丝与外界的隔阂越来越大，腓力年轻的妻子将要生下孩子的消息使奥林匹娅丝与亚历山大受到很大的怀疑，是他们策划了这次谋杀吗？杀手是名叫帕夫萨尼亚斯的皇家护卫，他说自己被阿塔罗斯强暴。腓力并没有理会帕夫萨尼亚斯的抱怨，但是据说亚历山大激起这名侍卫的愤怒，普鲁塔克写道：

> 帕夫萨尼亚斯在阿塔罗斯和克莱奥帕特拉的事情中得到凶残的对待，又没能在腓力那里得到正义，所以杀死了腓力，大部分责任都归于奥林匹娅丝身上，因为是她激怒了这名年轻人，让他干了这些事。但是亚历山大也受到了一部分指责，因为帕夫萨尼亚斯受够了自己的遭遇，遇见了亚历山大，感叹自己的命运时，亚历山大朗诵了《美狄亚》中的句子："新娘的给予者、新郎与新娘。"
>
> （普鲁塔克,《亚历山大传》10.4，佩林译）

历史学家一直争论是否应该重视这样的记录，同时也质疑亚历山大是否应该为父亲的死亡负责。目前我们还不能得出确切的结论，但是这件事的两个方面值得评论。第一点是腓力活着的时间越长，亚历山大的位置就越多了一些不确定性，特别是现在腓力有了新的孩子，孩子母亲还是马其顿精英。第二点是腓力死后，亚历山大面临其他派系的各种主张，依然非常脆弱。除了阿塔罗斯和克莱奥帕特拉，还有一些人希望腓力哥哥佩尔狄卡斯三世（Perdikkas III）的儿子阿明塔斯四世（Amyntas IV）继位。二十多年前，腓力在称王之前曾经当过阿明塔斯的摄政王，但是阿明塔斯现在已经三十岁了，也可以宣称王位属于自己。

腓力死后，亚历山大无情地维护自己的王权。他执政早期处死的人有阿明塔斯、阿塔罗斯、克莱奥帕特拉、克莱奥帕特拉刚出生的孩子，还有高贵的林凯斯提斯家族的亚历山德罗斯（Alexandros）和赫若梅内斯（Heromenes）。他残忍的手段不只限于王位竞争。当底比斯人造谣说亚历山大在马其顿北部边境的战争中死于叛乱时，亚历山大立刻南下洗劫了这座城市。6000人死亡，3000人被卖为奴隶，但是为了证明自己不是野蛮人，诗人品达（约公元前520—前440年）的房子得以幸免。

亚洲的战争

公元前334年，亚历山大掌握了对马其顿的统治，作为科林斯同盟的将军，他得到命令要在敌人的土地上对波斯人开战。他带着30000步兵和5000骑兵横跨达达尼尔海峡，开始了十年战争，也就是他死后留下的遗产。毫无疑问，亚历山大是杰出的战略家。但是，我们同样需要记得波斯帝国领土辽阔、不便统治，整个管辖系统的建立都是为了确保纳贡流向帝国中心，而左翼的防御主要在指挥官手中。军队经过训练，主要负责起义与税收问题，不负责应对外来入侵。尽管马其顿军队规模较小，但是在战术与军事技术上有优势，对于这样组织良好、决心坚定的军队，这个目标应该很容易实现。2000年后，马基雅弗利（Machiavelli）认为这种战争是不对称的，他对奥斯曼帝国优势劣势的分析也适用于阿契美尼德王朝：

> 因此，要进攻土耳其的人必须记住，你们会发现他们很团结，依靠自己的力量而不是别人的反抗。但是，如果土耳其人被征服，在战场上被击溃并无法取而代之，需要害怕的只是王子的家人。如果这也被消灭了，以后就没有什么需要害怕，其他人无法取得人民的信任。因为征服者在取得胜利之前不需要依靠他们，因此他在这之后也不需要害怕他们。
>
> （马基雅弗利,《君主论》4，马里奥特译）

在与波斯人的第一次冲突中，亚历山大距离帝国中心还很远，他的对手是亚洲西部的管辖官，而不是波斯大帝。在公元前334年，特洛德（现在土耳其的西北部）的格拉尼西阿斯河之战中，亚历山大用骑兵与波斯人交战，步兵成功渡河。一旦过了河，马其顿方阵受到的阻碍就很少了，除了亚历山大与波斯将军斯庇特里达（Spithridates）和罗沙克斯（Rhoesaces）的惨烈战争，马其顿人在这场战争中大胜。亚历山大继续前进到现在的土耳其地区，靠近海岸，很多城市立刻投奔过去，他很快控制了萨迪斯、弗所、米莱特斯和哈利卡尔那索斯。卡里亚女王阿达的家族曾是波斯总督，但是享有很大的自治权。她采用了不同的方式，收养亚历山大为养子。

从一开始，亚历山大就努力使这场披着仇杀外衣的军事冒险主义战争合法化。这场战争不仅是军事战争，还是宣传战争。根据观众不同，亚历山大将自己塑造成解放者的形象或第二个阿喀琉斯的形象。例如，他的枕头旁放着一本《伊利亚特》，符合受荷马影响下的年轻国王形象，这对于希腊人和马其顿人来说都意义重大。另一方面，在埃及和巴比伦等地，亚历山大把自己塑造成早期朝代的合法继承者，把人们从波斯的统治中解放出来。这种将战争塑造为不仅仅是为了征服的需要在亚历山大的行为中屡见不鲜。例如，公元前333年，他率军队通过现在土耳其东南角的基利基安门，开始与波斯国王大流士三世（约公元年前380—前330年）的伊苏城之战，并且打败了大流士。亚历山大把大流士赶出战场，俘虏了他的妻子、女儿和私人辎重，写信给大流士，要求他从现在开始称自己为“亚洲之王”。阿里安记下了亚历山大写给大流士的信：

> 我们没有对你的祖先造成威胁，但是他们侵略了马其顿和希腊一些地区，给我们造成了很大伤害……我在战争中首先征服了你们的将军、总督，现在又打败了你和你的军队，我占有这个国家是神的旨意……你需要称我为“亚洲之王”，然后到我这里来……以后你每次写信给我的时候，都需要称我为“亚洲之王”，不能跟我平起平坐，但是要告诉我你需要什么。
>
> ［阿里安,《长征记》（*Anabasis*）2.14.8，布伦特译］

很显然，现在亚历山大将这场战争说成是对波斯人入侵希腊的惩罚。而这远远不够，他现在想要占有整个欧洲的宗主权。

马其顿的征服速度非常快，但是更令人惊讶的是亚历山大对新权力现实的反应。在一年多的一次战争中，他又一次打败波斯人，将希腊领土范围扩大一倍。他还在继续前进，到达地中海东海岸，接受比布鲁斯、西顿的投降，并在公元前332年征服提尔，占领了波斯人的海港，使他们无法再对爱琴海和马其顿发起进攻。这场战争不仅在战术上很有意义，还可以检验亚历山大的宽容政策，在这些认为波斯人是篡位者的地方尤其有效。提尔的神是麦勒卡特，也就是希腊的赫拉克勒斯（参见第十章）。在占领这座城市后，亚历山大饶过了那些在神殿避难的人，而且以奉献者而非征服者的身份在神殿中供奉麦勒卡特。地中海地区的大部分宗教都是多神论，很少有经文明确定义，因此希腊人与腓尼基人可以找到他们神之间的共性而又不需要认为对方的神是假的。这也使亚历山大进攻埃及成为可能。他将自己塑造成虔诚的信徒，与波斯的冈比西斯二世不尊重埃及对神牛崇拜形成鲜明对比。亚历山大试图在每个国家不同的文化背景下重塑他的领导，这种对比再次加深。如果阿契美尼德不能掌控他们征服的埃及，亚历山大就不会将自己的统治作为对被征服国家的安抚，而只是恢复统治。他还尊重埃及人的宗教传统，对于希腊人来说他还是亚历山大，但是对于埃及人来说他是法老。

公元前332年初，亚历山大拜访埃及西部沙漠锡瓦的宙斯-阿蒙神庙，标志着他的宽容政策达到顶峰。宙斯-阿蒙是希腊神宙斯和埃及神阿蒙的结合体，代表将希腊、埃及、利比亚宗教融合在一起的精神。还有证据

图13.1 昔兰尼四德拉克马硬币，上面是宙斯-阿蒙的图案，公元前480—前435年，银制，17.16克

图13.2 利西马科斯四德拉克马硬币，正面：带着阿蒙羊角的亚历山大，公元前308—前281年，银制，17.25克

显示，在亚历山大的战争开始前，爱琴海北部地区的人们就熟知这种混合的神。早至公元前4世纪，查尔克迪克的阿非提斯就有神庙纪念这位神，因此亚历山大在来到埃及之前就很熟悉宙斯-阿蒙。

关于在锡瓦发生了什么有不同说法，但是据普鲁塔克记载，亚历山大在那里被祭司称为“宙斯的孩子”（pai dios）。祭司的意思是“我的孩子”（paidion）吗？还是亚历山大专门这样安排，说自己的人类父亲是腓力，神圣父亲是宙斯？他也认为自己是神圣的吗？那些觉得亚历山大狂妄自大的人认为，去锡瓦是他逐渐衰落的重要阶段，但是戏弄神灵从吕山德时期起一直是希腊与马其顿政治姿态中的一部分（参见第十二章）。那是一个相信圣人拥有超人力量的年代，亚历山大不是这个时代第一个，也不是最后一个将人与神结合在一起的人。

亚历山大宣传自己与宙斯-阿蒙的联系，将宙斯最明显的特征公羊角融进自己的肖像。昔兰尼硬币上有神（图13.1）和亚历山大的形象（图13.2），两种硬币中羊角都非常明显。这些元素融合在一起充分说明亚历山大想要实现文化身份的融合。

图13.3 美索不达米亚（伊拉克）地图及高加米拉战役的位置，靠近阿贝拉（伊尔比尔）

波斯及以外地区

亚历山大征服了腓尼基与埃及，进一步向东，穿过美索不达米亚，直到在阿贝拉（现在伊拉克的伊尔比尔）的高加米拉战役中遇到大流士国王的军队（图13.3）。

据可靠估计波斯军队约有50000～100000人，还有战象和镰刀战车（两侧配有刀片的战车），而马其顿军队约有30000名重装步兵和轻装步兵、散兵、弓箭手和骑兵。亚历山大以梯形方式推进他的队伍（对角线方向错开），拉开了波斯的战线并在中间开辟了一个缺口（图13.4）。他在这里直面大流士，率一支骑兵队伍插进波斯军队，使他们溃逃。马其顿的帕曼纽惊慌的呼救才阻止亚历山大继续追击大流士。

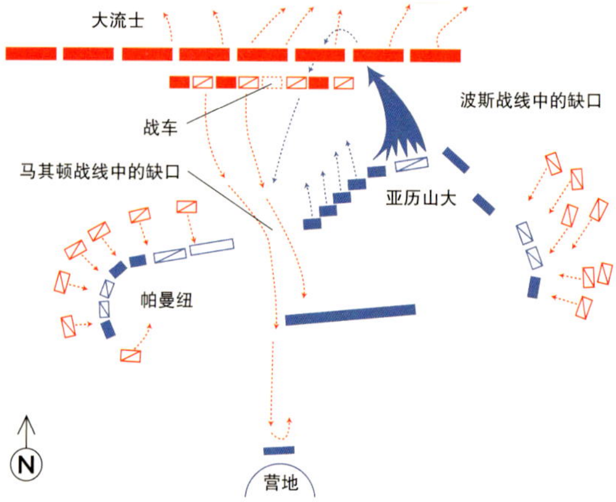

图13.4 高加美拉战争地图，亚历山大大帝（蓝色）与波斯国王大流士三世（红色）之间的第三次战争，图中的实心方块是步兵，画着斜线的白色方块是骑兵

图13.5（右图） 农牧神之家的亚历山大马赛克，庞贝，约公元前100年。图中的场景是大流士从高加米拉战役中逃跑的场景，权力平衡发生改变，波斯人逐渐退出历史舞台，马其顿人开始控制阿契美尼德王国。庞贝的马赛克表现出亚历山大的受欢迎的程度以及他在古代的传奇地位

尽管如此，马其顿人再次使阿契美尼德王朝遭受毁灭性的打击。这应该是亚历山大与大流士的最后一次交锋，下面是阿里安对这场战争后绝望气氛的回忆：

> 亚历山大让骑兵休息到半夜之后，再次前往阿贝拉，希望在那里截住大流士、他的金钱还有剩下的王室财产。第二天他从距离战场112公里的地方一直追到阿贝拉，但大流士没有休息还在逃跑，亚历山大没能在阿贝拉找到他，然而阿贝拉的钱和所有财产都被掳走，战车、矛和盾也都被拿走，就跟伊苏城之战后的情形一样。
>
> （阿里安，《长征记》3.15，钦诺克译）

后来历史学家和艺术史学家认为大流士从高加美拉逃走的时候发生了巨大改变，大流士不仅遭遇了第二次失败，而且这次失败还代表了古代世界轴心转移的关键时刻（图13.5）：曾经阿契美尼德家族统治的王朝，周围是希腊城邦，现在变成了亚历山大的世界，因此亚历山大获得了“大帝”的头衔。新的问题在于，他将如何实现这种伟大？

统治阿契美尼德帝国

亚历山大的领导建立在勇敢无畏的基础上，他要怎样面对更大的统治挑战呢？他战胜大流士后，对待巴比伦的方式说明了他采取的方法。亚历山大全副武装地向城市进攻，用威慑和恐吓的方式吓唬民众使他们屈服。然而一旦城市的大门为他打开，他就开始照顾新

臣民的心情，恢复祭祀的秩序。亚历山大任命马载奥斯（Mazaios）为地方长官或许是最令人惊讶的措施，因为他是波斯贵族，还在西亚做过总督，又是大流士妹妹的未婚夫，在高加美拉战争中任波斯军队左翼指挥。亚历山大任命马载奥斯为巴比伦总督的决定说明他已经意识到，想在不利用阿契美尼德家族的情况下管理整个帝国近乎不可能，稍加照顾可以保证统治的连续性与稳定性。同时，将军事资源交给那些刚刚被自己打败的人是很愚蠢的行为，所以巴比伦的军队将领由安菲波利斯的希腊官员阿珀洛得罗斯（Apollodoros）负责。

行政管理与军事管理分开在最大程度上减少了出现一致反对的可能，纳税也由希腊人阿斯克皮奥德罗斯（Asklepiodoros）负责。因此，本地管理、军队事务、经济管理都被分入不同部门，由波斯人与希腊人掌管权力。另外一位波斯贵族米瑟仁尼斯（Mithrenes）在格拉尼西阿斯河之战中向亚历山大投降，很快加入马其顿一方，被授予亚美尼亚的管理权，这表现出亚历山大统治的明显特征：赞成阿契美尼德帝国现存的官僚主义统治，安排希腊和波斯忠诚的下属。

维持现状再加上希腊人与马其顿人担任关键角色是非常务实的举措，但是亚历山大征服的规模造成的转变却是灾难性或戏剧性的。例如，据统计在他战争期间，共有20万塔兰特进入希腊世界，相当于现在的几十亿美元。马其顿人的财富多得令人惊讶：据近期估算，亚历山大在位期间美索不达米亚约有450万—500万人，每年的农业收入约为1万塔兰特。在进入巴比伦后，马其顿人拥有价值5000塔兰特的紫布和价值40000塔兰特的硬币。考虑到提洛同盟在公元前478年纳贡约为480塔兰特，我们很容易得出结论：亚历山大战争为地中海东部地区带来大量财富。因为大量金子进入地中海地区，金对银的比例从13∶1降到10∶1。在亚历山大之后的年代，包括通货膨胀、汇率波动在内的各种经济影响将会持续影响希腊化世界的皇家经济。

这些问题并不是亚历山大最关心的。高加美拉战争之后，大流士向东逃，先进入波斯，后来又到达中亚的巴克特里亚和索格底亚那（图13.6）。亚历山大依然坚持不懈地追击，但是在他抓住大流士之前，名叫贝索斯（Bessos）的波斯贵族杀了大帝，取代了大流士的位置。《巴比伦编年史》中记录下了公元前330年夏天这些事件的具体细节：

> [七月：国王大流士] 王位被夺
> 贝 [索斯][像阿尔塔薛西斯一样坐上王位]，人们以他的名字命名，
> 亚历山大和军队
> [想要拉拢新国王，亚历山大] 军队
> 和 [贝索斯军队开战]
> [贝索斯] 杀了 [大流士]。他的军队
> [从巴比伦（???）到（？）]，大流士离开
> [被放走]。
>
> [《亚历山大编年史》（*The Alexander Chronicle*）（BCHP 1）3—7，兰德玲译]

不久之后，亚历山大赶上贝索斯，把他肢解并钉在十字架上。他打败了整个阿契美尼德家族，控制了整个帝国，还为最后一位大帝大流士的死报了仇，现在亚历山大成为这个国家目前为止最合法、争议最少的统治者。

东部各省

亚历山大成就的规模使我们更难解释他下一阶段的征服，他没有回到苏萨、波斯波利斯、埃克巴坦那等波斯首府，也没有回到马其顿，而是进一步向东，到了现在的乌兹别克斯坦、塔吉克斯坦、阿富汗等地，最远到达兴都库什山。古代资料中很多信息都来自与亚历山大一同前行的人，如亚里斯托布拉斯

图13.6 亚历山大征服区域的地图

（Aristoboulos）和托勒密、亚历山大的保镖，他们提供的信息补充了亚历山大在上层管辖区的战争、他与罗克珊（Roxane）的浪漫婚姻故事，还有他想要夺取奥诺斯岩石上的堡垒战胜英雄赫拉克勒斯的欲望。

然而，对于亚历山大不断持续的战争，更平淡的解释是他在探索继续向东前进的可能性。香料、绿宝石、丝绸等贵重货物被带到帕米尔山以外，也就是后来的丝绸之路，但是要征服东边中国的山脉，需要很大的人力与时间投入。吉尔吉斯斯坦的伊尔克什坦等通往新疆的关口，需要经过景色优美但地势险要的“世界屋脊”。亚历山大没有冒这样的风险，而是在这些山的西面建立了一系列军事基地，由自己的老兵驻守。这些希腊主义的基地旨在保护来自新疆的陆路贸易并进行征税。

随着时间推移，这些驻军点（一般被称为“亚历山大城”）逐渐变成繁荣的定居点。例如，在阿富汗的阿伊哈努姆城，古老的身份尚不清楚，拥有3.2公里长的城墙、塔楼、大剧院、柱廊和结合伊朗与希腊风格的寺庙。德尔斐的格言刻在体育场入口处，当地人在赫拉克利特（雕像竖在那里）的保护下践行这些诺言，阅读亚里士多德的作品。亚历山大在中亚实行城市化的另一个例子是塔吉克斯坦的胡占得，一般被称为亚历山大绝域（最遥远的亚历山大城）。整座城市位于费尔干纳山谷西边，通往浩罕和喀什的丝绸之路北部。

希腊人被派到亚历山大帝国边远地区进行守卫、控制贸易。因为很多人都不愿意，所以在亚历山大死后一些想要回家的老兵爆发起义。其他定居者也来自希腊，但是希腊人对该地区的政治控制非常脆弱，尤

图13.7 菩萨头部雕塑，巴基斯坦，贵霜时代（公元后三分之一世纪）。这座雕塑的时间在希腊对该地区控制之后，但是反映出希腊文化对该地区的持续影响。片岩，高32.5厘米

其是亚历山大的继承者西流克斯一世（Seleukos I，约公元前358—前281年）在名义上控制了巴比伦东部大部分地区，却将远东一些省份割让给印度王子旃陀罗笈多（Chandragupta Maurya）。希腊-巴克特里亚王国作为政治实体存在时间不超过300年，但是该区域的文化融合——犍陀罗希腊-佛教艺术——也许是希腊以外对希腊文化最美丽的表达。希腊国王米南德（Menander，约公元前165—前130年在位）在这里皈依佛教，以圣人米兰达（Milinda）而非征服者的身份赢得长时间的荣耀。几十年后，第二位米南德国王的硬币上用希腊语骄傲地将自己称为代表正义的米南德国王，而硬币的反面用当地语言写着："伟大的米南德国王，达摩的追随者"。这枚硬币面对不同对象表现出相同的含义，让我们想起亚历山大在被征服的领土上塑造的不同身份。米南德硬币同样表现出对共同利益的认可：希腊化时期希腊哲学家与印度佛教徒存在相似的哲学思维。伊壁鸠鲁（Epicurus）认为公正的人最不受纷扰而不公正的人充满纷扰。大乘佛教文本《心经》中也提到避免纷扰：

> 修行的菩萨
> 将我们带到彼岸
> 他们看不到任何障碍
> 因为在那里
> 他们心中不会有其他障碍
> 他们可以战胜各种恐惧
> 摧毁所有错误的认知
> 实现完美涅槃。
>
> （释一行译）

该地区佛像的雕塑表现出希腊宗教的影响，雕塑中织物的褶皱就像希腊雕塑上一样。贵霜时期的菩萨头部雕塑（**图13.7**）就表现出巴克特里亚与索格底亚那希腊王国结束后印度文化与希腊传统的结合。

印度与帝国的限制

曾经断断续续的丝绸之路变成由商队连接的贸易网络，亚历山大在中亚的城市化政策是比领土入侵持续时间更长的遗产。然而，亚历山大总是在寻找下一次战争的机会。公元前327年，他转向南部的印度河流域，在那里与其他国王的斗争使他占领塔克西勒斯，开始面对杰赫勒姆河最后的主要敌人波鲁斯（Porus）。对亚历山大的神话化从当时的历史学家开始，将印度西北的战

争比作高贵王国之间的对抗，但是事实远没有这么吸引人。亚历山大入侵的这个区域是古老、脆弱文明的故乡，他的远征并没有什么理由，很显然他手下的人也这么想。亚历山大刚打败波鲁斯就立刻制订计划进攻印度河流域。他的手下害怕更多的战争，又怕无法满足亚历山大毁灭的欲望，于是开始叛乱，拒绝继续战斗。一个虚构的故事曾提到，亚历山大在征服战争结束的时候在自己的帐篷里哭了3天，但是他并不是像传说中那样因为没有别的地方可以征服而哭泣，而是因为从印度到中国还有太多可以征服的地方。亚历山大死后，其他希腊人艰难地进入中国西部，但是只是零星出现。然而，希腊贸易者会冒险与来自巴克特里亚的雇佣兵一起走上丝绸之路，这也就可以解释为什么中国西部乌鲁木齐发现的美丽织物中有希腊战士的图案（图13.8）。

亚历山大被迫撤退后又进行了最后一次战争，但是代价高昂且收效甚微。他带领军队走过伊朗南部的格德罗西安沙漠，冒着自己与士兵的生命危险进行一系列包围与攻击，但是没有什么战略上的进展。他把这

图13.8 希腊战士壁挂细节图，约公元前2世纪至公元2世纪，中国新疆维吾尔自治区洛浦山普拉发现

些战争中的故事挖掘出来宣传自己的英雄气概，比如，亚历山大等到所有士兵都灌上了水，自己才开始喝，但是现实却没有这么伟大。亚历山大是战士，并不适合管理，就像他的父亲一样，需要不断打败新的敌人，这是马其顿与希腊北部的文化特点。下一代人中，伊庇鲁斯的皮洛士（Pyrrhus，公元前319—前272年）也表现出对无休止战争的喜爱。他的军师哲学家凯尼阿斯（Kineas）曾问他征服罗马以后要干什么。皮洛士回答然后就征服迦太基。再然后呢，凯尼阿斯追问。皮洛士回答，再然后我们就坐下来歇着，品品酒。凯尼阿斯继续问到，那我们现在为什么不能直接休息呢。哲学家在这里的意思表现出马其顿及伊庇鲁斯国王都是为征战而生，但是却对他们的帝国主义并没有明显的意义，只是为了战而战。

亚历山大大帝之死与继承危机

公元前324年，亚历山大回到巴比伦。经过十年征战现在需要被迫求和，但是执政情况刚刚变得明朗，军队内部又开始出现不可调和的紧张矛盾。马其顿官员阶层彼此以兄弟的方式对待（精英骑兵团也被称为“兄弟团”），因此亚历山大自负的行为成了被嘲笑的对象，进入两难处境。波斯臣民习惯面对上级时鞠躬，但是马其顿人认为在别人面前鞠躬是一种侮辱。

冲突还表现在其他方面。公元前324年2月，亚历山大为马其顿男性与波斯女性策划了一场大规模婚礼。“兄弟团”中的80人娶了最高社会等级的波斯女性，亚历山大将手下10000名士兵的婚姻合法化，并给予他们奖励，但是培养优质希腊人与伊朗人的计划并没有让大家认同：亚历山大去世后，几乎所有士兵都与他们的波斯妻子断绝关系。事实上，亚历山大想要引进波斯传统的做法反而激怒了手下，导致他们在公元前324年叛乱。亚历山大尝试在现在巴格达附近的奥比斯上演一场和解，宣布很多老兵被解雇，他们的财富使马其顿的其他人都感到羡慕。阿里安记下了后来发生的事：

> 亚历山大说出这些话的时候明显是为了取悦马其顿人，但是他们却觉得亚历山大是在鄙视他们，认为他们不适合在军队服役。因此他们反对亚历山大也是情有可原的，他们在整个远征过程中有很多不满。亚历山大烦人的波斯服装不断出现且总是指向一个方向，野蛮人“继承者”被训练成马其顿风格的作战方式，并且在“兄弟团”骑兵队中引入外国骑兵。士兵们不再保持安静，而是向亚历山大喊着退出，让他的父亲参加远征（为了表现侮辱，这里的父指的是阿蒙）。
>
> （阿里安,《长征记》7.8，奥斯汀译）

亚历山大斥责了这些人，然后在自己的帐篷里待了两天，直到手下都请求他的原谅。他们和解了，亚历山大组织了一次大规模宴会来庆祝。帝国中的各个部落和国家中共有9000人参加，亚历山大还利用这次机会祈祷马其顿人与波斯人之间的和平团结。一些人认为亚历山大是在阐明国际主义理想，但是更有可能是为了把自己的帝国建立在更安全的基础上：他设想把帝国新老主人设定的法规结合起来。

如果亚历山大还活着的话，这种融合一定会创造出完美的帝国，但是公元前323年6月，亚历山大在巴比伦去世了。我们并不清楚造成他死亡的原因到底是疟疾、伤寒、流感、酗酒还是毒药，亚历山大的死跟他的一生一样令人费解。在军事策略方面，他是绝佳的创新者，但是他统治期间有很多清除异己的行为和处决行为，表现出内心的不安与偏执。例如，在撒马尔罕的一场宴会上，克里托斯（Kleitos）斥责了那些对亚历山大功绩谄媚的人，指出腓力的成就与亚历山大同样重要，

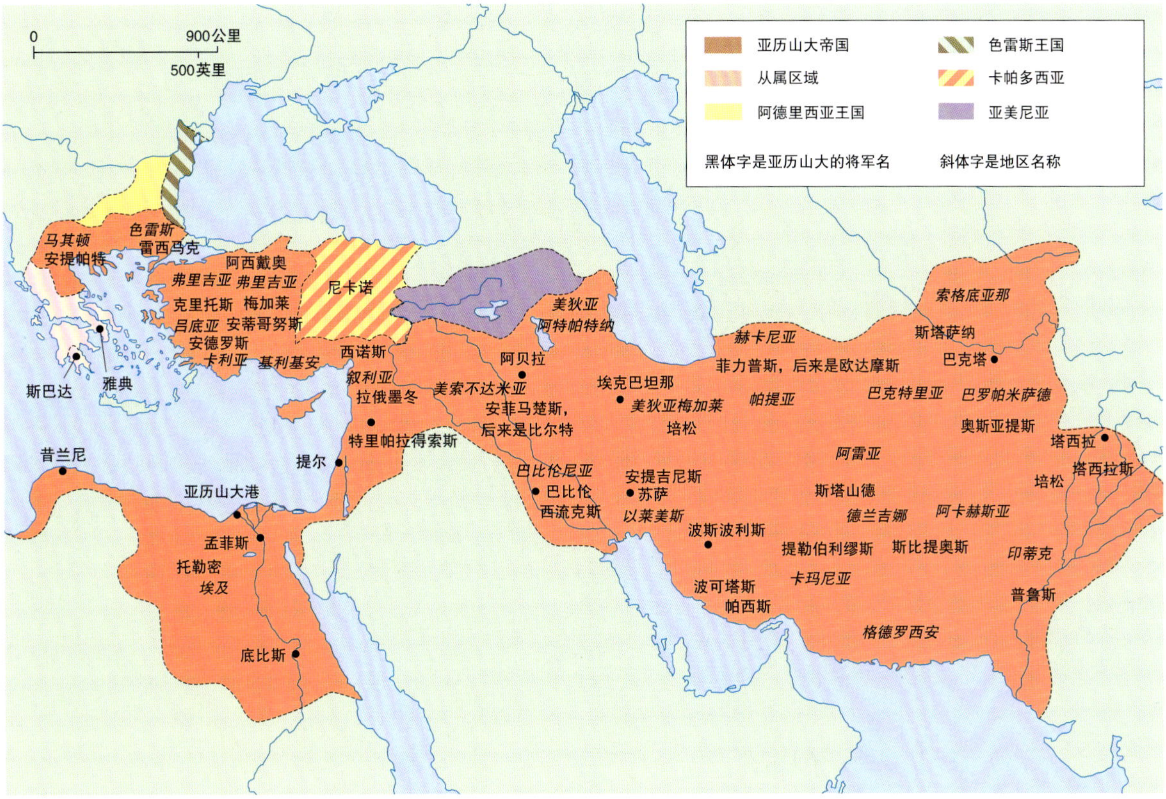

图13.9 特里帕拉得索斯会议后亚历山大帝国的领土分配地图，公元前321年

结果亚历山大就用标枪杀死了克里托斯。马其顿军队中亚历山大与普通士兵之间的联系非常紧密，但是帕曼纽和他的儿子斐洛塔斯（Philotas）等潜在的对手都被残忍地除掉。由于我们只能依赖后来的可靠资料与亚历山大本人的宣传来理解他，因此进行精神分析并没有什么结果。相反，我们看到的是令人叹为观止的10年战争，上万人在其中丧生，完全改变了希腊历史。在后来的300年中，整个地中海东部地区、美索不达米亚、现代伊朗和大部分中亚地区都由希腊-马其顿精英统治。这是个希腊化世界，是完全由亚历山大创造出的世界。

新世界秩序的产生并不容易。亚历山大在距离马其顿几千公里的地方去世，留下了怀孕的妻子罗克珊和同父异母的兄弟、精神有问题的阿西戴奥、克莱特洛斯（Krateros）领导下返回马其顿的10000人老兵部队、巴比伦对于亚历山大家族完全忠诚的上千名士兵，还有渴望在亚历山大帝国遗产中分到自己部分的军官。后来几年中开过几次会，第一次是在巴比伦，第二次是公元前321年在特里帕拉得索斯，会中的一系列安排改变了地中海东部地区的政治状况（图13.9）。

亚历山大死后阿西戴奥即位，王号为腓力三世。罗克珊生下儿子亚历山大四世（公元前323—前310年），由守卫佩尔狄卡斯负责照顾。亚历山大的将军安提帕特成为马其顿的摄政王，后来由儿子卡桑德继承。特里帕拉得索斯协定的其他部分是更直接的领土分配，阿契美尼德帝国的旧管辖区分给不同希腊人和马其顿将军管理，其中一些人只会纸上谈兵，大部分人没有留下任何遗产就在历史长河中消失不见了。特里帕拉得索斯协定中的安排持续时间很短，因为如果亚历山大的继任者想要控制这些地区，他们需要再次征服，因此就要求继任者不断组建联盟，在地中海东部地区掀起新一轮战争。继任者战争持续了三十多年，在这期间腓力·阿西戴奥与亚历山大四世去世：公元前317年12月25日，腓力·阿西戴奥被亚历山大的母亲奥林匹娅丝处死，公元前310年，12岁的亚历山大四世被卡桑德谋杀。腓力与亚历山大的骨肉都已经去世，那些统治亚历山大帝国的人只不过顶着最高统治者的头衔，这个想法完全是不切实际的。后来的5年中，大部分继承者仅获得了国王的头衔。

托勒密王朝

新希腊化王国中最著名的就是托勒密王朝。亚历山大信任的朋友托勒密一世（又被称为“救世主”，约公元前367—前283/前282年）是这个王朝的创造者，也曾是亚历山大的保镖之一。后来的资料中将托勒密描绘成第二个亚历山大，但是托勒密常常自己写回忆录。这对于后来的作家来说是重要资料，所以如果他在亚历山大战争中以英雄身份出现，我们并不会感到很惊讶。我们可以确认的是托勒密在希腊化时期运用了强大技巧驾驭复杂的权力政治。也许他最聪明的做法在于将埃及与地中海世界其他地区分开。埃及西边是沙漠，东边是沙漠和红海，南边是大瀑布（不能航行的浅水地带），北面是尼罗河三角洲。整个王国的主要活动都是沿着尼罗河航行，比较容易控制。

托勒密对埃及的统治一开始很具有侵略性。他知道与亚历山大产生联系可以让自己的统治具有合法性，于是就在亚历山大的遗体从巴比伦运往马其顿的路上突袭了送葬队伍。亚历山大的遗体被劫持，带去了托勒密的新都城亚历山大港，亚历山大的石棺被放在纪念性的大型墓葬群中。亚历山大的遗体采用了拉美西斯法老的防腐方式，周围的建筑存放着神圣著作与经文。在托勒密继任者托勒密二世（公元前308—前246年）的统治下，墓葬群扩大，加入雅典及其他地区的图书，最终变成亚历山大德里亚图书馆。这个图书馆是古代建筑中伟大的建筑之一，起源包含了希腊对埃及的影响。

随着时间推移，这座图书馆变成希腊化时期最大的文化机构。图书管理人员有诗人卡利马科斯（Callimachus）和忒奥克里托斯（Theocritus），他们创造了当时最有影响力的诗歌。卡利马科斯写出优美的赞美诗歌颂众神，采用了古老的体裁，在新时代复兴了这种风格，在这个新时代希腊人发现自己生活在地中海周围，甚至更远的地方，散居海外的人比以前多得多。例如，在作品《写给阿波罗的赞美诗》（*Hymn to Apollo*）中，卡利马科斯使用了阿波罗·卡内奥斯（Apollo Karneios）的多立安联想（斯巴达及其他多立安地区对阿波罗的早期崇拜），将古老、珍贵的斯巴达与希腊殖民地锡拉和他在利比亚的家乡昔兰尼联系在一起。他使用神话与地理学为当时的地缘政治提供新的定义。

忒奥克里托斯的诗歌中也有相似的地方。例如，在田园诗15中，忒奥克里托斯曾因为一些妇女的希腊语特征明显讽刺她们的口音：

> 第二个陌生人：看在神的份上，女士们请闭嘴！你们的喋喋不休像母鸡一样！你们说了太多了！
>
> 帕西诺亚（Praxinoa）：这家伙是哪里来的？我们怎么说话关你什么事？还是去命令你的奴隶吧！你们在跟锡拉库扎人说话。我们是科林斯人，事实上，还是柏勒洛丰人的后代。我们说的是伯罗奔尼撒语。我想多立安人应该可以说多立安语吧。
>
> （忒奥克里托斯，《田园诗》15.87—94，麦金纳尼译）

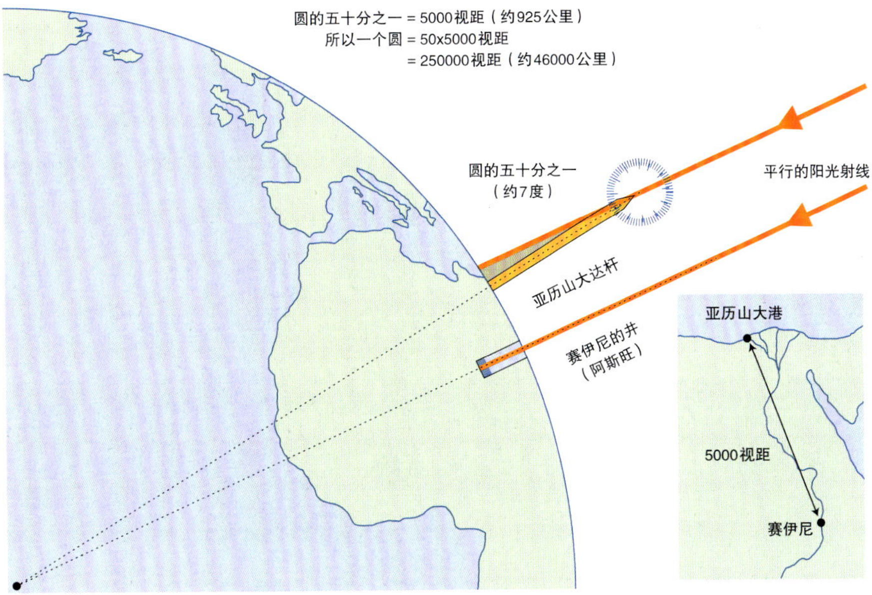

图13.10 埃拉托色特尼计算地球周长的方法图示

这首诗非常有趣，当然也说明了一些问题。希腊化时期中又出现新的希腊语，被称为“共同语”（koine），因为地中海东部地区的所有希腊群体还有那些被希腊人接受的人都说这种语言。当时的希腊语就像是现在的英语，是一种国际语言，与此同时，就像现在全球化背景下，古老、独特、区域性的方言与口音也都发挥着积极作用。然而，有两个故事表现出这种新共同语言的重要性。第一件是埃及村民写给当地政府的请愿书，抱怨自己受到恶徒虐待，但是并没有得到回应，因为请愿书是用希腊语写的，而负责办事的官员并不懂希腊语；第二件是公元前155年，希腊哲学家卡尼德斯（Karneades，公元前214—前129年）去罗马，发表了一系列经过仔细斟酌、使用修辞学的公共演讲。第一天他讲的是正义，第二天讲的是正义的不可能性。罗马人非常生气，于是将他驱逐出去。这个故事一般用来表现只明白字面意思、对修辞学表示怀疑的罗马人与狡猾的、能够支持同一观点两面的希腊人之间的区别，但是更重要的点在于，罗马观众可以完全听懂希腊语演讲。如果说罗马下层人中有很多以奴隶身份从希腊世界过来的人，当然还有一些受过良好教育的罗马人能够掌握希腊语。

从阿波罗尼奥斯的诗歌到埃拉托斯特尼的科学研究都反映出亚历山大港就是希腊文化的发散地。阿波罗尼奥斯创造出这个时代的伟大史诗《阿尔戈船英雄记》（*Argonautica*），表现出英雄伊阿宋的不确定与焦虑；埃拉托斯特尼计算出地球的周长。他在亚历山大港竖了一根棍子，当太阳直射在五百多米外阿斯旺的一口井上，且不会产生影子的时候测量棍子的角度，通过这个距离他算出了整个圆周长度，也就是地球的直径（**图13.10**）。近期人们试图用埃拉托斯特尼的计算方法，将他的结果变成现代数值，发现他得出的结果与正确数值相差不到10%。对于只使用一根棍子的人来说，这已经是很伟大的成就了。

希腊国王与埃及帝国

然而，托勒密王国也是埃及的，而且文化传统比希腊还长。托勒密是怎样调和这个王国的双重属性的呢？答案是，一方面严格控制人口与经济，一方面对埃

图13.11 埃及法老形象的托勒密一世，玄武岩，高64厘米

及宗教实行严格控制。托勒密继承王朝的时候是计划经济，皇家庄园和寺庙资产等由农民负责，他们除了自己的农产品，还需要为国王做苦力（农民欠国王固定数量的无偿劳动是埃及社会一直以来的传统）。尼罗河的定期泛滥与耕种靠近河流的土地可以更好地预测产量。托勒密一世完善了国家控制系统，设定产量目标，派遣官员监督农村经济从种植到收获的各个方面。托勒密二世统治期间，发送给经济官员的指令涵盖了所有能想到的话题：牲口注册（特别是在雨季），运往亚历山大港的货物，检查运河、树木及牲口、审计等。关于织物等限定表现出管理的程度："将闲置的织布机都运往省（nome，行政区域）的大城市中，放在仓库里封存。"

然而，除此之外还有一些变化。葡萄、大蒜等新作物引入。在托勒密统治下，尼罗河以西法雍的大片洼地被收回，分给之前的军队官员、警察和官僚部队，他们都是完善国家控制系统中的一部分。对于法雍贝列尼凯等村庄的人口学调查，发现亚历山大港外的埃及人拥有小块土地，并住在很小的房屋里。相比之下希腊人住的房子更大，能容下他们的家人、奴隶及家属。我们从保存在埃及干燥气候下的上千份莎草纸文件中得出这样一幅场景：希腊人为了保证生产与王室收入，无情开发土地。整个国家控制系统中有很多虐待行为，石匠们常常抱怨：

> 致建筑师克里昂，来自码头采石场工人的问候。监工阿波罗尼奥迪（Apollonios）让我们采集这些坚硬的石头，让他自己的手下负责软石头，正因为如此我们的工具很快就会磨损，但是我们却受到误解。我们请求你，让我们有权利测量我们开采了多少坚硬的石头，再平摊到我们140个人身上，这样我们就不会受到欺压了。再见。（地址）致克里昂。（记录）来自码头。
>
> （SB XVIII 13881，巴格诺尔、德罗译）

请愿书与税务记录是希腊化时期埃及最常见的文件，证明了托勒密王朝对经济活动各个方面的严格控制。托勒密经济是法老中央集权经济的延伸与控制，也起到了最大限度增加王室收入的目的。这种连续性在于，托勒密在埃及臣民面前将自己当作法老，把自己的名字刻在法老庙的牌匾上（象形文字环绕着的皇家姓名），上面还有雕塑，刻着戴了皇家头巾的法老（图13.11）。这样的形象表明马其顿人只不过是法老统治上千年时间中的最后一个王朝。托勒密采取了与亚历山大同样的政策，支持埃及人的传统崇拜：在孟菲斯，神牛依然受到尊敬，纪念埃及众神的节日按照法老时代的宗教日历举行。这种做法的好处是可以赢得祭司的支持，他们的权威对于托勒密统治的稳定至关重要。而对于从未离开家乡的文盲农民来说，他们生活在法老统治与托勒密统治下的唯一区别在于纳税员多了一个希腊名字。在使用多种语言、胸怀世界、复杂、认为自己是文明中心的亚历山大港，托勒密更进一步，创造了当时新的神——塞拉皮斯（Serapis），融合了埃及的神牛与冥神，还有新的神像宙斯与公元前4世纪出名的神阿斯克勒庇俄斯（图13.12）。托勒密为了迎合希腊人与非希腊人，缔造出了埃及与希腊的结合，他是希腊主义的完美代表。

图13.12 托勒密最喜欢的神，塞拉皮斯半身像，通常带着生育力的象征

塞琉古王朝

第二个希腊化帝国是塞琉古王朝。它的首任统治者是塞琉古一世（Seleukos Nikator，约公元前358—前281年，被称为“胜利者”）。他本来是亚历山大部队中的将军，在瓜分特里帕拉得索斯岛战利品的时候分到了巴比伦，但是被安提柯（Antigonus）驱逐出继业者行列，等到公元前312年，作为帮助托勒密的奖励才得到这座城市。然而，他刚刚在巴比伦建立政权，就开始兼并土地，一路吞并叙利亚和东面的管辖区。公元前281年，西流克斯去世时，他的帝国拥有300万平方公里的土地（**图13.13**），但是他最明智的决定还是把最东边的几个省割让给印度王子旃陀罗笈多，换了500头战象。西流克斯王朝与托勒密王朝一样，统治着地中海边上的地域。托勒密王朝在尼罗河的管辖区域边上有亚历山大城，塞琉古斯也沿着奥龙特斯河从巴比伦旧都城到地中海海岸沿线建了很多新城市（如安提俄克与西流西亚）。历史学家曾经发现这些城市的位置表明这些希腊化国王依然对地中海地区十分痴迷，仿佛他们会随时离开现在的土地回到马其顿。

后来两个世纪中，塞琉古王朝的领土不断萎缩，这一般是王朝走向没落的标志。拉姆齐（Ramsay）与埃里克森（Erickson）写道：“随着领土丧失，随之而来的是资源与人力流失，抵抗罗马干涉的政治能力逐渐消失，塞琉古王朝很显然变得放荡奢侈，历史学家对此印象深刻。”然而，塞琉古王朝对于亚历山大的东方战略要比现代历史学家理解得更透彻。当我们可以专注于繁荣贸易网络内部的关键节点时，还需要怎样承担控制大量非生产性土地的昂贵业务呢？关键是中亚的真正财富并不在油、酒、谷物及其他农业作物，而在于控制奢侈品的流动并为其征税。这也就是为什么托勒密王朝在红海的贝列尼凯建港，为什么塞琉古王朝主要关注巴尔米拉与杜拉欧罗波斯这些源自沙漠的商队。

图13.13 塞琉古王朝地图与其他帝国或城邦的关系，约公元前200年

塞琉古王朝与托勒密王朝一样，知道他们帝国中央的巴比罗尼亚是一个古老的区域，王权与神圣权威一同发展，因此维持神族家庭的友好也是至关重要的。重建这些寺庙是这种政策最具体的体现。西流克斯的儿子安泰奥卡斯一世（Antiochos I，约公元前324—前261年）继承了他的王位，总是吹嘘自己为巴比伦金字型神庙的修建动了第一块砖：

> 我是安泰奥卡斯，伟大又合法的国王，我是这个世界的王，巴比伦的王，埃萨吉拉神庙与埃兹达神庙的负责人，巴比伦国王马其顿人西流克斯的第一个儿子。
>
> （*ANET* 3 317，普里查德译）

巴比伦祭司记录的编年史中也提到了这样的信息，他对修建项目有着如下记录：

> 他在巴比伦的埃萨吉拉神庙废墟上献上供品，采取希腊人的方式献上牛和祭品。国王的儿子、他的军队、马车和大象搬走了埃萨吉拉神庙的废墟。
>
> [《埃萨吉拉神庙废墟编年史》(*Ruin of Esagila Chronicle*)，正面II.3—8，范德斯派克与芬克尔译]

然而，塞琉古王朝的范围不仅比埃及大很多，还包括不同的民族与语言。管理这个帝国并且想要在贡品与赋税中获得财富，对于塞琉古王朝来说要比托勒密王朝更困难，因为这里的臣民主要是埃及农民，他们都来自同样的背景。一些进贡国，尤其是与塞琉古帝国接壤的北部和南部游牧民族居住的地方还是自治，他们为塞琉古军队提供士兵、马匹和骆驼。然而，塞琉古国王（例如安泰奥卡斯三世）在爱琴海与西亚地区不断加强控制，处理马赛克般的希腊城邦是一种特别的挑战。塞琉古王朝采取不同寻常的方法，将希腊人称为救助人。例如，当人们派使者去询问西流克斯国王他们的赋税情况的时候，国王回复道：

> 我们的政策一直是通过慈善行为使希腊城邦中的市民满意，而不是通过对神的尊敬，这样我们就会成为善意的对象，并且传递给我们的子孙。我们相信之前有证据证明我们的尊重，现在我们依然希望与之前的行动保持一致，我们要确保所有寺庙都有不受侵犯的权利。
>
> （*RC* 9，巴格诺尔与德罗译）

恩惠成为希腊化王国之间主要的竞争模式。饥荒时期捐赠的谷物、资助学校建立柱廊（希腊人建筑中常见的宽阔门廊），他们给予的礼物可以让强大的国王在希腊城邦中树立成慈善捐助者的形象。实际上，德尔斐、提洛岛、雅典这些曾经的宗教、文化中心是捐助的主要接受方。希腊化的国王竞相赠送礼物，就好像是之前为领土而战一样的合法战争。也许这场宣传战争中最成功的城邦是小亚细亚西部的帕加马王国。

帕加马

帕加马王国由宦官菲莱泰洛斯（Philetairos，约公元前343—前263年）建立。亚历山大的继承者利西马科斯（Lysimachos，约公元前360—前281年）在色雷斯建立王国，控制着达达尼尔海峡，菲莱泰洛斯被利西马科斯派去管理帕加马城堡的皇家金库。毫无疑问，利西马科斯本来以为宦官并不会怀有建立王朝的野心，但是他错了。公元前281年，利西马科斯在柯鲁皮登之战中被杀后，菲莱泰洛斯宣布独立，并建立起内部非常和谐的王朝。后来他的侄子欧迈尼斯一世（Eumenes

I）继承了他的位置，后来王位又被表兄阿塔罗斯一世继承。在他们坚不可摧的堡垒中，阿塔罗斯国王将帕加马从无足轻重的堡垒变成可以与亚历山大港相媲美的文化中心。

他们成功的一个标志就是在城市和神殿里建造的建筑，其中最值得注意的是阿塔罗斯的柱廊，这是阿塔罗斯二世于公元前2世纪中叶送给雅典的礼物（**图13.14**）。现代慈善家约翰·洛克菲勒（John D. Rockefeller）于20世纪50年代重建，划定了雅典城市广场的东边轮廓，最初可以直接看到城市广场西边的建筑。如果说建筑代表着民主与古典时期的文化，那么这座新建筑代表的就是皇家赞助与希腊化文化。

阿塔利王朝也使用帕加马建筑宣传自己作为希腊文化保护者与传承者的合法身份。例如，帕加马的雅典娜神庙入口使用的四分之三轮廓与走过雅典卫城时看到的帕特农神庙一样。在城市低一些的露台上，阿塔利王朝还建起纪念性的“大祭坛”，顶部的雕带讲述了神话中帕加马创造者泰利弗斯（Telephos）的故事。因此阿塔利王朝与希腊神话产生了联系，使他们的统治变得合法。在走向祭坛的石阶上，雕刻家用深浮雕雕刻出众神战胜泰坦的雕像，这是希腊庙宇中的传统图像，将希腊人与众神联系起来，表现出秩序战胜混乱。但是这

图13.14 阿塔罗斯柱廊，雅典，始建于公元前150年，重建于1950年

图13.15 帕加马大祭坛西侧阶梯，雕塑为涅柔斯（Nereus）、多莉丝（Doris）、巨人与俄刻阿诺斯（Okeanos），约公元前160年，大理石

并不只是庙宇墙上的雕塑，帕加马浮雕与眼睛平齐，真人大小，说明人们在看这些雕塑的时候并不是参观者，而是参与者（**图13.15**）。大祭坛完美捕捉了希腊化时期的戏剧性与纪念碑性。

公元前3世纪中叶，阿塔利王朝面临高卢部落入侵的威胁。阿塔罗斯一世于公元前241—前197年在位。为纪念他，人们建起一座纪念碑，上面的雕塑是垂死的高卢人。阿塔罗斯将自己塑造成希腊文明的守护者，用这次胜利证明自己的合法称号。帕加马一直是独立强大的国家，直到公元前133年被最后一位国王阿塔斯三世赠予罗马人民。

罗马人的到来

希腊化世界的政治历史中最重要的发展就是罗马作为地中海强国的出现。在马其顿人推翻阿契美尼德帝国的时候，罗马人控制着意大利中部台伯河边的一座小镇。根据他们的传统，他们驱逐了伊特鲁里亚国王，在公元前509年建立共和国，雅典人也是在那一年驱逐僭主，建立民主。夹在北部古老庄严的伊特鲁里亚文化与南部大希腊区域之间，大部分城市说希腊语。200年以来，罗马人一直接受各方的文化影响。他们与希腊和马其顿人的第一次军事接触发生在公元前3世纪早期，当时伊庇鲁斯的皮洛士急于效仿甚至超过亚历山大，选择

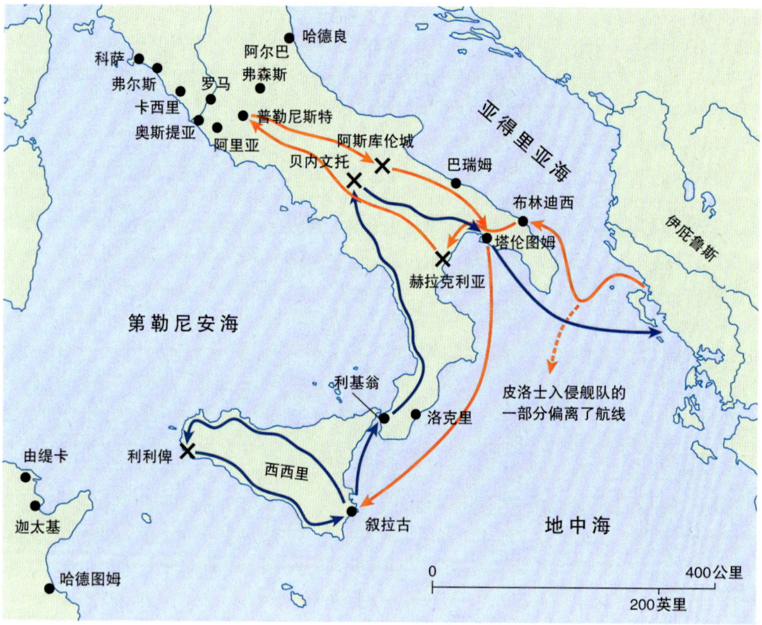

图13.16 皮洛士战争地区

入侵南面的意大利与西西里。他还得到塔伦图姆人民的邀请，加入他们对抗罗马在意大利南部的扩张。面对他们的邀请，皮洛士于公元前280年在塔伦图姆登陆，带着20头战象、3000名骑兵、2000名弓箭手、500名投石者和20000名士兵。这张地图显示出这次战役只是他在希腊北部众多战役后的另一场（图13.16），但是图上并没有表现出入侵军队与他遇到的罗马人之间的巨大差距。公元前280年，赫拉克利亚战役中，罗马与皮洛士分别损失了7000人与3000人。一年后的阿斯库路姆战役中分别损失了6000人与3500人。每损失一名士兵都会削弱皮洛士的力量。公元前278年，皮洛士撤出了与意大利的战争，跨过西西里岛与迦太基人对抗。

罗马人看待这些损失的视角是不同的。波利比奥斯认为公元前3世纪，罗马军力包括两位领事带领的约20000名罗马步兵与1200匹马、20000步兵与2000匹马组成的联盟军队，还有萨宾人与伊特鲁里亚人的军队，其中罗马人可以支配的有50000步兵与4000匹马。波利比奥斯认为罗马人保留了那些可以服役人的名单，根据这一名单从罗马与坎帕尼亚召集25万士兵。如果北面的同盟在罗马集结，还能再有40000名士兵。罗马人还保留了20000名步兵、1500匹马和来自联盟的30000名步兵与20000匹马。再加上其他预备队和边防队，可以参加战争的罗马人与意大利人加起来共有30万名步兵和10000匹马。当然，每次战争真正上场的都不会有这么多人。这也就解释了为什么皮洛士可以赢得小战役，却打不赢大战：罗马人为了保卫自己的城市不惜牺牲数万条生命。希腊化的东边地区最早感受到罗马战争机器的威力。公元前275年的贝内文托之战后，皮洛士带着8000名士兵与500匹马回到希腊。他与罗马的战争产生一个新词语，叫作“皮洛士的胜利”，意思是以巨大代价赢得的胜利。同时，公元前272年，罗马洗劫塔伦图姆，标志着罗马帝国的影响范围渗透到意大利南部，也标志着罗马开始希腊化进程。希腊世界的商品、艺术、人都被带到了罗马。

公元前2世纪结束时，罗马的势力范围与地中海西部另一强大帝国迦太基产生矛盾，双方在中间的西西里岛开战。罗马在第一次迦太基战争（公元前264—前246年）中胜利，将西西里岛并入罗马统治范围，这也成为罗马在海外的第一个省。第二次迦太基战争（约公元前216—前202年）时，迦太基将军汉尼拔（Hannibal，约公元前247—前181年）在坎尼、特拉西美诺湖与特雷比亚河大败罗马人，罗马人因此在后来几年中不断增加战场上的军队人数。公元前202年，汉尼拔在扎马之战中的失败使罗马人将目光转向地中海东部地区。罗马人在东边遇到的两个主要对手是马其顿的腓力五世（Philip V，公元前238—前179年）与叙利亚的安泰奥卡斯三世（Antiochos III，约公元前241—前187年）。关于罗马向东扩张以及与希腊化国王之间的冲突的原因，历史学家仍然有争议。争议关键在于是从罗马还是希腊的角度解释。

罗马战争机器与希腊化民主

公元前3—前2世纪，罗马变成战争机器。这种政策是由元老院决定的，元老院由前执政官、将军与大家族领袖们组成，负责确认罗马的敌人，确保建立有利于罗马的联盟。这些战争策略与联盟被人民议会支持，因为他们不仅有财富累积、受到罗马人的资助，战争还为他们带来战利品：男性去了战场后，贫穷的农民可能会取得成功，带着金银回家。罗马贵族将战争视作自己的试验场与获得荣誉与职位的手段，说明战争远比和平更受人欢迎。每年有一批新司法官与执政官上台，他们知道那一年他们有机会在罗马的荣誉将军中为自己赢得一席之位。在这一切背后是殖民地、意大利联盟等从属于罗马的领土，他们不需要纳贡，但是需要提供人力，这些人对罗马指挥官非常忠诚，因为如果在战争中取得胜利就可以得到土地与战利品。换句话说，罗马共和体制非常适合打仗。

然而，在希腊一方，希腊化世界在公元前3世纪发展出外交语言与军事战略，成为持续谈判、赠送礼物、联盟、联姻、入侵、撤退等成为解决国际政治问题的手段，但是罗马人并不遵循这些规则。简而言之，希腊化国王与罗马将军逐渐接受地中海东部地区的国际政治，但是带有不同的目的。公元前192年，安泰奥卡斯三世进入希腊解放希腊人时，他的战争就是尝试拓展自己的领土。相反，罗马人抵抗他时发起的叙利亚战争就是罗马将军马尼乌斯·阿库流斯·格拉布里奥（Manius Acilius Glabrio）与卢基乌斯·科尔内利乌斯·西庇阿（Lucius Cornelius Scipio）获得荣誉的机会，也是打败富有敌人的机会。在公元前188年，安泰奥卡斯战败一年后签署的《阿帕米亚和约》中，罗马拿到15 000塔兰特赔偿，但是没有附加的领土。对于这些冲突结果最好的解释是公元前196年的一系列事件。罗马人打败了汉尼拔，派军队去和马其顿（汉尼拔同盟之一）的腓力五世作战。罗马取得了胜利，公元前196年的地峡节中，罗马将军蒂图斯·昆克提流斯·弗拉米宁（Titus Quinctius Flamininus）向希腊人发表以下公告：

> “元老院命令，总督蒂图斯·昆克提流斯战胜了腓力国王与马其顿人，因此以下群体得到释放，不再需要戍边，也不需要纳贡，不受国家法律管理——科林斯人、腓尼基人、洛克里斯人、埃维亚人、亚该亚人、迈加拉人、色萨利人、庇该亚人。”欢呼声立刻响起，有些人还没有听清，还有一些人想要再听一遍。但是人群中的很多人不敢相信自己的耳朵，认为自己在做梦，因为这一切太出乎意料了。每个人都有不同的冲动，传令官与喇叭手来到体育馆中间，不断重复着公告内容，我猜他们不仅是想听见发言者说的话，而且想见他，因为公告有着难以置信的内容。
>
> （波利比奥斯，《论历史》18.46，佩顿等译）

公元前194年以后，希腊不再有罗马部队，关于自由的承诺是真的。公元前2世纪早期，罗马依然反对直接统治那些本不属于自己的土地。但是，马其顿及更东部地区的纠纷不可避免地将罗马拉回过去。尽管腓力五世已经被打败，罗马人在马其顿又遇到了新的问题——腓力五世的儿子珀尔修斯。于是，罗马人在公元前168年的皮德纳之战中又战胜了珀尔修斯。马其顿因此被分为四部分，但是并没有结束叛乱的威胁。罗马人在公元前146年吞并了这个区域，将马其顿作为一个省，由罗马管辖官直接管理。同年，罗马被希腊南部安纳托利亚同盟、亚该亚人与斯巴达人不断变换的同盟激怒，洗劫了科林斯，最终吞并马其顿南部的希腊各部分，并设立亚该亚省。

罗马的影响不断向东面扩展，比希腊经历了更深刻的转变。征战将很多希腊哲学家、诗人与艺术品带到罗马，例如李维乌斯·安得罗尼库斯（Livius Andronicus）将《奥德赛》从希腊语翻译成拉丁语，但是与希腊化的东方接触也改变了罗马社会的很多精英，因为他们花了很长时间与希腊化国王打交道。公元前168年，安泰奥卡斯四世国王穿过加沙攻打埃及，罗马人的角色因此发生转变。当安泰奥卡斯到达埃及的时候，他发现罗马执政官盖尤斯·波皮卢斯·拉恩纳斯（Gaius Popillius Laenas）在等着他，并且带来了一条罗马元老院的消息，托勒密八世的同盟让安泰奥卡斯离开这个国家。国王提出异议时，拉恩纳斯在沙子上画了一条线，要求国王从圈里出来的时候给出答案，安泰奥卡斯撤退了。希腊化国王中最强大的一位面对罗马时退缩了。但是，如果代表罗马共和国的一位罗马法官需要在平等的基础上与地中海东部地区的国王谈判，如果罗马人一开始就表现得和这些希腊化统治者一样平等，会发生什么呢？

罗马帝国的扩张

公元前133年，帕加马由最后一位国王阿塔罗斯三世赠给罗马，成为罗马在亚洲的一个省。后来在公元前74年，比提尼亚也被最后一位国王尼克美迪斯四世（Nikomedes）赠给罗马。罗马在公元前88年更全面地卷入东方事务。本都国王米特拉达梯六世（Mithridates VI）在小亚细亚策划谋杀了80000名意大利商人，说明人们对罗马统治的不满日益增长，也使罗马将军们开启了新一轮战争，最著名的就是卢基乌斯·科尔内利乌斯·苏拉（Lucius Cornelius Sull），他曾经在喀罗尼亚打败了米特拉达梯军队，还残忍地掠夺了雅典。

总之，希腊东部成为罗马长期问题。一方面，该区域的外交复杂性、罗马与很多国王建立联盟的需要几乎不可能进行明确战争，然而财富与荣誉却不断刺激将军们参与到激烈的军事战争中。而且，这些将军们越来越受到自己国家与外界的政治影响，再加上共和国的性质，罗马现在非常紧张。庞培（Pompey）的故事就充分说明了这一点。庞培连续胜利三年后，在公元前64年送给罗马元老院4.8亿塞斯特斯，还有重新绘制的东方地图，罗马每年可以从地图上的地域能收到3.4亿税收，与当时的罗马税收相比几乎翻倍。但是元老院拒绝了他的《东方法令》协议，原因是这份协议只认可了一个人的成就，只承认了他自己的卓越地位。

希腊化的东方为罗马将军提供了为个人地位、荣誉、认可度而战的机会。最终在罗马共和国的最后一代中，这些战争使恺撒（Caesar）与庞培、安东尼（Atntony）与屋大维（Octavian）成为对手。元老院并没能有效阻止，本来是想挫败将军们的野心，最后却使他们结盟。恺撒、庞培、克拉苏（Crassus）组成的前三头同盟就是元老院不妥协的结果。同样无力的还有希腊化国王们，他们的统治对于挑战罗马侵略的野心并没有起到作用。希腊世界最后一次可能成为统一地中海国家的机会是克娄巴特拉七世与马克·安

图13.17 克娄巴特拉七世头像，约公元前50—前30年，大理石

图13.18 贝尔神庙内院石柱，巴尔米拉，叙利亚。这些石柱和大部分寺庙在2015年8月时被伊斯兰国极端组织炸毁

东尼组成的联盟。克娄巴特拉是马其顿王朝中的希腊化女王，是300年以来家族中第一位学习埃及语的人，她先后引诱了尤利斯·恺撒与马克·安东尼，并与安东尼生下三个孩子（**图13.17**）。他们的结合中，一位罗马将军开始向希腊化国王进行最后的转变。例如，安东尼与克娄巴特拉的儿子们名字分别是亚历山大·赫利俄斯（Alexander Helios）和托勒密·菲勒迪斯（Ptolemy Philadelphus），他们的女儿克莱奥帕特拉·塞勒涅（Cleopatra Selene）后来嫁给了毛里塔尼亚的国王朱巴二世（Juba II），这是希腊化国王喜欢的联姻方式。

公元前31年的亚克兴角之战是亚历山大创造的希腊世界灭亡之时。在希腊西海岸，安东尼与克娄巴特拉的军队被屋大维领导下的罗马人打败。杰出、奢侈的希腊化夫妇很快自杀，双双死亡。整个地中海地区，包括说拉丁语的西方与说希腊语的东方变成罗马帝国，由奥古斯都统治。

当然，希腊化文化并没有随克娄巴特拉去世而逝去。希腊东部被并入罗马帝国省级结构，希腊文化依然在说希腊语的地中海东部地区繁荣发展。例如安提俄克的利班尼奥斯（Libanios）是一位才华横溢的学者与修辞学家，朱利安皇帝的朋友，在保留狄摩西尼演讲中起到了重要作用。他与其他相似的演说者因为才华被菲洛斯特拉托斯（Philostratos）称为“第二代诡辩家”，菲洛斯特拉托斯常常把渊博的学识与在上百人面前演讲的能力结合起来。他们都是当时的智者，代表着希腊东部城市、文学、雄辩文化的生机。另一位代表希腊文化存续的是亚历山大港的希帕提娅（Hypatia），她是公元4世纪的哲学家，主要讲述柏拉图与欧几里得，使希腊的天文学与数学传统保留下来。在她生活的时代，基督教狂热分子毁了亚历山大港图书馆。一些暴民看到一名女性公开走在男性之中谈论哲学，感到十分生气，在公元415年杀害了她。

古典时期的文化在当时与现在一样脆弱。毁坏图书馆、处死智者表现出狂热分子对遗产的毁坏，而且这种威胁一直持续，损害不可弥补。2世纪时叙利亚沙漠旁边的商队城市巴尔米拉因为丝绸之路的贸易扩展开始繁荣起来。阿拉伯、美索不达米亚、希腊与罗马文化都在这里聚集，是地中海东部地区的典型融合。近2000年后，伊斯兰国极端组织（ISIL）在2015年摧毁了这里的贝尔神庙，这座融合希腊与罗马的建筑风格、供着闪米特神灵的建筑被夷为平地（**图13.18**）。现在，地中海地区似乎是欧洲与非洲之间的支点。最明显的就是南北方的区别，但是并不总是这样。古代时候最明显的区别在东西方，从马赛到亚历山大城曾经都有说希腊语的人。如果地中海地区希腊人的故事告诉我们什么道理，那一定是，文化的存在时间比政治权利更久。

焦点：

亚历山大的形象

亚历山大死后四百多年，普鲁塔克对这位希腊人与罗马人眼中最伟大的将军进行以下评价：

> 利西波斯（Lysippos）的雕塑作品中很好地表现出亚历山大的外貌，亚历山大本人也认为只有这样的艺术家才可以描绘自己的形象。后面的继承者和朋友都在模仿他向左倾侧的脖子与动人的眼神，这些特点也都被艺术家巧妙地抓住。

（普鲁塔克，《亚历山大传》4，佩林译）

普鲁塔克认为亚历山大严格控制自己的形象，选择西锡安雕刻家利西波斯（约公元前390—前300年）为自己创作官方塑像，后来的继承者们也都模仿亚历山大的身体特征：狮子般的头发在中间分开梳在后面露出脸的样子［这种发型被称为额前短发（anastole）］，微微倾斜的头，还有他装作若无其事的表情。亚历山大的传记作家认为这些都是他超人力量的体现，可以促使他进一步的征服（**图13.19**）。

亚历山大可能是最早控制自己形象的统治者，不仅显示出权力的光环，身体也是近乎完美的：他看上去很年轻，没有胡子，可以像赫拉克勒斯那样做出伟大的壮举，也能像狄俄尼索斯那

图13.19 亚历山大头像，土耳其帕加马，公元前2世纪。注意，嘴唇微微分开，脖子稍稍扭转，这些特征都表现出亚历山大的欲望。大理石，高42厘米

图13.20 亚历山大雕像，下埃及，公元前4世纪末期，青铜，高16.5厘米

样最远到达东方。在塑造这一形象时，他得到了不同途径的帮助，比如画家阿佩莱斯（Apelles）和宝石雕刻师派戈特利斯（Pyrgoteles），当然最重要的还是利西波斯。

这位来自西锡安的艺术家故意将头身比例由波利克里托斯（Polykleitos）推崇的1∶7改为1∶8，还接受了波利克里托斯喜欢的扭动姿态，姿势更加优美、更有活力。卢浮宫里一座小型青铜雕像（**图13.20**）表现出利西波斯的作品特点（这座雕像很可能是利西波斯公元前330年创作的大型青铜作品持矛的亚历山大的仿品）。

这种英雄主义的包装非常成功，亚历山大的继任者也为自己塑造了相似的形象，使自己的统治更加合法。**图13.21**是托勒密铸造的硬币。这枚德拉克马硬币约制造于公元前309年，当时亚历山大已经去世十多年，然而这枚硬币上的人不是托勒密而是亚历山大，戴着象皮头盔，就像赫拉克勒特与他的狮皮一样。背面的名字是亚历山大，图案是雅典娜大步跨入战场（亚历山大的形像与旧希腊象征的结合是希腊化时期的典型特征）。直到公元前305年左右，托勒密一直发行硬币，依然把亚历山大当作总督，后来他与其他继承者一样接受了国王的头衔，硬币上开始有自己的名字。

图13.21 托勒密德拉克马银币，亚历山大城，埃及，约公元前309年。注意反面写着："亚历山大（的硬币）"，银制，15.65克

亚历山大在不同媒介中有不同形象，大部分学者认为与他本人最相似的是罗马东部蒂沃利的阿拉扎头像雕塑，该雕塑出土于1779年，是公元1世纪或2世纪的罗马大理石仿制品，可能是利西波斯本人铸成的青铜半身像（图13.22）。这座雕像继承了亚历山大肖像的理想化特征，同时还有一些个性化特征，更接近真实的亚历山大。

因为希腊化时期的统治者过于依赖他们与亚历山大之间的联系，亚历山大的肖像渗透了整个时代的艺术风格，甚至还出现在继任者朝代之后。证明他

图13.22 阿拉扎头像，亚历山大大帝头部雕塑，罗马帝国时期（1世纪或2世纪）利西波斯青铜作品的仿品，大理石，高68厘米

普遍存在的一个例子是1887年黎巴嫩西顿外墓地中发现的公元4世纪晚期的亚历山大时期石棺，由大理石雕刻出的墓葬石棺（**图13.23**）。这座石棺为当地精英中的领袖人物所做，很可能是提尔国王俄伯达洛尼摩斯（Abdalonymos），上面刻着公元前333年，亚历山大在伊苏城之战中对抗波斯敌人的场景，尤其引人注意的是现在还能看到油漆的痕迹。

最终，亚历山大的头像只是一种装饰，尤其是对那些征服了亚历山大希腊化东方世界的罗马人来说。公元前334年，利西波斯为亚历山大建造了一组纪念性雕像，纪念他在这一年格拉尼西阿斯河之战中取得的胜利，这组雕像的命运说明了罗马人对亚历山大毫不在意。它们本来放在马其顿南部迪翁的宙斯神庙中。公元146年，罗马将军昆图斯·凯基利乌斯·梅特鲁斯（Quintus Caecilius Metellus）把马其顿变成罗马的一个省后，雕像被带到罗马装饰屋大维的柱廊。**图13.24**是公元1世纪时，根据其中一个雕像做出的亚历山大在马背上的青铜小雕像。这个世界的征服者最终变成罗马有钱人餐桌上的装饰品。

图13.23 亚历山大石棺，黎巴嫩西顿，4世纪晚期，大理石，高1.95米

图13.24 亚历山大在马背上的雕像，1世纪，青铜与银，高49厘米

术语表

Acrocorinth（科林斯卫城）：科林斯的卫城，控制着科林斯地峡，因此在希腊历史上有着持久的作用。

adelphoi nomoi（家族法典）：希腊语，柏拉图用来描述斯巴达和克里特宪法的词语，二者非常相似。吕枯尔法斯去克里特学习法律的故事更加验证了这一点。

aegis（神盾）：宙斯送给雅典娜的蛇纹山羊皮，是雅典娜的象征，还包括菲迪亚斯在帕特农神庙著名的象牙金制雕塑。

agoge（斯巴达教育）：斯巴达教育系统，关注男性公民从七岁到二十九岁的身体与巡视训练，参见平等者。

agora（城市广场）：字面意思是"集会场所"，指古希腊城邦市场，类似于城市中的商店和用于休闲公共集会的开放区域。

agoranomoi（市场管理员）：雅典民主政体中的官员，确保市场交易中使用合法的重量单位与测量方法。

aidos（内向）：希腊语，一般指不愿意公开讨论的斯巴达人。

aither/aether（上层空气）：希腊语，喜剧《云》中阿里斯托芬提到话多的苏格拉底时用的比喻。

akropolis（卫城）：用于描述城市中位置最高、最具防御力的部分，特指雅典中部建有很多重要神庙的巨大岩石。

anarchia（无政府状态）：字面意思是"没有执政官的时期"，希腊语，指雅典人由于内部冲突无法选举主要地方执政官的时期。公元前6世纪早期梭伦立法前后，这一问题尤其突出。

anastole（额前短发）：雕塑中的一种发型，中间部分向上梳起，梳到脸后，亚历山大大帝的标志发型。

aparchai（第一果实）：字面意思是"第一果实"，雅典人用来指提洛同盟成员献给雅典娜贡品中的十六分之一。

apeiron（无限）：哲学家阿那克西曼德认为宇宙的第一准则是无限，他认为宇宙本身也是无限的。

apostateres（移除者）：字面意思是"移除者"，用来描述斯巴达国王与长老在大公约中的特权，这份公约概括了城邦的法律安排。似乎在起草大公约后国王与长老享有否定权，说明征服美塞尼亚后重新确立了贵族权威。

apsidal（半圆形建筑）：半圆形的建筑风格，例如勒夫坎地的英雄祠与公元前8世纪的早期雅典寺庙。

archagetes（殖民地建立者）：公元前750—前500年希腊大流散时期阿波罗在建立殖民地中的角色，一般个人或群体在进行远征之前会先在德尔斐询问神谕。此外，斯巴达两位国王也被称为统治者（Archagetai）。

Archaios Naos（古代神殿）：公元前6世纪后半叶庇西特拉图在雅典卫城建立的旧雅典娜神庙，位于该城邦最重要的宗教中心。公元前480年被波斯人毁坏，公元前421—前407年被伯里克利的伊瑞克提翁神庙替代。

Areopagus（亚略巴古）：雅典卫城下西北方向的阿里斯山，前执政官组成的长老院就是在这里开会，长老院因此也是以这座山丘命名。直到公元前461年厄菲阿尔特改革剥夺了长老院的大部分功能，这里一直是雅典的主要管理机构。

arête（男子气概）：希腊语，希腊男性一直追寻、培养的品质，也是一种美德。

aristeia（伟绩）：来自希腊语aristos（最好的），用于描述个人取得的英雄成就，例如荷马的《伊利亚特》第五章中记录了狄俄墨得斯的成就。

aristoi（精英）：字面意思是"最好的人"，用来描述古风时期古代希腊城邦中的精英。

arrephoroi（雅典娜侍女）：在雅典卫城服侍雅典娜的两名或四名年轻女孩，帮助编织雅典娜的披肩。

asebeia（不虔诚）：希腊语，公元前5世纪雅典对于诡辩家与哲学家（包括苏格拉底）常见的指控。

Asklepieia（阿斯克勒庇俄斯神庙）：治愈中心。

asty（城市）：希腊语，意思是城邦中心，与周边的农业、牧业用地相对。

ataraxia（不受干扰）：字面意思"不受干扰"，哲学家伊庇鲁斯将这种品质与正直的人联系在一起。

Athenaioi（雅典人）：希腊语。

atimos（耻辱）：根据梭伦法律，任何想要在雅典建立僭主统治的人都是耻辱的，因此所有受保护的权利都会被剥夺。

atoma（原子）：字面意思"无法分割的东西"，哲学家德谟克利特与留基伯认为宇宙由人眼不可见的小分子组成，这些分子非常小，不能再被分割。

aulos（阿芙洛斯管）：一种吹奏乐器，古代希腊人最重要的乐器。阿芙洛斯管技巧比赛是泛雅典娜节等竞技节日的一部分。

basileus（巴塞勒斯）：希腊语，意思是"国王"，来自迈锡尼人对当地官员的称呼。铁器时代早期用于称呼新兴群体中的统治精英，古风时期末期时一般指城邦中的宗教官员，例如雅典执政官巴塞勒斯。

basilica（巴西利卡）：（1）重要的教堂；（2）用于法律与商业交易的罗马建筑

Boulê（雅典议会）：希腊语，城邦中的管理委员会。雅典公民议会有五百人，每年以抽签形式选出。

cabotage（沿海贸易）：海上贸易，船舶与货物沿着海岸由一个港口向另一个港口移动。

caldera（火山口）：火山喷发后形成的锅型洼地，例如公元前1628年的锡拉。

cella（内殿）：雅典神庙供奉雕像的内殿。

choregos（出资人）：富裕的雅典人，负责准备戏剧节中的合唱，一种将所有产品作为献给城邦（polis）的公民义务。

choris oikountes（私有奴隶）：字面意思是"分开居住的人"，私有奴隶，与主人分开居住，主要负责制造业生产。

city-state（城邦）：参见城邦（polis）。

contrapposto（构图平衡）：雕塑中，站立的雕像重量放在一只脚上，胳膊肩膀的方向与大腿和小腿相反。

corbeled vault（枕梁拱顶）：蜂巢墓中的一种建筑方法，石头一层一层叠加在一起组成拱顶，每一层都比下一层边缘出来一些。整个结构由上方土堆连接在一起，既可以使拱顶稳定，还能对抗重力影响。

daimonion（内心神灵）：苏格拉底认为自己内心拥有"神灵"，不断与自己进行对话。

damos（民众）：参见民众（demos）。

delphus（子宫）：字面意思是子宫，命名似乎与德尔斐的阿波罗神殿有关。

decarchies（斯巴达寡头政治）：斯巴达人吕山德建立的十人寡头政治，对抗雅典民主，这是斯巴达在伯罗奔尼撒战争中打败雅典人后采取的新对外措施。

deme（定居点）：在阿缇卡，定居点是雅典市民的最小分支，公元前508年克里斯提尼重组雅典时，共有一百三十九个定居点。

demos（民众）：希腊语，词根意思是"划分"，最初与迈锡尼城邦的土地使用权有关，后来范围扩大包含整个群体，最终变成人们熟悉的"民众"。参见规则。

demosioi（公共奴隶）：字面意思是"那些属于民众的人"，指雅典的公共奴隶，归城邦所有，负责管理。公共奴隶可能是文员、秘书或清洁工，还有一些人组成基本警力。

Demosion Sema（雅典公墓）：雅典城邦公墓位于迪塔隆城门外，埋葬战争中牺牲的士兵，伯里克利就是在这里发表了著名的葬礼演讲。

diagnosis（诊断法）：与预后法一样，都是希波克拉底医生在治疗之前对病人的观察方法。

diaulos（双程赛跑）：希腊田径比赛中，运动员需要进行体育场长度两倍（约400米）往返跑，公元前724年该项目首次在奥运会中出现。

diekplous（突破战术）：海军战术，通过改变角度攻击战船，切断敌人船只的桨。

dikastikon（城邦基金）：雅典民主中负责审判服务的城邦基金。

dinos（混酒碗）：用于混合不同酒的碗。

diolkos（石轨）：横跨科林斯地峡的石灰石路，将船从地中海西部地区科林斯湾转运到地中海东部地区塞隆尼克湾，连接科林斯的利凯翁港口与肯基莱港口。

Dionysia（酒神节）：3月末在雅典纪念酒神的节日，同时会有悲剧和喜剧比赛。

dithyrambs（赞美诗）：赞美酒神的诗，起源并不清楚，但是受到阿缇卡悲剧发展的影响。

doeroi/doerai（奴隶）：线性文字B中的do-e-r-o与do-e-ra是古希腊语doulos与doule（意思是奴隶）的起源，在神圣文本和世俗文本中都有出现。锡拉历史中，奴隶是迈锡尼经济和社会中不可分割的一部分。

dokimasia（任职审查权）：雅典民主下对候选人审查的过程，本来属于亚略巴古，但在公元前461年厄菲阿尔特改革后，权利属于公民大会。

dolichos（长跑）：长距离赛跑，公元前720年奥运会中首次出现，长度相当于二十或二十四个体育场，约7.5～9公里。

doulos（奴隶）：希腊语。

doxa（无理）：希腊语，意思是"观点、信仰"，亚里士多德认为没有逻辑的努力都是无理的。

drachma（德拉克马）：字面意思是"很多"，本意指很多银币（古希腊早期的钱）。公元前6世纪硬币开始使用后，德拉克马成为货币单位之一。在古典时期的雅典，1德拉克马相当于熟练工人一天的工资。

dromos（古墓地道）：进入迈锡尼圆形坟墓入口的地道。

Echelon（梯队）：交错排列的军队形式，受亚历山大大帝喜欢。

ekecheiria（休战日）：每四年一次，奥运会前一个月的休战时间，为了确保运动员和朝圣者安全到达。

Ekklesia（公民大会）：希腊语，一般指城邦的全体大会，主要由成年男性公民组成。

ekphora（出殡）：希腊葬礼中，第二步是出殡（在净化与停灵之后），逝者的尸体从家中运往墓地。

ekphrasis（造型描述）：文学中，造型描述是对物品或艺术的细节描述。在《荷马史诗》中，一些场景保留了青铜时代晚期使用的物品和武器的细节描述。

elasteros（幽灵）：希腊语，意思是在房间内游荡的"幽灵"或"邪恶的灵魂"。

elenchos（交叉检验）：苏格拉底推崇的交叉检验方法，他因此变得声名狼藉。

engyê（订婚）：希腊"订婚"与"契约"婚姻，一般是新郎和新娘的父亲之间达成协定。

enneakrounos（泉水屋）：庇西特拉图在城市广场东南角建造的泉水屋。

entablature（柱上楣构）：建筑石柱上的水平部分，包括柱梁、雕带和飞檐。

entasis（柱上凸线）：希腊建筑中专门建成的雪茄形圆柱，用于纠正人眼对直线的扭曲感觉。

ephebes（男青年）：古代希腊城邦中，男青年指刚刚完成第一次军事训练的群体。男青年在雅典需要戍边，而在斯巴达需要加入秘密行动。

ephetai（氏族法庭）：根据德拉科杀人法，五十一人组成的氏族法庭起到了陪审团的作用，决定被告行为是有意还是无意的。

ephor（监督官）：在斯巴达，每年有五位监督官被选出来管理城邦事务。他们并没有在《大公约》中出现，可能是在公元前6世纪征服美塞尼亚以后才开设的。

erastes（爱者）：字面意思是"爱人"，爱者一般是有胡子的成年男性，在贵族、军队、入会暗示的性关系中为主动的一方。

eristics（辩论）：古典时期雅典诡辩家教授的课程，主要内容是建立有力论点。

eromenos（被爱者）：字面意思是"被爱的"，被爱者是没长胡子的青少年，在贵族、军队、入会暗示的同性关系中为被动的一方。

ethnos（民族）：拥有同样民族特征的群体总和，例如安纳托利亚人或阿卡迪亚人，他们认为自己是同一位英雄祖先的后代。

eunomia（秩序）：字面意思是"良好的秩序"，斯巴达人认为他们社会的特点就是秩序良好，而这归功于传奇的立法者吕枯尔法斯。

eupatridai（贵族阶层）：字面意思是"有高贵父亲的人"，家庭富裕、社会地位高的雅典人的自称。

eusebeia（虔诚）：希腊语，雅典人认为这是最重要的品质，需要通过定期供奉神灵维持这种品质。

euthyna（账目检查）：雅典民主中，五百人议事会对即将离职的地方行政官账目进行检查。

exegetai（诠释者）：群体中负责记录口头法律传统的官员，随着法律被书面落实，他们工作的重要性逐渐降低。参见诠释者。

Genos（氏族）：共同祖先崇拜的家庭组成的氏族，强大的氏族对古风时期的雅典有举足轻重的影响。

Genesia（亡灵节）：纪念已去世家人的节日，梭伦改革后在雅典变成整个集体的公共节日。

gephyrismos（过桥）：字面意思是"桥"，埃莱芙西斯的一种仪式，新加入的人在过桥的时候会受到言语侮辱。

Geronsia（议会）：迈锡尼语，用来形容特定的议会或组织。

Gerousia（元老院）：斯巴达议会，由二十八位老人和两位国王组成，向大会提出立法建议，最终获得投票权。

gymnasiarch（资助官）：雅典民主礼拜仪式中，（每个部落）选出十名资助官，支持火炬接力跑等节日，包括训练与补给的全部费用。

Gymnetes（裸奴）：字面意思是"裸体的人"，指阿哥斯的农业奴隶。

Halter（负重）：跳远比赛中，运动员双手负重帮助他们跳远。

harmosts（军事统治者）：伯罗奔尼撒战争后斯巴达人吕山德在城市中安排的地方长官，从雅典人手中夺过管辖权，他们主要负责指挥驻军。

hegemon（霸权城邦）：字面意思是"领导者"，用于描述希腊城邦同盟中的主要城邦（或个人），古典时期中充当这个角色的首先是雅典，后来是斯巴达，再后来是底比斯，最后是腓力二世。

Hekatompedon（"百尺厅"）：字面意思"一百英尺"，用来描述公元前6世纪雅典卫城的早期神庙，与庇西特拉图和僭主有关，坐落在帕特农神庙遗址中。

hektemoroi（六一汉）：字面意思是"六分之一的人"，在古风时期的雅典用于描述因负债被奴役的人，他们需要把自己耕种土地所得的六分之一交给地主。

helots（斯巴达奴隶）：与希腊语"俘获"相关，意思与"俘虏"类似，斯巴达人用于描述被奴役的美塞尼亚人，古代时代他们的地位降为奴隶，这些奴隶的农业劳动力使斯巴达人得以发展独特的军国主义社会。

Hellanodikai（裁判）：字面意思是"希腊人的裁判"，负责组织、管理每四年一次在奥林匹亚的奥运会。作为裁判，他们可以决定哪些人能参加奥运会，最基本的要求是希腊男性。

Hellenotamiai（财政大臣）：字面意思是"希腊人的财务主管"，指提洛同盟中负责国库和财政的官员，都是雅典人。

heqetai（车伴）：线行文字B中该词用于描述与宫廷行政联系密切的人，从石板中可以推测出军事与宗教职责。

heroon（英雄祠）：为英雄所竖的纪念碑，例如铁器时代早期的勒夫坎地英雄祠。

hetairai（高级妓女）：字面意思是"女性伴侣"，用来描述雅典饮酒会中作为娱乐者（音乐人、舞女、交谈者）的高级妓女。

hieromnemones（诠释者）：字面意思是"神圣记忆者"，群体中负责记录口头法律传统的官员，随着法律被书面落实，他们工作的重要性逐渐降低。参见诠释者。

hierosyna（牧师部分）：用于描述供奉后牧师留下的那部分。

Hippeis（骑士级）：字面意思是"骑士"，雅典梭伦体制中的第二等级，他们财富可以支付起一匹马。在梭伦法律中只有骑士级和五百麦斗级可以拥有执政权。

homoioi（平等者）：字面意思是"平等"，用于描述完全的斯巴达公民，他们在很短时间内完成了教育。

hoplites（重装步兵）：（1）全副武装的步兵，他们的名字来自携带的大圆形盾牌（hoplon），重装步兵以密集的方针作战，在这些可以负担得起自己装备的富人中促进平等主义精神的发展；（2）重装步兵带好盔甲的比赛。

horos（石碑）：刻有铭文的石碑，标志雅典城市广场的边界。

hubris（傲慢）：强烈的傲慢，根据希腊传统这会遭到报应或神的惩罚。

hypomeiones（次等人）：在斯巴达因为各种原因（例如：未能缴纳共餐制中自己的份额）被贬的下等人。

imperium（帝国）：拉丁语。

Kairos（关键时刻）：字面意思为"关键时刻"，指公元前331年大流士三世被亚历山大大帝在高加美拉打败，这是历史上的关键时刻。

kalos（美丽）：字面意思是"好看的"，一般是爱者描述被爱者的词，被爱者在成为男人后就不再拥有这一特性。

katharsis（情绪宣泄）：亚里士多德认为情绪宣泄（净化）是雅典悲剧的目的，他的意思是说怜悯、恐惧等消极情绪会通过观看戏剧得到净化。

kinaidos（滥交者）：贬义词，用于描述成年男性同性关系中被动的一方（与合理的爱者/被爱者关系相反）。

kinesis（骚乱）：字面意思"运动，骚乱"，修昔底德用来描述伯罗奔尼撒战争，他认为这是有史以来最大的骚乱。

kithara（齐特尔）：类似吉他的乐器，七根弦，一般被译为"里拉琴"（lyre），齐特尔技巧竞赛也是竞技性节日的一部分，例如泛雅典娜节。

klarotai（饼奴）：克里特的奴隶阶级，与斯巴达奴隶（helots）和色萨利奴隶（penestai）相似。

kleos（个人荣誉）：荷马作品《伊利亚特》与《奥德赛》中英雄们赢取个人荣誉的欲望。

kleos aphthiton（不朽的荣誉）：字面意思是"不朽的荣誉"，《荷马史诗》中的英雄和效仿他们的希腊人认为死后荣誉不朽。

kleroi（平等份地）：分给殖民者的土地。
klerosis ek prokritôn（随机选举）：雅典民主政体中，公元前487年以来执政官从候选人名单中随机选择。
knemides（小腿护具）：青铜胫骨护具，保护希腊重装步兵的小腿部分。
koine（共同语）：字面意思是"共同的"，指希腊化时期地中海东部地区出现的希腊方言。
koine Eirene（共同和平）：字面意思是"共同和平"，公元前4世纪这种希腊城邦之间的和平条约经常出现，但是没有持续时间长或真正有效的。
koinon（政治联盟）：建立在民族群体上的政治联盟，古代就存在，公元前4世纪开始突出发展。
koniopodes（尘脚）：字面意思是"覆盖灰尘的脚"，用来描述埃皮道鲁斯的农业奴隶。
kore（科莱）：字面意思是"女儿"，一座年轻女子雕像，考虑到埃莱夫西斯对珀耳塞福涅及其母亲得墨忒耳的崇拜，也是珀耳塞福涅女神的头衔。
koreter（总督）：迈锡尼术语，用与描述以皮洛斯为中心各个地区的总督。
krater（双耳喷口杯）：一种混酒容器。
kratos（规则）：希腊语，意思是"权利"或"规则"，民主中的第二个元素。参见民众（demos）。
krypteia（克里普提）：斯巴达男青年的分支，恐吓奴隶的秘密警察。
kykeon（致幻药）：送给埃莱夫西斯新人的含有温和致幻药的饮品。
kylix（基里克斯陶杯）：古代希腊饮酒仪式中使用的高脚浅杯，始于迈锡尼时代，一直延续到饮酒会时期。
Kyria Ekklesia（最高会议）：每个月雅典大会都会举行一次"最权威"的会议，讨论重要事务。
larnakes（金盒）：用来存放死者遗骸，例如维尔吉纳的马其顿皇家公墓中有存放遗体的金盒。
lawagetas（人民的领导）：字面意思是"人民的领导"，线性文字B中出现，地位低于战争时期领导军队的国王。
liturgy（公民义务）：雅典民主中，富裕公民需要支付费用的公共服务，包括战船维修、戏剧合唱和作为资助官的职责。
logistai（会计）：雅典民主中担任公共会计师的官员，每年需要发布一份审计报告。
logos（逻各斯）：包含很多意思的雅典词汇，最基本的意思是"词汇"，后来有了"秩序""意义""理性思考"等意义，柏拉图认为该词意思与无理相反。
magus（巫师）：波斯社会中主要负责祭祀和神圣知识的祭司阶层。
Marathonomachoi（参加马拉松战役的士兵）：希腊语，公元前490年与波斯人的战争中，这些英雄般的战士为自己在雅典赢得了崇拜的祭品。
medimnos（一斗）：阿缇卡地区的希腊测量单位，相当于52.2升。
medize（叛变者）：希腊语用来描述公元前490—前479年转而支持波斯人的那些人。
megaron（中央大厅）：一种建筑形式，包括圆柱门廊、门厅和中央配有壁炉的大厅，在爱琴海地区有很深的渊源，最早在新石器时代的塞斯克洛、迪米尼遗址出现，后来变成迈锡尼宫殿在青铜时代晚期的显著特征。
metoikion（外邦人税）：外邦人给雅典的税，每年男性需要交12德拉克马，女性需要交6德拉克马。
metope（柱间壁）：长方形建筑元素，填充多立安雕带两个装饰之间的空白。
metropolis（大城市）：字面意思是"母城"，用来描述因为殖民远征建立起的城市，例如，科林斯是西西里叙拉古的母城。
misotyrannos（对僭主的敌意）：字面意思是"对僭主的敌意"，指古风时期斯巴达人的特点，体现在斯巴达人将庇西特拉图驱逐出雅典中的贡献。
misthos（酬劳制度）：雅典民主下陪审团服务得到的酬劳。
mna（姆奈）：雅典货币单位，相当于100德拉克马。
mystes（入会）：希腊语，尤其指埃莱夫西斯的入会仪式。
nemesis（惩罚）：上天对犯下傲慢罪之人的报应。
niello（乌银）：由黄铜、银、硫酸铅构成的物质，在迈锡尼匕首上呈现出黑色高亮，迈锡尼圆形坟墓A中发现的物品尤其引人注意。
Nostoi（诺斯托伊）：讲述希腊英雄从特洛伊战争中返回的史诗，大部分都包含悲剧元素。
nous（理性）：希腊语，意思是"智力""心智"。
obai（村庄划分）：在斯巴达，村庄是城邦的重新划分，与部落相似。
obol（欧宝）：希腊语，价值等于六分之一德拉克马的硬币。
oiketai（家仆）：希腊语，指家庭奴隶，主要负责织布、做饭、照顾男女主人，命运一般比农业奴隶好。
oikist（殖民地建立者）：希腊语，一般指在远征前询问过阿波罗神谕的殖民者，死后会得到殖民地授予的神圣荣誉。
oikos（家庭）：起源于铁器时代早期，由男人、妻子、孩子、房子、家属及奴隶组成的家庭。
oinochoe（大酒壶）：一种酒壶。
oliganthropia（人数减少）：字面意思是"人员短缺"，这是斯巴达在古典时期就埋下的祸根，亚里士多德将该问题归咎于斯巴达女性。
omphalos（神石）：字面意思是"中心点"，德尔斐有一块石头指示世界中心，因此验证了德尔斐是世界中心的观点。人们认为这块石头是科隆纳斯代替宙斯吞下的。
orgeones（归化民）：古风时期以来一直有记载的宗教团体，负责神或英雄的仪式。
orpheotelestai（俄耳甫斯入会者）：参与俄耳甫斯秘密组织的入会者，他们死后会和刻着铭文的金制盘子埋葬在一起，作为美好往生的入场券。
ostrakon（陶片）：陶器的一小片，上面刻着陶片放逐法的人名。
ostracism（陶片放逐法）：雅典民主体制下的制度，雅典人可以将领导人放逐十年之久，但是被放逐的人并不会失去自己的财产或公民权。
paideia（教化）：希腊语，伊索克拉底认为该词定义了公元前4世纪希腊的文化含义。
Panathenaia（泛雅典娜节）：所有雅典人的节日，公元前6世纪庇西特拉图重新组织节日，包括运动、马术、音乐、诗歌方面的比赛。大泛雅典娜节每四年一次，在雅典娜7月生日时举办。
pankration（搏击）：希腊运动中"全能"的项目，结合拳击和摔跤，比赛过程中不允许挖眼、抓下身、咬人，公元前648年在奥林匹亚出现。
Paralos（雅典舰船）：雅典民主政体下的三层划桨战船。
pelike（皮莱克罐）：一体式陶制液体容器。
penestai（色萨利奴隶）：色萨利奴隶阶级，类似于斯巴达奴隶和克里特饼奴。
Pentekosiomedimnoi（五百麦斗级）：字面意思是"五百麦斗的人"，梭伦体制下的最高等级，起源可追溯至铁器时代早期。梭伦体制下，只有五百麦斗级和骑士级能拥有执政权。
Pentekontaetia（五十年时期）：字面意思是"五十年的时间"，用于描述公元前480年波斯入侵到公元前431年伯罗奔尼撒战争爆发之前的时期，当时雅典控制着提洛同盟，是主要的帝国主义力量。
peplos（披肩）：古代希腊女性衣服，每四年的泛雅典娜节时，雅典公民会将新的披肩作为生日礼物送给雅典娜女神。
periplous（包抄战术）：海军战术，一艘雅典三层战船包围敌人的船，然后从后方攻击。
perioikoi（边区居民）：字面意思是"附近的居民"，斯巴达社会中边区居民指美塞尼亚和拉科尼亚城邦中的居民，需要参军。
Perserschutt（波斯碎片）：德语词，指公元前480年波斯在卫城毁坏的考古遗迹。
phalanx（方阵）：排列紧密的重装步兵方阵。
phoros（贡品）：提洛同盟成员向雅典缴纳的贡品。
phratry（兄弟会）：字面意思是"兄弟"，雅典社会团体由相同血缘的男性组成，有时这种血缘关系可能是虚构的。被兄弟会中的兄弟们接受是雅典人取得公民权的重要一步。
phyle（部落）：字面意思是"部落"，希腊城邦中的重要分支，例如斯巴达有三个部落，古代雅典有四个部落，民主雅典有十个部落。见村庄划分。
phylax play（滑稽剧）：大希腊多立安群体的滑稽剧。
physis（自然）：希腊语。
pirradaziš（波斯道路系统）：波斯语，从萨迪斯到苏萨的皇家道路网络，路上有换马的驿站。
pinax（碑画）：绘制的石碑。
pithos（大口陶瓷坛）：大量储藏物品的陶罐，与米诺斯和迈锡尼宫殿的弹匣有关。
plethra（普法拉）：计量单位，等于100英尺长或900平方米，用于描述殖民者分的的土地，例如科西拉岛的梅莱娜。
poletai（拍卖没收品的官吏）：雅典民主中负责公开拍卖没收物品的官员。
polis（城邦）：希腊语，指自治的公民群体，管辖区域包括城市中心和周围的农业、牧业用地，以及港口。城邦的公民身份逐渐被视作希腊化身份的标志。
politeia（政制）：希腊语，法律安排及特权范围，相当于城邦的法律。
polos（女神头饰）：女神戴的头巾或王冠。
polyandry（一妻多夫制）：一名妻子有多名丈夫的制度，斯巴达习俗，也许是为了避免家庭财产分配。
porne（妓女）：希腊语。
pothos（欲望）：字面意思是"渴望""欲望"，亚历山大大帝的传记作家认为亚历山大的超人力量是源于征服的行为。
proedroi（主席团）：雅典民主中，九人组成的执行委员会，轮流出席五百人议事会。
prognosis（预后法）：与诊断法都是希波克拉底医生在治疗之前对病人的观察方法。

proskynesis（崇敬）：向波斯大帝鞠躬的礼节，因为马其顿人认为这个姿势只适合面对神灵，因此使亚历山大大帝陷入困境。

prothesis（净化和停灵）：雅典葬礼第一步，尸体放在家里，家庭成员们在此哀悼，后面是出殡。

prytanis（议长）：雅典民主中，每个部落中选出五十人作为五百人议事会成员，任期十分之一公民年，一整年在十个部落轮流进行。

rhapsodes（游吟诗人）：字面意思是"把歌放在一起唱的人"，指背诵《荷马史诗》的表演者，背诵诗歌表演是泛雅典娜节的一部分，对我们现在的《伊利亚特》和《奥德赛》产生了深远影响。

rhyton（角状杯）：祭祀用的带有壶嘴的仪式容器。青铜时代晚期米诺斯及迈锡尼容器最明显的特点就是形似牛角或其他动物的角。

Sarissa（长矛）：长矛，约有6米长，腓力二世时期马其顿方阵中士兵使用的武器。

satrapy（管辖区）：波斯帝国的一个省。

scholê（闲暇）：本意是"休闲"，英文单词学校（school）的起源，用于描述古典时期雅典富人可以参加的悠闲活动，包括哲学与诗歌。

Seisachtheia（解负令）：字面意思是"减轻负担"，公元前594年梭伦颁布，旨在减轻骑士级雅典公民的债务负担。

sitophylakes（价格监督官员）：雅典民主中负责监督粮食价格，避免价格垄断。

skyphos（双耳深酒杯）：两个水平把手的饮酒杯。

Soma（身体）：亚历山大港用来存放亚历山大大帝遗体的墓葬群。

stadion（单程赛跑）：希腊田径运动中最古老的项目，长度为一个体育场的长度，约192米。

stamnos（葡萄酒坛）：陶制宽肚容器，适合储存液体或上酒。

stasis（混乱状态）：希腊语，用来描述古风时期城邦生活中的公民冲突。见无政府状态。

stele（石碑）：竖立着的雕刻好的石碑，一般用来作为墓碑，古代时期留下了很多铭文。

stichomythia（轮流对白）：希腊戏剧中，两位演员轮流对话，两人一般观点相反，带有争论性质。

stoa（柱廊）：宽阔的柱廊，深受希腊人喜欢的建筑形式，用于各种公民建筑。

stomion（大门）：字面意思是"口"，进入迈锡尼圆形坟墓墓室的入口，位于古墓地道末端。

symmories（按资产划分的小组）：公元前4世纪的雅典，六十人组成的二十个委员会，每个被称为一个小组，分担战船的负担，是重要的公民义务之一。

symposium（饮酒会）：贵族男性的饮酒聚会，一般都会痛饮狂欢，还有高级妓女作为娱乐（音乐、舞蹈、对话），偶尔饮酒会也会成为讨论诗歌、哲学的地方。

synoecism（居地统一）：很多小村庄合并成一个城市中心的城邦，拥有单一、统一的政治体制。

syssition（共餐制）：在斯巴达，公民都有属于自己的用餐群体，需要从奴隶工作所得的资产中缴纳一定数量的钱。每个群体由十五—二十人组成，来自不同年龄段，居住在一起。

Telestai（地主）：迈锡尼语，用于描述重要的地主，一般还参与宗教活动。

telesterion（泰勒斯台里昂神庙）：埃莱夫西斯大厅，不断被扩大，因此反映出个人崇拜到国家崇拜的转化。

tell（人造山）：考古遗迹中居民堆出来的多层人工山，具有希腊新石器时代的特征，特洛伊的多层山就是很好的例子。参见古墓。

telos（终结）：字面意思是"结束"，亚里士多德认为，恰当的功能或关系的结束是一种优势，这种优势确定了各种关系并给这些关系增加了目的。

temenos（圣地）：希腊宗教中描述神圣的地方。

theios aner（圣人）：字面意思是"神圣的人"，这种观点开始于斯巴达吕山德时期，促进亚历山大大帝的神圣性。

theorikon（专用金库）：雅典民主的城邦基金，为那些贫穷得付不起剧场门票的人资助门票。

Thesmothetai（执法官）：字面意思是"立法者"，雅典民主政体中，有六位官员负责监督法律是否落实。

Thetes（日佣级）：梭伦体制下的第四等级，也是最低等级，可以参加公民大会。

thiasoi（归化民）：古风时期以来一直有记载的宗教团体，负责神或英雄的仪式。

tholos（圆形建筑）：圆形建筑，一般是神庙，或是带有枕梁拱顶的蜂巢型墓穴。

thranites（战船桨手）：三层雅典战船顶层的桨手。

to anthropinon：字面意思是"人类的事"，修昔底德认为，这是历史的主要原则。人类本质并不会改变，因此未来的事件只是过去事件的重复。

to mythodes（传奇的）：修昔底德认为希罗多德作品的特点是"传奇的""令人难以置信的"，而自己的作品绝对不会这样。

trierarch（舰长）：负责战船维护的雅典富人，有时还会担任战船的船长。

triglyph（三竖线花纹装饰）：多立安雕带上三条垂直的凹槽，与柱间壁交叉出现。

trireme（雅典战船）：靠桨手滑行的三层战船，配有防撞的青铜，不在战争中使用时也有船帆。

trittys（三分区）：字面意思是"三"，公元前508年克里斯提尼重组雅典后，诗歌公民部落各由三个三分区组成，分别来自阿缇卡海岸、平原、城市。这种安排极大减少了区域内的贵族势力，促进雅典民主发展。

tumulus（人造山）：人造土山，一般在考古记录中有纪念意义，见人造山。

Unterberg（小堡垒）：梯林斯的低矮堡垒。

wanakteros（国王的）：线性文字B中发现的形容词，与国王有关的商品有所联系，意思相当于英语中的"皇家的"（royal）。

wanax（国王）：线性文字B中的词语，意思是城邦的统治者，后来的希腊人使用anax特指《荷马史诗》中的英雄与神灵。

wappenmünzen（纹章硬币）：字面意思是"有纹章的硬币"，德国学者用来描述公元前6世纪雅典早期硬币的词语，上面的纹章很可能代表了雅典的精英家庭。

xoanon（木雕神像）：木质的古代崇拜雕塑，例如伊瑞克提翁神庙内殿有雅典娜的橄榄木雕像。

xenelasia（驱逐令）：字面意思是"驱逐外国人"，斯巴达人会定期将外国人驱逐出自己的领地，防止引入激进的思想与习俗。

xenia（好客精神）：仪式性的待客友谊，这种关系会超越个人，传递给子孙后代，违反好客精神的人犯了很严重的罪，会受到宙斯的惩罚。

xiphos（短刀）：重装步兵近距离交战时使用的短刀。

Zanes（宙斯群像）：字面意思是"很多宙斯"，奥林匹亚有十六座雕像，用奥运会中作弊运动员的罚款建造。

Zeugitai（双牛级）：字面意思是"控制牛轭的人"，梭伦雅典体制中的第三等级，可以参加公民大会。

相关资料来源说明

我们已经做出最大努力与相关资料提供方取得联系。如有遗漏，欢迎与Thames & Hudson出版社联系。

第一章　引言：为什么要研究希腊人？

p. 16 Homer, *The Iliad*, trans. Ian Johnston, http://records.viu.ca/~johnstoi/homer/iliad6.htm (Accessed April 20, 2017).

p. 17 Plato, *Symposium*, trans. Benjamin Jowett (Oxford: Clarendon Press, 1871).

p. 17 *Selected Poems of Rainer Maria Rilke*, trans. Stephen Mitchell (New York: Random House, 1982). Translation copyright © 1982 by Stephen Mitchell. Used by permission of Random House, an imprint and division of Penguin Random House LLC. All rights reserved.

p. 18 W. von Humboldt, *Geschichte des Verfalls und Unterganges der griechischen Freistaaten* (Leipzig: G. J. Göschen, 1896).

p. 19 Thucydides, *The Peloponnesian War*, trans. Benjamin Jowett (Oxford: Clarendon Press, 1881).

p. 20 Thucydides, *The Peloponnesian War*, trans. Benjamin Jowett (Oxford: Clarendon Press, 1881).

pp. 20－21 Ibid.

p. 23 Plato, *Republic*, 474c, trans. G. Vlastos, *Platonic Studies*, 2nd edn (Princeton, NJ: Princeton University Press, 1973).

p. 23 Aristotle, *Politics*, trans. Benjamin Jowett (Oxford: Clarendon Press, 1885).

pp. 23－24 Ibid.

p. 24 Osama bin Laden, "The sword fell," http://www.nytimes.com/2001/10/08/world/a-nation-challenged-bin-laden-s-statement-the-sword-fell.html (Accessed April 20, 2017).

p. 24 Osama bin Laden, "Let the world know," http://www.washingtonpost.com/wp-srv/nation/specials/attacked/transcripts/binladen_100801.htm (Accessed April 20, 2017).

p. 25 Herodotus, *The Histories*, trans. A. D. Godley (London: W. Heinemann, 1921).

p. 26 Victor Davis Hanson, "History and the Movie 300," http://carnageandculture.blogspot.com/2007/03/victor-davis-hanson-history-and-movie.html (Accessed April 20, 2017).

p. 28 Isokrates, *Panegyrikos* (Leipzig, Berlin: Teubner, 1903), trans. McInerney.

p. 28 Simonides of Keos, *The Spartan Epitaph*, (=Herodotos *The Histories* 7.228), trans. McInerney.

p. 28 Barack Obama, "Remarks by the President After Counter-ISIL Meeting, June 14,2016," https://obamawhitehouse.archives.gov/the-press-office/2016/06/14/remarks-president-after-counter-isil-meeting (Accessed April 20, 2017).

p. 29 Homer, *The Iliad*, trans. Lattimore (Chicago, IL: University of Chicago Press, 1951).

第二章　早期希腊人与米诺斯人：迷宫与弥诺陶洛斯

p. 41 J. M. Galán, *Victory and Border: Terminology related to Egyptian Imperialism in the XVIIth Dynasty* (Hildesheim: Hildesheimer Agyptologische Beitrage 40, 1995).

p. 46 K. T. Glowacki, "House, Household, and Community at LM IIIC Vronda," in *Building Communities: House, Settlement and Society in the Aegean and Beyond*, ed. R. Westgate, N. Fisher, and J. Whitley (London: British School at Athens, 2007), pp. 129–39.

p. 51 Richard A. Lovett, "'Atlantis' Eruption Twice as Big as Previously Believed, Study Suggests," National Geographic http://news.nationalgeographic.com/news/2006/08/060823-thera-volcano.html (Accessed July 11, 2017).

第三章　迈锡尼：盛产黄金的地方

p. 62 H. Schliemann, *Troy and its Remains* (London: John Murray, 1875).

p. 74 A.-F. Christidis (ed.), *A History of Ancient Greek: From the Beginnings to Late Antiquity* (Cambridge: Cambridge University Press, 2007).

p. 75 A. Vasilogamvrou, "The first Linear B documents from Ayios Vasileios (Laconia)," in *Études Mycéniennes 2010, actes du XIIIe colloque international sur les textes égéens. Sèvres, Paris*, P. Carlier *et al.* (Rome: Fabrizio Serra editore, 2012), p. 43.

p. 78 R. Castleden, *Mycenaeans* (Abingdon: Routledge, 2005), p. 28.

p. 86 Homer, *The Iliad*, trans. Ian Johnston, http://records.viu.ca/~johnstoi/homer/iliad6.htm (Accessed April 20, 2017).

p. 89 A. H. Gardiner, *Egypt of the Pharaohs* (Oxford: Oxford University Press, 1961).

第四章　铁器时代

p. 99 Aleydis van De Moortel and Eleni Zahou, "2004 Excavations at Mitrou, East Lokris," in *Aegean Archaeology* 7, (2005): 39–48.

p. 100 Homer, *The Odyssey*, trans. I. Johnston, http://records.viu.ca/~johnstoi/homer/odyssey4.htm (Accessed April 20, 2017).

p. 102 F. Mora, "Nestor's cup," https://www.brown.edu/Departments/Joukowsky_Institute/courses/greekpast/4695.html (Accessed April 20, 2017).

p. 107 C. Fornara, *Archaic Times to the End of the Peloponnesian War* (Cambridge: Cambridge University Press, 1983).

p. 110 Herodotus, *The Histories*, trans. G. Rawlinson (London: J. Murray, 1897).

p. 111 Ibid.

p. 111 R. Meiggs and D. M. Lewis, *A Selection of Greek Historical Inscriptions to the End of the Fifth Century B.C.* (Oxford: Oxford University Press), trans. O. Murray in *Early Greece*, 2nd edn (Harvard: Harvard University Press, 1993), p. 109. Reprinted by permission of HarperCollins Publishers Ltd © 1978 Oswyn Murray.

p. 112 R. Meiggs and D. M. Lewis, *A Selection of Greek Historical Inscriptions to the End of the Fifth Century B.C.* (Oxford: Oxford University Press), p. 1969, trans. McInerney.

p. 113 *Supplementum Epigraphicum Graecum* IX 72, trans. J. McInerney in *The Cattle of the Sun: Cows and Herding in the World of the Greeks* (Princeton: Princeton University Press, 2010).

p. 119 Pindar, *The Odes*, trans. C. M. Bowra (London: Penguin, 1969).

p. 120 Aeschines, *Speeches*, trans. C. D. Adams (Cambridge, MA: Harvard University Press, 1918).

p. 120 Pausanias, *Description of Greece*, trans. W. H. S Jones (Cambridge, MA: Harvard University Press, 1918).

第五章　古风时期：斯巴达

p. 126 Strabo, *Geography*, trans. H. L. Jones (London: W. Heinemann, 1930).

p. 129 Homer, *The Odyssey*, trans. I. Johnston, http://records.viu.ca/~johnstoi/homer/odyssey8.htm (Accessed April 20, 2017).

p. 139 Plutarch, *Sayings of the Spartans (=Moralia)* 241c, 8, trans. S. Blundell, *Women in Ancient Greece* (Cambridge, MA: Harvard University Press, 1995).

p. 134－35 Plutarch, *Sayings of the Spartans* in *Moralia* vol. III, trans. F. C. Babbitt (Cambridge, MA: Harvard University Press, 1931).

p. 136 Plutarch, *Life of Lycurgus*, trans. P. Cartledge, *Sparta and Lakonia: A Regional History 1300–362*, 2nd edn (Abingdon: Routledge, 2002), p. 116.

p. 136 Thucydides, *The Peloponnesian War*, trans. Benjamin Jowett (Oxford: Clarendon Press, 1881).

p. 140 Alkman, *Greek Lyric, Vol. II: Anacreon, Anacreontea, Choral Lyric from Olympis to Alcman*, ed. and trans. D. A. Campbell, Loeb Classical Library Volume 143 (Cambridge, MA: Harvard University Press, 1989). Copyright ©1988 by the President and Fellows of Harvard College. Loeb Classical Library® is a registered trademark of the President and Fellows of Harvard College.

p. 140 Tyrtaios, *Elegy and Iambus*, trans. J. M. Edmonds (Cambridge, MA: Harvard University Press. London, 1931).

p. 141 Aristotle, *Politics*, trans. S. Pomeroy, *Spartan Women* (Oxford: Oxford University Press, 2002).

p. 142 Herodotus, *The Histories*, trans. A. D. Godley (London: W. Heinemann, 1921).

第六章　古风时期：雅典

p. 149 Herodotus, *The Histories*, trans. J. McInerney.

p. 152 Theogonis, *Elegies*, in *Greek Lyric: An Anthology in Translation*, trans. A. Miller (Indianpolis, IN: Hackett, 1996).

p. 153 Ibid.

p. 153 *IG* 1³ 104, trans. S. Lambert and P. J. Rhodes, https://www.atticinscriptions.com/inscription/IGI3/104 (Accessed April 21, 2017).

p. 154 Solon, *Select Fragments*, trans. J. Porter, www.sayreschool.org/uploaded/

faculty/bmorrish/Humanities...9/solontexts.doc (Accessed April 21, 2017).

p. 155 Ibid.

pp. 156 – 57 Josine Blok and A. P. M. H. Lardinois (eds.), *Solon of Athens: New Historical and Philological Approaches* (Amsterdam: Brill, 2006).

p. 157 Aristotle, *Ath. Pol.*, trans. J. F. McGlew, *Tyranny and Political Culture in Ancient Greece* (Ithaca, NY: Cornell University Press, 1993).

p. 159 Thucydides, *The Peloponnesian War*, trans. Camp.

p. 159 *IG* 1^{3} 1092 bis, trans. R. E. Wycherly, *Literary and Epigraphical Testimonia, (Agora III)* (Princeton, NJ: ASCSA, 1957).

p. 164 Athenaios, C. Fornara, *Archaic Times to the End of the Peloponnesian War* (Cambridge: Cambridge University Press, 1983).

p. 164 J. Roisman and J. C. Yardley, *Ancient Greece from Homer to Alexander: The Evidence* (Oxford: Blackwell, 2011).

p. 164 Herodotos, *The Histories*, trans. McInerney.

p. 165 – 66 Josiah Ober, "Epistemic democracy in Classical Athens," ed. H. Landemore and J. Elster, *Collective Wisdom: Principles and Mechanisms* (Cambridge: Cambridge University Press, 2012), pp. 118–47.

p. 168 S. Cummings and J. Brocklesby, "Towards demokratia - myth and the management of organizational change in ancient Athens," *Journal of Organizational Change Management*, 10 (1997): 71–95.

第七章　波斯

p. 172 Strabo, *Geography*, trans. H. L. Jones (London: W. Heinemann, 1930).

p. 175 *New American Standard Bible* (La Habra, CA: The Lockman Foundation, 1960).

p. 175 M. H. Crawford and D. Whitehead, *Archaic and Classical Greece: A Selection of Ancient Sources in Translation*, (Cambridge: Cambridge University Press, 1983).

p. 176 Herodotus, *The Histories*, trans. A. de Selincourt (Harmondsworth: Penguin, 1954).

p. 177 L. W. King and R. C. Thompson, *The Sculptures and Inscription of Darius the Great on the Rock of Behistûn in Persia* (London: British Museum, 1907).

p. 178 Herodotus, *The Histories*, trans. A. de Selincourt (Harmondsworth: Penguin, 1954).

p. 179 Ibid.

p. 183 Marathon Epigram, trans. Hartnett in S. B. Ferrario, *Historical Agency and the 'Great Man' in Classical Greece* (Cambridge: Cambridge University Press, 2014).

p. 188 Herodotus, *The Histories*, trans. R. Waterfield.

p. 190 Aeschylus, *Persians*, trans. H. W. Smyth (Cambridge, MA: Harvard University Press, 1926).

p. 191 Hippocrates, *Airs, Water and Places*, trans. F. Adams (London: Wyman and Sons, 1881).

p. 193 P. Bordes, *Jacques-Louis David: Empire to Exile* (New Haven: Yale University Press, 2005).

第八章　民主与帝国

p. 200 Plutarch, *Cimon and Pericles*, trans. B. Perrin (New York: Scribner, 1910).

p. 202 *IG* I^{3} 52, trans. S. Lambert and P. J. Rhodes, https://www.atticinscriptions.com/inscription/IGI3/52 (Accessed April 22, 2017).

p. 203 Demosthenes, *On the Crown*, trans. J. McInerney.

p. 204 Aristophanes, *Wasps, The Complete Greek Drama, vol. 2*, trans. Eugene O'Neill, Jr. (New York: Random House, 1938).

p. 206 Demosthenes, *On the False Embassy*, trans. C. A. Vince and J. H. Vince (Cambridge, MA: Harvard University Press, 1926).

p. 207 *IG* I^{3} 1147, trans. S. Lambert and R. Osborne, https://www.atticinscriptions.com/inscription/IGI3/1147 (Accessed April 22, 2017).

p. 208 *IG* I^{3} 14, trans. S. Lambert and P. J. Rhodes, https://www.atticinscriptions.com/inscription/IGI3/14 (Accessed April 22, 2017).

p. 210 *IG* I^{3} 40, trans. S. Lambert and R. Osborne, https://www.atticinscriptions.com/inscription/IGI3/40 (Accessed April 22, 2017).

p. 211 Ibid.

p. 211 *IG* I^{3} 46, trans. S. Lambert and P. J. Rhodes, https://www.atticinscriptions.com/inscription/IGI3/46 (Accessed April 22, 2017).

pp. 212 – 13 Thucydides, *History of the Peloponnesian War*, trans. R. Crawley (London: J. M. Dent, 1910).

p. 213 Plato, *Gorgias*, trans. McInerney.

第九章　包容与排外：伯里克利时期的雅典生活

p. 223 Aeschylus, *The Suppliants*, trans. J. Lembke (Oxford: Oxford University Press, 1975).

p. 225 – 26 Demosthenes, *Against Midias*, trans. A. T. Murray (Cambridge, MA: Harvard University Press, 1939).

p. 227 Plutarch, *Pericles*, trans. T. Buckley, *Aspects of Greek History 750–323 BC: A Source-Based Approach*, 2nd edn (Abingdon: Routledge, 2010), p. 232.

p. 228 Plutarch, *Cimon and Pericles*, trans. B. Perrin (New York: Scribner, 1910).

p. 234 Plutarch, *Cimon and Pericles*, trans. B. Perrin (New York: Scribner, 1910).

p. 235 Hesiod, *Works and* Days, trans. H. G. Evelyn-White (Cambridge, MA: Harvard University Press, 1914).

p. 235 Semonides, *Women*, trans. Diane Arnson Svarlien, http://www.stoa.org/diotima/anthology/sem_7.shtml (Accessed April 22, 2017).

p. 235 Demosthenes, in *The Murder of Herodes and Other Trials*, trans. K. Freeman (New York: Hackett: 1994).

p. 235 Xenophon, *Economicus*, trans. J. McInerney.

p. 235 Thucydides, *History of the Peloponnesian War*, trans. R. Crawley (London: J. M. Dent, 1910).

p. 236 Lysias, *On the Murder of Eratosthenes*, trans. W. R. M. Lamb (Cambridge, MA: Harvard University Press, 1930).

p. 237 Aristophanes, *Wasps*, trans. McInerney.

p. 237 Demosthenes, *Against Neaira*, trans. K. Freeman, *The Murder of Herodes and Other Trials* (New York: Hackett: 1994).

p. 238 Herodotus, *The Histories*, trans. McInerney.

p. 238 G. Herdt, "Semen transactions in Sambia Culture," in *Ritualized Homosexuality in Melanesia*, ed. G. Herdt (Berkeley and Los Angeles: University of California Press, 1984), pp. 167–210.

p. 239 Strabo, *Geography*, trans. H. L. Jones (London: W. Heinemann, 1930).

p. 239 Aischines, *Against Ktesiphon*, trans. K. J. Dover, *Greek Homosexuality* (Cambridge, MA: Harvard University Press, 1989).

p. 241 Xenophon, *Ways and Means*, trans. E. C. Marchant (Cambridge, MA: Harvard University Press, 1925).

p. 241 Xenophon, *Memorabilia*, trans. E. C. Marchant (Cambridge, MA: Harvard University Press, 1925).

p. 241 Demosthenes, *Against Timocrates*, trans. A. T. Murray (Cambridge, MA: Harvard University Press, 1939).

p. 241 Aristotle, *Politics*, trans. Benjamin Jowett (Oxford: Clarendon Press, 1885).

p. 241 Schol. ad Aristot., *Aristotle in 23 Volumes*, vol. 22, trans. J. H. Freese. (London: William Heinemann Ltd., 1926).

p. 242 Lysias, *Against Pancleon*, trans. W. R. M. Lamb (Cambridge, MA: Harvard University Press, 1930).

第十章　宗教与哲学：古典时期的信仰与知识

p. 248 *IG* II^{2} 1237, trans. S. Lambert and F. Schuddeboom, https://www.atticinscriptions.com/inscription/IGII2/1237 (Accessed April 22, 2017).

p. 249 *IG* II^{2} 1514, trans. J. McInerney.

p. 250 Michael H. Jameson, David R. Jordan, and Roy D. Kotansky, *A Lex Sacra from Selinous* (Durham, NC: Duke University, 1993).

p. 248 *IG* II^{2} 1262, trans. S. Lambert and F. Schuddeboom, https://www.atticinscriptions.com/inscription/IGII2/1362 (Accessed April 22, 2017).

p. 251 *SEG* 52.48A, trans. S. Lambert, https://www.atticinscriptions.com/inscription/Lambert2002/362-65 (Accessed April 22, 2017).

p. 252 *IG* II^{2} 2499, trans. Kloppenborg, http://philipharland.com/greco-roman-associations/lease-of-the-temple-of-egretes-306305-bce/ (Accessed April 22, 2017).

p. 254 Homer, *The Odyssey*, trans. I. Johnston, http://records.viu.ca/~johnstoi/homer/odyssey8.htm (Accessed April 20, 2017).

p. 256 *The Homeric Hymns and Homerica*, trans. H. G. Evelyn-White (Cambridge, MA: Harvard University Press, 1914).

p. 257 W. K. C. Guthrie, *Orpheus and Greek Religion*, 2nd edn (London: Methuen, 1952).

p. 258 Theophrastus, *Characters*, trans. McInerney.

p. 259 M. Hamilton, *Incubation: Or, the Cure of Disease in Pagan Temples and Christian Churches* (London: St Andrews University Press, 1906).

p. 261 M. Lefkowitz and M. Fant (eds.), *Women's Life in Greece and Rome*, 3rd edn (Baltimore, MD: Johns Hopkins Press, 1992).

p. 261 *The First Philosophers: The Presocratics and Sophists,* trans. R. Waterfield (Oxford: Oxford University Press, 2000).

p. 262 *The Fragments of Parmenides, Revised and Expanded Edition*, trans. A. H. Coxon (Las Vegas, NV: Parmenides, 2009).

pp. 262 – 63 *Presocratics Reader: Selected Fragments and Testimonia*, ed. Patricia Curd; trans. Richard D. McKirahan, 2nd edn (Indianapolis, IN: Hackett Pub. Co., 2010).

p. 263 W. K. C. Guthrie, *The Sophists* (Cambridge: Cambridge University Press, 1971).

p. 263 R. Janko, "The Derveni Papyrus: An Interim Text," *Zeitschrift für Papyrologie und Epigraphik*, 141 (2002): 1–62.

p. 265 Aristophanes, *Clouds,* trans. P. Meineck (Indianapolis, IN: Hackett Pub. Co., 2000).

pp. 266 – 67 Thucydides, *The Peloponnesian War*, trans. Benjamin Jowett (Oxford: Clarendon Press, 1881).

p. 267 Ibid.

第十一章　伯罗奔尼撒战争

p. 275 V. D. Hanson, "Democratic Warfare, Ancient and Modern," in *War and Democracy: A Comparative Study of the Korean War and the Peloponnesian War*, ed. D. R. McCann and B. S. Strauss (Armonk, NY: M. E. Sharpe, 2001), pp. 3–33.

p. 275 E. D. Mansfield and J. Snyder, "Democratization and the Danger of War," in *International Security* 20 (1995): 5–38.

p. 275 D. Reiter and A. C. Stam, *Democracies at War* (Princeton, NJ: Princeton University Press, 2001).

p. 277 Plutarch, *Themistocles*, trans. McInerney.

p. 277 Xenophon, *Constitution of the Athenians*, trans. J. Moore in *Aristotle and Xenophon on Democracy and Oligarchy* (Berkeley and Los Angeles: University of California Press, 1975).

pp. 278 – 79 Thucydides, *The Peloponnesian War*, trans. McInerney.

pp. 280 – 281 Thucydides, *The Peloponnesian War*, trans. Benjamin Jowett (Oxford: Clarendon Press, 1881).

p. 282 Ibid.

p. 282 Thucydides, *History of the Peloponnesian War*, trans. R. Crawley (London: J. M. Dent, 1910).

p. 285 Ibid.

p. 285 (column 2) Thucydides, *History of the Peloponnesian War*, trans. P. Woodruff in *On Justice, Power, and Human Nature* (Indianapolis, IN: Hackett, 1993).

p. 286 Thucydides, *History of the Peloponnesian War*, trans. R. Crawley (London: J. M. Dent, 1910).

p. 288 Ibid.

p. 292 Xenophon, *Hellenica*, trans. C. L. Brownson (Cambridge, MA: Harvard University Press, 1918).

p. 294 B. Rankov, "Lessons of History: The good ship *Democracy*: The building of a trireme warship fleet had a deep effect on Athenian society," *The Independent* Sunday June 13, 1993, http://www.independent.co.uk/news/uk/lessons-of-history-the-good-ship-democracy-the-building-of-a-trireme-warship-fleet-had-a-deep-effect-1491503.html (Accessed April 24, 2017).

第十二章　泛希腊主义与腓力的崛起

p. 297 Xenophon, *Hellenica*, trans. C. L. Brownson (Cambridge, MA: Harvard University Press, 1918).

p. 298 Andrew Wolpert, *Remembering Defeat: Civil War and Civic Memory in Ancient Athens* (Baltimore, MD: Johns Hopkins University Press, 2002).

p. 298 Lysias, *Against Eratosthenes*, trans. W. R. M. Lamb (Cambridge, MA: Harvard University Press, 1930).

p. 299 Aristophanes, *Clouds*, trans. McInerney.

p. 301 Xenophon, *Memorabilia*, trans. G. Boys-Stones and C. Rowe, *The Circle of Socrates: Readings in the First-generation Socratics* (Indianapolis, IN: Hackett Pub. Co., 2013).

p. 301 Xenophon, *Memorabilia*, trans. M. H. Crawford and D. Whitehead in *Archaic and Classical Greece: A Selection of Ancient Sources in Translation* (Cambridge: Cambridge University Press, 1983).

p. 301 Aeschines, *Speeches*, trans. M. H. Crawford and D. Whitehead, *Archaic and Classical Greece: A Selection of Ancient Sources in Translation* (Cambridge: Cambridge University Press, 1983).

p. 302 Plato, *Phaedo,* trans. H. Tredennick in *The Last Days of Socrates* (Harmondsworth: Penguin, 1954).

pp. 302 – 3 Plato, *The Apologia,* trans H. Tredennick in *The Last Days of Socrates* (Harmondsworth: Penguin, 1954).

p. 304 Xenophon, *Hellenica*, trans. C. L. Brownson (Cambridge, MA: Harvard University Press, 1918).

p. 304 – 5 *IG* II² 34, trans P. J. Rhodes, https://www.atticinscriptions.com/inscription/IGII2/34 (Accessed April 24, 2017).

p. 305 *IG* II² 43, trans P. J. Rhodes, https://www.atticinscriptions.com/inscription/IGII2/43 (Accessed April 24, 2017).

p. 309 Xenophon, *Hellenica*, trans. C. L. Brownson (Cambridge, MA: Harvard University Press, 1918).

p. 309 Isokrates, *To Philip*, trans. George Norlin, *Isocrates Vol. I, Loeb Classical Library Volume 209*, first published 1928 (Cambridge, MA: Harvard University Press, 1980). Loeb Classical Library® is a registered trademark of the President and Fellows of Harvard College.

p. 310 Arrian, *Anabasis*, trans. Bohn in *Readings in Ancient History*, ed. W. Stearns Davis (Boston, MA: Allyn and Bacon, 1912).

p. 310 – 11 Athenaios, *Deipnosophists* (= Theopompos BNJ 115 F 236), trans. W. Morison, http://proxy.library.upenn.edu:3217/entries/brill-s-new-jacoby/theopompos-of-chios-115-a115?s.num=1&s.rows=20&s.f.s2_parent=s.f.book.brill-s-new-jacoby&s.q=theopompos (Accessed April 24, 2017).

p. 317 Demosthenes, *On the Crown*, trans. C. A. Vince and J. H. Vince (Cambridge, MA: Harvard University Press, 1926).

第十三章　亚历山大大帝与希腊化的世界

p. 324 Plutarch, *Alexander*, trans. B. Perrin (Cambridge, MA: Harvard University Press, 1919).

p. 325 N. Machiavelli, *The Prince*, trans. W. K. Marriott (London: J. M. Dent, 1908).

p. 325 Arrian, *Anabasis of Alexander* in *Arrian Vol.* I, trans. P. A. Brunt, Loeb Classical Library Volume 236 (Cambridge, MA: Harvard University Press, 1976). Copyright © 1976 by the President and Fellows of Harvard College. Loeb Classical Library® is a registered trademark of the President and Fellows of Harvard College.

p. 329 Arrian, *Anabasis of Alexander*, trans. E. J . Chinnock (London: Hodder and Stoughton, 1884).

p. 330 *Alexander Chronicle* (BCHP 1), trans. J. Lendering, http://www.livius.org/sources/content/mesopotamian-chronicles-content/bchp-1-alexander-chronicle/? (Accessed April 24, 2017).

p. 332 "The Insight that Brings Us to the Other Shore" (Heart of Perfect Mind Sutra), trans. Thich Nhat Hanh https://plumvillage.org/news/thich-nhat-hanh-new-heart-sutra-translation/ (Accessed April 24, 2017).

p. 334 Arrian, *Anabasis of Alexander*, trans. M. M. Austin, *The Hellenistic World from Alexander to the Roman Conquest: A Selection of Ancient Sources in Translation* (Cambridge: Cambridge University Press, 1981).

p. 336 Theocritus, *Idyll* 15, trans. McInerney.

p. 339 SB XVIII 13881, trans. R. Bagnall and P. Derow in *Greek Historical Documents: The Hellenistic Period* (Chico, CA: Scholars Press for the Society of Biblical Literature, 1981).

p. 340 *Seleucid Dissolution: The Sinking of the Anchor*, ed. Kyle Erickson and Gillian Ramsey (Wiesbaden: Harrassowitz Verlag, 2011).

p. 341 J. B. Pritchard, *Ancient Near Eastern Texts Relating to the Old Testament* (Princeton, NJ: Princeton University Press, 1950).

p. 341 *Ruin of Esagila Chronicle* (BCHP 6; BM 32248 + 32456 + 32477 + 32543 + 76-11-17 unnumbered), trans. B. van der Spek and I. Finkel, http://www.livius.org/cg-cm/chronicles/bchp-ruin_esagila/ruin_esagila_01.html (Accessed April 25, 2017).

p. 341 *RC* 9, in *Greek Historical Documents: The Hellenistic Period*, trans. R. Bagnall and P. Derow (Chico, CA: Scholars Press, 1981).

p. 345 Polybius, *The Histories, Vol. V*, trans. W. R. Paton, F. W. Walbank and Ch. Habicht, Loeb Classical Library Volume 160 (Cambridge, MA: Harvard University Press, 2010–2012). Copyright © 2012 by the President and Fellows of Harvard College. Loeb Classical Library® is a registered trademark of the President and Fellows of Harvard College.

p. 349 Plutarch, *Alexander*, trans. B. Perrin (Cambridge, MA: Harvard University Press, 1986).

深入阅读

第一章　引言：为什么要研究希腊人？

Cartledge, Paul, *The Greeks: A Portrait of Self and Others* (Oxford: Oxford University Press, 1993).

———, *Ancient Greece: A History in Eleven Cities* (Oxford: Oxford University Press, 2009).

de Ste. Croix, G. E. M., *The Class Struggle in the Ancient Greek World* (Ithaca, NY: Cornell University Press, 1981).

duBois, Page, *Out of Athens* (Cambridge, MA: Harvard University Press, 2010).

Hall, Edith, *Introducing the Ancient Greeks* (London: W. W. Norton, 2014).

Hall, Jonathan M., *Artifact and Artifice: Classical Archaeology and the Ancient Historian* (Chicago and London: Chicago University Press, 2014).

Hanson, Victor Davis, *The Other Greeks: The Family Farm and the Agrarian Roots of Western Civilization* (New York: The Free Press, 1995).

Horden, Peregrine and Nicholas Purcell, *The Corrupting Sea: A Study of Mediterranean History* (London: Blackwell, 2000).

Meier, Christian, *Athens: A Portrait of the City in its Golden Age* (New York: Metropolitan, 1998).

Snell, Bruno, *The Discovery of the Mind in Greek Philosophy and Literature* (New York: Harper, 1960).

Trittle, Lawrence A., *From Melos to My Lai: A Study in Violence, Culture and Social Survival* (London and New York: Routledge, 2002).

West, Martin L., *The East Face of Helicon: West Asiatic Elements in Greek Poetry and Myth* (Oxford: Clarendon 1997).

第二章　早期希腊人与米诺斯人：迷宫与弥诺陶洛斯

Cadogan, Gerald, *Palaces of Minoan Crete* (London: Barrie and Jenkins, 1976).

Cappel, Sarah, Ute Günkel-Maschek, and Diamantis Panagiotopoulos (eds.), *Minoan Archaeology: Perspectives for the 21st Century* (Louvain-la-Neuve: Presses universitaires de Louvain, 2015).

Day, Leslie P., Margaret S. Mook, and James D. Muhly (eds.), *Crete beyond the Palaces: Proceedings of the Crete 2000 Conference* (Philadelphia, PA: INSTAP Academic Press, 2004).

Driessen, Jan, Ilsa Schoep, and Robert Laffineur (eds.), *Monuments of Minos: Rethinking the Minoan Palaces* (Austin: University of Texas, 2002).

Evans, Arthur, *The Palace of Minos: A Comparative Account of the Successive Stages of the Early Cretan Civilization as Illustrated by the Discoveries at Knossos* (London: Macmillan and Co., 1921).

Fitton, J. Lesley, *Minoans* (London: British Museum Press, 2002).

Hamilakis, Yannis (ed.), *Labyrinth Revisited: Rethinking "Minoan" Archaeology* (Oxford: Oxbow, 2002).

MacGillivray, Joseph Alexander, *Minotaur: Sir Arthur Evans and the Archaeology of the Minoan Myth* (New York: Hill and Wang, 2000).

Marinatos, Nanno, *Art and Religion in Thera: Reconstructing a Bronze Age Society* (Athens: D. & I. Mathioulakis, 1984).

Perlès, Catherine, *The Early Neolithic in Greece: The First Farming Communities in Europe* (Cambridge: Cambridge University Press, 2001).

Preziosi, Donald and Louise A. Hitchcock, *Aegean Art and Architecture* (Oxford: Oxford University Press, 1999).

第三章　迈锡尼：盛产黄金的地方

Allen, Susan Hueck, *Finding the Walls of Troy: Frank Calvert and Heinrich Schliemann at Hisarlık* (Berkeley and Los Angeles: University of California Press, 1999).

Bachhuber, Christoph and R. Gareth Roberts (eds.), *Forces of Transformation: The End of the Bronze Age in the Mediterranean* (Oxford: Oxbow, 2009).

Castleden, Rodney, *Mycenaeans* (London & New York: Routledge, 2005).

Chadwick, John, *The Decipherment of Linear B*, 2nd edn (London: Cambridge University Press, 1967).

———, *The Mycenaean World* (Cambridge: Cambridge University Press, 1976).

Dickinson, O. T. P. K, *The Aegean Bronze Age* (Cambridge: Cambridge University Press, 1994).

Galaty, Michael L. and William A. Parkinson (eds.), *Rethinking Mycenaean Palaces*, 2nd edn (Los Angeles: Cotsen Institute of Archaeology, University of California, 2007).

Latacz, Joachim, *Troy and Homer: Towards a Solution of an Old Mystery* (Oxford: Oxford University Press, 2004).

Schliemann, Heinrich, *Ilios: The City and Country of the Trojans* (New York: B. Blom, 1968).

Taylour, William, *The Mycenaeans* (New York: Praeger, 1964).

Voutsaki, Sophia and John Killen (eds.), *Economy and Politics in the Mycenaean Palace States: Proceedings of a Conference Held on 1–3 July 1999 in the Faculty of Classics, Cambridge* (Cambridge: Cambridge Philological Society, 2001).

第四章　铁器时代

Boardman, John, *The Greeks Overseas: Their Early Colonies and Trade*, 4th edn (London and New York: Thames & Hudson, 1999).

Clay, Jenny Strauss, Irad Malkin, and Yannis Z. Tzifopoulos (eds.), *Panhellenes at Methone: Graphê in Late Geometric and Protoarchaic Methone, Macedonia (ca 700 BCE)* (Berlin: Walter de Gruyter, 2017).

Deger-Jalkotzy, Sigrid and Irene S. Lemos (eds.), *Ancient Greece from the Mycenaean Palaces to the Age of Homer* (Edinburgh: Edinburgh University Press, 2006).

Descœudres, Jean Paul (ed.), *Greek Colonists and Native Populations: Proceedings of the First Australian Congress of Classical Archaeology Held in Honour of Emeritus Professor A. D. Trendall, Sydney, 9–14 July 1985* (New York: Oxford University Press, 1990).

Dickinson, O. T. P. K, *The Aegean from Bronze Age to Iron Age: Continuity and Change Between the Twelfth and Eighth Centuries BC* (London and New York: Routledge, 2006)

Dougherty, Carol, *The Raft of Odysseus: The Ethnographic Imagination of Homer's* Odyssey (Oxford: Oxford University Press, 2001).

Malkin, Irad, *Religion and Colonization in Ancient Greece* (Leiden: Brill, 1987).

———, *A Small Greek World: Networks in the Ancient Mediterranean* (Oxford: Oxford University Press, 2011).

Morris, I., *Archaeology as Cultural History: Words and Things in Iron Age Greece* (Malden, MA: Blackwell, 2000).

Raschke, Wendy (ed.), *The Archaeology of the Olympics: The Olympic and Other Festivals in Antiquity* (Madison: University of Wisconsin Press, 1988).

Sinn, U., *Olympia: Cult, Sport, and Ancient Festival* (Princeton, NJ: Markus Wiener, 2000).

Slater, William J. (ed.), *Dining in a Classical Context* (Ann Arbor: University of Michigan Press, 1991).

Tsetskhladze, Gocha R. (ed.), *Greek Colonisation: An Account of Greek Colonies and Other Settlements Overseas* I (Leiden: Brill, 2006).

第五章　古风时期：斯巴达

Cartledge, Paul, *Sparta and Lakonia: A Regional History 1300–362 BC*, 2nd edn (London and New York: Routledge, 2002).

———, *The Spartans: An Epic History* (London: 4 Books, 2002).

Ducat, Jean, *Spartan Education: Youth and Society in the Classical Period* (Swansea: The Classical Press of Wales, 2006).

Ferrari, Gloria, *Alcman and the Cosmos of Sparta* (Chicago, IL: The University of Chicago Press, 2008).

Figueira, Thomas J. (ed.), *Spartan Society* (Swansea: The Classical Press of Wales, 2004).

Forrest, William George, *A History of Sparta 950–192 BC*, rev. edn (London: Bristol Classical Press, 1995).

Hodkinson, Stephen (ed.), *Sparta: Comparative Approaches* (Swansea: The Classical Press of Wales, 2009).

Hodkinson, Stephen and Anton Powell (eds.), *Sparta: New Perspectives* (Swansea: The Classical Press of Wales, 2009).

Luraghi, Nino, *The Ancient Messenians: Constructions of Ethnicity and Memory* (Cambridge: Cambridge University Press, 2008).

Luraghi, Nino and Susan E. Alcock (eds.), *Helots and their Masters in Laconia and Messenia: Histories, Ideologies, Structures* (Washington, D.C.: Center for Hellenic Studies, 2003).

Ogden, Daniel, *Aristomenes of Messene: Legends of Sparta's Nemesis* (Swansea: The Classical Press of Wales, 2004).

Powell, Anton (ed.), *Classical Sparta: Techniques Behind Her Success* (Norman: University of Oklahoma Press, 1989).

第六章　古风时期：雅典

Anderson, Greg, *The Athenian Experiment: Building an Imagined Political Community in Attica, 508–490 BC* (Ann Arbor: University of Michigan Press, 2003).

Anhalt, Emily Katz, *Solon the Singer: Politics and Poetics* (Lanham, MD: Rowman & Littlefield Publishers, 1993).

Blok, Josine H. and André P. M. H. Lardinois (eds.), *Solon of Athens: New Historical and Philological Approaches* (Leiden: Brill, 2006).

Fischer, Nick and Hans Van Wees (eds.), *Archaic Greece:* New Approaches and New Evidence (Swansea: The Classical Press of Wales, 1998).

Hignett, Charles, *A History of the Athenian Constitution to the End of the Fifth Century B.C.* (Oxford: Clarendon Press, 1952).

Kurke, Leslie, *Coins, Bodies, Games, and Gold: The Politics of Meaning in Archaic Greece* (Princeton, NJ: Princeton University Press, 1999).

Lavelle, Brian M., *Fame, Money, and Power: The Rise of Peisistratos and "Democratic" Tyranny at Athens* (Ann Arbor: University of Michigan Press, 2005).

Raaflaub, Kurt and Hans Van Wees (eds.), *A Companion to Archaic Greece* (Malden, MA: Wiley-Blackwell, 2009).

Sancisi-Weerdenburg, Heleen (ed.), *Peisistratos and the Tyranny: A Reappraisal of the Evidence* (Amsterdam: J. C. Gieben, 2000).

Shapiro, H. Alan, *Art and Cult Under the Tyrants in Athens* (Mainz am Rhein: P. von Zabern, 1989).

Snodgrass, Anthony, *Archaic Greece: The Age of Experiment* (Berkeley and Los Angeles: University of California Press, 1980).

Traill, John S., *The Political Organization of Attica: A Study of the Demes, Trittyes, and Phylai, and Ttheir Representation in the Athenian Council*, Hesperia Suppl. 14 (Princeton: American School of Classical Studies at Athens, 1975).

第七章　波斯

Allen, Lindsay, *The Persian Empire* (Chicago, IL: University of Chicago Press, 2005).

Briant, Pierre, *From Cyrus to Alexander. A History of the Persian Empire* (Winona Lake, IN: Eisenbrauns, 2002).

Brosius, Maria, *The Persian Empire from Cyrus II to Artaxerxes I* (Kingston upon Thames: London Association of Classical Teachers, 2000).

Cawkwell, George, *The Greek Wars: The Failure of Persia* (Oxford: Oxford University Press, 2005).

Dandamaev, Muhammed A., *A Political History of the Achaemenid Empire*, trans. W. J. Vogelsang (Leiden: Brill, 1989).

Green, Peter, *The Greco-Persian Wars* (Berkeley and Los Angeles: University of California Press, 1996).

Harrison, Thomas, *Greeks and Barbarians* (London and New York: Routledge, 2002).

———, *Writing Ancient Persia* (London: Bristol Classical Press, 2011).

Hignett, Charles, *Xerxes' Invasion of Greece* (Oxford: The Clarendon Press, 1963).

Kuhrt, Amélie, *The Persian Empire [A Corpus of Sources from the Achaemenid Period]*, vol. 1 (London and New York: Routledge, 2009).

Skjærvø, Prods Oktor, *The Spirit of Zoroastrianism* (New Haven: Cornell University Press, 2011).

Waters, Matthew W., *Ancient Persia: A Concise History of the Achaemenid Empire, 550–330 BCE* (Cambridge: Cambridge University Press, 2014).

第八章　民主与帝国

Boedeker, Deborah and Kurt A. Raaflaub (eds.), *Democracy, Empire, and the Arts in Fifth-Century Athens* (Cambridge, MA: Harvard University Press, 1998).

Constantakopoulou, Christy, *The Dance of the Islands: Insularity, Networks, the Athenian Empire, and the Aegean World* (Oxford: Oxford University Press, 2007).

Figueira, Thomas J., *The Power of Money: Coinage and Politics in the Athenian Empire* (Philadelphia: University of Pennsylvania Press, 1998).

Hansen, Mogens Herman, *The Athenian Democracy in the Age of Demosthenes: Structure, Principles, and Ideology*, 2nd edn (London: Bristol Classical Press, 1999).

Low, Polly (ed.), *The Athenian Empire* (Edinburgh: Edinburgh University Press, 2008).

Ma, John, Nicholas Papazarkadas, and Robert Parker (eds.), *Interpreting the Athenian Empire* (London: Duckworth, 2009).

Meiggs, Russell, *The Athenian Empire* (Oxford: The Clarendon Press, 1972).

Ober, Josiah, *Mass and Élite in Democratic Athens: Rhetoric, Ideology, and the Power of the People* (Princeton, NJ: Princeton University Press, 1989).

———, *The Athenian Revolution: Essays on Ancient Greek Democracy and Political Theory* (Princeton, NJ: Princeton University Press, 1996).

Raaflaub, Kurt A., *The Discovery of Freedom in Ancient Greece*, 1st edn, revised and updated (Chicago, IL: University of Chicago Press, 2004).

Raaflaub, Kurt A., Josiah Ober, and Robert W. Wallace (eds.), *Origins of Democracy in Ancient Greece* (Berkeley and Los Angeles: University of California Press, 2007).

Rhodes, Peter J., *The Athenian Boule* (Oxford: The Clarendon Press, 1972).

Roberts, Jennifer Tolbert, *Athens on Trial: The Antidemocratic Tradition in Western Thought* (Princeton: Princeton University Press, 1995).

Sinclair, Robert K, *Democracy and Participation in Athens* (Cambridge: Cambridge University, 1988).

第九章　包容与排外：伯里克利时期的雅典生活

Barringer, Judith M. and Jeffrey M. Hurwit (eds.), *Periklean Athens and its Legacy: Problems and Perspectives* (Austin: University of Texas Press, 2005).

Bresson, Alain, *The Making of the Ancient Greek Economy: Institutions, Markets and Growth in the City-States* (Princeton, NJ: Princeton University Press, 2016).

Blundell, Sue, *Women in Ancient Greece* (Cambridge, MA: Harvard University Press, 1995).

Cohen, David, *Law, Sexuality, and Society: The Enforcement of Morals in Classical Athens* (Cambridge: Cambridge University Press, 1991).

Csapo, E. and William J. Slater, *The Context of Ancient Drama* (Ann Arbor: University of Michigan Press, 1994).

Dover, Kenneth J., *Aristophanic Comedy* (Berkeley and Los Angeles: University of California Press, 1972).

Easterling, Patricia E. (ed.), *The Cambridge Companion to Greek Tragedy* (Cambridge: Cambridge University Press, 1997).

Finley, Moses I., *Economy and Society in Ancient Greece* (New York: Viking, 1981).

Fisher, Nicolas R. E., *Slavery in Classical Greece* (London: Bristol Classical Press, 1993).

Garlan, Yvon, *Slavery in Ancient Greece* (Ithaca, NJ: Cornell University Press, 1988).

Garland, Robert, *The Piraeus: From the Fifth to the First Century B.C.* (London: Duckworth, 1987).

Golden, Mark, *Children and Childhood in Classical Athens*, 2nd edn (Baltimore, MD: Johns Hopkins University Press, 2015).

Kennedy, Rebecca Futo, *Immigrant Women in Athens: Gender, Ethnicity, and Citizenship in the Classical City* (London and New York: Routledge, 2014).

Loraux, Nicole, *The Invention of Athens: The Funeral Oration in the Classical City*, 2nd edn (Cambridge, MA: MIT Press, 2006).

Osborne, Robin, *Athens and Athenian Democracy* (Cambridge: Cambridge University Press, 2011).

Samons, II, Loren J. (ed.), *The Cambridge Companion to the Age of Pericles* (Cambridge: Cambridge University Press, 2007).

Whitehead, David, *The Ideology of the Athenian Metic* (Cambridge: Cambridge Philological Society, 1977).

第十章　宗教与哲学：古典时期的信仰与知识

Bremmer, Jan N., *Initiation Into the Mysteries of the Ancient World* (Berlin: Walter de Gruyter, 2014).

Bruit Zaidman, Louise and Pauline Schmitt Pantel, *Religion in the Ancient Greek City* (Cambridge: Cambridge University Press, 1992).

Curd, Patricia and Daniel W. Graham, *The Oxford Handbook of Presocratic Philosophy* (Oxford: Oxford University Press, 2008).

Evans, Nancy, *Civic Rites: Democracy and Religion in Ancient Athens* (Berkeley and Los Angeles: University of California Press, 2010).

Kraut, Richard (ed.), *The Cambridge Companion to Plato* (Cambridge: Cambridge University Press, 1992).

McKirahan, Richard D. (ed.), *Philosophy Before Socrates: An Introduction with Texts and Commentary*, 2nd edn (Indianapolis, IN: Hackett Pub. Co., 2010).

Neils, Jenifer, *Worshipping Athena: Panathenaia and Parthenon* (Madison: University of Wisconsin Press, 1996).

Parker, Robert, *On Greek Religion* (Ithaca, NY: Cornell University Press, 2011).

Pedley, John, *Sanctuaries and the Sacred in the Ancient Greek World* (Cambridge: Cambridge University Press, 2005).

de Polignac, François, *Cults, Territory, and the Origins of the Greek City-State* (Chicago, IL: University of Chicago Press, 1995).

Schaeffer, Denise and Christopher Dustin (eds.), *Socratic Philosophy and Its Others* (Plymouth: Lexington Books, 2013).

Scott, Michael, *Delphi: A History of the Center of the Ancient World* (Princeton, NJ: Princeton University Press, 2014).

Sourvinou-Inwood, Christiane, *Athenian Myths and Festivals: Aglauros, Erechtheus, Plynteria, Panathenaia, Dionysia* (Oxford: Oxford University Press, 2011).

第十一章 伯罗奔尼撒战争

Cawkwell, George L., *Thucydides and the Peloponnesian War* (London and New York: Routledge, 1997).

Connor, W. Robert, *Thucydides* (Princeton, NJ: Princeton University Press, 1984).

de Ste. Croix, G. E. M., *The Origins of the Peloponnesian War* (Ithaca, NY: Cornell University Press, 1972).

Hale, John R, *Lords of the Sea* (New York: Viking, 2009).

Hanson, Victor Davis, *A War Like No Other: How the Athenians and Spartans Fought the Peloponnesian War* (New York: Random House, 2005).

Kagan, Donald, *The Peloponnesian War* (New York: Viking, 2003).

Kallet, Lisa, *Money and the Corrosion of Power in Thucydides: The Sicilian Expedition and its Aftermath* (Berkeley and Los Angeles: University of California Press, 2002).

Mitchell-Boyask, Robin, *Plague and the Athenian Imagination: Drama, History, and the Cult of Asclepius* (Cambridge: Cambridge University Press, 2007).

Rengakos, Antonios and Antonis Tsakmakis (eds.), *Brill's Companion to Thucydides* (Leiden: Brill, 2006)

Shaw, J. T., *The Trireme Project: Operational Experience, 1987–90: Lessons Learnt* (Oxford: Oxbow, 1993).

Tritle, Lawrence A., *A New History of the Peloponnesian War* (Chichester: Wiley-Blackwell, 2010).

Viggiano, Gregory and Donald Kagan, *Men of Bronze: Hoplite Warfare in Ancient Greece* (Princeton, NJ: Princeton University Press, 2013).

第十二章 泛希腊主义与腓力的崛起

Archibald, Zofia, *Ancient Economies of the Northern Aegean: Fifth to First Centuries BC* (Oxford: Oxford University Press, 2013).

Buckler, John, *The Theban Hegemony* (Cambridge, MA: Harvard University Press, 1980).

———, *Philip II and the Sacred War*, Mnemosyne Suppl. 109 (Leiden: Brill, 1989).

Ellis, John R., *Philip II and Macedonian Imperialism* (London: Thames & Hudson, 1976).

Ferrario, Sarah Brown, *Historical Agency and the 'Great Man' in Classical Greece* (Cambridge: Cambridge University Press, 2014).

Hamilton, Charles D., *Agesilaus and the Failure of Spartan Hegemony* (Ithaca, NJ: Cornell University Press, 1991).

Hammond, N. G. L., *Philip of Macedon* (Baltimore, MD: Johns Hopkins University Press, 1994).

Lane Fox, Robin J., *Brill's Companion to Ancient Macedon: Studies in the Archaeology and History of Macedon, 650 BC–300 AD* (Leiden: Brill, 2011).

Mitchell, Lynette G., *Panhellenism and the Barbarian in Archaic and Classical Greece* (Swansea: University of Wales Press, 2007).

Roisman, Joseph and Ian Worthington (eds.), *A Companion to Ancient Macedonia* (Malden, MA: Wiley-Blackwell, 2010).

Ryder, Timothy T. B., *Koine Eirene: General Peace and Local Independence in Ancient Greece* (Oxford: Oxford University Press, 1965).

Sealey, Raphael, *Demosthenes and His Time: A Study in Defeat* (Oxford: Oxford University Press, 1993).

Worthington, Ian, *Philip II of Macedonia* (New Haven, CT: Yale University Press, 2008).

第十三章 亚历山大大帝与希腊化的世界

Anson, Edward M., *Alexander the Great: Themes and Issues* (London: Bloomsbury Academic, 2013).

Boardman, John, *The Greeks in Asia* (London: Thames & Hudson, 2015).

Green, Peter, *Alexander to Actium: The Historical Evolution of the Hellenistic Age* (Berkeley and Los Angeles: University of California Press, 1990).

Gruen, Erich, *The Hellenistic World and the Coming of Rome* (Berkeley and Los Angeles: University of California Press, 1984).

Holt, Frank L., *Lost World of the Golden King: In Search of Ancient Afghanistan* (Berkeley and Los Angeles: University of California Press, 2012).

Kleiner, Diana E. E., *Cleopatra and Rome* (Cambridge, MA: Harvard University Press, 2005).

Lane Fox, Robin, *Alexander The Great* (New York: Dial Press, 1974).

Manning, Joseph G., *The Last Pharaohs: Egypt under the Ptolemies, 305–30 BC* (Princeton, NJ: Princeton University Press, 2010).

Pollitt, Jerome J., *Art in the Hellenistic Age* (Cambridge: Cambridge University Press, 1986).

Sherwin-White, Susan and Amélie Kuhrt, *From Samarkhand to Sardis: A New Approach to the Seleucid Empire* (London: Duckworth, 1993).

Thonemann, Peter, *The Hellenistic Age* (Oxford: Oxford University Press, 2016).

Waterfield, Robin, *Dividing the Spoils: The War for Alexander the Great's Empire* (Oxford: Oxford University Press, 2011).

插图来源说明

anterovium/123RF Stock Photo **2.28**; dbajurin/123RF Stock Photo **7.9**; efesenko/123RF Stock Photo **9.15**; karapas/123RF Stock Photo **5.2**; photostella/123RF Stock Photo **9.3**; phototraveller/123RF Stock Photo **8.12**; whiterechet/123RF Stock Photo **3.11**; akg-images **1.5, 3.1, 3.2**; Album/akg-images **1.12, 2.1, 9.1, 9.24, 11.3**; Maurice Babey/akg-images **7.3**; Hervé Champollion/akg-images **1.4, 10.1**; Peter Connolly/akg-images **3.9, 3.24, 9.10, 9.12, 12.7**; A. Dagli Orti/De Agostini Picture Library/akg-images **13.2**; De Agostini Picture Library/akg-images **2.29, 7.6, 9.6**; Jacqueline Guillot/CDA/akg-images **5.14**; Rainer Hackenberg/akg-images **3.3**; Suzanne Held/akg-images **7.8**; Heritage Images/akg-images **6.1, 9.11**; John Hios/akg-images **2.10, 2.23, 2.32, 2.33, 6.8, 8.7, 11.6**; IAM/akg-images **13.11**; Interfoto/akg-images **1.9, 1.11**; Erich Lessing/akg-images **2.13, 4.7, 4.29, 4.16, 5.16, 5.17, 9.22**; Nimatallah/akg-images **2.27, 9.7**; Pictures from History/akg-images **4.19, 13.8**; Bildarchiv Steffens/akg-images **1.7**; BibleLand Pictures/Alamy Stock Photo **7.5**; Danita Delimont/Alamy Stock Photo **7.4**; Panagiotis Karapanagiotis/Alamy Stock Photo **12.12**; Prisma Archivo/Alamy Stock Photo **9.17**; World History Archive/Alamy Stock Photo **11.2**; Zoonar GmbH/Alamy Stock Photo **9.9**; Amazon Studios **9.4**; American School of Classical Studies at Athens, Agora Excavations **8.3, 8.4, 8.8, 9.14**; Archaeological Museum, Amphipolis **11.7**; Nobby Clark/ArenaPal **9.2**; Arete Stock **13.14**; Paul Astroms Forlag **2.4**; Acropolis Museum, Athens **7.10**; Agora Museum, Athens **6.5, 6.11**; Deutsches Archäologisches Institut, Athens **4.2**; National Archaeological Museum, Athens **3.5, 3.17, 3.18, 3.6, 5.11, 11.8**; Erin Babnik **8.9**; The Walters Art Museum, Baltimore, Maryland **6.6**; Ägyptisches Museum und Papyrussammlung, Staatliche Museen zu Berlin **13.17**; Courtesy Manfred Bietak **2.8**; Dr Christos Boulotis **2.19**; bpk/Antikensammlung, SMB/Johannes Laurentius **10.8**; Mike Andrews/Bridgeman Images **11.14**; De Agostini Picture Library/G. Dagli Orti/Bridgeman Images **4.13**; KMKG, Brussels **11.1**; Byzantium 1200 **7.19**; Château-musée de Boulogne-sur-Mer **4.28**; Musée du Pays Châtillonais, Châtillon-sur-Seine **5.15**; Courtesy the Department of Classics, University of Cincinnati **3.12, 3.16, 3.29, 3.30, 3.31**; Copyright Michael Cosmopoulos, Iklaina Archaeological Project **3.27, 3.28**; after J. Coulton **4.1**; Archaeological Museum, Delphi

10.17; Danita Delimont/Ancient Art & Architecture/Diomedia 4.5; Drone Images 7.14; Museum of Prehistoric Thera, Fira 2.31; Museo Archaeologico Nazionale, Florence 1.14; Kimball Art Museum, Fort Worth, Texas 10.6; Foundation of the Hellenic World (http://dimini.fhw.gr) 2.2; Bernard Gagnon 2.26; DEA Picture Library/Getty Images 4.6, 10.10, 12.11, 13.12; DEA/Archivio J. Lange/Getty Images 5.5, 12.5; DEA/A. Dagli Orti/Getty Images 3.20; DEA/G. Dagli Orti/Getty Images 1.1, 3.10, 3.23, 4.17, 10.2, 12.4, 12.14, 12.15, 12.17, 13.22; DEA/G.Nimatallah/Getty Images titlepage; DEA/M.Seemuller/Getty Images 13.19; Leemage/Getty Images 2.12, 10.4; PHAS/Getty Images 13.15; Robert J. Teringo/National Geographic/Getty Images 12.13; ullstein bild/Getty Images 2.11; Universal Images Group/Getty Images 6.9; Museum für Kunst und Gewerbe Hamburg 1.10; after Christoph Haussner 3.22; Hellenic Ministry of Culture and Tourism 3.14, 3.15, 5.12, 6.2; Hellenic Navy 11.15; Heraklion Museum 2.16, 2.25, 4.11; Archaeological Museum, Istanbul 13.23; Institute of Nautical Archaeology 2.20; Courtesy Dr Georgia Karamitrou-Mentessidi 12.6; A.Kassios 2.22; Mariuz Kozik/Miles Kelly Publishing 11.13; Courtesy Allan T. Kohl/Art Images for College Teaching 9.8; Zdeněk Kratochvíl 2.5; Museo di Villa Arbusto, Lacco Ameno 4.8; British Library, London 4.20, 12.2; British Museum, London 2.6, 4.24, 5.1, 5.10, 6.3, 6.4, 6.10, 7.2, 11.4, 13.1, 13.21; Martin Lubikowski, ML Design, London 2.7, 2.17, 2.18, 2.21, 3.7, 3.8, 3.13, 3.21, 3.24, 4.10, 4.12, 4.21, 5.3, 5.4, 5.7, 6.12, 7.1, 7.7, 7.11, 7.12, 7.16, 7.17, 7.18, 8.1, 8.2, 8.5, 8.6, 9.13, 9.16, 10.7, 11.5, 11.9, 11.10, 11.11, 11.12, 12.8, 12.9, 12.10, 13.3, 13.4, 13.6, 13.9, 13.10, 13.13, 13.16; after W. Mcdonald 4.4; J. Paul Getty Museum, Malibu 1.15, 9.5, 9.21, 10.13, 10.15; Ashmolean/Mary Evans Picture Library 2.14; Courtesy M. Miles 8.10; Staatliche Antikensammlungen und Glyptothek München. Photo Renate Kühling 6.7, 9.18; Museo Archaeologico Nazionale, Naples 9.23, 10.12, 13.5; Soprintendenza per i Beni Archeologici di Napoli 13.24; Metropolitan Museum of Art, New York 2.9, 4.9, 4.18, 8.13, 9.20, 12.3; Sally Nicholls 13.18; École Nationale Supérieure des Beaux-Arts, Paris 10.14; Musée du Louvre, Paris 7.21, 7.22, 10.3, 10.18; Private Collection, 1.16, 1.17, 7.15; Carole Raddato 1.13; Eric Gay/Associated Press/Rex 1.6; RMN-Grand Palais (musée Guimet, Paris)/Thierry Ollivier 13.7; Musée du Louvre, Dist. RMN-Grand Palais/Daniel Lebée/Carine Déambrosis 1.2; RMN-Grand Palais (musée du Louvre)/Hervé Lewandowski 1.3; Photo RMN-Grand Palais (musée du Louvre)/Stéphane Maréchelle 13.20; © Tréziny, Ecole française de Rome 4.15; Sovrintendenza Capitolina ai Beni Culturali, Roma 10.9; Scala, Florence 4.27; bpk/Scala, Florence 10.16; Museum of Fine Arts, Boston/Scala, Florence 4.25, 4.26, 7.20, 9.19, 10.5; White Images/Scala, Florence 2.24, 2.30; Schuppi 4.3; Javier Trueba/MSF/Science Photo Library 12.16; from P. Shatzmann and R. Herzog, Asklepion, Kos I, 1932 10.11; Archaeological Museum, Sparta 5.6, 5.13; Olaf Tausch 2.15; Thames & Hudson 5.8, 8.5, 8.6; Tomisti 7.13; Andreas Trepte 3.4; Dimitrios Tsalkanis, www.AncientAthens3d.com 8.11; Courtesy Yannis Tzifopoulos and Manthos Bessios 4.22; Courtesy Michal Gawlikowski, Polish Centre of Mediterranean Archaeology, Warsaw University 1.18; Library of Congress, Washington, D.C.. 1.8; Werner Forman Archive 12.1; B.K. Christensen/Zea Harbour Project 11.16.

索引

斜体页码为图片出现的页码